독립정신

독립정신

초판 1쇄 발행 _ 2018년 5월 5일
초판 12쇄 발행 _ 2024년 10월 25일

저 자 _ 이승만
교 정 _ 박기봉
펴낸곳 _ 비봉출판사
주 소 _ 서울 금천구 가산디지털2로 98.
       2동 808호(롯데IT캐슬)
전 화 _ (02) 2082-7444
팩 스 _ (02) 2082-7449
E-mail _ bbongbooks@hanmail.net
등록번호 _ 2007-43(1980년 5월 23일)
ISBN _ 978-89-376-0470-6 03340

값 18,000원

독립정신

이승만 지음
박기봉 교정

비봉출판사

영한사전 편찬 작업 대신 이승만이 집필에 매달렸던 첫 저서 『독립정신』.
책으로 출간된 것은 1910년 3월 미국 LA에서였다.

어린 시절 사서오경을 익히던 무렵에 다닌 우수현 도동서당 전경. 위의 '연소정'이라고 쓴 휘호는 1957년 이 서당을 찾은 이승만이 써준 것이다.

한성감옥에 수감되었을 당시의 동료 복역수들. 왼쪽 끝이 이승만이고, 앞줄 오른쪽 두 번째가 이상재, 뒷줄 오른쪽 끝의 소년은 아버지 대신 감방살이를 했다. 1903.

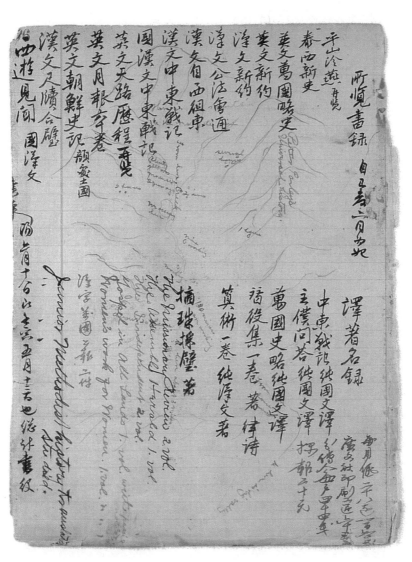

이승만이 옥중에서 읽은 책들의 목록(所覽書錄) 첫 부분

78.

Fe-lic'i-tous-ness, n. 喜, 樂, 幸, 깃봄, 질거움, 다행함,

Fe-lic'i-ty, n. 幸福 吉祥, 慶事 다행한복, 길한 일, 경상 길거운걸, 지긔욘,

Fe'line, a. 猫. 고양이의,

Fell, (Fall 의 지나간 말)

Fell, n. 獸皮, 즘생되가죽, a. 잔혹한, 사나온, 악한, 야만시러운, v. t. 쓸러스드리라, 버혀넘기하, 의복 가룬솔이라, 션솔이다,

Fill'er, n. 抶私劒者, 쳐셔쓸허쓰리는자, 버혀넘기는자,

Fell'mon'ger, n. 羊皮商, 獸皮匠, 양피쟝사, 양의

렬상눈 쟝싱,

Fell'ness, n. 殘忍, 兇惡, 잔인함, 흉악함, 사나옴,

Fell'oe, n. (Felly 와갓흔쟈)

Fell'ow, n. 伴侶, 匹儔, 同等人, 民賤漢, 學科令, 숫, 사작, 운아, 함씌잇는사람, 배필, 동등사람, 쳔한 사람, 놈, 영국학교에셔셰입 들어오는걸 또호는 독셔 참예하는 학도, 회원,

Fell'ow-cit'i-zen, (yn) n. 同國民, 한 나라백 셩, 갓치 백셩된 동포,

Fell'ow-creat'ure, n. 同類, 同種, 同等造物, 동류, 동죵, 갓흔류, 갓흔인죵, 한 쳐위, 한하나님의갓치

한영사전: 이승만이 옥중에서 편찬했던
신영한사전(New English Korea Dictionary) 원고의 일부 사진

立國以教化爲本

今之論國者槪曰政治也律法也及國を勤稽

礦山也鐵路也森林也漁業也及疆土有也土地也

知率之大凡言者攘臂陳辞動耳以强人民莫何

莫知有國之政以及至殊山高政法猶礦林漁業土地皆

為民國以之必為國之大本也民爲之以

何涯以為老政也我俱民為民必望之國以疆土及涯

礦林漁之恐小恭之政仝自以美健民

不居及國家語保涯獵所役之强礦林漁及土地

皆予民之以國有也何患乎之國以养至死以

이승만이 옥중에서 쓴 '신학문을 일으키는 데 힘써야 함을 논함(務興新學論)'의 서두

총론

습ᄒ다 나라이 업스면 집이 어ᄃᆡ잇스며 집이 업스면 나의 일신과 부모쳐ᄌ와형

뎨자민며 일후ᄌ손이 다 어ᄃᆡ셔살며 어ᄃᆡ로 가리요 그럼으로 나라에 신민된쟈

는 샹하귀쳔을 물론ᄒ고 화복안위가 다 일례로 그 나라에 달녓ᄂᆞ니 비컨ᄃᆡ 만

경챵파에 비탄것갓흐여 바람이 슌ᄒ고 물결이 요ᄒᆞᆯ씨는 돗달고 노질ᄒ기를 젼

혀 사공들의게 맛겨두고 모든션긱들은 각각졔 슛ᄃᆡ로 물너가 잠도쟈며 한가히 구

경도ᄒ야 직분외에 일을간셥ᄒᆞᆯ바ー 업스되 만일 풍랑이도도ᄒ며 풍우가대쟉ᄒ

야 돗ᄃᆡ가 부러지며 닷줄이 쓴허져셔 허다ᄒ싱명의 사ᄉᆞᆼ존망이 시각에 달닐진

ᄃᆡ 그안에 안즌쟈ー 뉘안이 졍신ᄎ려 일심으로 일허ᄂᆞ셔돕기를 힘쓰리요 셜령

젼일에 원혐이잇던쟈ー라도 다 이져바리고 일시에 합력ᄒ야 무사히건너가기만

위쥬ᄒᆞᆯ지니 이는 그빅가 새여지면 나의원수ᄂᆞ 나의몸이ᄂᆞ 다 화를면ᄒᆞᆯ수 업슴

이요 혹 허다ᄒ 보픽와 지산을 가진쟈ー라도 다 네것 늬것슬 물론ᄒ고 분분히

물에더져 빅를 가바야히 만들어 가라안지안키만 도모ᄒᆞᆯ지니 이는 그빅가 잠가

면 나의목슘이 홀노살수업고 목슘이 살지못ᄒ면 보픽와 지산이 ᄯᅩᄒ 귀ᄒᆞᆯ것업

슴이라 그럼으로 합심ᄒ야 조곰도 ᄉᆞ심각이업시 사공들의 힘을도와 다 갓치

살려고 만ᄒᆞᆯ지니 이는 사공을 위ᄒᆞᆷ이안이요 곳 자긔몸을 위ᄒᆞᆫ도라 셜령 사공

독립요지   총론   이

된이들 이각각 져 직칙을다ᄒᆞ야 갈지라도 션ᄀᆞ들은 각기계 몸을 위ᄒᆞᄂᆞᆫ도리에 참

아 그져잇지 못ᄒᆞ게거ᄂᆞᆯ 흠을며 션인들이 혹 슐도취ᄒᆞ며 혹 눈

도멀고 팔도부러져셔 동셔를 분변치못ᄒᆞ며 위틱흠을 새닷지못ᄒᆞ야 졈졈움작일

ᄉᆞ록 더욱위틱ᄒᆞ게만들어 널판이 쏙쏙써러지고 긔계가 낫낫치상ᄒᆞ야 물이사면

으로 들어오며 인명이 차례로싼져들민 리웃빅에셔 급히와셔 되신건져쥬려ᄒᆞ게

이빅에 션ᄀᆞ들은 종시남의게 밀어두고 무심이안져 죽기만고되흠이 도리라ᄒᆞ게

ᄂᆞᆫ가 지혜라ᄒᆞᄂᆞᆫ가 맛당이 남이건져쥬기도 바라지말며 션인들의게 바려두지

도말고 다 각기계일로알아 져힘을다ᄒᆞᆯ지어다 그러ᄂᆞ ᄉᆞ공들이 션ᄀᆞ과합력ᄒᆞ야

일심으로 일흘진딕 공효가쇽ᄒᆞᆯ지니 피ᄎᆞ에 다힝이되려니와 그러치안이ᄒᆞ야 편

벽되이 헤아리되 빅는 다 우리의물건이라 남이 엇지간예ᄒᆞ리오 다힝이 건너가

면 션가를후이밧아 랑탁을취우것고 불힝이 파션을당ᄒᆞ여도 우리는 헤염도칠줄

알며 다른빅로 건너가기도 어렵지안이ᄒᆞ니 여러션ᄀᆞ의 죽고살기를 우리가알바ㅣ

안이라ᄒᆞ야 상관ᄒᆞ기를 허락지안을진딕 여러션ᄀᆞ들은 홀수업다고 물너가 안졋

게ᄂᆞᆫ가 비질에련슉ᄒᆞ며 물길에도 익은쟈ㅣ잇셔 흔두번착수ᄒᆞ면 무양이 도강ᄒᆞᆯ

터이로되 멋멋사공들의 ᄉᆞᄉᆞ리해를위ᄒᆞ야 허다ᄒᆞ성명을 구ᄒᆞ지안이ᄒᆞ며 거

창ᄒᆞᆫ빅흔쳑을 건지지안이리오 우리 대한삼쳔리강산이 곳 이쳔만ᄉᆞᆼ령을싯고 풍

파대해에 외로히가ᄂᆞᆫ빅라 싱ᄉᆞ존망의 급급엄엄흠이 죠셕에달녓ᄂᆞ니 이는 삼쳑

수업다는 모음을바리고 일심으로 일흥는일군이되도록 만들뿐이라 빅셩의싱각이 이
애밋치기젼에는 아모일도 다 헛거시라흥노니 이거시 곳 나라를보젼흥는 씨 뿌림이
라 씨만 잘뿌려 노으면 츄슈가 즈연히 풍비흥리로다

▲ 춤으로충셩흥는근본

우헤말흥는바는 다 신민된쟈가 그도리는 싱각지못흥고 다만ㅅㅅ리흐릭만 교계흥는쟈의
게 증계할바ㅣ 어니와 젹이 공심이잇셔 나라를위흥야 충셩을 본밧고져흥는쟈들을볼
진듸 실샹으로 나라를위흥야 죽고져흥는모음이 놈의 나라ㅅ람만못흥다 흘수업스느
다 엇더케흥느거시 춤 충셩인지 알지못흥는연고로 다 굿흔모음을 가지고 굿흔셩력
을 허비흥며 도로혀 춤 충셩의본의를 방히흥는지라 맛당히 충역의분간을 몬져알아
실샹으로 충셩을힘흥여야 그공효가 영원히 밋칠이로다 근릭 우리나라 ㅅ람들의 충
셩이라흥는것은 다만 인군의 명령만승슌흥며 인군의뜻만 ㅅㄷ르는거시 충셩으로녁여
셔 당쟝 죵샤가위퇴흥고 국가가 어지럽일이라도 감히 거ㅅ려 간흥지못흥며 련안의
긔셕만삷혀 슌죵흘ㅼ름이요 물너나와셔는 도로혀 평론흥며 셔로말흥기를 일은된수
업스느 칙령지하에 엇지 거억흘수잇스올이요흥며 아모일이라도 흥여가다가 필경잘
못되거느 리굴흥쟈리에 가셔는 허물을 칙령으로돌녀보닉고 져의는 아모죄도업노라
흥며 혹 충직흔쟈잇셔 죽기로써간흥야 막을진듸 곳 역젹으로 지목흥야 빅반으로모
히흥고 벼살을팔며 빅셩을글거다가 제것쳐럼밧치고 요공흥야 영귀를도모흥며 불신

불의 로힝야 셰샹에 우슘을세쳐고 문득 쳥탁 는말은 칙령이라 니 인군야 민심

이빅반 며 텬하에 실신 야 나라이 위 며 인군이 라위 시 이거슬 오히

려 츙신이라 쳥 지라 이엇지 부모의 살을버혀다가 봉양 며 효 라 는쟈와 둛

으리오 밍 셰셔 글 스 빅셩이 즁 고 죵샤가둘지요 그다음이 인군이라 셧

니 이는 인군이즁 지 안타 심이아니요 인군을 챰으로 즁히녁이려면 빅셩과 죵샤

를 몬져 즁히녁이야 다 심이라 이 대의 를아 는 사람은 인군을 낫 로셤기지아니

고 쯧으로셤겨셔 군명을 거역 고라도 빅셩을리롭게 며 죵샤를편안케 야 국가

가 태평안락 게 민 인군의 옥뎨가 스스로 태산반셕의 편안 을 누리실지니 이거

시 곳 나라에 신하된본의라 이 본의 로알진 비록 군명을 항거 고 역명을실어 쳔

챰만류 는화를 당 지라도 달게녁이고 빅셩에게 희될일은 일호도힝치안어야 올흘

거시어 잠시 이목의 즐거움을위 여 영원히 죵샤에위 됨을 도라보지 아니 이엇

지 츙셩의 반 됨이아니리요 셩군이 우헤게시 어진신하가 아리셔 밧드 니이

는 셩군의 춍명을도아 밋지못 심을 기워셔 빅셩이안락 고 나라이태평코져 이라아

모리 셩인이라도 신하가 안이면 쳔만가지일을 홀로 다스리실수 업슴이니 신하의직

칙이 엇지 즁대치안이 리요 이러 즁대 직칙을 모르고 다만 우헤 만 아당

노예와 우마갓치 부리는바- 되고져 진 텬하에 이갓치 위험 일이 업는지라 맞

당히 올흔도리로 셤기며 바른말 으로 간 여 셩인의덕화가 셰샹에 들어나며 만민

독립요지   참으로 츙셩 는근본   실구

□ 추천사

국민다운 국민이 되려면 읽어야 할 책

대한민국사랑회 회장 김길자

물을 마실 땐 그 원천을 생각하고(飮水思源), 과일을 먹을 땐 그 나무를 알아야 한다(食果問樹)고 했다. 은혜를 잊어버리는 사람이 되지 말라는 뜻이다.

그런데 사람들 중에는 자기가 마시고 있는 물의 원천에 오물을 투척하거나, 자기가 먹고 있는 과일 나무의 뿌리를 파헤치고 줄기를 베어버리려고 덤비는 자들이 있다. 참으로 배은망덕한 행위가 아닐 수 없다.

1948년 8월 15일은 대한민국이 건국된 날이다. 이 건국일은 어느 누구도 변경할 수 없는, 하늘에 새겨져 있는 날짜이다.

한민족 5천년 역사에서 최초로 백성이 주인이 된 나라, 최초로 신분의 족쇄가 사라지고 모두가 자유롭고, 독립적이고, 자주적이고, 자율적으로 살아갈 수 있는 자유민주주의 체제의 나라, 자신이 땀 흘려 수확한 것은 자신이 누릴 수 있는 경제체제의 나라, 자유 대한민국이 건국된 날이다.

소수의 양반 지배계층을 제외하면 백성의 십중팔구가 문맹에다 무지렁이로 천대받으며 살아가던 나라, 가난은 나라도 구제해 주지 못한다면서 굶주린 배를 움켜잡고 보릿고개를 넘으려다 도중에 쓰러지는 사람들이 연달아 나오는 것을 보고도 그것을 당연시하던 극도의 빈곤국(貧困國). 그런 나라의 국민들이 반세기 만에 세계와 소통하고, 세계를 유람하고, 세계로부터 떳떳한 대접을 받고, 날씬한 몸매를 유지하기 위해 일부러 굶는 것을 이상하게 여기지 않는, 경제적으로 풍요로운 나라가 되었다. 이것은 다 누구의 공로인가?

건국 직후 북한 김일성 집단의 남침으로 초토화된 맨땅 위에 천둥벌거숭이로 서 있던, 세계에서 가장 가난하고 무식하고 희망이라곤 보이지 않던 나라가 불과 반세기 만에 자유가 넘치는 나라로, 무역 대국으로, 부국(富國)으로 우뚝 섰는데, 이것은 다 누구의 공로인가?

이것은 바로 자유와 민주, 공화와 시장경제의 이념과 가치로 이 나라를 건국하고, 산업화와 공업화, 수출입국의 경제정책을 굳은 신념으로 관철시켜 경제를 발전시킨 우남 이승만 대통령과 박정희 대통령 두 분의 공로가 아닌가?

이 두 분의 선각자, 선지자, 천재야말로 오늘날 우리 국민들이 마시고 있는 물의 원천이자 따먹고 있는 과일나무의 뿌리가 아니겠는가?

그렇다면 우리 국민들은 이 두 분의 공적을 기념하고 두 분에 대해 감사해야 마땅할 것이다. 그런데도 오늘날 우리의 현실은 어떠한가? 배은망덕한 국민이란 소리를 듣기에 딱 좋은 짓들만 하고 있지 아니한가?

이 두 분 중에서도 특히 자유민주주의 시장경제 체제의 대한민국 건국이라는 우리 민족 초유의 역사적 대 사변의 큰 공적은 우남 이승만이란 인물의 사상과 철학, 기독교적 신앙체험과 정치적 이념과 경륜 덕이 아닐 수 없다. 이 분이 아니었으면 결단코 불가능했을 일이었음은 역사적 사실들이 증명하고 있다.

우남 이승만을 제대로 이해해 보고자 하는 사람들에게 비봉출판사 대표 박기봉 씨가 교정 및 주석을 하여 이번에 출간한 『독립정신』을 읽어보기를 권한다.

이 책은 20대 청년 우남 이승만이 옥중에서 집필한 그의 대표 저서로서, 5천년 동안 내려오던 우리나라 왕정(王政)의 역사를 공화정(共和政)으로 탈바꿈시키고, 대륙문화권에 속해 있던 우리나라의 정치, 사회, 문화적 전통을 해양문화권으로 옮겨놓는 데 이론적 기초가 된 기서(奇書)이자, 세계화와 선진화를 지향한 오늘날의 대한민국 건국을 위한 예언서인데, 현대인들이 읽기 어려웠던 원서를 박 대표가 누구나 읽기 쉽도록 교정 및 주석을 달았다.

『독립정신』을 교정 및 주석한 박기봉 씨는 이 책을 평가하기를, 조선왕조 5백년간 쓰여진 모든 책들 가운데 최고의 경세서(經世書)이자 정치사상서, 국민 계몽서라고 하였다.

그 이유는, 그 전까지의 모든 경세서들은 군왕 한 사람만이 지배하고 나머지 백성 전부는 지배를 받는 왕정체제를 당연한 것으로 전제하고, 전제군주인 왕이 백성을 어루만져 주는 인정(仁政)이야말로 최고최선의 정치라는 관점에서 쓰여졌다.

그러나 우남 이승만의 『독립정신』은 백성은 지배의 대상이 아니라 나라의 주인이며, 그들 하나하나가 자유, 독립, 자주, 자율적인 존재이고, 스스로 시비(是非)를 판단할 줄 아는 각성된 개인이며, 그런 개인들이 모여서 "나라 집"이란 단체를 만들고, 법을 제정하여 운영해 간다는 자유민주주의 정치사상에 입각하여 쓰여진 최초의 책이며, 현재의 대한민국이 존재하도록 한 책이기 때문이라고 하였다.

이 책은 우남 이승만의 옥중생활 5년의 총결산일 뿐만 아니라 해방 후 자유민주주의 시장경제 체제의 대한민국을 건국하고, 경영하고, 6.25전란 후 대한민국을 재건하는 전 과정에서 우리 현대사를 관통하는 정치 및 경제의 사상적 기초가 되고 있다. 그리하여 이 책은 우리 국민들이 자유, 자주, 독립적 개인이 되고, 국가 정체성을 체화한 국민다운 국민이 되기 위한 교과서로 삼아야 할 책이다.

아무쪼록 이 책을 통하여 우남 이승만의 사상과 대한민국 건국과 수호, 재건 과정에서 이룬 큰 공적을 전 국민들이 올바로 이해하게 되기를 바란다.

2018. 4. 23.

□ 머릿말

『독립정신』의 교정 및 주석본 발행에 부쳐

　　본서 『독립정신』은 우남(雩南) 이승만(李承晩)이 1899년(24세) 1월에 고종황제 폐위 음모에 가담했다는 이유로 투옥된 후 6년째 감옥생활을 하던 중인 1904년 2월부터 6월까지 넉 달 동안에 쓴 글이다.

　　독자들은 이 책을 펴서 총론부터 읽기 시작하는 순간 정신이 번쩍 들면서 손에서 책을 놓기 어려움을 경험하게 될 것이고, 29살의 청년이, 그것도 옥중에서, 불과 넉 달 동안에, 이런 수준의 책을 저술했다는 사실을 도저히 믿기 어려울 것이다.

　　이승만은 여섯 살에 이미 한시(漢詩)를 지어 신동(神童) 소리를 들었고, 그 후 서당에서도 항상 1등을 하였으며, 12살 때에는 사서삼경(四書三經)과 통감절요(通鑑切要) 등 경사(經史)에 통달하였을 뿐 아니라 서예와 한시 등에도 이미 높은 경지에 도달해 있었다.

　　그리고 열네 살부터 과거시험에 응시하기 시작했으나 1894년(19세) 갑오경장 때 과거제도가 폐지되었으므로 영어를 배우기 위해 1895년(20세) 4월 배재학당에 입학, 1897년(22세) 7월에 졸업하기까지 2년간 영어 및 각국의 역사와 지리, 산수, 성경 등 신학문을 배웠다.

　　재학 중에는 서재필 박사의 지도로 토론 위주로 활동하는 〈협성회

(協成會)〉의 회장을 맡았고, 졸업식 때에는 졸업생 대표로 외국인 선교사와 정부 고위 대신 등 1천여 명의 하객들 앞에서 '한국의 독립'이란 주제로 영어 연설을 하여 참석한 하객들의 극찬을 받았다. 그 일로 우남은 그때 이미 온 장안이 주목하는 유망한 청년으로 부상하였다.

1897년(22세) 7월에 배재학당을 졸업한 이승만은 이듬해(23세) 1월에 주간지 「협성회 회보」를 창간하여 그 주필을 맡았으나, 불가피한 사정이 생겨 3개월 후에 「협성회 회보」를 포기하고, 4월 9일 한국인 최초로 발행하는 일간지 「매일신문」을 창간하였으나, 다시 4개월 후인 8월에 「매일신문」에서 손을 떼고, 8월 10일에 「제국신문」을 창간하여 주필 및 논설자로 활약하였다.

그러는 한편으로 서재필이 창립한 독립협회의 회원이 되어 1898년(23세) 3월부터는 독립협회가 주최하는 만민공동회(萬民共同會)에서 대중연설을 하였다. 그해 후반에는 여러 차례 만민공동회 집회에서 정치개혁을 요구하는 연설을 하였는데, 끝내 고종의 미움을 사서 그해 12월 25일에 집회 금지령이 내려지고, 독립협회와 만민공동회는 해체되었으며, 다음해(1899년: 24세) 1월 9일에 역모죄로 체포되어, 1904년 8월 7일 풀려날 때까지 5년7개월간 감옥생활을 하였다. 수감된 직후인 1899년 1월 30일 주시경(한글학자)이 차입해 준 권총을 휘두르며 탈옥을 시도하다가 실패하여 다시 수감되고, 그 때문에 그해 7월 11일의 재판에서 종신형을 선고받고 복역하게 되었던 것이다.

결과적으로 이승만이 옥중에서 보낸 기간은 그 자신에게나 우리 민족에게는 너무나도 소중한 시간이 되었다. 그에게 있어 5년 7개월 동안의 감옥생활은 개인과 국가와 세계에 대한 그의 인생관, 종교관,

세계관, 정치사상을 공부하고, 생각하고, 정립할 수 있었던 기간으로서, 대학생활보다 더욱 값진 기간이 되었다.

우남이 1세기 이전에 이 책에서 다루고 있는 많은 주제들, 예컨대한 국가의 쇠망과 흥왕의 원리, 독립적인 개인과 그들의 모임인 '나라집(國家)'과의 관계, 국가와 국가 간의 관계, 개인의 자유(自由), 자주(自主), 자율(自律), 독립(獨立), 자유와 권리, 인권, 각종 정치제도, 공화정과 법치, 기타 미국의 독립선언서에 담겨있는 인권과 국가의 조직 및 운영 방식들을 우리는 현재 당연한 것으로 인식하고 있고, 또 현재 우리나라에서도 대부분, 비록 불완전하기는 하나, 제도화되어 있지만, 조선조 말의 절대왕정 하에서는 이러한 개념과 이념들은 전혀 무지하거나 입 밖에 낼 수조차 없는 위험한 말들이었으므로, 당시 조선인들의 머릿속에는 그런 관념 자체가 존재할 수가 없었다.

그런데도 당시 이승만은 이러한 것들을 제도적으로 시행하고 보호하고 있는 미국을 이상적인 국가로 생각하면서, 국민들을 계몽시켜서라도 미국과 같이 자유, 자주, 독립, 민주, 공화, 시장경제가 실현되는 나라를 세우고자 하였다.

뿐만 아니라 그가 이 책에서 설명하고 있는바 당시 조선의 지배계층의 행태와, 오랜 압제로 굳어버린 비굴하고 피동적인 조선 민중의 행태 및 그들의 노예사상과 습성에 대한 생생한 묘사는 오늘날의 우리 자신과 대한민국을 객관적으로 바라볼 수 있게 해주고 있다.

그리고 『독립정신 후록』에서 제시하고 있는 독립정신 실천 6대 강령과 25개 실천 세부항목 및 기독교 정신에 입각한 교육이념 등은 건국 이후 지금까지 우리나라를 이끌어준 건국이념이 되었음을, 그리고

향후에도 여전히 대한민국의 정체성과 이념을 담보해 줄 강령임을 보여주고 있다.

　여기에서 잠시 『독립정신』에 대한 교정 및 주석(校註) 작업을 하기로 결심하게 된 이유를 말해두고자 한다.

　이승만 자신은 이 책을 쓰게 된 동기를 이렇게 말했다:

　"머지않아 러일 전쟁이 벌어질 것이라고 생각했고, 러일전쟁이 끝난 후에는 우리나라의 독립은 없어질 것이니, 나중에라도 대한의 독립을 되찾으려면 책을 써서 모든 백성들에게 독립을 회복할 방법을 알려주는 길밖에 없다고 생각했다."

　그러나 그가 책을 통하여 동포들에게 전하고 싶었던 메시지는 당시 상황에서는 결코 용납될 수 없는 불온사상, 즉 자유, 자주, 독립, 민권, 천부인권, 민주공화 등이었으므로, 책을 쓰는 것 자체가 대단히 위험한 역모 활동이었다.

　그리하여 책을 쓰는 도중에도 수시로 감방을 수색당하여 감옥 안의 거적자리 밑에다 원고를 감춰야 했고, 쓴 원고는 몇 차례 나누어 감옥 밖으로 보내서 보관하게 하는 등, 지금 기준으로 보면 도저히 책을 쓸 수 없는 극악(極惡)한 상황이었다. 집필을 시작한 지 4개월 10일 후 (1904. 6. 29.)에 마침내 탈고하였지만, 최악의 상황에서 쓰여진 원고였으므로 출판을 위해서는 많은 교정 작업이 추가되어야 했다.

　1904년(29세) 8월 9일에 출옥한 이승만은 그해 말 비밀특사의 임무를 띠고 미국에 갔는데, 그 후 박용만 씨가 『독립정신』의 원고를 트렁크 밑창에 감추어 미국으로 가져가서 그곳에서 이 책을 출판했다. 한글 책의 출판을 위해 출판사를 설립하고, 한글 활자를 마련하여 책을 출판하는 일은 당시로서는 여간 어려운 일이 아니었다.

그런 상황이었으므로, 문양목(文讓穆) 씨는 독립정신 후서(後序)에서 "저자는 이 글을 다시 교정할 여가가 없어서 모모 동지에게 맡겨임의로 하는 것을 허락하였으나, 모모 동지는 또한 본문 그대로 세상에 전파하고자 하여 초본(初本)을 변경시키지 않고 발행하게 되었다."고 하였다. 이 말은, 원고의 내용을 식자(植字)한 후 오자(誤字)를 수정하고 문장 교정까지 봐야 하는 출판의 한 과정이 생략되었던 것이다.

앞에서도 말했지만, 이 책은 원고의 집필 자체가 옥중이라는 극악한 환경에서 이루어졌기에, 이 책은 특히 더 세심한 교정 작업이 필요했다. 그러나 이 책은 교정 교열 작업이 생략되어 읽기 어려운 책이 되고 말아 천재적 저자의 예언자적 메시지가 널리 읽혀지기 어려웠다.

그런 이유로 저자 자신도 제2판(1917. 3. 1.) 머리말에서 "저자가 지금도 시간이 없어서 이 글을 좀 교정하거나 첨부할 말이 있으나 자세히 살펴보지 못하고 본문(초판본)대로 재발간(再發刊)하오니, 이후에 고명(高明)하신 선생들이 많이 참고하여 교정(校訂)하시기를 바라는 바이다."라고 이 책의 교정 작업을 후세에 부탁하였다.

우남 이승만의 『독립정신』의 최초 원고는 고어체(古語體) 순 한글로 쓰여 있어서 현대인들은 읽기 어렵다. 그러나 자신의 사상과 역사적 사실 및 제도를 표현하는 데 사용된 한문 어휘나 문장들은 격조가매우 높고 유려하며, 아름답고 시적인 표현들이 많다. 처음 출판될 때부터 편집자의 조력(助力)만 어느 정도 더해졌다면 모든 사람들이 읽을 수 있었을 것이고, 그랬다면 지금보다 더 나은 대한민국, 대한민국의 국민들이 되어 있을 텐데, 하는 아쉬움이 있었다.

그래서 천학비재(淺學菲才)를 무릅쓰고 이승만 대통령의 부탁을 감히 자임(自任)하여 외람되지만 초판본을 바탕으로 교정(校正)을 하고 주(註)를 다는 일, 즉 교주(校註) 작업을 하게 되었던 것이다.

아무쪼록 이 책이 독자들을 자유(自由)하고, 자주(自主)하고, 독립(獨立)하는 개인으로, 국민 된 자격이 있는 국민으로 재탄생시킴으로써 자유민주 대한민국의 정체성을 다시 확고히 하는 데, 그리하여 현재 이 나라가 직면하고 있는 위기를 극복하는 데 일조하게 되기를 바란다.

2018년 4월 20일
교정 및 교주자 박기봉

〈일러두기〉

미국 L.A.에서 1910년 2월에 발간된 『독립정신』 최초 판본을 대본으로 하여 다음과 같은 원칙으로 교정 및 주석 작업을 하였다.

一. 저자의 문투를 최대한 그대로 살리기 위하여 노력하였고, 역사적 사건이나 동양 고전(*맹자 등)을 인용한 부분에 대해서는 독자들의 이해를 심화시키기 위하여 각주(脚註)를 달았다.

二. 문장의 조사나 토씨, 어순 등은 지금은 당시와는 많이 다르므로, 따로 언급하지 않고 현재의 용법대로 바꾸었다.

三. 원문은 전체가 순 한글 고어체로 되어 있다. 그러나 한자말을 한글로 적는다고 해서 한글을 알면 그 뜻까지 이해할 수 있는 것은 아니므로, 일부 한자말 단어는 그 뜻을 풀어서 한글로 쓰거나 또는 괄호 안에 한자를 표기하였다.(*예: 관동(冠童: 어른과 아이). 공혁하기를 → 겁을 주고 위협하기를. *돈연히 → 까마득히))

四. 원문은 문장의 단락 없이 길게 연속되어 읽기 힘들게 되어 있는데, 이를 교정자가 가독성을 높이기 위해 임의로 문단을 여럿으로 나누고, 행과 행 사이를 벌리기도 하였다.

五. 문맥상 오자(誤字)가 분명한 것은 별다른 언급 없이 바로잡았다.(*산림을 → 살림을. *례습→ 폐습. *독립 공자 → 독립 골자(骨子))

六. 한 문장이 누락된 것이 분명한 곳에서는 따로 언급 없이 한 문장을 보충해 넣었다.(*개명에 나가거든 하물며 반개화라 하는 → 개

명으로 나아가거늘 하물며 반개화(半開化)한 사람들이겠는가. 반개화라

하는 …)

七. 원본에 있는 사진들은 본문의 내용을 이해하는 데 반드시 필

요한 것이 아닐 뿐 아니라 인쇄상태가 좋지 않아 이 책에서는

대부분 생략하고 극히 일부만 실었다.

독립정신

목차

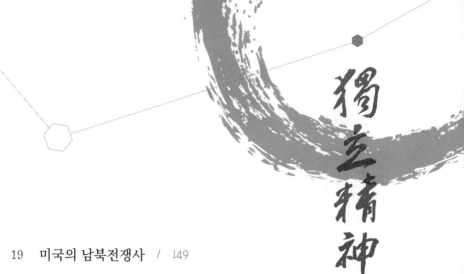

목차

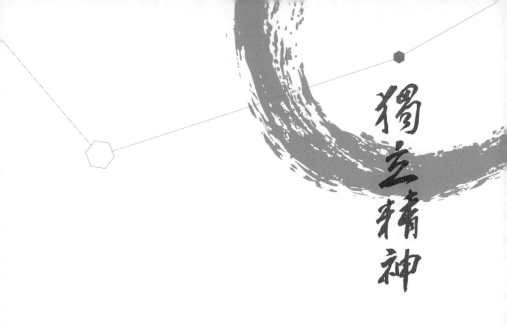

『독립정신』 서문(序文)

옥중에서 보낸 지루한 세월이 어느덧 7년이나 되었다.[1] 천금(千金) 같은 세월[光陰]을 허송하기 아까워서 국내외 친구들이 때때로 빌려주는 각종 서책(書冊)에 마음을 담그고 고초와 근심을 다소나마 잊으려고 하였으나 이따금 세상 형편에 따라서 어리석은 창자에 울분의 피가 북받쳐 오름을 억제할 수 없었다. 그를 견디기 위해 번역 작업에 착수, 그간 번역해 놓은 책들이 몇 가지 있으나 하나도 발간하지 못하여 마음이 더욱 울적해짐을 이기지 못하였다.

그러다가 수년 동안 신문의 논설(論說) 쓰는 것으로 다소나마 마음속에 품은 뜻을 말해 왔는데, 중간에 무슨 사정이 있어서 그것 또한 그만두고 있을 때 일·아(日俄)전쟁이 벌어졌다. 내 비록 세상에 나서서 세상에 도움이 될 일을 한 가지라도 이룰 만한 경륜(經綸)은 없으나, 지금이 어찌 남아(男兒)가 무심하게 감옥에 들어앉아 있을 때이겠는가. 이에 비분강개(悲憤慷慨)하여 흐르는 눈물을 주체하지 못하고 그동

---

[1] 이승만이 실제로 감옥 생활을 한 기간은 1899년 1월 9일부터 1904년 8월 9일까지 총 5년 7개월간이다.

안 만들어 오던 한영자전(韓英字典)을 그만두고 양력 2월 19일부터 이 책을 쓰기 시작하였다.

당초에는 한 장의 종이에다 장문의 글을 써서 몇만 장 발간하려고 했는데, 막상 시작하고 보니 이야기가 계속 이어져서 중단할 수가 없었다. 그래서 마지못하여 관련된 사건들을 대강대강 기록하였는데, 그 동안에 사형선고를 받은 죄수들의 형을 집행한 일도 수차 있었으며, 들어오고 나가는 죄수들도 여럿이었으므로, 자연히 소란스럽기도 하고 또 그들에게 미안하기도 하여 얼마 동안 중단하기도 하고, 혹은 비밀리에 쓰느라 몇 번 싸서 감추기도 하였으므로, 글 쓰는 일이 자연히 계속되지도 못하였고 내용 또한 한결같지 못하였다. 그러나 책의 강령(綱領)을 자세히 살펴보면 맥락(脈絡)이 서로 연결되어 있는데, 모두 다 '독립(獨立)'이란 두 글자를 주지(主旨)로 삼고 있다.

지명(地名)과 인명(人名)을 많이 쓰지 않고 일상 쓰는 쉬운 말로 길게 늘여 설명한 것은 고담소설(古談小說: 옛 이야기 책) 같이 읽기 쉽게 만들기 위해서이고, 전적으로 한글[國文]로만 기록한 것은 전국의 수많은 인민들이 읽기 쉽게 하기 위해서이며, 특별히 백성들을 향해 많이 이야기한 것은 대한(大韓)의 장래가 전적으로 아래 인민들에게 달려 있기 때문이다.

대저 우리나라의 소위 중등(中等) 이상의 사람들이나 한문(漢文)을 웬만큼 안다는 사람들은 거의 다 썩고 나쁜 물이 들어 더 이상 그들에게 바랄 것이 없으며, 또한 이 사람들은 자기 몸만 그럴 뿐 아니라 이 사람들이 사는 근처 사람들도 다 그런 기운을 받아서 어찌할 수 없게 되었는데, 이 말이 듣기에는 너무 심한 듯하나 분명하게 증거를 조사해 보면 나의 말이 허언(虛言)이 아닌 줄을 믿을 수 있을 것이다.

내가 오직 깊이 바라는 바는, 나라 안의 더욱 무식하고 천하며 어리고 약한 형제자매들이 가장 많이 이 책에 관심을 가져서 스스로 흥기(興起)하려는 마음이 생겨 차차 행동하기를 시험하고, 남을 또한 인도(引導)하여 인심이 날마다 변하고 풍속이 고쳐져서, 아래에서부터 변화하여, 썩은 데서 싹이 나고 죽음에서 살아나기를 원하고 원하노라.

건국 4237(1904)년 6월 29일
한성감옥에서
죄수 이승만 기록

『독립정신』 후서(後序)

박 용 만

　사람들이 말하기를 범에게 물려가도 정신만 잃지 않으면 산다고 하였으니, 만일 이 말이 거짓이 아니라면, 비록 나라는 망했어도 그 나라 백성의 독립정신(獨立精神)만 완전하면 결코 아주 망하지는 않을 것이다.

　대저 희랍의 독립을 보았는가, 그 영광스러운 결과가 어찌 하루아침에 된 일이겠으며, 또한 이탈리아의 독립을 보았는가, 그 굉장한 사업이 어찌 한 사람의 힘으로 된 것이겠는가. 이는 반드시 여러 해 동안 여러 사람들이 붓과 혀를 쉬지 않고 휘두르고 땀과 피를 함께 흘림으로써 수많은 인심이 다 같이 독립하려는 마음을 가지게 된 후에야 이루어진 일이다.

　그러므로 예로부터 어진 사람은 자기 하나만 영웅이 되고 싶어 하지 않고 반드시 다른 사람으로 하여금 자기와 같은 영웅이 되고 싶어 하도록 만들기 위해 그들에게 기(氣)를 불어넣어 주고, 그들의 마음을 열어주어, 전국의 백성이 같은 방향으로 나아가기를 원하는 것이다.

슬프다, 오늘날 조선국의 성명(姓名: 나라 이름)이 변하고, 조선 백성
의 이름이 종(노예)의 문서에 올라 있는 때를 당하여 소위 조선국의 혼
(魂)이나 조선 백성의 정신은 어디 있는가? 조선이란 나라는 비록 남
의 입에 물려 있더라도 그 정신은 보전하지 않으면 안 되므로 이에 학
사(學士) 이승만 씨가 쓴 『독립정신』이 세상에 나오니, 이는 우리 조선
4천 년 역사에서 처음으로 부르는 소리이며, 또한 처음으로 듣는 소식
일 것이다.

그러나 『독립정신』은 원래 우리나라를 잃은 후에 급작스레 쓴 것
이 아니다. 일·아(日俄) 전쟁이 시작되기 전 인천 항구에 대포 소리가
터지기 직전에 쓴 것이니, 당시 이승만 씨는 무술년(戊戌年) 정변[1]으로
옥중에 있은 지 6년째였고, 이 사람(박용만)은 감옥에서 풀려난 지 겨
우 몇 달[數朔]이 되었을 때이다.

그는 하루아침에 이 글을 써서 먼저 옥중에 함께 있는 동지들인 정
순만(鄭淳萬), 신흥우(申興雨), 이동녕(李東寧) 제군에게 보여주고 다시
나에게 보내서 비평하기를 청하므로, 나는 감히 그 일을 감당할 수 없

---

[1] 무술년(戊戌年; 1898) 정변: 1898년 10월부터 이규완(李圭完), 황철(黃鐵), 강
성형(姜盛馨), 윤세용(尹世鏞) 등 박영효 추종자들이 일본에서 몰래 귀국하
여 일본 공사관측이 제공하는 자금으로 친위대 소속 군인 150명과 자객 30
명을 규합하여 고종을 폐위시키고, 일본에 피신 중인 의화군(義和君) 이강
(李堈, 1877~1955)을 새 황제로 옹립하면서 박영효 중심의 혁신내각을 구성
하려고 한 쿠데타 음모.
　이승만은 이 음모에 직접 가담하지는 않았으나 윤세용이 공초에서 이승만의
이름을 대는 바람에 피신하던 중, 미국인 의료선교사 셔먼(Harry C. Sherman)
의 통역사로 왕진 때 동행하다가 1899. 1. 9. 체포되었다. 수감 중에 탈옥을
기도하다가 실패하여 1899. 1. 30. 체포되고, 이 일로 1899. 7. 11.에 종신형을
선고받았다. 1904. 8. 9. 러일전쟁이 일어나면서 특사로 감옥에서 풀려나게
되는 날 29세 때까지 총 5년 7개월간 감옥살이를 하였다.

어서 노성(老成)한 선배 이상재(李商宰) 씨에게 부탁하여 한 번 비평을
듣고 다시 교정을 본 것이다.

오호라, 조선 백성이 복이 없음인지, 내가 힘을 쓰지 않았음인지 감
히 스스로 판단하지는 못하겠으나, 그동안 이것을 출판하고자 한 지가
하루 또는 일 년만 지난 것이 아니지만, 동(東)과 서(西)로 분주히 주선
하고 힘을 썼으나 끝내 상당한 금액의 출판비용을 구하지 못하였다.

그리고 이것을 끌고 미국에까지 와서 하루바삐 출판하고자 하였으
나 매번 뜻하지 않았던 방해를 받아 오늘 여기서 주선한 일이 내일 저
기 가면 틀어지므로, 결국에는 뜻을 포기하고 다시 이 글을 본 주인에
게 돌려주었는데, 이리하여 내가 다만 이 글을 쓴 사람으로부터 한만
(閑漫)하다는 책망을 받을 뿐만 아니라 또한 우리 동포의 공적 이익[公
益]을 방해한 자라는 책망을 듣더라도 달리 변명할 곳이 없다.

아무튼, 보배로운 빛은 가려지기 어렵고 사향(麝香)의 냄새는 스스
로 감추지 못하는 법이다. 이 글의 아름다운 소리가 사방에 들리자 마
침내 이 글을 좋아하고 뜻을 같이하는 친구들이 마음을 합하고 힘을
합하여 1년 동안 노력한 후에 비로소 이 글을 출판하게 되었는바, 그동
안 이들이 얼마나 애를 썼고 얼마나 힘을 들였는지를 나는 나 자신의
지난 일을 통하여 알고 있다.

그러나 이 글을 쓴 사람이나 이 글을 출판하는 사람이나 또한 나
자신이나 모든 사람들이 다 같이 애석하게 여기는 것은, 이것이 너무
늦게 출판되어 그동안 세상 형편이 달라졌고 세상 형편이 변함으로써,
혹 이 글을 읽는 사람들이 재미를 잃을까 두려워하는 것이다.

그러나 이 글은 원래 정치상의 요령(要領)을 많이 거론(擧論)하여 본

국과 외국의 고금(古今)의 흥망(興亡)을 비교하여 쓴 것이기 때문에, 무
릇 이 글을 읽는 사람은 그가 어떤 사람이든지, 우선 이 글을 쓴 사람
은 먼저 깨달은 자[先覺者]라는 것도 짐작하겠지만, 그 또한 응당 독립
하려는 정신이 들고 독립하는 사람이 되어 장차 조선에 유익한 인재
가 될 줄로 믿는다.

건국 4243(1910)년 1월 일
박용만

『독립정신』 후서(後序)

문 양 목

『독립정신』은 우리 대한의 국권(國權: 나라가 행하는 권력, 곧 주권과 통치권)을 안전하게 하기 위하여 지은 글이다. 이 책을 저술한 이의 애국하는 혈성(血誠: 진심에서 우러나오는 정성)이 얼마나 지극한지는 이 글을 읽는 사람이 알 수 있을 터이므로 다시 설명할 필요가 없겠지만, 이 책을 보는 이들은 응당 이 글이 쓰여지게 된 내력[所從來]을 알고 싶어 할 테니 대강 간략히 기록할 필요가 있을 듯하다.

이 글의 저술가 이승만(李承晚) 선생은 서울의 만민공동회(萬民共同會)가 해산당한 후 옥중에 갇혀서(*1899. 1. 9.) 무수한 뇌형(牢刑: 주리를 트는 형벌)을 겪고, 서소문 안에 있는 옛 감옥서에서 칼 쓰고 차꼬 차고 수갑(手匣) 차고 일곱 달을 지낼 때에 때때로 처형당하기를 고대하였으며, 뜻을 같이하는 충애(忠愛: 충군애국) 열사들이 교형(絞刑: 목매달아 죽이는 형벌)과 참형(斬刑: 칼로 목을 베어 죽이는 형벌)을 당하는 광경을 여러 번 눈으로 보고는 남보다 먼저 처형당하기를 원했던 적이 한두 번이 아니었다.

함께 갇혀 있던 죄수들이 신문(新聞)을 비밀리에 구해서 보고 이승만이 간밤에 처형당했다는 기사를 읽어주는 것을 본인이 들은 적도 한두 번이 아니었으며, 그 부친께 유언의 글을 보낸 것이 세 번이었고, 그 부친은 옥문 밖에서 죽은 그의 시체를 가져가려고 밤을 새우기를 두 번이나 하였다.

그간의 크고 작은 사정들은 다 말하지 않더라도, 대강 이것으로만 보더라도 오늘날 선생께서 살아서 활동하심은 과연 천명(天命)이라 할 것이다.

무수한 고초와 단련을 겪고 모년 모월에(*1899. 7. 11.) 종신(終身) 징역형을 선고받아 옥중에서 거의 7년 동안(*정확하게는 5년 7개월)을 지내고 1904년 8월 9일에 비로소 석방되어 감옥에서 나온 후 즉시 미국으로 와서 지금 문학사(文學士)[1]가 된 것이다.

저 옥중에 있으면서 천신만고(千辛萬苦)를 다 겪으면서도 충의(忠義)의 피는 몸속에서 잠시도 식지 아니하여, 지필(紙筆)을 일체 엄금하는 감옥 속에서 수년 동안 제국신문(帝國新聞)의 논설을 꾸준히 써서 밖으로 내보냈으며, 주야로 학업에 몰두하는 여가(餘暇)에 갑오년(甲午年: 1894)의 청·일 전쟁에 관한 『청일전기(淸日戰記)』와 몇 가지 긴요한 글을 번역하였다.

그러나 나라의 일들은 나날이 글러가고 고루한 협잡배들은 점점 득세하는 중에 신학문(新學問) 서책을 그 누가 보려고 하겠으며, 세계적인 큰 운동들에 관한 글을 누가 감히 발행하려 하겠는가, 헛되이 지

---

[1] 문학사: 이승만은 1910년 당시에는 프린스턴대학교에서 정치학 박사학위를 받았다.

필(紙筆)과 수고만 허비할 뿐이므로 번역하고 글 쓰는 일을 그만두고 한영자전(韓英字典)을 만들기 시작하여 밤낮으로 깊이 생각하고 있을 때에 마침내 일본과 러시아 사이의 전쟁이 날로 급박(急迫)해 오고 있었다.

그러나 전국의 백성들은 캄캄한 그믐 밤중에 있어서 무슨 일이 밖에서 박두(迫頭)해 오고 있는 줄도 모르고 지냈고, 황실은 아라사(俄羅斯: 러시아)의 보호하에 들어가서 조금도 염려하지 않고 한결같이 태평세월을 보내고 있었으니, 이 어찌 장래를 보고서도 가만히 앉아 있을 수밖에 없는 사람으로서 방성대곡(放聲大哭)할 바가 아니겠는가.

그래서 영한자전(字典) 쓰던 일을 그만두고 이 글을 쓰기 시작하였는데, 이 글의 전체를 관통하는 주지(主旨)는 곧 세계가 돌아가는 대강의 형편을 한글로 기록하여 전국의 상하(上下)와 귀천(貴賤) 모든 사람들이 다 같이 보고 깨닫게 하려는 것이었다. 선생께서는 천만고초를 겪는 중에 끓어올라 가슴에 맺힌 의담(義膽)과 충혈(忠血)을 이 책 한 권에 토해냈던 것이다.

글을 쓰기 전에 전쟁이 벌어졌고, 글을 마치자 세상 형편이 완전히 변했으므로, 나라의 독립이 장차 누구의 손에 달려 있는지 모르게 되었으니 독립을 말하는 글이 어찌 용납될 수 있겠는가. 이 글이 몰수당할까 두려워서 옥중에서도 틈틈이 감추고, 드디어 선생이 옥에서 나오는 날에는 남이 혹시 이 글이 있는 줄 알고 소문을 퍼뜨리면 발간도 하기 전에 압수를 당할까봐 염려하여 깊이 간수하고 있다가 다행히 출판의 자유가 있는 미국 천지에 이르게 되었으니, 이는 곧 우리 한국의 복(福)이로다.

뜻을 같이하는 벗 박용만(朴容萬), 신흥우(申興雨) 양씨가 이 글을 발행하려고 차례로 애를 써서 심지어 활판(活版)과 주자(鑄字)까지 준비하였으나 미흡한 점이 있어서 끝내 출판을 시작하지 못했는데, 다행히 뜻을 같이 하는 벗 모모(某某) 제군이 동심합력(同心合力)하여 이 글이 비로소 발행되니, 비록 형편이 변하고 때가 늦은 듯하나 우리나라 사람의 처지로는 오늘이라도 알아야 할 것은 이것이고, 내일이라도 알아야 할 것은 이것이다.

선생은 이 글을 다시 교정할 여가가 없어서 모모 동지에게 맡겨 맘대로 하는 것을 허락하였으나, 모모 동지는 또한 본문 그대로 세상에 전파하고자 하여 초본(初本)을 변경시키지 않고 발행하게 되었으니, 충군애국 하는 동포들은 깊이 생각하면서 선생이 이 글로써 배양(培養)하려고 한 정신을 예비(豫備)할 것으로 믿는 바이다.

건국 단기 4243(기원 1910)년 1월 29일
문양목 삼가 씀

제2차 발간 서문

이 책은 러·일 전쟁 전에 서울 감옥서에서 거적자리와 차꼬 밑에 종종 감춰가며 기록하여 1904년 9월에 저자와 함께 석방되었다가, 1905년에 학사 박용만 씨의 트렁크 밑창에 감추어 태평양을 건너, 하와이를 지나, 미국에 들어가서 좋은 자유천지에서 방해를 받지 않고 여러 사람의 손을 거쳐서 1909년 1월에 마침내 미국에서 처음으로 출판되었는데, 전후로 위험한 상황도 많이 겪었지만 마침내 출간되어 세상에 나온 것은 실로 희한한 일이라 할 것이다.

최초의 위험한 사정은 첫째, 감옥서에서 금하는 지필(紙筆)을 얻어서 비밀히 기록하였다는 것이고, 둘째는 그 때에는 독립협회가 해산된 후여서 독립협회 회원들이 역적으로 몰리는 형편이었는데, 그런데 이 글에서 독립이니 민권이니 하는 말을 하고 있었다는 것이고, 셋째는 그 시대에는 황실(皇室)을 높이 받드는 언론이 성행하였으므로 어핍지존(語逼至尊: 말로 지존(왕)을 위협하는 것)하는 자는 역적으로 몰리는 터에 이 글에서 공화(共和), 헌법(憲法), 전제(專制) 등 정체(政體)를 구별하여 말하였으니, 이 때문에 이 글이 발각되면 글을 쓴 사람이나 이 글을 보관한 사람이나 다 같이 벌을 받게 될 뿐 아니라 이 정도의 글도 세상에 알려볼 희망이 없어진다.

그러나 이 글이 출간되었을 때에는 본국의 형편이 아주 변하여, 옥중에서의 금법(禁法)이라는 것도 상관이 없어졌고, 황권(皇權)이니 민권(民權)이니 하는 말도 별로 구애될 것이 없어졌으므로 자유롭게 전파하기에 방해가 없어야 하였지만, 그러나 본국에서 이 글을 전파하기는 전보다 더 어려워졌으므로, 이 글의 저자가 1910년에 본국에 돌아가 있을 때 경향 각처에서 남녀 친구들이 밤에 조용히 찾아와서 정탐꾼이 아니라는 소개서를 보이며 『독립정신』 한 권만 구할 수 있으면 값은 아무리 비싼 값(重價)이라도 지불하겠노라 하고 간구(懇求)하는 것을 여러 곳에서 보았다. 그러나 그때는 발간한 책도 다 팔려버렸거니와 본 저자 자신도 조심하기 위하여 아주 모른다고 하였는데, 이는 다름이 아니라 이 글이 시국(時局)에 금물(禁物: 禁書)이 되어 있었기 때문이다.

그러므로 시국의 형편은 여러 번 변하였으나 이 글을 금지할 만한 형편은 처음부터 지금까지 변하지 아니하고 점점 더 어렵게 되었는데, 그 잘못이 이 글에 있는지 아니면 저 형편에 있는지 그 이유를 알 수 없다. 이 글로 말하자면 지금 개명한 세상에 보통 전파하는 사상과 제도를 말한 것이고, 또한 개명한 세상에 전파하지 못할 말이 없거늘, 홀로 대한에서는 이 글을 용납할 곳이 전에도 없었고 지금도 없으니 그 이유가 다른 데 있지 않고 대한을 다스리는 사람들에게 있다고 할 것이다.

이전의 한국 정부도 자유 독립의 사상은 백성에게 알리지 않기로

작정하였고, 지금 일본 정부의 정책 또한 한국 사람들에게 자유니 독
립이니 하는 말은 듣지도 못하게 하려는 것이다. 그런데 이 글은 전적
으로 저 암흑 속에 있는 우리 민족에게 자유(自由) 자치(自治)와 독립(獨
立) 자주(自主)하는 이치를 알려주고자 하는 것이므로, 조선을 다스리
는 사람들은 이 책을 곧 수화상극(水火相剋: 물과 불이 서로 반대되는 성질
을 띠어 어긋나고 충돌함)으로 여기게 되는 것은 불가피한 이치이다. 따
라서 이 자유 활동하는 천지(美國)에 와 있는 우리 동포들은 저 옥중(獄
中) 같은 본국에 있는 동포들을 잊지 말고 이 글이나 혹 이와 같은 책
을 한두 권씩 혹은 여러 권씩 틈틈이 모험적으로 본국에 들여보내기
를 힘쓰기 바란다.

이 글을 쓴 사람도 당초에 무슨 생각이 있었거나 모험적으로 써본
것인데, 나의 지극히 사랑하는 박용만 군은 또한 무슨 생각이었는지
전후(前後) 모험으로 이 글을 감추어 해외로 가져와서 이 글을 발행하
기로 큰 목적을 삼고 전후로 애쓰고 힘쓴 것이 실로 측량하기 어려웠
다. 박 군의 변치 않은 노력으로 여러 동지들이 생겨서 문양목 씨가 책
임을 맡고, 네브라스카와 캘리포니아 등의 주 각 지방의 여러 동지들
이 결심하고 나서서 혹은 철로건설 노동도 하고, 혹은 포도와 귤과 함
수초(含羞草: mimosa. 관상용으로 재배하는 남미 원산의 일년초)를 따는 등 힘
든 노동으로 번 돈으로 이 글을 발행하니, 이 일에 쏟은 노력도 장하거
니와, 빚을 져가며 아침저녁 식사 때도 놓치면서 밤낮으로 활판(活版:
식자판. 활자판) 작업을 하여 이 글을 인쇄한 이들의 정성도 과연 나라
의 독립을 위하여 목숨을 내어놓고 전장에 나가 싸우는 충성만 못하
지 않다고 할 것이다.

그 때에 본 저자는 미주 동편에 멀리 있어서 미주 서편에서 여러 동지들이 나의 글을 출판하기 위하여 힘쓸 때에 참여하지 못하였거니와, 그때 애쓰신 이들의 사진과 명부(名簿)가 있으면 이 책에 올려서 그 공력(功力)을 표창할 터인데, 지금에 와서 구할 수가 없으므로 이번에는 올리지 못하지만, 차후에 이 책을 다시 인쇄할 때에는 구할 수 있는 대로 그들의 사진과 이름을 구해서 싣도록 할 것이다.

당초에 이 글을 쓴 사람이나, 이 글을 미국으로 가져온 사람이나, 발행한 사람이나 다들 이름을 드러내거나 다른 사사로운 이익을 바래서 한 것이 아니고, 다만 우리 국민에게 알려주고자 하는 한 가지 욕심으로 한 것이니, 이 글을 보시는 이들 또한 그만한 노력으로 동포들에게 알려주기를 힘쓴다면 본국이나 원동(遠東) 각지에 있는 우리 동족들도 세상 형편의 대강을 알 수 있을 것이고, 이로 인하여 장차 긴요한 책들을 발행하여 연속하여 문명 전진의 앞길을 열어주게 될 것이다.

다만 한스러운 것은, 이 글의 저자가 지금도 시간이 없어서 이 글을 좀 교정하거나 첨부할 말이 있으나 자세히 살펴보지 못하고 초판의 본문대로 재발간(再發刊) 하오니, 이후에 고명하신 선생들이 많이 참고하여 교정하시기를 바라노라.

1917년 3월 1일
리승만 서

독립정신 중간에 부치는 말씀

내가 감옥에서 지낸 지 7년째 되었을 때에 러·일 전쟁은 아침 아니면 저녁에 터질 상황이었으나, 황실에서는 러시아를 의지하고 터럭 끝 하나만큼도 신경을 쓰지 않고 있었으며, 정부의 대관(大官)들은 미·러·일 각 공관으로 밤낮으로 출입을 하면서 명리(名利) 추구에 분주하여 마치 제비가 처마 끝의 제 집 안에 있으면서 그 집에 난 불이 장차 자기에게도 미치게 될 줄을 모르는 것과 같으니[燕雀處堂, 不知火之及己], 우울한 마음에 통탄함을 억제하기 어려웠다.

그때에 이상재(李商在), 유승준(俞升濬) 선생 등과 같은 감옥에 갇혀 있으면서 세상 일이 날마다 잘못되어 감을 한탄하다가, 1904년에 러시아와 일본이 오래지 않아 충돌할 것으로 예상하고는 생각하기를, 전쟁 후에는 조선의 독립은 없어질 것이니 그 후에 다시 살아날 대책을 강구하려면 책을 써서 몇 만 권 발행하여 남녀노소에게 독립 회복할 계획을 알려주는 것 외에 다른 대책이 없다고 하여, 이러한 목적으로 이 책을 쓰기로 하였다.

이 책을 쓸 때에는 옥중에서 종종 이루어지는 수색을 피하기 위하여 그때마다 비밀히 감추어 가면서 썼고, 전국의 인민이 다 볼 수 있도록 하기 위하여 순 국문으로 썼으며, 읽기 쉽도록 하기 위하여 사실을 많이 기록하지 않고 알기 쉬운 말로 썼다.

글을 쓰면서 한 가지 주의한 것은, 전 국민이 세계의 대세에 대하여 완전히 몽매(蒙昧)하므로 몇 가지에 대해 대략이라도 알리는 것이 필요하다고 생각하여 쓴 것이 마침내 책 한 권이 되었다.

비록 처음에 간단한 소책자(小册子)를 만들어 독립이 없어진 후에 나라를 부활시키는 데 필요한 요소들이나 말하려고 했던 본래 의도와는 좀 달라졌으나, 글의 내용들이 어느 정도 서로 맥락이 통하여 독립(獨立)이란 두 글자가 책 전체를 관통(貫通)하고 있었으므로 책의 제목을 독립요지(獨立要旨)라 하였다가, 나중에 다시 독립정신(獨立精神)이라고 하게 된 것이다.

그때 황실에서는 혁명(革命)이 일어날까 우려하여, 토론회를 조직하여 미국의 정치제도에 대해 토의하던 학생들을 붙잡아 감옥에 가두는 상황이었으므로, 이 글이 발각되면 출판도 하지 못하고 압수되고 말 터이므로 몇 차례에 나누어 원고를 옥문 밖으로 내보냈다.

드디어 전쟁이 터진 후에는 일인(日人)이 독립을 주장하는 한인(韓人)들을 바짝 달라붙어 감시하였으므로 이 책을 발행할 여지가 전혀 없게 되었다.

1904년에 러일 전쟁이 터진 후에 개화 진보파(開進派)가 정권을 잡아 정부 요직에 들어앉으면서 즉시 저자(著者)를 석방하므로, 감옥 밖으로 나와서 보니 적병(敵兵: 일본군)이 벌써 황실과 정부를 틀어잡아 물 셀 틈조차 없는(水泄不通) 형세를 이루고 있었으므로, 외교 방면에 서는 국내에서 어찌할 수 없게 되었다.(*1905년의 을사늑약(乙巳勒約)에 의해 조선의 외교권은 일제에 의해 완전히 박탈당하였다.)

그래서 민영환(閔泳煥), 한규설(韓圭卨), 김종한(金宗漢), 김가진(金嘉鎭) 등 여러분과 상의하여 그 중의 한 사람이 주미공사(駐美公使)의 책임을 띠고 해외로 나가서 러·일 전쟁이 끝난 후 평화회의가 열릴 때에 참석하여 펼칠 외교활동을 미리 준비하지 않을 수 없다고 하여, 그런 목표와 방법으로 일을 주선하였다.

그러나 주한 일본공사의 조종으로 도저히 어찌해 볼 도리가 없음 [莫可奈何]을 깨닫고는 나로 하여금 주미공사의 일을 대행하도록 해보려 하였으나 그것 역시 불가능하므로, 나에게 조용히 미국으로 건너가기를 부탁하기에, 나는 호놀룰루로 이민 가는 사람들과 함께 하등선실(下等船室)에 올라 그해 11월에 샌프란시스코에서 내려 미국의 수도로 향하였다. 도중에 호놀룰루에 내려서 윤병구(尹炳求) 목사와 서로 상의한 결과, 그 다음 해 7월에 미국에서 열린 러·일 평화회의에서 우리의 항의서를 미 대통령에게 제시하였던 것이다.

내가 미국으로 건너간 후에 같은 감옥에 투옥되었던 친하고 믿을 수 있는 벗 박용만(朴容萬) 씨가 이 책의 원고를 트렁크 밑창에 감추어 가지고 와서 우리의 동지인 문양목(文讓穆) 선생과 김미리사 여사와 기타 유지 여러 벗들이 이 책을 인쇄하여 발행하였으나, 아, 시간이 흘러 지나간 일이 되어버렸으니[時移事往], 국내의 동포들에게 알려주고자 했던 본래 의도는 다 무위(無爲)로 돌아가고, 차가운 밤하늘의 별[寒星]

처럼 흩어져 사는 재외 동지들만 보게 되니 애초에 목적했던 바는 다 어그러지고 말았다.

그러나 이를 의미 있게 보아주신 재외 동포들이 많아서 몇 해 후 호놀룰루에서 한 차례 중간(重刊)을 하였다. 그런데 이제 이를 다시 간행하게 되어, 이미 인쇄할 준비를 다 마쳐 놓고 나에게 서문(序文)을 써 달라고 청하기에 대략 이 책의 유래를 기록하여 그 정신만을 알리고자 한다.

그러나 형편도 바뀌고 민중의 지식이 많이 발달된 금일에는 아무런 도움도 되지 못하겠지만, 그래도 혹 역사적 유물로는 볼 수 있을지도 모르겠다. 만약 이 책이 지금 우리가 자주독립을 완성하려는 정신에 일조(一助)가 될 수 있다면, 이보다 더 큰 다행은 없다고 생각하는 바이다.

단기 4278년(1945년) 11월 12일
리승만 식

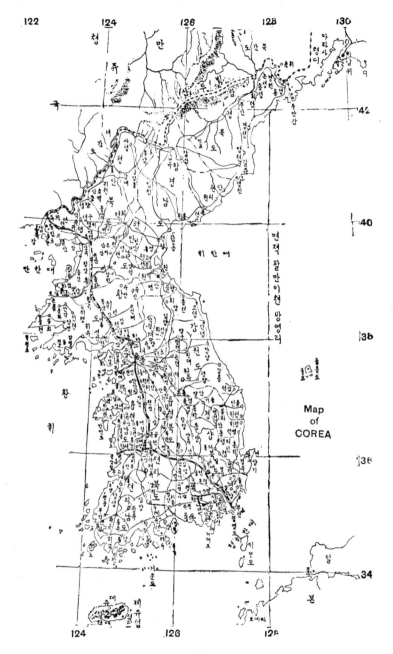

조선지도

1
총 론

　슬프다, 나라가 없으면 집이 어디 있으며, 집이 없으면 내 한 몸과 부모처자와 형제자매며 훗날의 자손들이 다 어디서 살며 어디로 가겠는가.

　그러므로 나라의 신민(臣民)된 자는 상하귀천(上下貴賤)을 막론하고 화복(禍福)과 안위(安危)가 다 같이 그 나라에 달려 있는바, 이는 비유하자면 만경창파(萬頃蒼波)에 배를 타고 있는 것과 같아서, 순풍(順風)에 물결이 고요할 때에는 돛을 달고 노질을 하는 일은 전적으로 사공들에게 맡겨 두고 모든 선객(船客)들은 각각 제 뜻대로 물러가 잠도 자며 한가하게 구경도 하면서 자기 직분 외의 일에는 간섭할 필요가 없다.

　그러나 만약 풍랑(風浪)이 높게 일고 비바람이 크게 불어서 돛대가 부러지고 닻줄이 끊어져서 수많은 생명의 생사(生死)와 존망(存亡)이 일순간에 달려 있다면, 그 안에 앉아 있는 자들 중 어느 누가 정신을 차려 한마음으로 일어나서 돕기를 힘쓰지 않겠는가.

　설령 전날에 서로 원망하고 미워하는 마음이 있었던 자라도 다 잊어버리고 일시에 협력하여 무사히 건너갈 생각만 할 것이다. 그 이유는, 그 배가 깨어지면 나의 원수나 나의 몸이나 다 같이 화를 면할 수 없기 때문이다. 혹 수많은 보패[寶貝: 보배]와 재산을 가진 자라도 다 네 것 내것을 따지지 않고 그것들을 분분히 물에 던져 배를 가볍게 만들어 가라앉지 않기만을 도모(圖謀)할 것인데, 그 이유는, 그 배가 물에 잠기면 내 목숨만 홀로 살 수는 없고, 내 목숨이 살지 못하면 보배와 재산 또한 귀할 것이 없기 때문이다.

그러므로 자기만을 위하려는 생각은 조금도 하지 말고 합심하여 사공들을 도와서 다 같이 살려고 해야 할 것이니, 이는 사공을 위해서가 아니라 곧 자기 몸을 위하는 길이다.

설령 사공들이 각각 제 직책을 다하여 가더라도 선객들은 각기 제 몸을 위하는 도리에서 차마 그저 가만히 있지 못할 터인데, 하물며 뱃사람들이 혹은 술에 취하거나, 혹은 잠도 깨지 않거나, 혹은 눈도 멀고 팔도 부러져서 동(東)과 서(西)를 분별하지 못하고 위태한 줄을 깨닫지 못하여 움직이면 움직일수록 점점 더 위태하게 만들어, 널판들이 쪽쪽 떨어져 나가고, 기계가 모조리 고장 나서 물이 사면(四面)에서 들어오고, 사람들이 차례로 물에 빠져들어 이웃 배에서 급히 와서 대신 건져주려고 하면, 이 배의 선객들은 구조하는 일을 끝까지 남에게 미뤄두고 자신들은 무심히 가만히 앉아서 죽기만을 기다리는 것이 그들의 도리라고 하겠는가? 그렇게 하는 것이 지혜로운 행동이라 하겠는가?

마땅히 남이 건져주기를 바라지도 말고, 뱃사람들에게 맡겨두지도 말고, 다 각기 자기 일로 알고 제 힘을 다해야 할 것이다.

그러나 사공들이 선객과 협력하여 한마음으로 일한다면 그 공들인 보람이 속히 나타날 것이므로 피차(彼此)에 다행한 일이 되겠지만, 그렇지 아니하고 사공들이 자기들 입장만 생각하고 헤아리기를, 배는 다 우리 물건인데 남이 어찌 간섭하겠는가, 다행히 무사히 건너가면 뱃삯을 후하게 받아 주머니를 가득 채울 것이고, 불행히 파선을 당하더라도 우리는 헤엄도 칠 줄 알고 다른 배로 건너가기도 어렵지 않으니, 여러 선객들이 죽고 사는 것은 우리가 알 바 아니라고 하면서 자기들 일에 상관하지 못하도록 한다면, 여러 선객들은 할 수 없다고 하면서 물러가 가만히 앉아 있겠는가?

선객 중에 노젓는 일에 익숙하고 물길도 잘 아는 자가 있어서 한두 번 손을 쓴다면 강을 무사히 건너갈 수 있을 터인데도 저 몇몇 사공들의 사사로운 이해 때문에 수많은 생명을 구하지 않을 것이며, 큰 배 한 척을 건지지 아니 하겠는가?

우리 대한 삼천리강산은 곧 2천만의 생명을 싣고 풍파(風波) 거센 대해(大海)에 외로이 가고 있는 배와 같다. 생사(生死)와 존망(存亡)의 급함이 조석(朝夕: 아침과 저녁)에 달려 있으니, 이는 삼척동자라도 다 짐작하는 바이다. 어떻게 위태한지, 어찌하여 이렇게 되었는지는 아래에서 다시 말하겠지만, 우리가 지금 당장에 물에 빠져가고 있는 배 안에 앉아 있으니 정신부터 차리고 봐야 할 것이다.

2
사람마다 자기의 책임과 잘못을
깨달아야 한다

청컨대 우리 대한 동포들아! 상하(上下) 귀천(貴賤), 대소(大小) 관민(官民), 빈부(貧富) 존비(尊卑), 남녀노소를 다 막론하고, 삼천리강토에 속하여 2천만 인구에 속한 자들은 다들 나라를 이렇게 만든 데에는 자기에게도 얼마큼씩 책임이 있는 줄을 깨달아야 할 것이다.

그 중에는 권력을 잡고 정부 안에 앉아 있으면서 국권(國權: 나라가 행하는 권력, 곧 주권과 통치권)을 제 손으로 팔아먹은 죄악이 세상에 드러난 자도 있고, 혹은 그런 사람들의 일꾼이 되어 '나라 집(國家)'[1]을

---

[1] 나라 집: 이는 원래 한자어 국가(國家)를 분리하여 직역한 말이지만(나라 국(國), 집 가(家)), 저자는 '나라 집'이란 단어에 한자어 국가와는 다른 의미를 부여하고 있다. 원래 중국에서 '국(國)'은 제후국을 일컫고 '가(家)'는 대부의 봉지(封地)를 말하는 것으로 양자는 상하관계, 지배와 종속의 관계에 있지만, 저자는 나라(國)를 개인의 가정(家)과 같은 성격으로 파악했다. 한 가정은 부모와 자식 등이 상하 지배관계, 종속관계로 이루어진 존재가 아니라 자유롭고, 자주적이며, 독립적인 개인이 서로 사랑하면서 각자의 맡은 바 역할을 수행해 가는 협력관계에 있는 그런 존재가 근대의 독립국가 구성의 요소임을 강조하려고 '나라 집'이란 단어를 만들어 쓴 것으로 짐작된다.

헐어버리는 일을 도와준 자들도 많다. 혹은 소위 점잖은 완고대관(頑固大官: 융통성 없고 고집 센 대신)이란 자들처럼 체통(體統)과 도리(道理)만 차리다가 '나라 집'이 쓰러지기에 이르렀는데도 말 한마디 못한 고루한 자들도 많다.

혹은 개명(開明)한 인사로 알려진 대관(大官)이 형편 따라 입장을 번복하고는 자기 몸만 살찌우려는 욕심, 즉 비기지욕(肥己之慾)을 채운 자도 무수히 많다. 혹은 미관말직(微官末職)이라도 얻어 행세하는 것만을 영광으로 여겼으면서도 권리가 적으므로 잘못된 책임이 없다고 하고 앞뒤로 흉악하기 그지없는 일들을 무수히 도와준 자들도 많다.

기타 모든 불법 불의한 부류들은 다 말할 것도 없고, 심지어 아래 백성으로 말하더라도, 다 이와 같이 큰 죄악은 범하지 않았다 하더라도 경향(京鄕) 원근(遠近)을 막론하고 '나라 집'이 쓰러지는 것을 받쳐주지 못한 죄는 저마다 다 같이 가지고 있는 것이다.

이 말을 처음 듣는 이들은 응당 그렇지 않게 여기면서 마음속으로 헤아리기를, 잔약한 백성들이야 나라가 잘 되고 못 되는 것과 무슨 관계가 있느냐고 하면서, 겸하여 나라를 근심하고 백성을 걱정하여 밤낮으로 애쓰고 평생을 힘쓰던 사람들 또한 전국 각처에 적지 않은데 어찌하여 다 같이 잘못에 대한 책임[罪責]이 있다고 하는가, 이는 결단코 공평한 의론이 아니라고 할 것이다. 그러나 사실 제삼자의 입장에서 본다면, 이런 사람들 또한 자기 직책을 다했다고 말할 수는 없는 것이다.

나라의 독립 기초를 확실히 세우거나, 그렇지 못하면 독립을 위하여 목숨을 버릴 때에야 비로소 그 직책을 다하는 것이고, 그렇지 못한 자는 아무리 힘을 허비하였다 하더라도 나라의 형세(國勢)를 회복하기 전에는 각자가 져야 할 책임[擔責]에서 벗어나지 못하는 것이다.

그러나 죽는 것에도 또한 등분(等分)이 있다. 혹 나라를 그릇되게 하여 백성들의 원망을 쌓아가다가 그 죄악이 가득차서 천벌(天罰)이나 국법(國法)에 죽는 자도 있으며, 혹 극악무도한 죄를 가득 지어 용납할 곳이 없게 되고서도 자리에 누워 일생을 마치는[臥席終身] 자도 있는데, 이렇게라도 죽으면 곧 죄악을 면한다고 하겠는가?

결단코 그렇지 않다. 응당 지옥에서 영원한 벌을 면하지 못할 것이지만, 천년만년 그 이름이 받을 벌을 어찌 죽음으로써 벗을 것이며, 누가 그가 죽었으니 이제 그에게는 죄가 없다고 하겠으며 불쌍하다고 하겠는가? 이처럼 죽어서도 그 죄의 벌에서 도망갈 수 없는 것이다.

혹 극악무도한 죄는 범하지 않았으나 제 몸을 아껴 세상의 시비곡직(是非曲直)에 관계하지 않다가 편안히 여생을 마치거나, 질병과 재앙을 당하여 죽는 자도 있으며, 혹은 무성무취(無聲無臭: 이름이 나지 않았거나 세상을 피해 살기 때문에 소리도 냄새도 없음)하게 얻어먹고 얻어 입기에만 골몰하면서 평생을 보내다가 초목과 같이 썩는 자도 있는데, 이렇게 죽는 것도 책임을 면할 수 있다고 하겠는가? 이 또한 그렇지 않다.

인생의 수요(壽夭: 장수와 요절)와 장단(長短: 오래 삶과 일찍 죽음)에는 혹 구별이 있으나 꿈같은 백 년을 살다가 마침내 죽는 날에 이르면 사람마다 다 일반이니, 잠시 살다 갈 세상을 하루라도 더 살겠다는 욕심에 끌려서 구차하게 욕을 견디며, 원통하고 억울한 일을 참고, 의(義)를 위해 죽을 수 있는 자리를 만나 영광스럽게 죽을 기회를 잃어버려, 집과 나라를 다 그릇되게 만들고도 천년만년을 살지 못하니, 끝내 죽어 없어지는 날에는 그 더럽고 비루한 생명을 세상의 그 어느 누가 안타깝게 여기지 않겠으며, 그 후생들은 장차 무엇이라 하겠는가.

당연히 원망하고 한탄하며 말하기를, 우리 조상들은 그 좋은 기회를 만났을 때에 다 자기들의 일생만 생각하고 우리를 돌아보지 아니하여 오늘날 우리가 세상에서 인류 노릇을 못하며, 지극히 원통(冤痛)한 처지를 당하고도 호소할 곳이 없게 되었으니, 이는 다 우리 조상들의 잘못이라고 할 것이다. 이렇게 죽어서 어찌 용서를 받고자 하겠는가. 이렇게 죽는 것도 죄를 면하지 못할 것이다.

혹은 기한(飢寒: 굶주림과 추위)과 곤궁(困窮)을 견딜 수 없지만 차마 불의(不義)하고 불신(不信)한 일을 할 수는 없다고 하면서 그 지조(志操)를 지키다가 기한(飢寒)으로 죽는 자도 있다.

혹은 괴로운 세상과 욕된 목숨을 사는 것은 귀한 일이 아니라고도 하며, 혹은 나랏일이 날로 급해져서 더 이상 가망이 없으니 세상에 살아 있어 봐야 소용없다고 하면서 통분한 마음을 이기지 못하여 자결(自決)하는 자도 있는데, 이렇게 죽는 것이 가장 공명정대하고 충분(忠憤: 충의로 인하여 일어나는 분한 마음)한 죽음이므로 잘못을 면할 수 있을 듯해 보이지만, 이 또한 나라나 세상을 위해 죽었다고 할 수 없는 용렬(庸劣)한 죽음일 따름이다.

만일 시국(時局)을 통분히 여기고 욕된 세상 살아가는 것을 괴롭게 생각한다면 천금 같은 한 몸을 어찌 헛되이 스스로 버리겠는가. 하물며 내 몸은 내 것이 아니라 천지를 주재(主宰)하시는 이가 내게 맡기시어 이것으로 세상을 위해 쓰도록 하였으니, 내가 세상에 살아 있을 동안 잠시 맡아서 행해야 할 직분(職分)이 있거늘 내가 마음대로 버리는 것은 조물주(造物主)에게 크게 죄를 짓는 것이다. 또한 국민 된 도리로 말하더라도, 내 한 몸은 이 나라에 대하여 마땅히 행해야 할 의무가 있는데, 대소(大小) 관민(官民)을 불문하고 다 같이 나라에 속해 있는데, 어찌 그것이 중대한 것인 줄 모르고 스스로 경솔하게 죽을 수 있겠는가? 이는 나라에 죄를 짓는 것이다. 한 몸을 버림으로써 하늘과 사람에게 다 같이 죄를 짓는 것을 어찌 경계하지 않을 수 있겠는가.

마땅히 불의를 보고 진정으로 공분(公憤)을 느끼고, 충성과 애국(忠愛)을 나의 근본 의무로 삼고, 세상에 나가서 간사한 무리와 패악한 부류의 인간들을 쳐서 공훈담(功勳談) 한 마디라도 남의 이목에 드러내고, 여리고 약한 동포들을 대신하여 강하고 포학한 원수를 물리치다가 강한 적의 세력에 꺾여서 죽게 된다면, 이것은 참으로 영광스러운 죽음이고 나라를 위한 죽음이다. 이는 하늘이 내게 맡기신 근본 의무를 저버리지 않는 것이며, 나라의 신민(臣民) 된 자로서의 직분을 다하는 것이다.

이렇게 몸을 버린 자라야만 비로소 자기 직책을 다하였다고 할 것이니, 이렇게 죽는 것은 정말로 죽는 것이 아니라 영원히 살아 있는 것이다. 그리하여 천추(千秋)에 빛나는 이름이 그치지 않을 것이니 실로 귀하고 영화로운 죽음이다. 그러니 그 누가 부러워하지 않을 것이며, 그 누가 추앙하지 않겠는가.

그러나 사람들은 흔히 말하기를, 비록 의로운 일을 하다가 죽고자 해도 세상에 알아줄 사람이 없으니 결국 어리석은 죽음이 될 뿐인데 무슨 이름이 드러나겠느냐 라고 한다.

혹은 이르기를, 내가 의로운 일을 하다가 죽더라도 뒤따를 자 없으면 나만 쓸데없이 죽을 뿐이니 무슨 효험이 있겠느냐 라고 한다.

혹은 말하기를, 내 몸이 죽어서 일만 성사될 것 같으면 열 번이라

도 죽기가 어렵지 않겠지만, 나만 죽고 일도 성사되지 못할 테니 장부
가 어찌 헛되이 목숨을 버리겠느냐 라고 한다.

그래서 이 세 가지 각각에 대하여 나누어 말해 보려고 하는데, 죽
어도 알아줄 자가 없다고 한 것부터 먼저 설명하도록 하겠다.

대개 충신(忠)과 역적(逆), 옳음(是)과 그름(非)이라고 하는 것은 인
정과 형편에 따라서 그 구별이 변하는데, 혹 오늘은 충신으로 여겨지
던 자가 내일에는 역적으로 여겨지기도 하고, 혹 이곳에서는 옳다는
사람을 저곳에서는 그르다고 하는 경우도 있다.

지식이 밝지 못한 사람은 멀리 내다보지 못하여 그 당시 사람들이
영웅호걸(英雄豪傑)이라 하는 것을 중히 여기고 그 사람이 먼 훗날에
가서는 도리어 난신적자(亂臣賊子)라고 불리게 될 줄은 깨닫지 못하며,
혹 한 지방에서 충신열사(忠臣烈士)라 불리는 것을 대단한 일로 여기고
세계 각국이 간신소인(奸臣小人)이라 하는 것은 알지 못하므로, 다만
당장에 보고 듣는 것만 위주(爲主)로 하므로 참으로 공변되게(공평하게)
의로움을 행하지 못한다.

오직 지혜가 밝고 먼 앞날을 생각할 줄 아는 자라야만 한때의 인심
(人心)을 생각하지 않고, 한 지방의 공론(公論)에 항거하면서 굳세게 의
(義)를 지켜, 남은 다 어리석다고 하거나 혹은 역적이라고 하더라도 홀
로 그것을 영광으로 알고 굴하지 않고 죽기를 즐겨하여, 몇십 년, 몇백
년 후에 가서야 비로소 그 이름과 영광이 세상에 드러나는데, 이전 역
사에서 빛나는 이름들을 보면 다들 그 당시에는 아무도 모르는 듯하
였으나 자연히 이 세상에 드러나서 숨길 수 없게 된 것이다.

지금도 우리 이목(耳目)의 관념으로는 아무리 남이 알아줄 자 없을

것 같아도, 실상은 공번된[1] 의(義)를 지키기가 어려운 것이 한스러운 일이지 공번된 의(義)를 위해 죽을 수만 있다면 어찌 세상에서 알아주지 않을 이치가 있겠는가.

우리나라에도 갑오경장(甲午更張)[2] 이후로 나라를 위하여 죽은 사람이 몇몇 되는데, 혹은 벌써 드러나기도 하고 혹은 아직 드러나지 않은 사람도 있으나, 다 세상의 이목(耳目)이 있으므로 스스로 숨길 수는 없을 것이다. 아직 시대가 오래되지 않았기 때문에 묻혀 있는 이름이 여럿이지만, 차차 때가 되면 역사책에도 오를 것이고, 책을 써서 널리 퍼뜨릴 자도 있을 것이니, 어찌 영원히 없어진다고 하겠는가.

이는 내가 죽은 후에 알아줄 사람이 없을까봐 염려할 필요는 없다는 것이다.

둘째, 나 하나 죽은 후에 뒤따라 죽을 사람이 없다는 것에 대하여 말하자면, 의(義)를 행하다가 죽은 후에 남이 내 뒤를 따르고 안 따르고는 내가 신경 쓸 일이 아니다.

---

[1] 공번되다: '공번(公反)'은 본래 이두어로서 '공평하다'는 뜻인데 흔히 '공번되다'라고 쓴다. 공변되다, 공평하다란 뜻이다.

[2] 갑오경장(甲午更張): 갑오개혁(甲午改革)이라고도 한다. 1894년(甲午年) 7월부터 1895년(乙未年) 7월까지 2차에 걸쳐 추진된 근대적 개혁운동. 1894년 동학농민운동을 계기로 조선에 진주한 일본이 7월 23일 군대를 동원하여 경복궁을 점령한 후 김홍집 내각을 수립하여 내정개혁에 착수했는데, 이를 제1차 갑오개혁이라고 한다. 그 후 청일전쟁에서 승세를 잡은 일본은 흥선대원군을 정계에서 은퇴시킨 후 갑신정변으로 일본에 망명 중이던 박영효, 서광범 등 개화당 인사들을 입각시켜 김홍집 내각과 연립내각을 수립하여 사법, 행정, 경찰 등의 제도적 개혁을 추진하였는데, 이를 제2차 갑오개혁이라 부른다. 이러한 갑오개혁운동은 명성황후를 비롯한 친청(親淸) 사대당의 반발로 좌절되었다.

의(義)를 행해야 할 때에 뒤를 돌아보는 것은 벌써 나의 죽을 마음이 굳건하지 못하기 때문이니, 진실로 이렇게 죽는 것을 영광으로만 안다면, 남들이 모르는 중에 나 혼자 알고 의(義)를 위하여 죽는 것이 더욱 영광된 일인데, 남이 나의 뒤를 따르지 않는 것이 나에게 방해될 것이 무엇이며, 만약 남이 나와 같이 죽을 자 없어서 일이 성사되지 못할까봐 염려한다면, 마땅히 내가 남이 죽는 데 같이 죽지 못하는 것을 먼저 염려해야 할 것이다.

사람마다 남의 의리를 같이 하고자 한다면, 남 또한 나의 의리를 같이 할 것이다. 내가 만일 남의 의리를 같이 하여 순전한 공심(公心)으로 남의 뒤를 따른다면, 남도 반드시 나의 의리를 같이 하여 나의 뒤를 따를 것이다. 이는 하늘이 정한 이치이므로, 혹 당장에 따르기도 하고 혹 얼마 후에 따르기도 하지만, 대의(大義)와 정도(正道)를 세우는 자리에는 영원히 뒤가 끊어지는 법이 없나니, 나의 뒤를 따르는 자 없음을 염려할 것은 아니다.

셋째, 목숨이 죽고도 일이 이루어지지 못하는 것에 대해 말한다면, 이 또한 결단코 그렇지 않다.

사람이 세상을 위하여 큰 이익을 도모한다면 마땅히 그 일이 천리(天理)에 공번된 의(義)인지 아닌지 그 근본만 물어야 할 것이고, 일이 성사되느냐 아니 되느냐에 대해서는 따질 일이 아니다. 천하에 공번된 의(義)를 위하여 죽기까지 있는 힘을 다하여 씨를 뿌려둔다면 그 조만지속(早晚遲速: 이르고 늦음과 느리고 빠름)의 차이는 있어도 끝내는 드러나서 좋은 사업이 열매를 맺을 것이니, 이는 동서양 각국의 역사를 보면 그 증거가 하나둘이 아니다. 대장부라면 마땅히 넓고 장원(長遠)한

천리를 밝히 살펴 굳게 나아갈 뿐이다. 어찌 내가 그 효험 보기를 바라겠는가.

우리나라에 큰 이익이 되는 사업과 의리상 이루어져야 할 일이 하나도 성사되지 못하는 것은 사람마다 다 그 일이 성사되기만을 바라기 때문이다. 저마다 일이 이루어지기만 바라고 이리저리 따진다면 자연히 죽을 염려도 나고 온갖 이해관계가 개입되어 의리상 혈기(血氣)와 용맹스러운 담략을 다 약하게 만든다. 그리되면 다시 부패한 생각이 나서 부득이 남이 기회를 만들어 놓은 후에 내가 힘 안 들이고도 일이 순조롭고 편하게 되기를 기다리게 될 뿐이니, 서로 기다리는 중에 무슨 일이 성사될 수 있겠는가.

만일 사람마다 의리만 생각하고 목숨을 가벼이 여기어 한마음으로 나아간다면 남 또한 억제하지 못하고 떨쳐 일어나 호응하여 나올 것이니, 그렇게 되면 어찌 일이 성사되지 못하겠는가. 그리고 설령 당장에는 호응하여 따르는 사람이 없을지라도 어찌 영원히 없을 리가 있겠는가.

이는 내가 죽더라도 일이 성사되지 못할까봐 염려하는 것은 옳지 못하다는 것이다.

그러므로 이상의 세 가지 이유 때문에 옳은 자리에서 죽지 못한다고 하는 것은 사실은 의리를 위하여 죽기까지 나아가고자 하는 마음이 없는 것이며, 혹 이것을 깨닫지 못하여 옳게 죽지 못하는 자는 죽어도 그 잘못의 책임[罪責]을 면할 수 없을 것이다.

그러므로 이 시대에 태어나서 이 천지에 살고 있는 자는 한 사람도 잘못의 책임이 없다고 할 수 없나니, 각자 생각해 보면 스스로 알겠지만, 이 책을 쓰는 자[저자 자신] 또한 2천만 명 중 하나인데, 이 말을 하

는 것이 어찌 남에게만 허물을 돌려보내고 자기 혼자 잘못이 없다고
하는 것이겠는가.

　나도 나 자신의 죄책(罪責)이 어디에 있는지 짐작하는 바가 없지 않
으므로 스스로 부끄럽고 두렵거니와, 이상에서 기록한 말은 곧 사람마
다 자기의 죄책을 깨달아 남이 하거나 하지 않거나 상관하지 말고 각
자 자기의 직책과 도리만 행하여 죄책을 면하도록 힘쓰기를 간절히
바라는 바이다.

3
자신의 직책을 다하지 못하면 화를 당한다

그러나 사람이 다만 나라에 대한 직책을 행하지 못하여 죄책(罪責: 잘못에 대한 책임)은 될지라도, 자기의 몸과 집이나 부지(扶持)한다면 당장 자기에게는 이로우므로, 오히려 자기의 계책이 지혜롭다고도 할 것이고, 혹은 영웅호걸다운 면도 있다고 하겠지만, 끝내는 제 몸과 집안도 부지하지 못하게 된다.

저 권력을 누리던 자들을 보라. 당시에는 위엄과 영광이 곧 천지를 진동시키며 천년만년 꺼지지 않을 듯하여, 어리석은 세상 사람들이 모두 그 광채에 취하여 부러워도 하고 추앙도 하였으나, 그 세력이 하루아침에 다 어디로 갔으며, 그 영광이 다 어디에 있느냐?

아라사(俄羅斯: 러시아의 옛 이름) 공사관을 태산같이 의지하고는, 세상 인심과 흐름을 거역하면서 천하에 두려운 것이 없는 줄로 알고 못된 돈[1]을 한없이 주조하여 백성이 살 수 없도록 만들고, 또 우리나라

---

[1] 못된 돈: 당백전(當百錢), 당오전(當五錢)의 주조를 말한다.

와 거래하는 외국 상인들에게도 피해를 주기 때문에 누누이 경고하였으나 나의 권리라고 하면서 듣지 아니하고, 뒤로 묵주(黙鑄: 관의 묵인 하에 불법으로 주조한 돈)를 몰래 만들어 안팎으로 이익을 취하고, 발가리[1]로써 백성들을 해쳤다.

또 참형(斬刑: 목을 베어 죽이는 형벌) 제도를 도입하여 혹독한 야만적인 일을 시행하고, 폐지된 연좌제법(連坐制法: 한 사람의 범죄에 대하여 특정 범위의 여러 사람이 연대책임을 지고 처벌받는 제도)을 회복시키기 위해 무수히 애를 쓰고, 죄가 있건 없건 간에 미결수로 사오 년씩 재판도 없이 가두어 두며, 포락(炮烙: 인두를 불에 달구어 지지는 형벌)으로 살을 태우기, 온갖 가지 형구(刑具)를 사용하여 늑초(勒招: 강제로 죄를 자백받는 것)를 받다가 애매하게 죽이기, 징역형(懲役刑)을 선고한 지 달포 만에 다시 선고도 하지 않고 죽이기, 거짓 문서를 꾸며서 충직한 사람을 얽어 고발하도록 시키거나, 고문으로 구초(口招: 스스로 죄를 진술케 하는 것)를 받아서 억울한 죄인을 만들기도 한다.

이러면서 이들이 겉으로 하는 일은 체통과 예절 지키기, 등록(謄錄) 찾기[2], 사직상소(辭職上訴) 하기, 모든 글의 문구(文句) 치레하기 등인데, 이런 일을 하느라 다른 일은 아무것도 하지 못한다.

백성은 사경(死境)에서 울부짖고 있는 중에도 이들의 놀이와 잔치는 날로 심해가며, 나라의 위망(危亡)이 시각에 달려 있으나 종로 삼거

---

[1] 발가리: '낟가리'의 경상도 방언. '낟가리'는 낟알이 붙은 채로 있는 곡식을 많이 쌓은 더미를 말하는데, 여기서는 농민들을 상대로 한 일종의 고리대업을 말한다. 춘궁기에 식량을 높은 이율로 빌려준 후 추수 때 가서 밭의 낟가리 채로 회수하는 일.

[2] 등록(謄錄)찾기: 자기의 주장을 정당화해 줄 증거가 될 만한 전례가 적혀 있는 옛날의 기록 찾기.

리로 풍악(風樂)을 울리며 돌아다닐 때 좌우로 벽제(辟除)[1]소리는 전
보다 더 요란하다.

관찰사(觀察使)나 군수(郡守)로 간 자들은 민란(民亂)만 일어나지 않
게하고 해 먹으면 가장 지혜롭게 영광을 누렸다고 자랑하며, 백성들의
고혈(膏血)을 빨아서 더는 빨아먹을 여지가 없게 하므로 심지어 땅을
떠간다는 말까지 있으며, 기생과 풍악(風樂)으로 질탕하게 놀기, 도임
(到任: 지방관리가 근무지에 도착함) 행차에 호강을 다하고, 기타 온갖 폐
단들이 한없이 많다.

그런데도 가장 탐학(貪虐)하는 관원은 인사고과[褒貶]에서 우등을
받고, 혹 만인산(萬人傘)[2]과 송덕비(頌德碑: 고을원의 선정을 기념하기 위하
여 세운 비석)가 원근에 즐비하며, 좀 어질다는 평을 듣는 관원은 용납
되지 못하여 심지어 백성을 너무 사랑한다는 이유로 파면을 당하는
자도 있다.

이런 실정이므로 민심이 자연히 등을 돌려 억울한 일을 당하고도
호소할 생각을 하지 않거나, 혹 자기 재산과 논밭을 다 빼앗기고 살 수
가 없어서 악에 받쳐 정부에 호소하면, 그 억울함을 해결해 주기는 고
사하고 도리어 풍화(風化: 교육이나 정치의 힘으로 세상의 풍습을 잘 교화시
킴)가 잘못된 탓이라고 하면서 무거운 법으로 다스리는데, 이 때문에
죽거나 다치는 자들은 세력도 전혀 없고 하소연할 데도 없는 하등(下

---

[1] 벽제(辟除): 지위가 높은 사람이 행차할 때 별배(別陪)가 잡인의 통행을 금하
   는 일. "길 비켰거라, ○○님 행차시다"라고 외치는 소리.
[2] 만인산(萬人傘): 선정을 베푼 고을원에게 그 고을 백성들이 그의 덕을 기리기
   위하여 주던, 일산(日傘)과 같은 물건.

等)의 잔민(屠民: 여리고 약한 백성)들뿐이다.

도적도 재물이 있는 유명한 큰 도적들은 죽이지 않고, 기타 온갖 가지 나쁜 폐단들을 다 저희끼리 저지르고 저희끼리 행하면서 서로 호위해 가니, 세상이 곧 다 자기들의 것이고, 백성은 다 자기들을 위하여 존재하는 것이니, 누가 감히 저들을 막으며 누가 감히 항거할 수 있겠는가.

고루거각(高樓巨閣: 높고 큰 층집)을 사면에 벌려 짓고, 토지와 전답을 원근(遠近)에 두루 장만하여 천년만년 누릴 무궁한 기틀을 잡아놓은 듯하더니, 졸지에 세상 형편이 변하자 저희가 먼저 화를 당하여 마치 모진 광풍(狂風)에 떨어지는 꽃같이 흩어지는데, 혹은 외국으로 잡혀가기도 하고, 혹은 성(姓)과 이름을 바꾸어 야반도주[暮夜逃走]도 하고, 혹은 도망갈 곳도 없어서 재물을 써서 사방에 다리를 놓아 외국인 거류지(居留地)에 보호를 청구해 보지만, 하늘이 미워하시는데 그 누가 용납할 수 있겠는가. 이들은 호호탕탕(浩浩蕩蕩: 아주 넓어서 끝이 없음)한 천지에 돌아갈 곳이 없고, 전답과 재산을 보전할 수 없게 되었으니, 당장에 천벌을 받은 것이다.

기타 탐장포학(貪贓暴虐: 옳지 못한 재물을 탐하여 포학하게 행동함)하던 부류의 인간들은 아직 천벌이 몸에 미치지 아니하였다고 해서 용납될 수 있을 듯하지만, 차차 법률이 밝아가며 인민이 깨이고 보면 어찌 그 재물을 편안히 누릴 수 있을 것이며, 어찌 그 죄를 무사히 면할 수 있겠는가. 천리(天理: 하늘의 도리. 자연의 이치)가 밝고 뚜렷하여 도망칠 수 없을 것이다.[1]

---

[1] 이 말은 노자(老子)『도덕경(道德經)』제73장에 나오는 말, 즉 "天網恢恢, 疏而不失(천망회회, 소이부실)"의 뜻을 약간 변형(天理昭昭)하여 인용한 것이다. 천리소소불가기(天理昭昭不可欺): 하늘의 이치가 밝고 밝아 속일 수 없다.

그러므로 자기들이 남의 목숨을 끊어 저희 목숨을 이으려고 한 것이 결국 자기들의 목숨을 자기 손으로 끊은 것이 되어버렸고, 나라를 헐어다가 자기 집을 받치려고 한 것이 결국 자기 집을 헐어버린 것이 되고 말았다. 그러니 어찌 다만 죄책(罪責)만 있고 자기들에게 해(害)는 없다고 하겠는가.

남자의 한 몸이 국가 개혁의 기회를 당하여, 다행히 그때 벼슬자리에 있다면 마땅히 학술(學術)의 발전을 포부로 삼고 나라를 받들어서 세계에서 상등국(上等國)이 되게 한다면, 나라 중흥(中興)의 공신(功臣)이 되어 그 이름이 고금에 빛날 것이니, 지금 세상에서 아무아무 유명한 대정치가들과 같이 되기가 어렵지 않을 것이다.

저런 공업(功業)을 세우는 사람은, 사실은 특별한 인물이 아니지만 다만 기회를 만났을 때 세상 돌아가는 형편을 밝게 보고 죽을힘을 다하여 홀로 일을 해서 그렇게 된 것이다. 열심히 일하여 자기 손으로 부국강병(富國强兵)을 만들어 놓은 후에는 각국에서 그의 이름과 위엄을 추앙하게 되어, 그의 한두 마디 말이 족히 세계의 여론을 뒤집을 수 있게 되는 것이다.

멀리 볼 것 없이 다만 일본의 모모 대신(大臣)만 보더라도 나라의 신하 된 자라면 족히 부러운 생각이 생길 것인데, 이런 욕심은 내지 못하고 도리어 제 한 몸 살찌우기와 제 배불리기에만 평생을 골몰하여 유신(諛臣: 아첨하는 신하)의 종질만 하다가 도리어 목숨도 잃어버리고, 천추(千秋)에 씻을 수 없는 더러운 이름도 얻고, 저희 집안 식구들이 몸 부쳐 살 곳도 없게 된다면, 이 어찌 두렵지 아니하며 어찌 비루(鄙陋)하지 않겠는가.

이는 지위를 얻어서 백성들 위에 앉아 있는 자가 경계해야 할 일이
지만, 아래의 백성 된 자로 말한다면, 당당한 내 나라를 남의 것으로
미루어두어 돌아보지 아니하고 보호하지 아니하여 이 지경까지 이르
게 되었으며, 악한 정사(政事)와 부패한 풍속이 날로 심해져서 음란하
고 사특(邪慝)한 행실은 점점 늘어나고, 방탕하고 사치하는 길이 나날
이 열려서, 경향(京鄕)의 대도회지를 보면 곧 음탕하고 패악한 소굴(窟
穴)이 되어 있다.

의복과 범절(凡節)과 일용하는 기명(器皿: 그릇) 등의 물건들을 보면
본국에서 만든 것은 점점 없어지고 외국 것이 나날이 많아지니 돈과
재물(재화)은 빠져나가고 물건(상품)은 늘어나고 있다.

이 때문에 사람들의 생계가 줄어들어 인심은 점점 더 강퍅하고 악
해지며, 심지어 천륜(天倫)도 혼란해지고, 부모와 자식, 형제와 자매 등
골육(骨肉)간에도 서로 다투기 때문에 각각 마음이 흩어져서 2천만 명
이 2천만 개의 마음을 가지게 되었다.

그리하여 모두 공심(公心: 공공, 즉 사회와 나라를 생각하는 마음)은 없
어지고 사심(私心: 자기의 사욕만 채우려는 마음)이 가득하여 웬만큼 돈푼
이나 있는 집 자식들은 주색잡기(酒色雜技)와 허랑방탕한 데 빠져서 그
것을 인간 세상의 극락으로 여긴다.

그리고 가난한 집 자식들은 남을 속이고 빼앗아서라도 당장 자기
배불리는 것만을 다행으로 알아서 나라 안에 거짓말과 사특함이 가득
하다. 사지(四肢)를 편히 놀리면서 세월을 게을리 보내고, 무엇을 배우
거나 무엇을 해보라고 하면, 할 수도 없거니와 해서는 무엇 하겠느냐
고 대꾸하면서 아무것도 하지 않고 먹고 입으려고만 하므로 자연히
먹고 입을 수가 없게 되니 부득이하여 못된 일을 하려는 쪽으로 생각
이 돌면서 하는 말이, 궁하면 못할 일이 없다고 한다.

그 결과 각각 저만 살려고 하는 중에 남을 죽이고, 남을 죽이는 중에 내가 죽임을 당하는 것이다. 서로 해치고 죽이는 중에 인구가 해마다 줄어들지만, 사람들은 이런 사실을 알지도 못하며, 알아도 걱정도 아니하며, 그저 하루 이틀 살아가기에만 골몰한다. 그리하여 부자는 가난해지고, 가난한 자는 죽게 되며, 죽게 된 자는 없어질 뿐이니, 온 나라에서 그 누가 이 화(禍)를 당하지 않겠는가.

슬프다, 사람이 다 같이 이 개명한 세상에 나서 남은 날마다 부강(富强)과 문명(文明)으로 나아가서 태평하고 안락한 복을 다 같이 누리고 있거늘, 우리는 어이하여 하나뿐인 목숨이 타는 불과 끓는 물속에서 서로 살 수 없기에 이르렀는가.

남의 나라 사람들이 사는 것을 보면, 그 나라로 인하여 그들이 얻는 영광과 복락은 다 고사하고 다만 백성들이 사사로이 살아가는 처지로만 보더라도, 각각 제 직업으로 하는 일을 편안한 마음으로 하고 있는데, 그에게 아무 이유 없이 일푼척리(一分隻厘: 척푼척리(隻分隻厘). 극히 적은 액수의 돈)라도 그냥 달라고 할 자 없으며, 각자가 자유와 권리를 보호함으로써 일호반점(一毫半點: 一毫. 몹시 가늘고 작은 털)이라도 빼앗을 자 없으며, 서로 사랑하고 위로하는 중에 즐거운 낙이 생기며, 서로 구원하고 불쌍히 여기는 중에 인정과 은의(恩誼)가 생기며, 상업을 크게 발전시켜서 각국의 재물을 벌어들이며, 공업과 농업을 부지런히 하여 재물이 풍족하므로 사람도 따라서 귀중해지며, 기계가 편리하고 빠르므로 수족(手足)의 괴로움이 줄어들며 교화(敎化)가 융성하여 덕행과 신의를 중히 여기므로 정대(正大)한 군자는 자연히 드러나며, 경위(涇渭)가 바로 서고[1] 법률이 밝으므로 강포한 자가 머리를 들지 못하고, 잔약한 자는 두려워할 것이 없다.

그리하여 나라가 태평하므로 백성이 즐거우며, 백성이 즐거우므로 내 몸도 따라서 그 복을 누리게 되는데, 부모와 처자, 형제와 자매, 친척과 친구와 이웃들 간에도 마음대로 행락(行樂: 즐겁게 놂)함이 곧 인간의 극락세계라 할 것이다.

나라를 이렇듯 즐겁게 만들어 놓고 다 같이 복을 받으며, 다른 나라에 나아가면 다만 한두 사람만 있는 곳에도 그 정부에서 영사(領事)를 보내며 군함을 파견하여 생명과 재산을 완전하게 보호해 주는데, 이러므로 이 나라의 백성들은 가는 곳마다 상등 대접과 지극한 이익을 얻고 있으니, 이 어찌 사람 된 자로서 부러워할 바 아니고 욕심낼 바 아니겠는가.

저 사람들이 저러한 복을 받는 것은 하늘이 특별히 주시거나 그들에게만 치우치게 부여해 주신 것이 아니다. 혹 이삼십 년, 사오십 년, 백여 년 전에는 다 우리보다 더욱 심하고 어려운 처지에 있던 나라들이다. 그러나 교화가 열리고 문명이 발달되는 대로 각기 옛적의 어두운 것을 버리고 밝은 새 법을 따라 인민의 풍기(風紀: 풍습과 기강)가 바뀌고 사상이 변하여 저마다 다 남을 위하여 나서서, 남을 위하여 살다가, 남을 위하여 죽는 것이 사람의 도리이자 직분으로 알고 실천하는 중에 그렇게 된 것이다.

---

[1] 경위(涇渭): 중국의 경수(涇水)의 강물은 흐리고 위수(渭水)의 강물은 맑아서 청탁(淸濁)의 구별이 분명하다는 데서 나온 말로, 사리(事理)의 옳고 그름이나 도리(道理)의 이러하고 저러한 분간. 올바른 사리나 도리. 한자로 '經緯'라고도 쓴다.

이로써만 보더라도, 사람의 화복은 다 자기 스스로 취(取)하는 것이니 어찌 남을 원망하겠는가. 우리가 우리의 직책을 다하지 못한 것이 다만 우리 백성들의 잘못이 될 뿐 아니라 그 해(害)가 우리에게 다 같이 미친다는 것을 알 수 있을 것이다.

4
백성이 힘써 노력하면 될 것이다

이 글을 보시는 이들은 응당 말하기를, 백성이 아무리 자기 직책을 행하고 싶고, 또한 직책을 행하지 못하는 것이 우리에게 해(害)가 되는 줄도 모르는 것은 아니지만, 위에 있는 자들이 자기들도 행하지 아니하고 백성들도 행하지 못하게 하는데 백성이 무슨 힘으로 할 수 있겠느냐고 할 것이다.

이런 의혹을 깨치려고 한다면 먼저 나라란 어떠한 것인지를 알아야 할 것이다.

대개 나라라고 하는 것은 여러 사람들이 모여서 한 무리가 되어 사는 것을 말한다. 비유하자면, 여러 사람들이 함께 모여 일을 의논하는 모임(會)과 같은 것이다. 큰 집에 모여 앉아서 둘씩 셋씩 패를 지어 제 뜻대로 말도 하고 웃고 지껄이기도 한다면, 단지 일만 의논하지 못하게 될 뿐 아니라 도리어 큰 난장판이 되어 서로 싸우기도 할 것이고 치고 죽이기도 할 터이니, 이 어찌 위험하지 않겠는가.

마땅히 일정한 법과 규칙이 있어서 조용하고 화평하게 의견 다툼을 진압도 하고, 공평하고 바르게 조처도 해야 할 것이니, 이렇게 하려면 어쩔 수 없이 이 일에 적합한 사람을 택하여 사무를 맡겨서 행하도록 하여야 규칙과 질서가 있게 될 것이다. 그리고 이 일이 되도록 하려면 쓰는 경비도 있어야 할 것이고, 일하는 사람들의 의식(衣食)도 대주어야 전적으로 그 일에만 매달릴 것이므로, 어쩔 수 없이 그곳에 모인 사람들이 돈을 얼마씩 추렴하여 일꾼들에게 맡겨야 한다.

그리하면 그 일꾼들은 그 모임(會)에 대하여 관련되는 일체의 직책 외에, 여러 사람들에게 공평하게 속한 종, 즉 공복(公僕)이므로, 몸을 전적으로 그 모임에 바쳐서 여러 사람들이 다 편리하도록 받들 것이다. 따라서 그 직책은 일꾼에게 달려 있지만, 그 일을 그에게 맡기고 아니 맡기고는 여러 사람들에게 달려 있는 것이다.

가령 그 일꾼들이 맡은 바 직책을 극진히 수행한다면 여러 사람들이 한마음으로 받쳐 주고 도와서 아무쪼록 그에게 힘을 실어 주겠지만, 만일 그 일꾼이 자기 직분을 버리고 제 몸만 이롭게 하고자 한다면 여러 사람들이 일시에 들고 일어나 그 폐단도 막고 일도 맡기지 않아야 옳을 것이다.

만일 그렇게 하지 못하고 한 번 맡긴 후에는 자기들이 어련히 알아서 하지 않겠는가 하고 돌아보지 않는다면, 어질고 진실한 일꾼이 있어서 자기 직책을 다하려 하더라도 혼자서는 힘이 모자라서 어찌할 수도 없을 뿐 아니라, 아무리 현인군자(賢人君子)라도 구애받는 바가 없으면 차차 사사로운 욕심에 끌려서 끝내는 온갖 생각이 다 날 텐데, 더군다나 현인군자라고 해서 본래 씨가 따로 있는 것도 아니다.

불행히도 현인군자들의 집안에 부랑패류(浮浪悖類: 일정한 주소나 떳떳한 직업이 없이 떠돌아다니며 못된 짓이나 하는 무리. 불량배)들이 생겨서 그 일을 나누어 차지하고 앉아서는, 여러 사람들의 마음을 이리저리 흔들어 보니 감히 막을 자가 없을 것으로 보일 때에는 사사로운 욕심이 불같이 생겨나서 끝내는 그 사람들을 다 몰아내고, 그 집을 팔아서라도 주색잡기(酒色雜技)에 탕진하려고 할 것이다.

이렇게 되는 것이 인정(人情)의 자연스러움이니 어찌 저 일꾼들의 잘못만이겠는가. 일을 시킨 자들이 당초에 근본(根本)을 바로 세워 폐단을 막지 못했기 때문이다.

나라의 관원들은 다 모임(會)의 사무원이고, 백성은 다 모임의 회원이다. 백성이 받쳐주지 아니하면 관원들의 힘이 어디서 나오며, 백성이 막으면 관원들의 폐단이 어떻게 생기겠는가. 다 백성이 자기들이 해야 할 일을 행하지 아니하는 데서 생기는 것이다.

그러나 백성이 자기들의 일을 행하지 아니하는 것은 무슨 이유에서인가. 다 그 나라가 누구의 나라인지 모르기 때문이다. 나라를 위하라고 하면 곧 남을 위하는 일인 줄로 알고, 남을 위하는 것이 참 자기를 위하는 것인 줄은 모르기 때문에, 서로 미루고 하지 아니하는 중에 할 수 없는 형편이 생기는 것이다.

나라가 진실로 자기 집인 줄 안다면, 자기 집이 불타는데 어찌 남이 끄지 않는다고 자기도 끄지 않겠는가. 남이야 끄려고 나서든지 아니 나서든지 나 혼자 헤치고 들어가 다만 기둥뿌리 하나라도 건져내려고 할 것이다. 그런데 끝까지 나라와 자신의 관계가 긴밀하고 절실하지 않은 줄로 알기 때문에 사랑하는 마음이 적어서 서로 미루고 건지지 않는 것이다.

그러므로 이 나라를 해치는 자만이 나의 원수가 아니다. 건질 수 없다고 포기하는 자 또한 나의 원수이니, 만일 내 마음속에 이러한 생각이 있다면 내 마음이 곧 나의 원수이다. 이 마음으로 인하여 나라에 해(害)가 되는 것을 막지 못하여 나라가 이 지경에 이르고, 해가 나에게 미쳤으니, 나를 해롭게 하는 이 마음이 어찌 나의 원수가 아니겠는가.

사람마다 자기 마음속에 있는 원수를 버리고 다투어 나아가 혼자서라도 일하려고 한다면 백성이 어찌 잔약하고 힘이 없다고 하겠는가.

청컨대 한번 헤아려 보라. 전국에 백성은 얼마나 되며 관원은 얼마나 되는가. 수효의 다소를 비교한다면 누가 힘이 많으며 누가 권세가 세기에 백성이 약하다고 하느냐. 정부의 몇백 명 관원들은 백성이 받쳐 주지 아니하면 재정(財政)이 어디서 생기겠느냐. 2천만의 생명이 합하여 몇백 명의 힘이 되어주고 있는데도, 그 관원들이 자기들의 손발을 묶고 살이 찌는 대로 베어가는데도 감히 벗어나려는 생각조차 할 줄 모르고 도리어 할 수 없다고 한탄하고 있으니, 이 어찌 어리석지 아니하며 애달프지 아니한가.

지금이라도 각각 마음을 살펴보아 조금이라도 할 수 없다는 생각이 있거든 곧 버리고, 남이야 하든지 아니하든지 상관하지 말고 나 혼자라도 하면 될 것이다. 나도 아니하면 영원히 되지 못할 것으로 생각하고 힘을 다하여 일한다면, 우리도 저 부강하고 문명한 나라들과 같이 되기를 바랄 수 있을 것이다.

지금 우리가 마땅히 해야 할 일은 아래에서 다시 말하겠지만, 가장 급한 것은 곧 사람마다 할 수 없다는 생각을 버리고 한마음으로 일하는 일꾼이 되도록 만드는 것뿐이다. 백성의 생각이 이에 미치기 전에는 아무 일이든 다 헛것이 될 것이니, 이것이 곧 나라를 보전하는 씨

뿌림이다.

씨만 잘 뿌려 놓으면 추수(秋收)는 자연히 풍비(豊備: 풍성하고 두루 갖춰짐)할 것이다.

5
참으로 충성하는 근본

위에서 말한 것은 다 신민(臣民) 된 자가 그 도리는 생각지 못하고 다만 사사로운 이해(利害)만 따지는 자들을 경계하는 것들이다.

그러나 공심(公心)이 다소 있어서 나라를 위하여 충성을 다하고자 하는 자들을 보면, 실제로 나라를 위하여 죽고자 하는 마음은 남의 나라 사람만 못하다고 할 수 없으나, 다들 어떻게 하는 것이 참된 충성인지 알지 못하기 때문에, 다 같은 마음을 가지고 같은 힘과 노력을 허비하면서도 도리어 참된 충성의 본래 뜻을 방해하고 있는 것이다. 마땅히 어찌 하는 것이 충성이 되고 어찌 하는 것이 반역이 되는지 그 구분을 먼저 알아서 실제로 충성을 행해야만 그 공효(功效)가 영원히 미칠 것이다.

근래 우리나라 사람들이 생각하는 충성은, 다만 임금(人君)의 명령에만 순종하고, 임금의 뜻에 따르는 것만을 충성으로 여긴다. 그리하여 당장에 종사(宗祀)가 위태해지고 국가가 어지러워질 일이라도 감히 임금의 뜻을 거슬러 간(諫)하지 못하며, 천안(天顏: 임금의 얼굴. 용안)의

기색(氣色)만 살펴서 순종할 따름이다.

그러면서도 물러나와서는 도리어 평론(評論)하며 서로 말하기를, 그렇게 한다면 일은 성사될 수 없으나 칙령(勅令: 임금의 명령)이 그러하니 어찌 거역할 수 있으리오 라고 한다. 그리고 아무 일이든 해나가다가 끝내 잘못되거나 사리에 맞지 않는 곳에 가서는 그 허물을 칙령(勅令) 탓으로 돌리고 자기들은 아무 죄도 없다고 한다.

혹은 충직한 자가 있어 죽음을 무릅쓰고 간하여 막는다면 곧 그를 역적으로 지목(指目)하여 온갖 방법으로 모해(謀害)하고, 벼슬을 팔아먹고, 백성의 재물을 긁어다가 자기 것처럼 갖다 바치고 요공(要功: 남에게 들인 공을 스스로 자랑함)하여 부귀와 영화를 도모하며, 불신(不信)한 일과 불의(不義)한 일을 행하여 세상의 비웃음을 사고 나서는 문득 핑계 대기를 칙령(勅令) 때문이라고 한다. 그로 인하여 민심은 이반(離叛)하고, 천하에 신뢰를 잃어 나라가 위태해지며, 임금도 따라서 위태해진다. 그런데도 사람들은 이들을 오히려 충신이라 부르고 있으니, 이 어찌 부모의 살을 베어다가 부모를 봉양하는데도 그를 효자라 부르는 것과 다르겠는가.

맹자께서 이르시기를, 백성이 중하고 종사(宗祀: 종묘와 사직)가 둘째요 그 다음이 임금이라고 하셨는데[1], 이는 임금이 중하지 않다고 하신 것이 아니라 임금을 참으로 중하게 여기려면 백성과 종사를 먼저 중하게 여겨야 한다는 것이다.

---

[1] 이 말은 〈맹자(孟子)〉〈진심하(盡心下)〉 편에 나오는: "民爲貴, 社稷次之, 君爲輕(민위귀, 사직차지, 군위경: 백성이 귀하고, 사직이 그 다음이고, 임금은 중하지 않다)"을 인용한 것이다.

이러한 대의(大義)를 아는 사람은 임금을 낯빛으로 섬기지 아니하고 뜻으로 섬겨서, 임금의 명령을 거역하고라도 백성을 이롭게 하고 종사를 편안하게 하여 국가가 태평하고 안락하게 함으로써 임금의 옥체(玉體)가 스스로 태산반석(泰山盤石)의 편안함을 누리도록 해야 할 것이니, 이렇게 하는 것이 곧 나라의 신하 된 자의 근본 의무이다.

이 근본 의무를 안다면 비록 임금의 명령에 항거하여 반역자라는 이름을 얻어 몸이 천참만륙(千斬萬戮: 여러 동강을 내어 참혹하게 죽임)의 화를 당하더라도 달게 여기고 백성에게 해가 될 일은 털끝 하나(一毫)만큼도 행하지 않아야 옳을 것이다. 그런데도 잠시 동안 눈과 귀[耳目]의 즐거움을 위하여 종사가 영원히 위태해짐을 돌아보지 않는다면, 이 어찌 참 충성과는 반대되는 것이 아니겠는가.

성군(聖君)이 위에 계시므로 어진 신하가 아래에서 받드는데, 이는 성군의 총명(聰明)함을 도와서 그 미치지 못하는 부분을 신하가 보필하여 백성이 안락하고 나라가 태평하도록 하기 위해서이다. 아무리 성인이라도 신하가 없으면 천만 가지 일을 혼자서 다스릴 수 없으니, 신하의 직책이 어찌 중대하지 않겠는가.

신하의 직책이 이렇듯 중대한 줄을 모르고 다만 위의 뜻에만 아첨하여 노예나 소와 말 같이 부림을 당하는 바가 되고자 한다면, 천하에 이같이 위험한 일은 없을 것이다. 마땅히 옳은 도리로 섬기고 바른 말씀으로 간하여 성인의 덕화(德化)가 세상에 드러나고 만인에게 덮이도록 해야 한다.

그리하여 민심이 감복하고, 여러 나라 사람들이 존경하고 숭배하며, 그 백성들은 간담(肝膽: 속에서 우러나는 진심)으로 만세를 부르고, 덕화(德化)에 감동하여 눈물로 칭송하며, 태평가(太平歌)를 불러 태평성대(太平聖代)를 자랑하고, 민간의 모든 복(福)이 다 성군께서 주신 것으로 알며, 한 백성이라도 화(禍)를 무릅쓰고 법(法)을 범한다면 만민이 다 같이 공분(公憤)하여 필부필부(匹夫匹婦)라도 성군의 은택(恩澤)을 모르는 자 없고자 하며, 나라를 위하여 목숨 버리는 것을 영광으로 여기어 내란(內亂)이 일어나지 아니하고 외환(外患)이 침범하지 못하여 황실(皇室)이 영구히 태평 안락한 복을 누리며, 백성이 또한 가급인족 (家給人足: 집집마다 넉넉하고 사람마다 풍족함)한 낙(樂)을 얻게 한다면, 이 어찌 여민동락(與民同樂: 백성들과 같이 즐김) 하려는 성군의 뜻이 아니 겠는가.

이러므로 문명한 나라들에서는 신하들이 각기 맡은 직책에 일정한 방한(防閑: 더이상 하지 못하게 막는 범위)이 정해져 있어서 그 방한 안에 있는 일은 의례히 자기가 책임지고 행하기 때문에, 임금이 항상 정사 (政事: 정치에 관계된 일)를 돌보느라 괴로운 폐단이 없고 한가한 겨를이 많으실 뿐만 아니라, 백성은 모두 감복(感服)하여 한 사람도 원통하게 누명을 썼다고 불평하는 자 없다. 설령 마음속에 불만을 품은 무리가 있어도 법이 두려워서가 아니라 그 백성들을 두려워하여 감히 반역을 꾀하지 못한다.

이러므로 제왕의 존엄하신 위의(威儀: 위엄이 있는 의용. 엄숙한 몸차림)에도 불구하고 종종 시위(侍衛)나 추종자 없이 민간에 거동하거나 타국을 유람(遊覽)하는 풍속이 있는데, 가는 곳마다 남녀노소들이 만세를 불러 그 덕화(德化)를 칭송하므로 그들 스스로 호위(護衛)가 되므로 위법한 일이 전혀 생기지 않는데, 이 어찌 임금께는 참된 낙(樂)이 아니며 참된 복이 아니겠는가.

이런 참된 복과 참된 낙을 누리는 것은 그 임금 되신 이가 다 요순

(堯舜) 임금 같은 성덕(聖德)을 겸비하고 있기 때문이 아니라, 그 신민들이 임금께 참으로 충성하는 근본을 알아서 정치제도를 일정하게 만들어 놓았기 때문이다. 만일 털끝 하나만큼이라도 나라를 위태롭게 만들고 임금의 뜻에 아첨하여 충신이 되고자 하였다면, 어찌 그 덕화가 퍼져서 민심이 이렇듯 감복하겠는가.

　이로써 본다면, 전국민을 이롭게 하는 것이 참 충신이고, 전국민을 해롭게 하는 것이 참 역적이다. 우리나라에도 몇십 년 전의 역사만 보아도 이 뜻을 다 깨달을 수 있을 터인데도, 사람들의 학식이 어두워지면서 충신(忠)과 역적(逆)의 근본 뜻을 잃어버려 오늘날 신민의 사상(思想)이 이런 지경에까지 이르렀으니, 이것이 어찌 작은 문제라 하겠는가. 사람마다 마땅히 충신(忠)과 역적(逆)의 참 뜻을 먼저 배워야 할 것이다.

6
마음속에 독립을 굳게 해야

이 책을 기록하는 뜻은 수없이 많은 말[千言萬說]로 소리를 높이 질러 전국의 동포들에게 한마음으로 힘을 합쳐 대한제국의 독립 권리를 보전하여 거의 다 끊어진 명맥(命脈)을 이어서 영원무궁하게 만들기 위해서이다.

먼저 말한 바와 같이, 이 나라에 사는 것은 대해(大海)의 풍파(風波)에 배를 타고 앉아 있음과 같으니 어찌 윗사람들만 위태하고 아래 백성들은 상관이 없다고 하면서 무심히 앉아서 돕지 아니하고 편안히 건너가기를 바라겠는가.

남녀노소가 일제히 일어나서 각기 자기의 재물과 보배(寶貝)라도 물에 던져서 배를 가볍게 만들어 무사히 건너가기를 도모해야 할 것이다. 만일 자기 한 몸만 건지고자 하거나 함장(艦長)과 사공만 구하고자 한다면 끝내 파선(破船)당하는 것을 면하지 못할 것이니, 사람마다 대한제국의 자유 독립을 위하여 재물과 목숨을 아끼지 않는 것이 삼천리강산을 파선당하지 않게 하고 2천만의 생명을 침몰하지 않게 하는 중대한 직책이다.

이 직책을 사람마다 다 자기 어깨에 메고 있으니:
우리 모두 꿈을 깨고 정신을 차려
어서 바삐 합심하여 나서서 일들 하세.

동포들아, 동포들아, 우리 대한 동포들아
이때가 어느 때며 우리 사정 어떠한가.
이 좋은 금수강산 어찌 아니 사랑하며
보배로운 독립 국권 어이 아니 보호할까.

아세아주 동편 끝에 아름다운 반도 되어
5천 년 이래의 자주국으로 예의의 나라 자랑하며,
성인의 혈통 이어받아(聖系神承)
국태민안(國泰民安)하니 남부럽지 않았도다.

남은 대양 북은 대륙, 온대지방에 걸터앉아
기후는 온화하며 토지는 기름져서
물산이 풍부하고 오곡이 풍양(豊穰: 풍년)하며
백과(百果)가 구비(具備)되고 어염(魚鹽)도 풍족하며

금은동철(金銀銅鐵)이 사방에 쌓였으므로
각국 사람들이 부러워서 침 흘린 지 오래이니
우리가 새 법을 배워 기계를 써서 잘만 캐어내면
스스로 부국(富國)을 이룰 것이다.

도처에 명산대천(名山大川) 경개(景槪)가 절승(絶勝)하여

유람하는 외국인들이 내지(內地)를 구경하고
풍경을 자랑하기를 동양의 스위스라 하며
인물은 미묘(美妙)하고 풍속은 순후(淳厚)한데

예의와 염치를 숭상하고
효제(孝悌)와 충신(忠信)을 중히 여기며
사농공상(士農工商) 네 가지 직업 각자 편히 하며
전쟁이 드물어 편안한 중에 즐거워하고 위태함을 모르도다.

이 나라 사람들의 성질을 의론하건대,
청인(淸人)의 풍후(豊厚)함과
일인(日人)의 강악(强惡)함을 고르게 겸비하여
완고하고 질박(質朴)한 성품도 있으며,
영리하고 민첩한 재주도 가졌으니,
교육만 잘 시키고 인도(引導)만 올바로 하면
동양의 부강한 나라 이루기 어렵지 않을 것이다.

어찌 인구가 적다 하며, 토지가 적다 하겠는가.
구라파주(歐羅巴洲)에 화란(和蘭)과 서서(瑞西: 스위스) 같은
나라는 겨우 대한의 3분지 1밖에 아니 되지만
강국들 사이에서 자주독립을 유지하고 문명을 다투고 있는데,
우리는 이 많은 인구와 이 좋은 강토를 가지고 어찌 남만
못하기를 자처(自處)하겠는가.

악한 압제와 완고한 구습(舊習)이 성품에 물이 들어 사람의 생각이

차차 낮아지므로 남과 비등(比等: 비교하여 서로 같음)하여 볼 뜻을 감히 품지 못하여, 내 것을 밀어서 남에게 사양하고, 뒤로 물러가 피하여 편한 길을 취하고자 하므로, 끝내는 내 나라를 다 남의 손에 넣어주기에 이르렀다. 그러니 이 어찌 지원극통(至寃極痛: 지극히 원통함)하지 아니하며, 애석하고 아깝지 않겠는가.

만일 우리가 이것을 영원히 보전하지 못하게 된다면, 우리의 도리와 관계는 다 그만두고라도, 장차 무슨 면목으로 세상에 서서 무슨 말로 후세에 대답하겠는가.

슬프다 동포들아, 생각들 하여 보라.

사람의 일신(一身)이 세상을 살아갈 때, 먹고 입는 것도 중하다 하겠지만, 이것만 중히 여겨서는 짐승과 다를 것이 없나니 사람의 대접을 받을 수 없게 된다.

우리 대한 동포들도 남과 같이 타고 나서 사지백체(四肢百體: 팔다리와 온 몸)와 이목구비(耳目口鼻)며 지혜와 총명이 남만 못할 것이 없는데, 어찌하여 만국(萬國)이 교통하면서 지혜와 재주를 서로 다투는 세상에 나서 남과 같이 상등(上等)대접 받기를 원하지 않겠는가. 속담에 제집 개도 남의 개에게 물리는 것을 보면 분하다고 하는데, 하물며 사람이 사람에게 하등(下等)대접 받는 것을 어찌 생각하지 않으며 원통히 여기지 않겠는가.

비록 오늘이라도 이 글을 보고 깊이 깨닫는 뜻이 생긴다면, 사람마다 마음속에 내 나라의 독립 권리를 보존하는 것을 나의 목숨보다 더 중하게 여겨 아무 때나, 무슨 일에나, 독립을 위하는 자리에는 죽기까지 나아가는 것을 영광으로 여기고, 한편으로는 남에게 이 생각을 전파하여 하루, 이틀, 일 년, 이 년 안에 전국 사람들이 다 나와 같은 생각을 가지도록 해주는 것이 제일 긴요하고 제일 중대한 일이다.

지금 우리나라에 독립이 있다, 없다, 하는 것은 외국이 침범해 오는 것을 두려워하기 때문도 아니고, 정부에서 보호해 주지 못하는 것을 염려하기 때문도 아니다. 다만 인민의 마음속에 독립(獨立)이란 두 글자가 없는 것이 참으로 걱정이기 때문이다.

만일 어리석은 지어미와 어린아이들이라도 그 마음속에 독립하려는 이 생각만 깊이 박혀 있어서, 저마다 헤아리기를, 이천만 인구가 다 죽어 없어지기 전에는, 단 한 사람이라도 살아 있으면, 대한독립을 지키리라 하는 마음만 굳다면, 오늘날 독립국이란 이름이 없은들 무엇이 걱정이며, 세계 만국이 우리를 능멸하기로 무엇이 두렵겠는가.

이러므로 인민들의 마음속에 독립하려는 마음을 넣어주는 것이 지금으로서는 제일가는 일이다. 내가 급히 이 책을 기록하는 뜻도 다만 이것 한 가지에 있으니, 천 마디 만 마디의 말[千言萬說]이 모두 이 두 글자에 그 정신을 두고 있는 것이다.

내가 지극히 원하는 바는, 전국의 인민들이 다 이런 뜻을 알고 한 마음으로 힘쓰는 것이니, 나의 목숨을 버려서라도 이 뜻을 이룰 수만 있다면 진실로 아끼지 않을 것이다.

독립 마음(獨立精神)을 전파하는 것에 관계된 몇 가지 조목(條目)들은 아래에서 기록하겠지만, 우선 우리나라 사람들이 독립이란 무엇인지 아직도 그 뜻을 모르는 자가 없지 않을 것이므로 그 뜻을 대강 말하려고 한다.

7
각국과 서로 통하는 문제

4백여 년 전에는 지구상의 여러 나라들은 다 각각 자기 나라와 지방만 지키고 서로 통하지 아니하여 멀리 다니지 못했으므로 지구가 둥근 줄을 모르고, 다들 땅은 네모나고 하늘은 둥글어서 땅 끝은 바다이고 바다 끝은 하늘이라고 믿을 뿐이었다.

그러다가 1492년에 이태리(意大利) 사람 콜럼버스(Columbus)라 하는 이가 나서서 대서양을 처음으로 건너가 남북 아메리카 주를 찾아냈는데, 그 후로 백인들이 아메리카 주로 건너가 살아서 미국(美國)이란 나라가 되었다. 지금 우리나라에 가장 많이 오는 미국 사람들은 곧 이 나라의 사람들이다.

사람들은 이때부터 지구가 둥근 줄을 알고, 각국이 서로 문(門)을 통하고 왕래 교섭하여 종교(敎)를 전하고 물화(物貨)를 상통하여 나의 옛것과 남의 새것을 비교하여 쓰고, 나의 흔한 것과 남의 귀한 것을 바꾸어 쓰게 되자 교화(敎化)와 풍기(風紀)가 날로 열리고, 학문과 기술이 한없이 진보되어, 오늘날 세계에서 제일 부강하고 문명하다는 나라들

아메리카주를 처음으로 찾은 이태리국 사람 콜럼버스

은 다 통상(通商)하고 교제(交際: 외교 관계 수립)하는 것의 이익을 얻어 저렇듯 된 것이다.

이익을 따라 세력이 점점 확장되자 차차 동으로 뻗어서 50~60년 이래로는 청국과 일본과 대한에 차례로 이르렀는데, 세계의 통행하는 이익이 이렇듯 큰 것이다. 우리나라도 잘만 한다면 이런 개명(開明) 시대를 당한 것이 한량없는 행복이 될 것이다.

우리가 각국과 제일 나중에 통하였기 때문에 세상에서는 우리를 '산중처사국(山中處士國: 산속에 은둔해 있는 사람들의 나라, 즉 은둔국)'이라 부르는데, 우리가 잘만 하였다면 속담에 나오는 '나중에 난 뿔이 우뚝하다'라는 말이 우리에게 해당되었을 것이지만, 아직도 이것을 깨닫지 못하여 그 후 20여 년 동안 전혀 진보하지 못하여 도리어 국권(國權: 주권과 통치권)을 보전하기 어렵게 되었으니, 이 어찌 우리가 깨닫지 못한 잘못이 아니겠는가.

그러므로 통상(通商)과 외교 관계 수립은 각국에 다 이익이 되는 것이고, 어느 나라에는 이롭고 어느 나라에는 해가 되는 것이 아니다. 만국(萬国)이 이웃이 되고, 사해(四海)가 형제가 되어 태평안락을 다 같이 누리게 될 것이니 이 어찌 즐겁지 아니하겠는가.

그러나 애석하게도 각국의 교화(敎化: 교육과 문화, 문명) 수준이 한결같지 못하여 강포한 나라가 힘을 믿고 욕심을 부려 남의 토지를 점령하고 국권을 침탈하는 폐단이 종종 생겼는데, 이 때문에 만국공법(萬國公法: 국제법)을 마련하여 각국의 권리의 방한(防閑: 하지 못하게 막는 범위)을 정하였다. 그리하여 독립국과 연방(聯邦)과 속국(屬國), 속지(屬地)의 구별이 있게 된 것이다.

독립국이라 하는 것은 내치(內治)와 외교(外交)를 자기 스스로 행사하고(自主) 남이 간섭하지 못하는데, 아무리 작은 나라라 하더라도 자기 일만 잘해 간다면 강포한 나라가 감히 넘겨다보지 못하고 피차 평등하게 대접하는데, 이들은 다 같이 상등(上等)인 나라들이다.

연방(聯邦)이라 하는 것은, 혹 두 나라나 여러 나라가 연합하여 내치(內治)는 각각 따로 하되 국권(國權: 주권)은 한 황제나 혹은 군주에게 속하여 다른 나라와 전쟁을 하거나 외교상 교섭하는 일을 대신 주관하는데, 그 실상을 말한다면 이는 독립국이나 다름이 없다.

기타 속국(屬國)이라, 또는 속지(屬地)라 하는 것은, 혹 나라라는 이름과 구색이 갖춰져 있기도 하고 혹은 이름조차 전혀 없이 한 고을처럼 되어서 영구히 남의 나라에 속하여 그곳을 관찰사나 총독(總督)을 보내어 다스리기도 하는데, 한마디로 말하면, 이름은 있거나 없거나 간에 다만 상전(上典) 나라에 속하여 외교와 내치를 스스로 주장하지 못하고 상국(上國)이 대신 행하며, 벼슬까지도 혹 2, 3등 혹 6, 7등급의 관직(官職) 이상은 다 그 나라 사람에게 주지 아니하고 상국에서 보내어 시키며, 학문과 교육에도 방한(防閑)을 정하여 정치학과 법률학은 배우지 못하게 하며, 혹은 본국의 말(方言)도 쓰지 못하게 하고, 군적(軍籍: 병적)에 올려서 군 복무하는 햇수와 세금 바치고 부역하는 등의 모든 일에도 차별대우를 하여 압제한다.

그리고 혹 연설이나 신문잡지 등 논설이라도 고국을 생각하거나 국권을 회복할 뜻을 나타내는 글은 엄격히 금지하여 쓰지 못하게 하며, 혹 고국에 대한 충의(忠義)를 품은 흔적이라도 보이면 황무(荒蕪)한 땅으로 귀양을 보내거나 섬 안에 가두어 놓아 부자와 형제가 서로 만나지 못하고 평생을 마치게 함으로써 어떻게든 그 백성들 속에 옛 임금을 생각하거나 국권을 회복하고자 하는 마음이 없어지도록 한다.

그리하여 존귀하던 왕실의 공자(公子)나 왕손(王孫)조차도 다 남의 종이 되어 사람 대접을 받지 못하게 되는데, 실로 사람의 심장을 가진 자라면 부딪치는 일마다 서러워서 살 수 없는 것이다.

몇 년 전에 인도의 중(僧) 하나가 우리나라 사람을 만나 울면서 하는 말이, 우리 부모와 조상들이 잘못한 죄로 말미암아 나라를 잃어서 영구히 영국(英國)의 종이 되었는데, 그대들은 아무쪼록 잘들 하여 자손을 내 모양으로 만들지 말라고 하였다. 지금 세상에서 나라를 한 번 그릇되게 만들면 후생들에게 어떻게 원망을 쌓게 되는지 알 수 있을 것이다.

폴란드[波蘭]는 약 3백 년 전에는 부강하던 큰 나라였는데, 어두운 임금(暗君)과 간악한 신하(奸臣)들이 권세를 믿고 백성들을 해쳤다. 그 결과 나라 형세가 위태롭게 되자 '아라사(俄羅斯: 러시아)'에 토지를 떼 어주고 호위병들을 청해 와서 신민(臣民)을 해치고, 끝내는 자기들의 몸까지 팔아먹어 나라와 함께 없어졌다.

그러자 충분(忠奮: 충의를 위하여 떨쳐 일어남)한 백성들이 군사를 일 으켜 '아라사'에 항거하다가 강포한 아라사 군사에 의해 전 국민이 어 육(魚肉: 생선의 고기. 남에게 짓밟힘의 비유)이 되었는데, 그 참혹하고 측 은한 정상(情狀)은 차마 말로 다 할 수 없다. 폴란드는 지금까지 아(俄: 러시아), 법(法: 프랑스), 오(奧: 오스트리아) 3국의 영토로 되어 있는데, 이 는 폴란드 말년의 전사(戰史)를 보면 자세히 알 수 있겠지만, 보는 자 로 하여금 슬픈 눈물을 금치 못하게 할 것이다.

폴란드를 유람하는 여러 과객(過客)들은 옛적에 번화하던 궁실(宮 室) 누대(樓臺)의 폐허를 지나가다가 당시 화려하던 상류층 사람들을 생각하고는 비감한 회포를 금치 못한다. 그래서 그 적막하고 처량한 광경과 아라사의 참독무리(慘毒無理: 지독하게 참혹하고 도리에 맞지 않음. 잔인무도)함을 고발하는 글을 써서 세상에 전파함으로써 각국의 제왕 과 신민된 자들로 하여금 증계(證戒: 증거를 보여서 경계로 삼도록 함)가 될 수 있도록 하고 있는데, 그 글을 읽고 어느 누가 폴란드의 백성들을 위하여 슬픔을 느끼지 않겠는가.

다행히 그런 가운데 폴란드를 벗어나서 다른 나라로 흩어져 가 있 는 동포들도 많은데, 미국에 가장 많이 있어서 종종 고국을 잊지 아니 하고 서로 감정을 표현하며 항상 기회를 기다리다가 이번에 일·아(日 俄) 전쟁이 벌어진 것을 보고는 뜻 있는 사람이 글을 지어 돌리고 동포들을 규합하여 고국을 회복하려고 하였다. 그러자 각국에 흩어져 있던 사람들이 저마다 응하여 따르고자 하였다.

이렇듯 중대한 일이 일조일석(一朝一夕)에 이루어지기를 바라기는 어렵지만, 그 사람들의 마음속에 고국이 끝내 없어지지 아니하여 기어이 회복하려고 한다면 폴란드는 아직까지도 없어진 나라로 볼 수는 없나니, 끝내는 반드시 다시 일어나 옛날과 같은 독립국이 될 것을 기대할 수 있을 것이다. 이러므로 다만 염려해야 할 것은 백성에게 이 독립할 마음(獨立精神)이 있느냐 없느냐 하는 것뿐이다.

그러므로 지금 세상에서 속국(屬國)이라고 하는 것은 옛날에 우리가 알던 바와는 서로 크게 다르다. 다 연호(年號)와 정삭(正朔: 책력 또는 천자의 정령)이나 받들면 매년 소위 조공(朝貢)이라고 하여 웬만한 물품이나 좀 보낼 따름이고 그 외에는 조금도 간섭이 없어서 실상은 자유 독립국과 다름이 없던 바와는 같지 아니하다.

그 같지 아니한 줄을 어서 바삐 깨달아 사람마다 놀라서 두려운 생각을 잠시도 잊지 말고 서로 정신을 차리도록 깨우쳐서, 전 국민이 다 알도록 하는 것을 각자의 직책으로 삼아야 할 것이다. 어찌 '일승일패 (一勝一敗)는 병가지상사(兵家之常事)'라 하고, 흥망성쇠(興亡盛衰)를 순환하는 이치(理致)라 하여 대수롭지 않게 여기겠는가.

옛날에는 우리나라가 타국과 서로 통하는 것이 다만 중원(中原: 중국)과 일본뿐이어서, 인종과 교화(敎化)와 글[漢字]이 다 같고 영토가 연접하여 사고방식이나 습관이 서로 통하였으므로, 비유하자면 한 집안 형제들이 이웃에서 같이 살면서 혹 다투기도 하고 혹 다시 화목하기도 하지만, 그 승패(勝敗)와 득실(得失)을 본다면, 그 형과 아우 사이에 서로 세력을 다툰 것에 불과하였다.

그럴 당시에는 흥망성쇠가 아시아 동방 삼국의 집안끼리 하는 일이어서 이해득실이 다 그 속에 있었다고 할 수도 있겠지만, 지금 이 시대는 동서양이 서로 통하고 육대주가 서로 연결되어 오색인종이 섞여 살며 만국이 경쟁하여 세력을 확장하고 문명을 다투고 있는데, 구라파(유럽)의 인물과 교화, 정치와 학문이 육대주에서 제일이다.

세상이 이렇듯 흥성하여 서양의 세력이 날마다 동으로 뻗어오는데 그 형세가 마치 조수(潮水)가 밀려들어오듯이 하니 여간 정신을 차리지 않고서는 나라를 부지할 수가 없으며, 한 번 부지하지 못하게 된 후에는 다시 회복하기 어렵다.

이는 비유하자면 심산궁곡(深山窮谷: 깊은 산속의 험한 골짜기)에서 한두 집만이 격장(隔墻: 담을 사이에 두고 서로 이웃함)하여 허물없이 지낼 때에는 서로 힘도 입고 의지도 하면서 무사한 세월을 편안히 보내다가, 급기야 그곳이 인간 세상에 알려져서 저잣거리가 열리자 부상대고(富商大賈: 큰 자본을 가지고 대규모로 하는 상인)와 난류무뢰배(亂類無賴輩: 일정한 직업 없이 돌아다니며 불법한 짓을 함부로 하는 무리)가 사방에서 몰려들어 앞뒤에 집을 짓고 좌우에 섞여 살아 권력을 비교하며, 이익을 다툰다면, 어찌 이전에 살던 때만 생각하고 일도 하지 않고 배부르기를 바랄 수 있겠는가.

급히 장사판의 경위(涇渭: 원리. 사물의 올바른 도리나 사리)도 배워야 할 것이고, 세상의 물정도 알아야만 집과 터도 보전할 수 있으며, 남과 같이 재물도 모아 부유(富裕)하게 지내볼 수 있을 것이다.

지금 우리 대한 사람들이 사는 중에는 곳곳에 생소한 얼굴들도 많이 섞여 살며, 이상한 집들과 기이한 물건이 도처에 가득 널려 있으니, 결코 이전에 일 없이 태어나서 일 없이 살다가 일 없이 죽던 때와는 비교할 수 없게 되었다.

저 외국 사람들이 우리나라에 들어올 때에는 조금도 누구를 해롭게 하거나 남의 것을 빼앗기 위해서가 아니다. 지구상의 모든 나라와 통상(通商)하고 교섭하여 피차 이롭게 하고자 오는 것이니, 이는 결코 막을 수도 없고 막을 이유도 없다. 이 나라 사람들이 마땅히 그 이유를 깨닫고 전보다 백 배나 정신 차려 일하여 저 사람들이 하는 것을 배우고 본떠서 그대로 하려고 했다면 우리도 그 이익을 얻어 그와 같이 되었을 것이다.

그런데도 이것은 하지 않고 내 것을 남에게 내어주어 그들끼리 해가도록 맡겨 두고 앉아서, 남의 통상하는 경위(逕渭)는 배우려 하지 않고 남의 세력만 두려워하여, 스스로 머리를 숙이고 압제를 자청(自請)하면서, 도리어 남이 없었으면 나 혼자 잘 살 줄로만 생각하여 남을 다 몰아내고 문을 닫아버리기 위해 백 가지로 시험하는데, 이래서는 남에게도 방해가 되고 내게도 위태하니, 남들이 어찌 우리의 편벽(偏僻: 성질이 한쪽으로 치우침)된 고집 때문에 만국의 공변된 이익을 포기하고 다 각자 물러가겠는가.

결국, 좋은 말로 권면하다가 안 되면 위협해서라도 억눌러서 권세를 멋대로 쓰지 못하도록 하기에 이를 것이니, 이것이 곧 독립 권리가 손해를 보게 되는 근본이다. 이런 손해를 보면서도 끝내 깨닫지 못하고 한결같이 남만 해롭게 하고자 한다면, 마침내 지금과 같은 세상 형편에서는 국권을 잃어버리게 될 것이며, 국권을 한 번 잃어버리고 난 후에 어찌 갑자기 회복하기를 바라겠는가.

이는 남의 속국이 되는 위험한 문제이니, 급히 깨닫고 두려워해야 할 것이다.

8
독립국과 중립국의 구분

이상 네 가지 외에도 혹 영세중립국(永世中立國)이라 하는 것도 있고, 또는 영세독립국이라 하는 것도 있다.

영세중립국이라 하는 것은 주위의 각 대국(大國)들의 인허(認許)를 얻어 중간에 서서 한편으로 치우치지 않는다는 것으로, 여러 강국들 틈에 있으면서도 자주 독립권을 잃지 않지만, 다만 어느 나라와 연합하여 도와주거나 어느 나라와 싸워서 사이가 나빠져서는 안 되고, 항상 자기 토지와 국권만 지켜서 남의 시비(是非)에 말려들지 말아야 한다.

항상 각국들과 고르게 교제하여 남의 침략을 받지 않고 영구히 태평함을 보전하되, 만일 이웃 나라들이 서로 싸워 군사가 내 지방에 침범해 오게 될 때에는 내가 내 힘으로 막아낼 수 있어서 그 침범함을 받지 아니할 수 있어야만 중립국의 권리를 잃지 않는데, 이것이 영세중립국이다.

영세중립국은 속국이나 보호국보다는 대단히 나아서 항상 태평하게 나라를 부지(扶持)할 수는 있으나 자유롭게 활동하는 힘은 없어서 남과 경쟁하면서 부강(富强)함을 겨뤄보지는 못하는데, 어찌 당당한 내 나라를 가지고 남의 방한(防閑: 하지 못하게 막는 범위)을 받겠는가.

5~6년 전에 우리나라의 어떤 대신(大臣)이 일본에 가서 대한을 중립국으로 만들기 위해 비밀리에 주선하다가 되지 못할 줄 알고 돌아왔다고 하는데, 그 의도가 무엇이었는지는 모르지만, 그런 부류의 인간도 나라 형편이 위태하다는 것을 짐작은 한 모양이다. 그러나 정말로 나라의 위태함을 염려하였다면 마땅히 자기 직분을 다하여 죽기로써 독립의 기초를 공고하게 하기 위해 힘쓰는 것이 옳을 것이다.

이러한 자세는 독립의 이름까지 없어진 후에라도 영원히 꺾이지 아니할 우리 행동의 중심 원리이거늘, 하물며 지금 우리나라는 세계에 대하여 반포한 자유 독립국이 아닌가. 그래서 각국과 우등공사(優等公使: 외교관)를 교환하여 외교관계를 맺고 있으므로 남들이 우리 내정에 대하여 무리하게 간섭하지 못하는 것이다.

비록 나라를 다스리는 이들이 자신들의 사사로운 이해관계를 위하여 은밀히 외국인을 의지하고 보호를 받으려고 함으로써 종종 외국으로부터 능멸(凌蔑)을 당하고는 있지만, 그들도 실상 드러나게는 능멸하지 못한다. 그러므로 옳은 사람들만 나서서 국권을 바로잡는다면 어느 누구도 감히 우리를 업신여기지 못할 것이니, 온전한 독립이란 본래 이러한 것이다.

나라를 다스리는 이들이 백성을 붙들어 원기(元氣)를 배양하여 확실한 기초를 세우려는 생각은 하지 못하고, 도리어 나라의 독립 권리를 없애고 중립이란 명목(名目)을 내세워 저희 손으로 우리나라가 받을 상등대우(上等待遇)를 깎아내리고 자신들의 몸이나 하루라도 더 부지하고자 하니 더욱 통분하고 가증스럽다. 이것은 다 백성들이 어두워서 알지 못하기[無知蒙昧] 때문에 일어나는 일이다. 어찌 한두 사람이 속으로 국권을 뒤집어엎을 생각을 할 수 있겠는가. 백성들이 어서어서 깨어야만 이후에 또 이런 폐단이 없을 것이다.

이런 폐단은 영세중립국이 되는 것과 관련된 문제이다. 같은 중립 국이란 이름에도 여러 가지 구별과 등분이 있다고는 하나 결단코 이 런 생각은 하지 말고 당당한 독립 권리를 영원히 세우겠다는 생각을 마음속으로 굳게 맹세해야 할 것이다.

보호국(保護國)이라 하는 것은 내치(內治)와 외교를 자기 힘으로 자 주(自主)하지 못함으로써 끝내 위태하게 된다면 그 해(害)가 이웃 나라 에까지 미칠 터이기 때문에, 한 나라나 혹 몇 나라가 합하여 그 나라의 내치와 외교를 대신하여 위태하지 않게 하고 국권을 보호해 주어 강 한 나라가 침범하지 못하게 하는 것이다.

이 경우 이름은 비록 나라라고 하지만 실상은 속국(屬國), 속지(屬 地)에 지나지 못하여 제 것을 가지고 남의 종노릇을 할 뿐이다. 남에게 의지하기를 좋아하여, 눈에서 피가 나도록 얻어맞아 가면서 소나 말처 럼 부림을 당하더라도 더러운 목숨 하나 사는 것만을 천만다행으로 여기는 자에게는 이만치 좋은 것도 없을 것이다.

소위 한 나라의 관리라고 하는 자들이 자기 나라는 어찌 되건 간에 자기 욕심만 채우려고 함으로써 대포알이 왔다 갔다 하는 중에서도 협잡(挾雜)과 탐학(貪虐)에만 눈이 붉어져 백성들만 죽도록 해치는 그 런 나라도 지구상에 없지는 아니한데, 만일 이런 관리들이 영구히 권 세를 잡고 앉아 있다면 수많은 목숨들이 도대체 무슨 죄 때문에 이런 고통을 당해야 한단 말인가. 그리하여 이웃 나라의 개명(開明)한 사람 들이 와서 그런 관원들을 몰아내고 대신 정치를 하여 무고한 잔민(屛

民: 잔약한 인민)들의 생명과 재산을 보호해 준다면, 이 어찌 다행한 일이 아니라 하겠는가. 그러나 이것을 다행한 일로 아는 자는 지금 세상에서는 실로 사람이라 할 수 없을 것이다.

이는 비유하자면, 조상 때부터 전해 내려오는 고루거각(高樓巨閣)이며 집안 가득한 세간들을 제 손으로 보전하여 남과 같이 대가(大家)를 이루지 못하고 도리어 안방, 대청(大廳), 건넌방, 사랑방이며 가산(家産), 기명(器皿)과 전답, 노복(奴僕)까지 낱낱이 남에게 내어주어 남의 살림을 만들어 주고는 한두 간 행랑을 빌어 들어가 구차스럽게 부쳐 살면서 남의 종질을 달게 여기고, 심한 박대나 면하면 곧 은혜로 여긴다면, 이 어찌 창자(배알) 있는 인생이라 할 것이며, 소나 말, 개나 돼지[牛馬豚犬]보다 낫다고 하겠는가. 진실로 사람의 형상(人形)을 하고 사람의 본성(人性)을 타고났다면, 때때로 슬프고 분하여 어찌 차마 그것을 보고 살 수 있을 것이며, 원통하고 눈물이 나서 어찌 견딜 수 있겠는가. 차라리 유리걸식(遊離乞食: 이리저리 다니면서 빌어먹음)하며 멀리 가서 돌아다니다가 죽는 것이 나을 것이다.

그런즉 나라의 신민 된 자들은 마땅히 제 나라를 제 손으로 흥왕(興旺)시켜 어진 주인들이 되어 가지고 좋은 손님들을 청하여 함께 즐기며 동등한 대접을 받도록 힘써야 할 것이다.

서울 남대문

서울 수구문

서울 동대문

9
백성이 깨이지 못하면
나라를 보전할 수 없다

앞의 몇 가지는 세계 각국을 공법(公法: 국제법)으로 구별하여 각각 차지하는 권리와 이익의 구별을 말한 것이다. 이 공법은 어느 나라가 혼자 세우거나 만국이 모여서 법관(法官)을 내세워 정한 것은 아니지만, 교화(敎化) 수준이 높은 큰 나라들이 힘을 굽혀서 준행(遵行: 좇아서 행함)하므로, 한두 강포한 나라가 잔약한 나라를 법에 어긋나게 대우하고 욕심을 부리려 하더라도 작은 나라가 이를 거절하고 수용하지 않을 수 있는 권리가 있는데, 이것이 공법의 힘이다.

가령 작은 나라가 무리(無理)한 일을 당하고도 이를 거절하지 못할 경우에는 각국이 시시비비(是是非非)를 따져서 강한 나라로 하여금 무리한 일을 행하지 못하게 하는 것 또한 공법의 힘이니, 공법의 힘이 이렇듯 장하니 어찌 아름답지 않은가.

그렇지만 다만 세계의 교화와 문명의 정도가 아직도 한결같지 못하기 때문에 간혹 자국의 강대한 세력을 믿고 어두운 나라들에 대하여 공법을 버리고 불의를 행하는 자들도 종종 없지 않다. 그리고 어두운 나라들은 저희가 공법을 알지 못하기 때문에 남이 업신여겨서 이렇게 하는 줄은 깨닫지 못하고, 도리어 하는 말이, 만국공법이 대포 한 자루만도 못하다고 한다. 그러면서 강한 나라가 위력(威力)을 써서 세상을 대하려 하므로 나 또한 공법을 버리고 세력을 믿어야겠다고 하는 날에는, 남도 대단히 위태하게 하려니와 자신에게도 극히 염려스러운 일이다.

이런 나라에게 자주 권리를 허락하는 것은 철모르는 아이에게 잘 드는 보검(寶劍)을 맡기는 것과 같아서, 그것으로 자기 몸을 상하기 때문에 마땅히 빼앗아서 마음대로 못하게 해야 한다. 이러므로 나라가 어두우면 대소(大小)와 강약(强弱)을 막론하고 공법의 보호를 받지 못하여 독립 권리를 보전할 수 없는 것이니, 이 어찌 공법이 한편으로 치우쳐 있기 때문이겠는가.

대개 공법의 본래 목적은 천리(天理: 자연의 이치. 하늘의 도리)와 인정(人情)을 따라 세계 만국과 만국의 만민들이 다 같이 균등한 이익과 권리를 보전하도록 하려는 것으로, 각국의 교화가 확산되어 문명이 한결같이 된다면 당연히 이 공법을 행하지 않는 데가 없어질 것이지만, 만일 한두 나라라도 개명하지 못한 구석이 있다면 불가피하게 공법의 권한에 구별이 있게 될 것이다.

가령 개명한 나라들은 다 만국이 통행하여 한 지방이라도 열리지 않은 곳이 없으며, 한 사람도 열리지 않은 자가 없게 하는 것이 공번된 이익이라고 하는데, 이것이 참으로 나의 좋은 것을 세상과 함께하자는 공번된 뜻이다.

그러나 어두운 나라에서는 이러한 뜻을 모르고 말하기를, 나는 남의 새것도 원하지 아니하며 나의 옛것도 버리지 않을 터이니, 나 혼자

문을 닫아놓고 이전처럼 따로 살겠다고 한다면, 개명한 나라들이 어찌 이것을 자주독립 권리로 인정하고 네 마음대로 하라고 내버려 두겠는가. 부득이 압제(壓制)하여 공변된 뜻을 따르고 편벽된 생각을 버리도록 할 것이니, 이것이 곧 자주독립 권리가 침해당하게 되는 큰 근본이다.

만일 한두 번에 곧 깨닫고 마음을 돌이켜서 나날이 개명(開明)으로 나아가 공법의 뜻대로 행하여 피차(彼此)에 이익을 얻고자 한다면 다른 나라가 무단히 간섭할 계제(階梯: 어떤 일을 할 수 있게 된 좋은 기회)도 없을 것이고, 남이 법에 어긋나게 행하는 일을 모르고 당할 이치도 없을 것이지만, 끝내 깨닫지 못하여 계속해서 개명을 반대한다면 마침내 나라가 사분오열(四分五裂)되거나 남의 나라의 속국과 보호국이 되는 화를 면하지 못할 것이다.

하나님이 천지만물을 창조하신 뜻을 살펴보면 하나도 버릴 것이 없이 모든 사람에게 쓰임이 되게 하셨다. 다만 사람이 다 알지 못하여 항상 지식의 정도를 따라서 개명되는데, 이에 대해서는 여러 말로 설명할 필요도 없을 것이다.

가령 밭에 곡식 씨앗을 뿌리고, 물에서 고기를 낚으며, 산에서 사냥을 하는 것은 세상 사람들이 다 알고 있는 바이지만, 금은동철(金銀銅鐵)이나 석탄 석유와 기타 하나님이 만드신 모든 것[天造物]들로써 무궁하게 감추어 놓아 우리 인류가 쓰도록 만드신 것들은 혹 아는 자도 있고 혹 모르는 자도 있다.

웬만큼 안다는 자들 중에도 또한 등분(等分)이 많아서 혹은 대강만 캐어내고, 혹은 기계와 기술이 늘어서 그 정긴(精緊: 정교하고 요긴함)함을 다하기에 이르고, 어떤 나라들에서는 학문과 지혜가 더욱 발달되어 심지어 형질(形質: 생긴 모양과 그 바탕)이 없는 물건까지 쓰는 것을 만드는데, 오늘날 세상에 한량없이 유익한 전보(電報)와 공기선(空氣船: 기구) 같은 것을 보면 다 사람의 생각에서 벗어난 것들이니, 처음 듣는 자는 믿을 수 없는 일이기에 무식한 사람들은 조화(造化)라고도 하고 도술(道術)이라고도 하겠지만, 그 실상인즉 다 지식으로 이치를 궁구(窮究)하여 번개와 공기의 힘을 잡아 그것을 기계에 붙여서 쓰는 것을 만들 뿐이니, 아이라도 배우면 알 것이고, 법대로 만들면 될 것인데 무슨 신기하고 이상하게 여길 바이겠는가. 다만 지혜만 발달하면 되는 것이다.

지금 저 서양 사람들은 지식을 늘여서 남이 모르는 것을 먼저 알아냈으므로 가장 장한 듯하지만, 그 실상은 하나님이 사람이 쓰도록 하기 위하여 만드신 물건의 만분지 일도 아직까지 다 알아 쓰지 못하고 있는 것이다. 우리도 지혜만 열린다면 남이 알아낸 전기, 공기 등의 물질만 잡아서 쓸 뿐 아니라, 형형색색으로 생긴 천 가지, 만 가지 물건[千種萬物]들을 다 공기나 전기같이 요긴하게 쓰게 될 것이고, 지금 세상에서는 보지도 듣지도 못하는 물건들까지 다 만들어내어 쓰게 하는 것이 진실로 어렵지 않을 것이다.

천지를 창조하신 조물주께서 오만 가지 물건들을 다 만드신 이유는 전적으로 사람들이 필요에 따라 쓰게 하려고 하나도 버릴 것이 없게 하신 것임을 짐작할 수 있을 것이니, 이 어찌 대수롭지 않게 여겨 내버려 둘 것이겠는가.

오늘날 세계에서 문명 부강하다는 저 영(英), 미(美) 등 나라 사람들이 일이백 년, 삼사백 년 전에는 우리보다 못하여 심히 어둡고 어리석던 사람들인데, 졸지에 세계가 열리는 때를 당하여 지식과 학문이 한

없이 발달되면서 지금은 우리보다 몇 백 배나 앞서서 우리가 생각지
도 못할 일들을 성취하였다.

그리하여 저 천지에서 태어난 사람들은 하나도 흥왕(興旺) 발달하
는 효력을 얻지 못한 자가 없으며, 심지어 물건까지도 그 공교(工巧)하
고 긴절(緊切: 긴요하고 절실함)함을 극진히 하지 않는 게 없어서, 인구는
번성하고 물건의 근원은 마를 염려가 없다.

사람은 많고 땅은 좁으므로 각처로 흩어져서 빈 땅을 찾아서 사는
데, 기후도 합당하고 토지도 기름지며 갖가지 물산이 풍부하여 살기
좋은 곳이 곳곳에 많으나, 그곳 백성들은 혹 반쯤 열려서 웬만큼 개화
된 나라도 있고, 아주 미개하여 야만 인종인 나라도 있어서, 다 각기
옛적에 지내던 대로 게을리 살려고 할 뿐이고 더 낫게 되어 남과 같아
지기는 원하지 아니하며, 그 좋은 천조물(天造物: 천연자원)을 다 버려
두어 썩혀서 쓰지 못할 물건으로 만들고 있다.

우리나라로만 보더라도 개국(開國)한 지 사오천 년(*이 글을 쓸 때는
단기 4237년, 서기 1904년) 이래로 금광, 은광, 석탄광을 잘 캐어 쓸 줄을
몰라서 각국이 와서 차례로 차지하고 있다. 토지도 다 버려두어 전국
의 삼분지 일을 겨우 개척하였는데, 이것을 다 새로운 방법과 새로운
기계로 잘 개간만 한다면 그 이익이 한량없을 것이지만, 이것도 다 개
발하지 못하면서 도리어 사람이 많아서 무수히 죽어 없어져야 살 곳
도 있을 것이고 빈곤함도 면할 수 있을 것이라고 한다.

그리고 기타 천만 가지 재물과 보배의 근원을 다 헛되이 썩혀두고
캐내어 쓸 줄 모르면서 도리어 남의 나라만 못하다고 하기도 하고, 재
물이 귀하다고 하기도 한다. 급기야 타국과 서로 통하여 새 법을 배우
자고 하면 다 즐거워하지 아니하고 여전히 문을 닫아놓고 어둡게 살

려고 하니, 이런 뜻을 공평하다고 하면서 따로 썩혀두기를 허락하는 것이 옳다고 하겠는가. 이는 결단코 그렇지 않다.

그렇지 않은 이유로 세 가지가 있으니:

조물주가 사람에게 쓰이도록 하기 위하여 한없이 쌓아 두신 것을 썩혀버려서 저희도 쓰지 아니하고 남도 쓰지 못하게 하니, 이는 곧 포진천물(暴殄天物: 물건을 함부로 쓰고도 아까운 줄을 모르는 일)인지라 그 불가함이 한 가지이다.

또한, 다른 나라 사람들은 토지와 물품이 부족하여 사람이 살아가는 데 필요한 일용(日用) 사물들을 공급할 것이 없는데, 이 땅에는 사람이 없어서 버려둔 물건들과 저 땅에는 물건이 없어서 죽게 된 인민들을 섞어 놓아서 같이 쓰도록 함으로써 서로 도움이 되게 한다면 피차에 이로울 것이고, 이야말로 공번된 뜻이거늘, 어찌 남의 곤궁함은 헤아리지 않고 나의 욕심만 채우고자 하여 세상과 통하기를 싫다고 하겠는가. 그 불가함이 두 가지다.

또한 나라의 문을 닫아 놓고 남과 같이 밝은 세상을 만들지 아니하고, 물건을 버려두어 남과 같이 보배롭고 편리한 기물(器物)들을 만들지 못하게 하니, 다만 아깝고 애석할 뿐만 아니라, 그 나라 사람들이 밝은 세상의 낙(樂)을 보지 못하고, 선미(善美: 좋고 아름다움)한 기계의 편리함을 얻지 못하고, 백 년 천 년이 지나도록 영원히 지옥 같은 세상에서 도탄지고(塗炭之苦: 진구렁에 빠지고 숯불에 타는 듯한 고생)를 면치 못하며, 바다만 건너가면 요지일월, 순지건곤(堯之日月, 舜之乾坤: 중국 고대의 요 임금과 순 임금이 다스리던 태평성대)의 극락세계 같은 문명 세대가 사는 줄은 까마득히 모르고 도리어 내 풍속과 내 처지가 천하에 제일이라 하고 있으니, 이 어찌 그 사람들의 진정한 복이라 하겠는가. 차라리 압제(壓制)를 해서라도 세상 형편을 보고 스스로 깨닫게 해야 될 것이니, 나라의 문호를 닫아놓고자 하는 뜻의 불가함이 세 가지다.

이 세 가지 문제를 보면 개화(開化)의 이익이 어떠한지를 짐작할 수 있을 것이다. 그러므로 공법(公法)에서는, 어느 나라든지 주인 없는 빈 땅을 찾아내면 그 땅은 의례히 그 나라에 속한다고 규정하고 있지만, 만일 그 나라가 땅을 얻어서 제 것으로 만들기만 할 뿐 실제로 개척하는 효험이 없으면 그 나라 땅으로 인정해 주지 않고 누구든지 먼저 들어가서 개척하여 쓸 수 있게 만드는 자가 참 주인이 된다고 규정하였다. 이는 어떻게든 천지만물을 전부 다 사람들이 쓰게끔 하려는 것으로, 그 본래의 뜻은 소유자라는 헛이름을 중요시하지 않고 그 실제 효력, 즉 사용(使用)에 근거하여 권리가 생기도록 하려는 것이다.[1]

이로써 본다면, 정당하게 소유한 나의 토지라도 내가 개척하여 쓸 수 있도록 만들지 못하면, 나 하나 때문에 영구히 버려둘 수는 없으므로, 결국에는 남이 개척해서 남이 쓰는 바가 될 것이니, 개화를 싫어하고서야 어찌 나라를 보전할 수 있겠는가. 하물며 이 개화한 세상은 전과 같지 아니하여 백성의 자유 권리를 중히 여겨 균평한 이익을 보호해 주기 때문에 세상이 그 즐거움을 한량없이 누리는 것이다.

이러므로 개화의 세력이 종이에 물 젖듯이 스스로 퍼지는 힘을 막아낼 수가 없다. 이런 중에 홀로 백성을 눌러 머리를 들지 못하게 하고 옛 법만 행하고자 한다면, 부지중에 스며들어 오는 세력이 점점 백성

---

[1] 사용에 근거하여 권리가 생기게 한다: 대한민국 건국 직후에 이승만 대통령이 경자유전(耕者有田)의 원칙에 따라 농지개혁을 단행한 사상적 기초가 이때에 이미 마련되어 있었다.

들의 일어나는 기운을 받쳐주어 더 억누를 수 없게 된다는 것을 모르
고 억지로 억누르려고만 힘쓴다면, 그런 중에 자연히 충돌이 생겨 내
란(內亂)이 자주 나서 외환(外患)이 침범하므로, 수많은 생명들이 죽어
나고 세상이 소란해져서 그 화근(禍根)이 결국 이웃 나라에까지 미치게
된다. 이러한 경우에는 그 이웃 나라가 자기가 입을 화를 면하기 위하
여 간섭하지 않을 수 없게 되는데, 이는 공법에서도 허락하는 바이다.

　지금 세상에 살면서 어찌 옛 법을 지켜 가지고 독립 권리를 보전하
고자 하는가. 이것은 다 자주 독립 권리를 보전하지 못하게 되는 이유
의 대강이니, 나라를 위하여 근심하는 자는 마땅히 살펴보아야 할 것
이다.

10
자주 권리는
긴요하고 중대하다

자주 독립이 이렇듯 중요하다면 그와 관련된 이익 또한 응당 적지 않을 것이므로 마땅히 자세히 고찰해 봐야 할 것이다.

대개 한 사람이나 한 나라나, 자기가 제 일을 하는 것을 자주(自主)라 이르며, 따로 서서 남에게 의지하지 않는 것을 독립(獨立)이라 이르는데, 이는 인류로 태어난 자에게 부여된 천품(天稟)으로서 인간이라면 모두 다 같이 타고난 것이다.

세상에서 이르는 바 높다, 얕다, 귀하다, 천하다고 하는 것은 사람이 마음[人心]으로 현상을 헤아려서 구별한[質定] 것이지만, 사실 천리(天理)로써 보면 그 소위 귀하고 높다고 하는 자나, 약하고 천하다고 하는 자나 이목구비(耳目口鼻)와 사지백체(四肢百體)는 다 같이 타고나서 더하고 덜한 것이 없나니, 이는 하늘이 다 각기 자기가 제 일을 하고, 자기가 제 몸을 보호할 것을 모두에게 부여해 준 것이다.

배고플 때에 집어 먹고, 추울 때에 얻어 입고, 몸을 해치는 것을 막아내는 것은 손이 있어서 할 것이고, 험한 데를 멀리하고 편한 데로 향하는 것은 발이 있어서 할 것이고, 어찌하면 좋을지 어찌하면 해가 될지는 지혜가 있어서 생각할 것이니, 육신(肉身)에 딸려 있는 온갖 기기묘묘(奇奇妙妙)한 것들은 다 자신이 일생 동안 쓰기에 넉넉한 연장들이다.

이런 연장들은 다 우리 한 몸에 이렇게 요긴하고 절실한 것들인데도 이를 무심히 보는 자는 그것들이 요긴하고 절실한 것인 줄을 알지 못한다. 이는 비유하자면, 우리가 시계를 차고 있어서 시시때때로 볼 때에는 요긴한 것인 줄 모르다가 급기야 없어진 후에야 비로소 없이는 견딜 수 없는 줄로 아는데, 우리의 사지(四肢)와 백체(百體)도 없어진 후에 보면 얼마나 요긴하고 중요한 것인 줄을 비로소 짐작하게 될 것이다.

가령 손과 팔이 없어서 옆에 좋은 음식을 두고도 집어 먹지 못하며, 눈이 없어서 좋은 오색단청(五色丹靑)과 해와 달의 밝은 빛을 볼 수 없어서 범 같은 원수가 눈앞에 다다르고 태산 같은 재앙이 이마 위에 떨어지는데도 까맣게 모르며, 귀가 없어서 오음육률(五音六律)[1]의 즐거운 음성과 뇌정벽력(雷霆霹靂: 격렬한 천둥과 벼락)의 놀라운 소리를 듣지 못하며, 발과 다리가 없어서 위험이 물결같이 밀쳐 와서 자기 몸의 위태함이 일순간에 있는데도 피할 수 없다면, 비록 그 목숨이 살아 있다고 하더라도 무엇이 귀하다 하겠는가.

결국, 남에게 의지하여 남이 먹여 주고 입혀 주며, 듣고 보고 다니

---

[1] 오음육률(五音六律): 궁(宮), 상(商), 각(角), 치(徵), 우(羽)의 다섯 음과, 십이율(十二律) 중에서 양성(陽聲)에 속하는 여섯 가지 소리, 곧 태주(太簇), 고선(姑洗), 황종(黃鐘), 이칙(夷則), 무역(無射), 유빈(蕤賓)의 여섯 가지 소리. 여기서는 모든 아름다운 음악 소리를 말한다.

고 생각하는 것을 다 남이 대신해 주어야 하루라도 살 수 있을 것이니, 그 대신하여 주는 사람이 돌보아 주지 아니하면 곧 앉아서 죽을 따름이다. 달리 무슨 도리가 있겠는가.

이런 사람이 있다면 그는 곧 인간사회의 사마귀나 혹 같아서 세상에 살아 있는 것이 자기에게도 죽느니만 못하거니와 남에게도 공연히 이아칠(*거치적거리어 방해를 끼치거나 손실을 입게 하다) 뿐이니 차라리 없는 것이 도리어 편할 것이다.

이로써 본다면, 사지와 백체가 한 몸에 얼마나 요긴하고 절실한 것인지 알 수 있겠지만 다만 그것이 긴요한 줄만 알고 바로 쓸 줄을 모른다면 이 또한 없는 것과 같으니, 바로 쓰는 법을 알아야 참으로 좋은 연장을 가진 효험이 있을 것이다.

그 바로 쓰는 법이란 곧 제 권리를 보호하는 데 있으며, 제 권리를 보호하려면 몸이 해야 할 일들을 자신의 사지와 백체로 행하여 남에게 의지하지 않아야 할 것이다. 이러므로 제 권리를 보전하지 못하면 사지와 백체가 없는 사람과 같고, 사지와 백체가 없으면 제 목숨을 부지하지 못할 것이니, 지금 세계 사람들이 제 자주권리 보호하기를 목숨보다 더 중히 여기는 것은 이러한 이유에서이다.

지식이 발달한 나라에서는 사람마다 제 자주권리를 위하여 목숨을 겨루며, 심지어 어린아이까지도 다 제 몸 다스리기를 먼저 힘쓰게 하여 남에게 의지하는 것을 대단히 부끄럽게 알기 때문에, 심지어 자기 부모에게까지도 의지하지 않는 것을 옳게 여겨서 남의 압제와 위협을 결단코 받지 않으려 한다.

그리고 남이 붙들어 주거나 하는 것을 대단히 부끄럽게 여겨서, 어려서부터 먹고 입는 것까지도 제 손으로 벌어서 하기를 힘쓰기 때문

에, 혹 부모의 재산이 많아서 자식에게 물려주어도 자식이 받지 아니
하고, 그 재산으로 병원이나 학교를 지어서 가난하고 어려운 처지에
있는 사람들이 병도 치료하고 학문도 공부하게 해준다. 그러면서 말하
기를, 나도 공부하고 일을 하면 부모님과 같은 학문도 갖추고 재물도
가질 수 있을 것이다. 내 손으로 성가(成家: 한 가정을 이룸)하지 못하고
어찌 부모님의 유산을 받아 편히 놀고먹으며, 내 몸에 있는 좋은 연장
을 쓰지 않겠는가 라고 한다.

그리하여 무슨 일이든지 수고로이 제 일하는 것을 대단히 중요하
게 생각하며, 하는 일 없이 편히 지내는 자를 곧 사회에서 벗어난 자라
고도 하고, 세상에서 버려진 물건이라고도 하여, 아무리 귀하고 높을
지라도 놀고먹는 자가 없다. 이렇게 사람을 기르고 가르치므로 저마다
공부를 힘써 하며, 벌이를 부지런히 하여, 일평생 잘 살고 못 살기가
다 제게 달렸다고 생각한다.

이런 나라에서는 벼슬이 떨어지면 굶어 죽을까봐 걱정할 관원도
없을 것이고, 많은 식솔(食率)들이 먹고살 수 없어서 벼슬 한 자리 얻
어 달라고 애걸하는 백성도 없을 것이며, 남의 집 사랑방 구석에 일 없
이 드러누워 얻어먹으며 세월을 보낼 문객(門客)도 없을 것이고, 가난
한 친척과 친구와 사돈의 팔촌까지 줄멍줄멍(졸망졸망) 떼를 지어 아첨
하고 험담하며 남에게 빌붙어 살면서, 구박을 받으면서도 욕되는 줄을
모르기도 하거니와, 알고도 모르는 체하면서 구차하게 지내려는 모든
폐단들이 하나도 없을 것이다.

각자가 자기 노릇을 다하여 하늘이 부여해주신 육신의 기계를 하
나도 버리는 일이 없으며, 더욱이 교화를 통해 인심을 화합시키며, 자
기 몸을 써서 다 남을 위하여 쓸 것을 만들어, 가령 천만 명이 사는 나

라라면 천만 명이 다 제 정신과 제 몸으로 세상을 위하여 일을 하는데,
이것이 참 사람 사는 천지이니, 조물주가 낳아주신 본래의 뜻을 저버
리지 않았다고 할 수 있을 것이다.

그러므로 오늘날 남들이 저렇듯이 잘 사는 것을 보면 다 자주권리
를 중하게 여기는 데서 비롯된 것이니, 자유권리의 이익이 이렇듯 큰
것이다. 그러므로 나라를 세우고 정부를 두어 정치제도를 마련하고 법
률을 정하는 것은 다 사람의 일신상 자주권리를 보호하고자 함이다.
만약 그렇지 아니하면 약한 자의 목숨은 강한 자의 고기가 되고 말 것
이고, 어린아이가 가진 떡은 어른의 음식이 되고 말 것이니, 어찌 제
몸에 속해 있는 권리를 유지할 수 있겠는가.

그래서 어쩔 수 없이 공평하게 법을 제정하여, 대소(大小) 강약(强
弱)을 물론하고, 각자 제 분수 안에 속한 권리는 저마다 가지고 있어서
이를 빼앗을 수 있는 자가 없도록 하였는데, 이것이 곧 나라를 설립한
본래의 뜻[本義]이다. 어찌 귀하고 높은 사람에게만 권리가 있고 천하
고 약한 자에게는 권리가 없다고 하겠는가. 이는 만고에 떳떳한 이치
이고 천하에 널리 통용되고 있는 도리이다.

사람에 대한 사람의 권리가 이러하고, 세계에 대한 한 나라의 권리
또한 이러한데, 만약 자주독립이 귀한 줄 모르고 타국에게 보호를 요
청하거나 타국의 도움에만 의지한다면, 이는 사지(四肢)와 백체(百體)
가 없는 사람과 같으니, 그런 사람이 어찌 따로 설 수 있고 어찌 홀로
자신을 보호할 수 있겠는가.

남이 잡아주면 일어나다가 놓으면 도로 쓰러지고, 남이 먹여주면
살다가 먹여주지 않으면 죽을 것이다. 비록 독립이란 이름은 있으나

독립할 실제 힘이 없으니, 이는 비유하자면 꼭두각시를 놀리는 것과 같아서 밑에서 시키는 대로 따라서 활동할 뿐이니, 그 활동하는 것이 어찌 제 힘이라 하겠는가. 단지 남의 손바닥에서 놀 뿐으로, 끝내는 그 놀려 주는 사람이 괴로우면 접어서 주머니에 넣을 때가 있을 것이니, 밖에서도 제 힘으로 놀지 못하였는데 어찌 주머니 속에서 제 힘으로 나오기를 바랄 것이며, 제가 나오려고 하기로서니 어찌 주인이 나오게 내버려 두겠는가.

슬프다, 이 나라의 권리(國權: 주권)를 보호할 직책을 같이 담당하고 있는 형제들아, 정신 차리고 들어보라. 외국의 정치평론가들이 대한 사람들의 성질(*국민성)을 자세히 살펴보고 하는 말이, 이 나라에는 당초에 따로 설 수 있는 뼈대[獨立骨子]가 없다고 하였는데, 뼈대[骨子]가 아주 없다면 핏줄[血脈]은 어디서 생기겠는가. 우리가 이 말을 합당한 의론이라고 하여 스스로 뼈대가 없는 체하는 것이 옳겠는가?

결단코 그렇지 아니하며, 천만 번 그렇지 아니하다. 우리나라 사람이 오랜 세월 압제에 눌려서 아주 몸에 밴 습관[行習]이 되어 스스로 독립해 볼 생각을 하지 못하기 때문이니, 올바로 가르쳐서 그 뜻만 깨닫게 된다면 어찌 독립할 힘이 없겠는가.

사천여 년 동방예의의 나라 자유 독립 백성으로
충군애국(忠君愛國) 중히 여긴
빛난 역사 상고(詳考)하면
충신열사 무궁하다.

우리 인민의 좋은 성질 무엇이 부족할까.

다만 교육을 숭상치 못하여
어두운 중에 의심이 생겨
어찌할 줄 모르는 것이다.

묻노니 동포들아,
잠도 깨고 꿈도 깨어 밝은 세상 빛을 얻어
어서 빨리 우리 권리 회복하고
남의 수모(受侮) 막아보세.

보세, 보세, 하여 보세.
일들 함께 하여 보세.

11
천지자연의 이치

앞의 모든 말들을 읽어보면, 사람마다 영원한 화복(禍福)과 안위(安危)가 다 그 나라에 달린 줄을 알 것이고, 나라의 화복과 안위는 또한 세상 형편에 달린 줄을 알 것이다. 인류가 되어 이 세상에 나서 이 세상 형편을 모를 수 없으며, 세상 형편을 알려면 먼저 일월성신(日月星辰: 해와 달과 별들. 우주)의 모든 이치가 어떠한 줄을 알아야 할 것이다.

우리나라도 옛날부터 천문지리(天文地理)에 관한 모든 학문이 없지 아니하고, 성현(聖賢)의 경전(經典)에서 의론한 바도 적지 아니하되 그 근본을 다 확실히 알지 못하고 다만 그때 사람들의 지식이 미치는 곳까지만 말하였기 때문에, 사시(四時)와 주야(晝夜)가 서로 바뀌는 원리에 대한 설명은 다 맞으나, 그 형체가 어떠한지, 어떻게 돌아다녀서 사시와 주야가 되는지 그 이치는 알지 못하였다. 그래서 하늘은 둥글고 땅은 네모지다는 말과, 음(陰)은 고요하고 양(陽)은 움직인다고 한 말은 다 맞지 않는 말이다.

이는 다만 우리나라만 어리석어서 그런 것이 아니고 세계 각국이 전에는 다 각기 이렇게도 말하고 저렇게도 믿어서 바로 알지 못하였다가, 마침내 세계가 열려서 서로 통행하게 되자, 발로 직접 다니고 눈으로 직접 보아서 낱낱이 조사해 보니 그 전에 말하고 믿던 것들이 다 옳지 아니함을 알게 되었다. 그래서 세계의 여러 의견을 모아서 날마다 연구하여 지식이 발달되자 기계는 정교해지고 긴요해졌다.

천문대(天文臺)와 망원경으로 사람의 시력(眼力)이 미치지 못하는 곳을 지척같이 뚫어볼 수 있게 되었고, 경기구(輕氣球)나 비행선으로 공중에 올라가서 바람과 구름, 서리와 눈의 변화하는 이치를 꿰뚫어 보고, 산천(山川)과 도시와 마을의 지형을 내려다보고, 증기선(火輪船)을 타고 큰 바다를 건너 지구를 돌아다니고, 해저선(海底船: 잠수함)을 타고 바닷속으로 들어가고, 전선(電線)과 무선전(無線電: 무전)으로 몇 만 리 밖에 앉아서 동시에 서로 대화할 수 있게 되었다. 그리고 그 밖의 신출귀몰한 기계로 사람의 지식과 능력을 향상시켜 사물들의 이치를 훤히 깨달아 새로운 것들을 계속 발명해 내게 되었다.

우리도 지금 그와 같은 방법과 기계를 사용해 보면 뚜렷이 알 수 있으므로 의심할 것이 없다. 그러므로 기왕에 우리가 알던 것들이 옳지 않은 줄을 깨달아야 할 것이다.

그렇다고 우리의 선각자(先覺者)들이 남의 선각자들만 못해서 그런 것은 아니고, 다만 우리가 우리 선각자들이 말씀하신 것을 가지고 더욱 발명(發明)하여 선각자들이 미처 생각하지 못한 것을 더 많이 알아 내지 못했기 때문이다.

지금부터는 마땅히 우리의 선현(先賢)들만 옳다고 하던 고집을 버리고 남이 밝혀놓은 이치를 자세히 헤아려 보아야 하늘과 땅이 정말로 어떠한 것인지 알 수 있을 것이다. 하늘과 땅이 어떠한 것인지 모르고서야 어찌 세상에 태어난 것을 장하다고 여기겠는가.

먹고 입는 일도 급하다 하겠지만, 눈과 귀를 먼저 열어놓고 볼 일이니, 어서 바삐 새로 나온 책들도 구해서 읽어보고 남에게도 권하여 알도록 해야 할 것이다. 그러나 이 책에서 자세히 다 말할 수는 없으니, 대강 두어 마디로 말하려고 한다.

대개 하늘이라 하는 것은 무슨 형체로 된 것이 아니고 다만 빈 허공(虛空)에 푸른 기운이 쌓여서 구름이 없을 때 보면 마치 쪽물을 들인 것 같지만, 만일 구름이 중간에 끼어 있을 때 기운이 쌓인 것을 멀리서 보면, 구름이 없는 곳에서는 약간 푸른 듯할 뿐인데, 그것은 기운에 푸른빛이 있어서 그러하다는 것을 알 수 있다.

그러나 이 빛은 심히 얇아서 가까이서는 보이지 않는데, 이는 마치 물속을 엿보는 것과 같아서, 바닥이 얕으면 빛이 아주 없는 것 같고, 좀 깊으면 완연히 푸르고, 대단히 깊으면 아주 푸른빛만 보인다.

공기의 빛도 이와 같아서, 산을 가까이서 볼 때에는 아무 빛도 없지만, 멀리에서 볼수록 푸른 기운이 점점 깊어진다. 이로써 보면, 하늘이 형체 없는 푸른 기운이 쌓여서 그렇게 보인다는 것을 증명할 수 있을 것이다.

땅(地球)은 그 가운데 있어서 형체가 둥글어 귤 같이 생겼는데, 동서(東西)로는 끝이 없고, 남북(南北)으로는 끝이 있으므로 남극(南極)이라, 북극(北極)이라 하는데, 그곳은 극히 추워서 얼음 바다[氷洋]가 있고, 남북의 길이는 27,692리가량이다. 이러므로 지구(地球)라고 부르는데, 땅[地]의 모양이 구슬[球] 같다는 뜻이다.

지구의 형체가 원래 크기 때문에 우리가 보기에는 평탄한 듯하지만, 너른 들에서 멀리 산을 바라보면 산 밑은 보이지 않으며, 가없이 넓은 큰 바다에서 멀리서 오는 배를 보면 먼저 돛대 끝만 보이다가 차차 가까이 올수록 그 아래가 보이는데, 이로써 보더라도 땅이 둥근 줄을 알 수 있다.

지금 우리나라에 와 있는 외국인들은 지구를 몇 바퀴씩 돌아다닌 자들이 많은데, 우리도 곧 다녀보면 다 알 수 있을 것이니 더욱 의심할 바가 없다.

그리고 지구 위에는 사방으로 공기라고 하는 기운이 싸고 있어서 계란에 흰자위가 노른자위를 싸고 있는 것 같으며, 땅에서 위로 150리 가량은 그 공기가 사면으로 두르고 있어서(*대기권) 사람과 만물이 다 이 기운으로 인하여 살아가는데, 이는 마치 고기가 물이 있어서 사는 것과 같다. 이 기운이 있는지 없는지를 알고자 한다면 무엇이든지 공중에 휘둘러 보라. 걸려서 잘 돌아가지 않다가 힘써 빨리 휘두르면 무슨 소리가 나는데 마치 물속에서 흔드는 것과 같다. 이 기운이 사방으로 유통(流通)하여 다니는 중에 바람이 생기는 것이다.

땅속에는 불이 있어서 가끔 터져 올라 연기와 불이 나오는데 이것을 화산(火山)이라고 하며, 불이 요동(搖動)칠 때마다 땅이 흔들리는데 이것이 지진(地震)이다. 지면(地面)에 햇빛이 쬐여 더워지면 습기가 공중으로 몰려 올라가는데 이것이 안개(霧)와 구름(雲)이다. 안개와 구름이 찬 기운과 부딪치면 마치 소주(燒酒)를 고는 것처럼 물이 되어 내리는데 이것이 비[雨]다. 비가 혹 중간에 찬 기운을 만나서 다시 얼면 눈[雪]도 되고 우박[雹]도 되는데, 이는 다 기운으로 인해 일어나는 변화이다.

이 지구가 태양을 싸고 항상 돌아다니기를 쉬지 아니하여, 한 바퀴를 돌아서 원래 자리로 돌아오면[公轉] 1년이고, 자기 몸을 굴러서 한 번 돌리면[自轉] 하루가 되는데, 해를 에워싸고 한 바퀴 휘돌아 올 동안에 자기 몸은 서(西)에서 동(東)으로 360차례 뒤집힌다. 뒤집힐 때 햇빛이 보이는 쪽은 낮이고 햇빛이 보이지 않는 쪽은 밤이다. 가령 귤 한 개를 등(燈) 앞에서 돌리면 앞은 불빛이 비치고 뒤는 아니 비쳐서, 돌리는 대로 비치는 부분이 서로 바뀔 것이다. 밤낮이 변하는 이치는 이와 같다.

지구가 해를 둘러싸고 한 바퀴 돌 동안(*1년 365일)에 달은 지구를 싸고 열두 번을 도는데(*12개월), 달이 지구를 한 번 도는 것이 한 달[1개월]이고, 열두 달이 곧 일 년이 되는데, 이는 곧 하루[日]와 한 달[月]의 구별이다.

지구가 해를 끼고 돌아갈 때에 세로로 꼿꼿이 서서 돌아가는 것이 아니라 한편으로 비스듬히 기울어져 돌아가기 때문에, 햇살이 지구 남반부에 많이 비칠 때도 있고 북반부에 많이 비칠 때도 있다. 남반부에 많이 비칠 때에는 그곳이 여름이고 북반부가 겨울이며, 북반부에 많이 비칠 때에는 그곳이 여름이고 남반부가 겨울이다. 이는 사시(四時) 사철이 변하는 원리의 대략이다.

이 이치가 하도 복잡하여 그림을 그려서 장황하게 설명하더라도 처음 듣는 자는, 입으로 말하고 손으로 형용하는 것만치 자세히 알지 못할 것인데, 어찌 이 책으로 밝히 알게 할 수 있겠는가. 다만 대강의 뜻[大旨]만 따서 말해주면 알고 싶어 하는 마음이 생기지 않을까 해서 설명하는 것이니, 다른 책을 많이 만들어야 하겠지만, 혹 한문을 아는 이들은 청국(淸國)에서 새로 만든 한문책도 구해 보면 많이 알게 될 것이다.

사시(四時)의 변함은 이러하거니와, 다 태양의 빛으로 인하여 이렇게 되는 것이다. 달과 모든 별들은 다 지구와 같은 모양으로 생겨서 아무 빛도 없고 다만 햇빛을 받아야 빛이 생긴다. 그리고 각기 다니는 길이 있어서 같은 길을 계속 돌아다니되 혹은 태양도 끼고 돌고 혹은 다른 별도 끼고 돌지만, 일정한 길이 있기 때문에 서로 어그러지는 폐단은 없다.

그들의 크고 작음은 다 등분(等分)이 있어서 태양은 지구보다 130만 배 크고, 달은 6천만 개를 합쳐서 한 덩어리를 만들어야 태양 하나만 하며, 지구는 수성(水星)보다 14배 크고, 목성(木星)은 지구보다 1,400배 크다. 이는 천문학자들이 다 천문을 관측하는 방법으로 계산해 보고 정해 놓은 것이다.

그 크고 작음의 등분이 이렇듯 서로 같지 않지만, 우리가 보기에는 해와 달은 거의 같고, 모든 별들은 그 크기가 거의 비슷해 보이는데, 이는 다 무슨 까닭인가? 이는 다름이 아니라 혹 지구와 가깝기도 하고 멀기도 하여 지구와 떨어져 있는 거리가 같지 않기 때문이다.

달은 지구에서 가깝기 때문에 해보다 작지만 해와 같은 크기로 보이며, 해는 지구에서 멀기 때문에 달보다 크지만 달과 같은 크기로 보이는데, 모든 별의 크고 작음 또한 이와 같다.

지구가 해와 달 중간에 들어서 햇빛을 가리면 달의 한 편에 빛이 없어지기 때문에 월식(月蝕)이 되며, 달이 지구와 해 중간에 들어서 해의 한 편을 가리면 지구에서 해가 보이지 않기 때문에 일식(日蝕)이 된다. 월식이 있을 때에는 그 먹히는 부분이 항상 둥근데, 이로써 보더라도 지구가 둥글다는 것을 더욱 분명히 알 수 있다.

그러나 이 모든 형체(形體: 즉 태양과 지구와 달과 별들)들이 공중에서 떨어지지 않고 매달려 돌아다니는 것은 무슨 힘 때문인가. 다름 아니라 다 자기 몸에 각각 잡아당기는 힘, 즉 인력(引力)이 있어서 서로 끌어당기기 때문에 피차 끌려서 물러가지 못하는 것이며, 큰 것이 작은 것을 끌어당기는 힘이 크기 때문에, 태양의 잡아당기는 힘이 가장 크다. 그래서 모든 별과 지구가 다 이 힘에 의하여 공중에서 움직이는 것이다.

사람과 세상 만물이 지구상에 붙어서 밤낮으로 돌아가되 지구에서 따로 떨어져 나가지 않는 것은 지구의 잡아당기는 힘 때문이다. 비유하자면, 귤에 물방울을 발라서 거꾸로 들어도 떨어지지 않는데, 무엇이든지 큰 물건에 작은 것이 붙는 것은 다 그 큰 것의 잡아당기는 힘이 크기 때문이다. 가령 돌을 공중에 던지면 던지는 힘이 다하기까지 올라가서는 그 힘만 없어지면 잠시도 그대로 머물러 있지 못하고 곧 내려오는데, 이것 또한 지구의 잡아당기는 힘에 끌려서 돌아오는 것이다.

이상의 몇 가지는 다 천지에 관계된 것으로 긴급히 알아야 할 것들이다. 자세한 이치는 이 책에서 다 말할 수 없으나 지금 세상에 널리 알려진 것들이므로 말만 대강 할 줄 아는 아이라도 다 아는 것인데도, 우리만 홀로 어둡게 앉아 있으면서 어리석게 믿기를, 해는 부상(扶桑)[1]에서 솟아올라 함지(咸池)[2]로 떨어진다느니, 용(龍)이 물을 주어 비가 내린다느니, 일식(日食)·월식(月食)·혜성(彗星: 별똥별)·우레와 번개(雷聲霹靂)·지진 등 분명하게 정해져 있는 자연의 이치를 다 재앙(災殃)이라 하거나 변괴(變怪)라고 한다.

---

[1] 부상(扶桑): 전설에서 동쪽 바닷속 해가 뜨는 곳에 있다는 상상의 나무.

[2] 함지(咸池): 전설상 해가 진다고 하는 큰 못.

　　그리하여 혹은 기기묘묘한 제사도 지내고, 화(禍)를 면하고 복(福)을 구한다고 하면서 세상의 어리석고 요사(妖邪)한 일을 못 하는 것이 없으면서도 각국 사람들이 흉을 보고 비웃는 줄을 전혀 알지 못한다. 그러면서도 도리어 나의 아는 것과 행하는 것만이 세상에서 제일이라고 하는데, 이는 우물 속에 앉아 하늘을 보면서 하늘이 작다고 하는 것과 같으니, 이 어찌 우물 밖에 있는 자들이 비웃을 일이 아니겠는가.

　　천지(天地)를 모르는데
　　인사(人事)를 어찌 알며,
　　인사를 모르는데
　　나라 일을 어찌 알겠는가.

　　어서 어서 알아보아
　　세상 형편 밝히 보고
　　나라 일을 힘써 하여
　　남과 같이 살아보세.

12
육대주의 구별

지구 표면의 4분지 1은 육지(陸地)이고 4분지 3은 물이다. 큰물을 바다라고 하며, 더 큰물은 대양(大洋)이라고 한다.

대양을 다섯으로 나누어 이름을 붙였는데, 태평양(太平洋)은 우리가 사는 육지를 두르고 있는 물로서 제일 큰 것이다. 대서양(大西洋)은 둘째 큰 것으로 미국(美國)과 영국(英國) 사이에 막혀 있는 것이다. 인도양(印度洋)은 인도국 앞에 있는 물로서 우리나라에서 서쪽을 향하여 서양(西洋)으로 가려면 중간에 지나가게 되는 물이다.

남과 북의 빙양(氷洋: 얼음 바다)은 지구의 양편 끝에 있어서 극히 춥고 사철 내내 얼음이 풀리지 않는다. 이 끝에서는 일 년에 석 달 동안은 해를 보고, 여섯 달 동안은 해를 보지 못한다.

남과 북 양쪽 끝에서 차차 가운데로 향해 갈수록 점점 더 더워져서 지구의 허리 중간에 이르러서는 가장 뜨겁기 때문에 사시(四時)에 항상 추위를 모른다. 지구 중간을 적도(赤道)라 하고, 적도 양편으로 나가며 뜨거운 곳은 열대지방(熱帶地方)이라 하고, 양편으로 더 나가면 따뜻한 곳이 나오는데 그곳을 온대지방(溫帶地方)이라 하고, 양편 끝은 한대(寒帶)라고 하는데, 한대와 열대에는 기후가 사람 살기에 매우 부적합하다.

우리 대한은 적도 북편으로 온대지방에 있어서 기후가 매우 온화한데, 이는 우리에게는 천연(天然)의 행복이다. 이 때문에라도 더욱 사랑스러운 나라라 할 것이다.

이 다섯 대양에 드문드문 육지가 생겼는데, 이 육지를 혹 여섯 쪽으로도 나누고 혹 다섯 쪽으로도 나누어서 구별하였는데, 한 쪽씩 나뉜 것을 '주(洲)'라고 한다. 주(洲)는 '물가'라는 뜻이다.

대개 여섯 쪽으로 친다면 아세아주(亞細亞洲)는 제일 큰 쪽이다. 우리나라는 이 대륙의 동편 끝에 있으며, 우리는 다 아세아주 사람이다. 내가 속해 있는 주(洲)를 더욱 많이 사랑하는 것은 곧 내 나라를 사랑하는 방법이 되기도 할 것이다.

더군다나 이 대륙은 전 세계의 시조 격이다. 이는 만국 만민의 시조인 아담(Adam)이 이 땅에서 났으며, 이 땅에서 세계 최초로 나라라는 것이 설립되었으며, 정치와 교화(敎化)와 천문지리 등 모든 학문과 각양각색의 문명의 근본이 다 여기에서 먼저 생겨났기 때문이다.

그 중에서도 가장 특별한 것은, 세계에서 받드는 여러 가지 종교가 다 여기에서 생겨난 것이다. 유교의 공부자(孔夫子: 공자), 불교의 석가여래, 회회교(回回敎: 이슬람교)의 마호메트(Mahomet), 기독교의 예수(Jesus Christ)가 다 여기에서 나셨다. 따라서 온 세상에서 각각 믿고 받들어 힘입으며 자랑하는 모든 교화(敎化)의 본고향은 다 우리 아세아주이다.

또한 지구상에서 유명한 고대국가(古代國家) 여럿이 여기에 있었고,

천하에서 제일 높은 산(*히말라야 산)이 여기에 있으며, 기후도 이 지방이 제일 고르며, 인구도 육대주 중에서 제일 많다. 땅이 제일 넓고, 각양각색의 보배롭고 기묘한 물산(物産)이 가장 풍부하다. 따라서 우리나라가 이 대주(大洲)에 있는 것 또한 천연의 행복이니, 어찌 더욱 사랑하지 않겠는가.

다만 애석한 것은, 중간에 내려오면서 문명이 점점 뒤떨어져서 이런 좋은 대주(大洲)를 거의 버릴 지경에 이르게 된 결과 지금은 도리어 남한테 배우게 되었으며, 남이 와서 대신 간섭하기에 이르렀으니, 이는 다 우리가 헛되이 옛것만 숭상하고 더 낫게 개량하기에는 힘쓰지 않았기 때문이다. 오늘부터라도 서둘러 진보(進步)하기를 도모해야 할 것이다.

구라파주(歐羅巴洲: Europe)는 아세아 서편에 있어서 육지로 서로 연결되어 있으나 다만 '우랄산맥(Ural Mountains)'이 중간에 막고 있어서 동서(東西)로 구별되었는데, 넓이는 아세아주보다 훨씬 작으나 인구는 매우 많으며, 개화(開化)하기를 제일 부지런히 하여 옛날부터 아세아주에서 발생하는 문명을 넘겨받아다가 날로 더욱 정밀하고 요긴하게 만들어 지금 세계에서는 제일 부강하고 문명한 대주(大洲)이다. 만고(萬古)의 역사에서 큰 전쟁이나 굉장한 사업이나 빛나는 사적(事跡)이 여기에서 많이 이루어졌으며, 영국과 덕국(德國: 독일)과 법국(法國: 프랑스)과 오지리국(奧地利國: 오스트리아)과 의대리국(意大利國: 이탈리아) 등 제일 부강한 열국들이 다 여기에 있는데, 가장 발달한 곳이다.

북아메리카주(North America)는 대서양의 서편과 태평양의 동편에 있어서 넓이는 아세아주보다는 매우 작지만 구라파주보다는 두 배나 된다. 전에는 세상에서 이 땅이 있는 줄 알지 못했는데, 4백여 년 전에 콜럼버스(Columbus)가 이 땅을 찾아낸 후로 구라파주 사람들이 차차 건너가서 토지를 개척하고 나라를 세우자 본래부터 그 땅에 있던 야만 인종들은 점점 스스로 없어지고, 지금 북편에는 영국의 속지(屬地)인 캐나다(Canada)라 하는 큰 땅이 있으며, 남편에는 아메리카 합중국이 있는데, 우리나라에 많이 와 있는 미국 사람들의 본국이다. 설립된 지 오래되지 않은 새 나라로 교화와 문명이 날마다 진보하여 머지않아 장차 비교할 나라가 없을 것이다.

남아메리카주는 북아메리카 남편에 있어서 육지로 연결되고, 적도에 걸쳐 놓여 있으므로 남북 아메리카를 함께 합하여 하나의 아메리카주(洲)로 치기도 한다. 넓이는 북아메리카와 비등하며, 크고 작은 나라들을 합하여 10여 나라들이 있으나 인민이 별로 열리지 못하고 드러낼 만한 사적(事跡)도 없다.

아프리카주(Africa)는 대서양의 동편과 인도양의 서편에 있는데, 우리나라에서 가려면 서쪽을 향하여 인도양을 건너가야 한다. 넓이는 거의 아세아주만 하지만 중간에 큰 사막이 있어서 평평한 모래밭이고, 인민은 북편의 해변 이외에는 모두 피부색이 검은 야만인인데 흑노(黑奴: 흑인 노예)라고 하는 것이 이들이다.

북방 끝에 있는 애급(埃及: Egypt)이라 하는 나라는 거의 4천 년 전에 부강하던 나라이다. 세계에서 제일 먼저 열린 큰 나라였으나 백성이 차차 게을러져 구습(舊習)을 편안히 여김으로써 점점 쇠잔해져서, 아직까지 나라라는 명색은 있으나 영국의 지배에서 벗어날 수 없게 되었다. 이 대주(大洲)의 사방 해변으로 돌아가며 여러 나라들이 들어

가서 차지하여 땅이 조각조각 나뉘었으므로 자세히 고찰해볼 만한 사적(事跡)이 없다.

오대리아주(澳大利亞: Australia)는 인도양의 동북과 태평양의 서남에 있는데 곧 아세아의 남편에 위치한다. 우리나라에서 남쪽을 향하여 해로(海路)로 적도를 건너가면 여러 섬들이 있고, 남쪽 앞에 제일 큰 섬이 있는데 이것이 곧 오스트레일리아(Australia)이다. 육대주 중에서 넓이가 가장 작으며, 사람들은 다 살빛이 검은 인종인데, 아세아주에서 건너가 섞여서 된 인종도 적지 않다.

전에는 세상에서 이 지방이 있는 줄을 모르다가 아메리카주를 찾은 후에 비로소 알아내어 백여 년 전부터 구라파주 사람들이 건너가서 혹 장사도 하고, 혹 귀양 가는 자도 있어서 차차 섞여 살다가 그로 인하여 영국의 속지가 되었는데, 또한 특별한 역사가 없다.

이 앞에서 여섯 가지로 구별한 것이 육대주(六大洲)이다. 이 육대주 중에서 자세히 살펴볼 만한 사적(事跡)과 세상과 관계되는 일은 다 남북 아메리카와 구라파, 아세아 대주(大洲)에 있다.

아래에서 대강 다시 설명하겠지만, 옛적에 우리 동방에서 소위 천하(天下)라거나 사해(四海)라고 하던 것은 단지 중국 중원(中原)의 아홉 개 주(九州)뿐이었다. 그 주위로 돌아가며 있는 나라들도 다 무슨 나라들인지 모르고 통틀어 남만북적(南蠻北狄)의 모든 오랑캐라고 지목하여 서로 통하지 아니하면서 온 세상이 다 여기에 있다고 하였다. 그리고는 그 밖에 몇십 배나 되는 땅이 있어서 사람의 머리로는 헤아릴 수도 없는 일들이 무궁무진(無窮無盡)하게 많은 줄은 도무지 모르면서, 방 속에서 기른 아이처럼 사오천 년을 지내오다가 남에게 이아쳐서(*

방해를 받거나 손해를 입다) 어쩔 수 없이 눈을 들어 사방을 둘러보니,

굉장하고 광활하여 조물주 능력 측량할 길 없네.
물도 많고 땅도 많아 호호탕탕 무변대해(無邊大海)
모를 것도 하도 많아 형형색색 기이하며
나라 많고 사람 많아 모를 일도 한이 없네.
인물 언어 이상하며, 복식 제도 가볍고 편리하다.

만국이 이웃 되어 문호를 상통(相通)하며
만 리를 지척같이 왕래(往來) 수작(酬酢) 극히 쉽다.
삼천리 멀고멀던 약수(弱水)¹⁾는 어디 가고
서역국(西域國)²⁾과 격장(隔墻: 담 하나를 사이에 두고 서로 이웃함)하여
조석(朝夕)으로 상종한단 말인가.

여보시오, 벗님네야
그믐 밤중 벗어나서 밝은 천지 구경하세.
새로워라 지금 세상, 이전 세월 아니로세.
좋은 때에 태어나서 좋은 시대 만났구나.

천하 각국 주유(周遊)하고 고금의 역사 통달하여
학문 지식 넓힌 후에 나라 도와 사업하여
만년 무궁할 터를 닦아 영원토록 세워놓고

---

1) 약수(弱水): 신선이 살았다는 중국 서쪽의 전설적인 강. 길이가 삼천리나 되며, 부력(浮力)이 약하여 기러기 털도 가라앉는다고 함.
2) 서역국(西域國): 중국의 서쪽에 있던 여러 나라.

빛난 공업(功業) 빛나는 이름 지구상에 드러내세.

충신열사 몇몇이며

영웅준걸 그 누구인고.

천재일시(千載一時)[1] 좋은 기회

시호시호(時乎時乎)[2] 부재래(不再來: 다시 오지 않음)라.

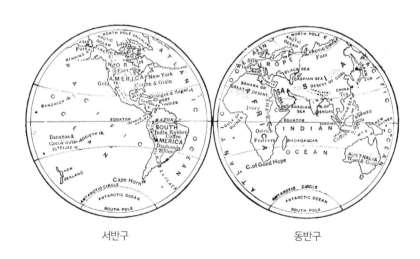

서반구   동반구

---

[1] 천재일시(千載一時): 천년 만에 한 번 찾아오는 때.

[2] 시호시호(時乎時乎): 시재시재(時哉時哉). 좋은 때를 만나 기뻐 감탄하는 소리.

13
오색인종의 구별

지구 위 육대주에 나뉘어 사는 인구의 전체 수효는 15억여 명인데, 이들을 다섯 가지 종류로 구별하면 몽골리안(Mongolian)과 코카시안(Caucasian)과 이디오피안(Ethiopian)과 아메리칸(American)과 멜라네시안(Melanesian)이다. 이 다섯 가지 인종들은 얼굴 모습도 다르고 피부색도 같지 않다.

멜라네시안이라 하는 인종은 피부색이 검으며 오스트레일리아주에 산다. 아메리칸이라 하는 인종은 피부색이 검붉으며 남북 아메리카주에 사는 모든 토종(土種)이다. 이디오피안이라 하는 인종은 피부색이 검은 양 빛 같으며 아프리카주에 사는 토종이다. 이들은 다 야만인종들이다. 코카시안(Caucasian)은 피부색이 매우 흰데 구라파주에 사는 영국(英), 법국(法) 등의 모든 인종으로서 지금 세계에서 제일 개명하여 상등의 지위에 이른 사람들이다.

몽골리안은 피부색이 누른빛으로 우리가 곧 이 인종에 속하며, 아세아주에 살고 숫자가 제일 많다. 대한, 청국(淸國), 일본은 다 이 종류에 속하는 인종이다.

같은 대륙에 살고, 피부색이 같으며, 문자 또한 같기 때문에 특별히 친근하며, 땅이 연이어져 있어서 옛날부터 다른 나라들과는 상종(相從)이 없었지만 이 세 나라는 교섭(交涉)이 잦았기 때문에 교린(交隣)하는 우의(友誼)도 남다르거니와, 이와 입술 같이 서로 관계되는 형세도 또한 중대하다.

그러므로 마땅히 서로 원망하고 미워하거나 못된 생각[邪思]을 피차간에 품지 말고, 서로 권면하고 도와주어 솥의 세 발같이 서로 받치는 힘이 있은 후에야 다 같이 부지해 갈 수 있기를 도모해야 할 것이다.

이상에서 말한 것은 다섯 가지 인종의 구별이다. 모양이 이렇듯 같지 아니하고, 사는 곳이 또한 이렇듯 멀리 나뉘어 있기 때문에 저희만 있고 남은 없는 줄로 알면서 오륙천 년 동안을 지내왔으므로 자연히 언어와 문자, 인정과 풍속이 날마다 달라져서 각각 제 것만 좋고 제 방식만 옳다고 하여 오늘날에 이르러서는 아주 비교할 수도 없는 등분(等分)이 있게 되었다. 그러나 그 근본을 알고 보면 다 한 하나님의 자손들이니 그 누구인들 동포(同胞)가 아니겠는가.

이를 비유하자면, 한 조상의 자손이 각각 멀리 떨어져 서로 막혀 살아서 여러 대를 지나니 풍속과 의복, 음식이 다 각기 지방에 따라 변하여, 서로 만나는 날에 그 내력은 잊어버리고 곧 타국 사람같이 여기는 것과 같다. 우리 대한으로만 보더라도 다 한 근본의 혈족(血族)이고, 다 한 나라의 신민(臣民)이지만, 동서남북이 고을마다 달라서 서로 흉보는 풍속도 많고, 피차 모르는 일도 많은 중에, 심지어 알아듣지 못하는 말까지 있으니, 이는 다 세상이 열리지 못하여 서로 왕래 교섭을 하지 않았기 때문이다.

온 세상 사람들이 나뉘어 사는 것 또한 이와 같아서 피차 천양(天壤: 하늘과 땅) 같은 등분(等分)이 있으나 그 근본이야 어찌 다르다 하겠는가. 다만 사람의 지혜가 보고 듣는 것 외에까지 멀리 미치지 못하여 태산(泰山)을 넘을 수 없고 대해(大海)를 건널 수 없다고 하며, 그 너머와 그 건너편은 하늘과 땅이 맞닿은 데라고 하고, 언어와 왕래를 서로 통하지 아니하며, 풍속과 제도를 서로 바꾸지 아니하여 저렇듯 등분이 있기에 이른 것이다.

진실로 만국이 서로 통하여 한 집같이 섞여 살며 형제같이 사랑하여 정의(情誼)가 친밀하다면 풍속이 스스로 같아지고 인물과 언어 문자까지도 다 한결같이 될 것이다.

이것이 곧 개화(開化)의 원리(原理)이니, 지나간 백 년 동안에 세상이 변한 것을 본다면 오는 백 년 동안에 또 어떻게 변할지 짐작할 수 있을 것이다. 우리나라 안으로만 보더라도, 우리가 그토록 개화를 막고 반대하였으나 우리도 모르는 사이에 자연히 변하여 날마다 해마다 달라진 것이 한두 가지가 아니다. 이는 오늘의 형편을 십년 전과 비교해 보면 알 수 있을 것이다.

이 열려가는 세상에서 홀로 어둡고자 해도 동터오는 햇빛이 비추지 않을 곳이 없을 것이다. 끝내 이런 형편은 모르고 돋는 해를 가리려 하는 것이 어찌 어리석지 않겠는가.

14
새것과 옛것의 구별

지구상에 15억 명이나 되는 오색인종을 통합하여 세 가지 등분으로 구별하는데, 문명개화(文明開化)한 사람과, 반쯤 개화한 사람과, 야만인(野蠻人) 세 종류이다. 이 세 가지 등분으로 구별함에 있어서 야만인이라 하는 것은 곧 오랑캐라는 뜻이다.

야만인종에도 또한 두 가지 구별이 있는데, 더욱 심한 야만인은 짐승과 조금 다를 뿐이다. 글도 없고 교화(敎化)도 없어서 인륜(人倫)과 예절(禮節)을 알지 못하고, 나라라는 이름(名色)도 없이 다만 추장(酋長)이 있어서 몰려다니며, 서로 노략질하고 살해(殺害)하기를 위주로 하며, 짐승과 물고기나 잡아먹으며, 과일과 곡식 열매를 따 먹고, 토굴 같은 데서 몸을 의지하여 살 뿐이다.

좀 나은 야만인은 집 모양도 있고, 나라라는 이름(名色)도 혹 있다고는 하나 없는 것보다 별로 나을 것이 없다. 혹시 다른 인종이 보이면 하늘에서 내려온 신[天神]인 줄로 이상히 여겨서 흩어져 달아나거나, 혹 잡아먹으려고 떼를 지어 덤비다가 총소리를 듣거나 혹 다른 기계 사용하는 것을 보면 곧 몰려 달아난다.

타국 인종이 밀려들어 와서 살게 되면 점점 피하여 산골짜기나 숲 속으로 몰려 들어가서 끝내 저희의 본래 땅을 다 잃어버리고 인종이 차차 소잔(消殘: 쇠가 녹듯이 사그라짐)하여 없어지는데, 곧 지금 아프리카와 오스트레일리아와 아메리카의 토종(土種)이 다 이들이다.

우리나라에도 외국 군함을 따라 이런 인종들이 종종 왕래하는데, 얼굴색이 먹빛 같다. 그 중에서 깨인 자들이 백인과 상종하여 학문도 공부하고 기계도 배우는데, 저런 야만인들도 차차 개화의 힘을 받아 개명(開明)으로 나아가거늘 하물며 반개화(半開化)한 사람들이겠는가.

반개화(半開化)라 하는 것은, 사람의 지혜가 반쯤 열려서 예의와 염치도 알고, 삼강오륜(三綱五倫)도 중히 여기고, 나라를 세워 임금과 신하와 백성이 정사(政事)와 직업을 나누어 맡으며, 도성(都城)을 쌓고 궁궐을 지으며, 보습과 따비[1]*를 만들어 밭을 일구고, 쇠뇌(弩)와 활을 만들어 전쟁에 대비하고, 배와 수레를 만들어 막힌 데를 통하며, 각양각색의 연장들을 써서 사람의 수고를 대신하며, 교화가 있어서 어리석은 자를 가르치고, 법률이 있어서 약한 자를 보호하는데, 이는 아시아의 모든 나라에서 우리와 같이 사는 인종들이다.

이 반개화한 사람들을 저 야만인과 비교하면 극히 개명한 인종이라 하겠으나, 이들은 더욱 진보하기를 힘쓰지 아니한 결과 만물의 이치를 알지 못하여 헛된 것을 숭상하며, 요사(妖邪)한 것을 믿기에 이르

---

[1] 보습과 따비: 〈보습〉은 쟁기 밑바닥의 넓적하고 삐죽한 부분(이를 술바닥이라고 함)에 끼워 맞추는 삽 모양의 쇳조각을 말하고, 〈따비〉는 풀뿌리를 뽑거나 밭을 가는 농기구의 한 가지로 돌이 많은 밭을 가는 가장 원시적인 농기구이다.

러, 일월성신(日月星辰)과 산천초목(山川草木)과 기타 모든 짐승과 벌레까지 섬기며 복을 빌고, 화를 면한다고 하여 심한 경우에는 사람을 잡아서 제사도 지내고, 자녀를 죽여서 희생의 제물로 만들며, 모든 악한 풍속과 요사한 믿음이 생겨서 아무것도 하지 아니하고 저절로 되기를 기다리며, 수천 년 전에 처음으로 만들어낸 것을 그 후 조금도 낫게 하지 못하였는데, 우리가 바로 이 부류에 속하는 사람들이다.

문명개화(文明開化)라 하는 것은 사람의 지혜를 늘여서 없던 것을 있게 하며[發明], 있는 것을 좋게 하며[改善], 좋은 것을 더 낫게 하여[改良] 온갖 물건을 하나도 버리는 것이 없도록 만들며, 화륜선(火輪船: 증기선)을 만들어 전에 배가 못 다니던 곳을 평지 같이 돌아다니며, 철로를 만들어 수레가 통하지 못하는 곳을 순식간에 왕래하며, 석유를 얻어내어 기름등불[油燈]을 대신하다가 전등과 가스등을 차례로 발명하여 쓰기에 편리하고 비용이 적게 들게 하고, 전기선(電氣線: 전보)을 설치하여 몇만 리 밖에 앉아서도 글자로 동시에 화답(和答)하며, 전화기를 만들어 말로써 대화하고, 그러고도 오히려 불편하다고 하여 무선전(無線電: 무전)을 만들어 전선 없이 소식을 통하는데, 오래지 아니하여 전선 또한 없어질 지경에 이를 것이다.

농사 기계와 길쌈에 쓰이는 기구들을 수백 가지 만들어내어 열 사람 백 사람이 땀 흘리고 하던 일을 한두 사람의 손발로 한가로이 대신하며, 이 외에도 천 가지 만 가지 신기하고 미묘한 것들을 날마다 새로 만들어 내어 앞으로 백 년 동안에 장차 무슨 신기한 일들이 생겨날지 알 수가 없다고 한다.

이렇게 만들어서 세계에 통하지 못한 나라가 없으며 드러나지 않은 곳이 없다. 이는 다만 겉으로 드러난 것들이므로 사람마다 보고 알

기 쉽기 때문에 장하다고 칭찬하는 바이지만, 그 교화(敎化)와 학문의
근원을 자세히 살펴보면, 저 기계와 제조한 물건들은 다만 조그마한
재주(기술)일 뿐이라고 할 것이다.

정치와 법률의 정미(精微)한 제도와 인애(仁愛)·자비(慈悲)의 지극
한 도덕(道德)이 세계에서 극진한 정도에 이르렀는데, 그 구별은 아래
에서 대강 다시 설명하겠지만, 그 부강하고 문명함은 다 교화에서 말
미암아 된 것이니, 어찌 자세히 살펴볼 바가 아니겠는가.

대개 이 세 가지 등분으로 세계의 모든 사람들을 구별하는데, 그
장단(長短)과 우열(優劣)은 실로 판이하다.

저 개명한 사람들은 천하에서 가장 편안하여 남들과 다 통하는 것
을 위주(爲主)로 하는데, 그 통하려는 본래 의도는 사실 남을 해치고 자
기들의 이익만 얻고자 함이 전혀 아니고, 다만 어두운 사람들도 다 자
기네 같이 개명하여 상등(上等)의 지위에 오르고 공변된 이익을 함께
누리고자 함이니, 그 뜻이 좋기도 하거니와 천리(天理)에 합당한 것이
므로 사람의 힘으로는 막을 수가 없는 것이다.

그런데도 미개한 사람들은 그 까닭도 모르고 처음부터 남의 것은
보기도 싫고 듣기도 싫다고 하면서, 편리한 기계와 공교(工巧)한 물건
을 보면 사서 쓰기는 먼저 하면서도, 남의 재주(기술)는 배우지 않고 썩
은 물건만 실어들여 귀한 돈을 바꾸어 보내며, 어두운 구석에서 어둡
게 사는 것을 편히 여길 뿐이니, 마침내 멸망을 자취(自取)하여 없어지
기에 이르는 것이다.

백인종은 점점 번성하고 황인종과 흑인종은 해마다 줄어드는데,
우리나라와 청국의 인구는 점점 줄어들어 작년에 인구조사한 것을 살

펴보면 경성(京城) 오부(五府) 안에 합계 194,100명으로, 재작년에 196,646명이었던 것과 비교하면, 2,546명이 줄어들었다. 전국적으로 미루어 보면 우리나라 인구는 해마다 줄어들고 있음을 충분히 알 수 있을 것이다.

일본만 홀로 인구가 점점 늘어나서 본국에서 다 살 수 없으므로 점점 외국으로 옮겨가서 살게 하는데, 이는 새것을 받아들이고 개명(開明)을 접하여 남들과 섞여 살면서 부강(富强)함을 다투기 때문에 사람과 물건이 함께 흥왕(興旺)하는 것이다.

이는 비유하자면, 밭에 좋은 씨를 뿌리면 처음에는 잘 되다가, 해마다 그 씨를 받아서 그 땅에 다시 심으면 점점 잘아지고 줄어들어 끝내는 잡풀과 같이 되고 만다. 그러나 해마다 새로운 씨를 뿌리면 새 씨가 번성하여 온 밭을 다 차지하기에 이르는데, 인종이 섞여 사는 것 또한 이와 같다. 그러므로 하루바삐 새 기운을 받지 아니하면 점점 들어오는 새로운 사람들의 세력이 온 나라 안을 가득 채우게 될 것이니, 본토 인종은 장차 몇 세대를 지나지 아니하여 종자(種子)도 구하기 어렵게 될 것이다.

15
세 가지 정치제도의 구별

이들 여러 가지 인종과 광대한 육지를 따로 나누어서 나라가 되었으므로, 나라 또한 한두 나라가 아닌 줄을 알 수 있을 것이다.

대개 사람이라 하는 것은 여럿이 모여서 살게 마련이다. 여럿이 모이면 다툼이 생기는 것은 자연스러운 성품이다. 만일 저 넓은 육지를 저 많은 사람들에게 아무런 규율 없이 맡겨두어 들짐승 무리같이 제 풀대로 뛰어다니며 제힘대로 얻어먹게 만들었다면, 큰 고기는 중(中) 고기를 삼키고, 중(中) 고기는 작은 고기를 삼켜서 서로 잡아먹고 잡혀 먹히기에 하루도 편히 살 사람이 없을 것이다.

그러므로 각기 편리한 대로 한 무리씩 따로 모여서 살 땅의 경계를 정하고, 나라를 설립하여, 정치와 법률을 마련하고, 다스릴 자를 정하여 인민의 생명과 재산을 보호하게 하였는데, 이것이 나라를 설립한 본래의 뜻이다.

그러나, 어떤 나라는 이 본래의 뜻을 더욱 분명히 밝혀서 한 백성도 자기 권리를 잃는 자가 없도록 하고 있지만, 어떤 나라는 이 본래의 뜻을 다 잊어버리고 마침내 자기 백성들을 소나 말같이 코를 뚫고 굴레를 씌워 끌고 다니는데, 백성들은 끄는 대로 따라다니고, 때리는 대로 맞고, 잡아먹는 대로 죽으면서도 도리어 그것을 충성(忠誠)이라고도 하고, 또는 도리(道理: 사람이 마땅히 행해야 할 올바른 길)라고도 한다. 이런 나라에서는 모든 백성이 다 위의 몇 사람을 위하여 생겨난 줄로 여긴다.

이러한 차이로 인해 한 나라 정치제도의 등분(等分)이 생겼는데, 이 등분에 세 가지 이름이 있으니, 전제정치(專制政治), 헌법정치(憲法政治), 민주정치(民主政治)가 그것이다.

이 세 가지를 각각 나누어 설명하자면, 전제정치라 하는 것은 임금이 혼자서 마음대로 한다는 뜻이다.

대한과 청국과 아라사(俄羅斯: 러시아)가 다 이 정치제도를 채택하고 있는 나라들인데, 이는 또한 옛날부터 나라가 생길 때에 먼저 만들어진 제도로서, 태고 시절에 인심이 양순(良順)하고 풍속이 순후(淳厚: 순박하고 두터움)할 때에 무위이치(無爲而治: 임금이 아무 일을 하지 않고 있어도 천하가 저절로 잘 다스려진 일)하던 시대의 법도이다.

요, 순, 우, 탕[1] 같은 성군(聖君)이 위에 계시고 주공, 소공, 이윤, 부열[2] 같은 어진 재상(宰相)이 아래에서 받듦으로써 덕화(德化)가 저절로 사해(四海)에 덮여서 하는 일 없이 천하가 태평하여 강구연월(康衢煙月)에 격양가(擊壤歌)[3]를 부르며 각각 자신의 맡은 바 일을 즐거이 행

---

[1] 요, 순, 우, 탕: 중국 고대의 성왕으로 알려진 사람들로, 요(堯)와 순(舜)은 당요(唐堯)시대의 임금, 우(禹)는 하(夏) 왕조의 시조, 탕(湯)은 상(商) 왕조의 시조이다.

[2] 주공, 소공, 이윤, 부열: 중국 고대의 현신(賢臣)들로서, 주공(周公)과 소공(召公)은 주(周)나라 무왕(武王)의 신하였고, 이윤(伊尹)과 부열(傅說)은 상(商)나라 탕왕(湯王)의 신하였다.

[3] 강구연월(康衢煙月)에 격양가(擊壤歌): 중국 당요(唐堯) 때 요임금이 민정(民情)을 시찰하기 위해 강구(康衢)라는 큰 네거리로 나가 보았더니, 농부들이

하여 태평세월을 즐기고 있는 것이 누구의 힘 때문인지조차 알지 못하였다는 것인데, 이것이 곧 동양에서 말하는 치국평천하(治國平天下: 나라를 잘 다스리고 온 세상을 평안하게 함)하는 아름다운 정치이다.

그러나 드디어 인심이 날로 그악해지고(*사납고 모질어지고) 풍속이 점점 괴패(乖悖: 도리나 이치에서 벗어남)하여 악한 재주가 천만 가지로 늘어나서 사람의 덕화(德化)로는 어찌할 수 없는 지경에 이른 세상에서는 이런 정치로는 대단히 부족하다고 할 것이다.

세상은 날마다 변하는데도 법(法)은 조금도 고치지 않는다면, 이는 마치 어려서 입던 옷을 장성한 후에 입으려고 하면서 전과 같이 맞지 않는다고, 빛나지 않는다고 걱정하는 것과 무엇이 다르겠는가.

하물며 성제명왕(聖帝明王: 거룩하고 밝은 제왕)과 충신의사(忠臣義士)가 대대로 생기라는 법이 없으니, 불행히 어두운 임금과 간악한 신하가 권력을 잡고 제멋대로 휘두른다면 전국의 백성들은 모두 어육(魚肉: 생선 고기. 쉽게 썩어 문드러진다)이 되고, 종묘사직(宗廟社稷: 국가)은 하루아침에 위급해질 것이니, 천하 만고에 이같이 험하고 위태한 일이 어디 다시 있겠는가. 이는 곧 천하의 큰 불행이고 또한 그 임금에게도 행복이 아니다.

이런 나라일수록 내란이 자주 일어나고 국권(國權)이 항상 위태한

막대기로 땅을 치면서 노래하고 있었는데, 그 가사의 내용은 "日出而作(일출이작), 日入而息(일입이식), 鑿井而飮(착정이음), 耕田而食(경전이식), 帝力於我何有哉(제력어아하유재)."(해가 뜨면 일어나 일하고 해가 지면 돌아와 쉬고, 우물 파서 물 마시고 밭을 갈아 밥을 먹는데, 임금이 나와 무슨 상관이란 말인가.)였다는 것으로, 동양에서는 흔히 '무위지치(無爲之治)'의 태평성대를 나타내는 대표적인 예로 인용된다.

데, 아라사(俄羅斯)처럼 강한 나라에서도 백성이 사방에서 때때로 들고
일어나 국권을 바로잡으려 하는 난리가 생기는 것이다. 이러므로 지금
아라사에서도 여러 해 전부터 정치를 변화시키려고 하는 것이니, 이는
전제정치를 하는 나라의 위태한 정상(情狀)이다.

헌법정치(憲法政治: 입헌군주제)라 하는 것은 임금이 위에 계시어 만
사를 통할(統轄)하시며 신하가 그를 받들어 섬기는 것은 전제정치와
별로 다름이 없다. 그러나 다만 임금의 권리에 방한(防閑)이 있는데, 상
원이나 하원과 같은 의회(議會)를 설치하여 백성들이 투표로 명망 있
는 사람을 의회 의원으로 선출하여 백성의 권리를 대표하여 나라의
중요한 문제를 의론하여 처리하게 한다.

가령 재정(財政) 문제로 말하자면, 한 나라의 재정[度支]은 그 나라
의 임금이나 대신의 개인 재물이 아니다. 그것은 전국의 백성들이 거
두어 모아서 백성들을 잘살게 하기 위해 일하는 데 쓰라는 것이다. 다
시 말해, 나라 안에 학교를 설립하여 인민을 교육하고, 도로를 수리하
고, 가로에 등(燈)을 달아 백성들의 야간 왕래(來往)를 편하게 하고, 순
검(巡檢)을 두어 평시에는 도적과 범법자를 검거하고, 병정(兵丁)을 두
어 나라가 혼란할 때 백성의 생명과 재산과 한 나라를 대표하는 국기
(國旗)를 보호하며, 중앙과 지방정부에서 사법(司法)과 행정(行政)을 담
당하는 관원들의 월급과 경비를 위하여 쓰라는 것이다.

만일 백성들이 돈만 모아 내고 그 쓰는 것은 모른 체한다면, 그 돈
으로 한두 사람의 몸을 위하여 산천기도(山川祈禱)[1]를 하거나 나인(內

---

1) 산천기도(山川祈禱): 명산대천을 찾아가서 복을 비는 것. 이는 당시 민비가 한
   일들을 지적한 것이다.

人: 궁녀. 궁인)과 기생의 놀이비용으로 대주거나, 혹은 한두 세력자의
손 안에 넣어 장사도 하고, 개인적으로 생색도 내고, 처첩(妻妾)들을 호
강도 시키다가, 급하면 외국 공사관에 돈을 들이밀고 제 목숨이나 살
려고 할 것이니[1], 우연히 이런 폐단이 혹시라도 생기면 나라 전체가
불행해지는 것을 장차 어찌하겠는가.

그러므로 국가적으로 중대한 일에는 의회(議會)의 하원(下院)에서 백
성을 대신하여 한 푼의 돈이라도 나라를 위하여 쓰도록 의논하여 써도
되는 것으로 정해진 후에 의회의 상원(上院)으로 올려서, 상원에서 또
써도 되는 것으로 결정하면 비로소 위에 올려 국왕의 재가(裁可)를 받
은 후에 비로소 나라에 반포(頒布)하여 백성이 소상히 알게 하고 시행
하는데, 국민 전체에 관계된 일은 다 이처럼 신중히 처리하는 것이다.

이는 영국과 덕국(德國: 독일) 기타 유럽의 황제국이나 군주국들, 그
리고 동양의 일본이 다 이러한 헌법정치로 다스려서 종사(宗社: 국가)
와 황실이 태산반석(泰山盤石) 같이 편안한 복을 누리며, 일국의 신민
(臣民)들도 무궁한 덕화(德化)를 입는 것이다.

이런 나라일수록 내란이 없으므로 임금이 편안하시어 민간에 유람
(遊覽)하기를 거리끼지 않는데, 지금 세대에는 가장 합당한 것으로 여
겨지는 제도이다. 우리나라에서도 더 이상 임금의 권리를 줄인다거나
백성의 기습(奇習)을 기른다는 편벽(偏僻)된 말로써 (*이 제도를 채택하지
않으려고) 고집을 부릴 수 없는 것이다.

우리나라도 100년 전후의 역사만 보더라도, 민간에는 사론(士論: 선
비들의 의론)이 있고, 조정에는 대간(臺諫: 대관과 간관. 사헌부·사간원 벼슬

---

1) 이상의 일들은 조선조 말 고위 지배층의 행태를 사실대로 지적한 것이다.

총칭)이 있어서 의론하고 간(諫)하는 규범이 제대로 갖춰져 있었다. 그
리하여 심지어 호조(戶曹)의 집리(執吏: 조선조 때 육조, 의정부, 선혜청 등
의 사무를 분담하여 집행한 서리(書吏))나 고직(庫直: 창고지기) 등까지도 위
에서 사사로이 쓰려는 돈은 결코 바치지 아니하고 임금의 명령에 항
거한 일이 한두 가지가 아닌데, 이에 대해서는 지금도 민간에 전해지
고 있다. 우리나라도 개명(開明)한 성대(聖代)에는 이렇게 다스렸는데,
이것이 곧 헌법정치의 본래 뜻이다.

민주정치(民主政治)라 하는 것은 백성이 주장(主張)하는 정치라는
뜻이다. 임금을 임금이라 부르지 않고 대통령(大統領)이라 부르며, 전
국 백성이 선거로 뽑아서 다 즐거운 마음으로 밀어 받든 후에야 비로
소 그 지위(位)에 나아가며, 그리하고도 오히려 잘못될 염려가 있어 그
의 임기를 혹 4~5년이나 8~9년씩으로 연한(年限)을 정하여, 기한이 찬
후에는 한 기한을 다시 중임(重任)하기도 하고, 혹 다른 사람을 선거하
기도 해서 한 나라를 다스리게 하고, 모든 관원의 권한을 구별하여 한
두 사람이 마음대로 하지 못하게 한다.

이런 정부의 원칙은 세 가지인데
일(一)은 백성이 하는 것이요,
이(二)는 백성으로 된 것이요,
삼(三)은 백성을 위하여 세운 것이다.[1]

이 세 가지 원칙에 따라 정부를 세웠으므로, 백성들은 그 정부를

---

[1] 이는 미국의 링컨 대통령이 게티스버그 연설에서 말한 "Of the people, by
the people, for the people"을 말한 것이다.

자기네 집으로 알고, 관원들은 백성을 자기 상전으로 알아서 서로 보호하고 받쳐주기를 한 몸의 사지(四肢)와 백체(百體)가 머리를 받쳐주는 것과 같이 한다. 지금 미국과 법국(法國: 프랑스)과 구라파주의 몇몇 부강한 나라들이 행하고 있는 정치가 바로 이것이다.

이는 곧 상고시대의 요순(堯舜) 임금 때에 왕위를 부자(父子) 간에 서로 전하지 아니하고 어진 이를 택하여 받들고, 온 나라 사람들이 다 이르기를 어질다고 한 후에 인재(人材)를 쓰며, 다 이르기를 죽일 만하다고 한 후에야 죄인을 죽이던 옛 법과 같은 것이니,[1] 지극히 공변되고 바른 제도이다.

요순 임금이 다스리던 시대의 세상을 옛날 책에서 말로만 들었는데, 지금 시대에서 행하여지고 있는 것을 볼 줄 그 누가 짐작이나 하였겠는가. 세상에서는 위의 세 가지 정치 중에서 이것이 제일 선미(善美)한 제도라고 한다.

그러나 이 제도는 동양 천지에서는 결코 적합하지도 못할 뿐만 아니라 도리어 극히 위험한 생각이다. 그 위험함은 아래에서 다시 설명하겠지만, 무슨 정치를 하든지 간에 정부를 세우는 본래의 뜻을 잃지 말아야 정부나 백성이나 지탱해 나갈 도리가 있을 수 있으니, 이에 대해 급히 알아봐야 할 것이다.

---

[1] 이는 〈맹자〉 '양혜왕 하'에 나오는 다음 문장의 내용을 소개한 것이다. "國人皆曰賢, 然後察之, 見賢焉, 然後用之. 國人皆曰可殺, 然後察之, 見可殺焉, 然後殺之."(온 나라 사람들이 다 그가 어진 사람이라고 말한 뒤에야 그를 직접 살펴보고, 그가 실제로 어진 사람임을 보고 난 다음에야 등용해야 한다. 온 나라 사람들이 다 그를 죽여야 한다고 말한 후에야 그를 직접 살펴보고, 죽여야 할 이유를 보고 난 후에야 그를 죽여야 한다.)

16
미국 백성들이
누리고 있는 권리

미국의 정치제도를 대략 의론하자면, 의회(議會)에는 상원과 하원이 있어서 전국을 대표한다.

정부의 관제(官制)는 입법(立法), 행정(行政), 사법(司法) 세 가지로 구별하여 권리를 나누어 맡도록 하되, 입법관(立法官: 입법부)은 법률을 제정하는 권리만 주관하고 다른 권리에는 간섭하지 못하며, 행정관(行政官: 행정부)은 법을 시행하기만 하고, 사법관(司法官: 사법부)은 법에 맞는지 여부만을 판단하며, 피차 두 가지 권리를 차지하지 못하게 한다. 이는 권리를 균등하게 분배하여 서로 엇걸리도록(*견제하도록) 해서 폐단이 생기지 않도록 한 것이다.

모든 권리의 근본은 다 백성에게 있으므로, 중앙정부의 관원(*선출직 관리. 즉 대통령)을 선출하거나 나라의 큰 사건을 결정할 때에는 전국의 백성들이 다 같이 투표하여 사람 수효의 다소(多少)를 따라서 결정하며, 한 고을의 일은 다 각기 그곳 사람들이 일제히 모여서 위와 같은 방법으로 결정한다.

일정한 법률 아래서는 상하, 귀천, 빈부, 노소, 남녀, 관동(冠童: 어른과 아이)의 등분이 전혀 없고 다만 나이가 호적에 올릴 연한이 차서 자기 몸을 다스릴 수 있을 만한 자는 모두 다 평등한 백성의 권리를 얻게되는데, 이는 한두 관원이나 윗사람이 어진 마음이 나면 이렇게 대접하고 그렇지 않으면 저렇게 대접하는 식으로 마음대로 바꾸는 것이아니다.

처음부터 일정한 장정(章程: 규정)을 만들어서 전국에 반포하므로, 백성들은 한 사람도 이것을 모르는 자가 없어서 낱낱이 모두 지키며, 한두 가지라도 그 법에서 벗어나는 것이 있으면, 어떤 사람이 법에 어긋나는 일을 당하였든지 간에, 전국의 백성들이 다 자기의 목숨을 끊는 것처럼 엄중하게 생각한다.

그러므로 그 나라에서 벼슬하는 자는 의례히 공평하고 정직하여 벼락감투를 쓴다거나, 부모에게 불효하고 형제에게 우애하지 않는다 [不孝不悌]고 해서 그의 재물을 빼앗거나 기타 어떤 학정(虐政)도 행하지 않거니와, 설령 그럴 뜻을 품더라도 백성들이 그것을 용납하지 않는데, 이것이 관민(官民)이 다같이 영구히 평강한 복락(福樂)을 잃지 않게 하는 근본이다.

이런 나라에서는 백성은 비유하자면 집의 주춧돌 같아서 하나라도 흔들리면 온 집이 다 기울어질 것이다. 이러므로 정부에서도 백성의 학문과 지식을 넓히고 법률 규정을 하나라도 모르는 사람이 없도록 힘쓰는 것인데, 백성도 각기 학문과 재주(기술)를 늘여서 남에게 지지 않으려고 하며, 법률 규정을 알아서 제 권리를 잃지 아니하고 남의 압제를 받지 아니하며, 겸하여 약한 자의 권리까지 보호하여 주는 것을 자기 직책으로 삼는 것이다.

그 백성들의 권리를 구별하여 말하면 다음과 같다:

제1장(章)은 나라를 보호하려는 본래의 뜻을 위하여 국민의 권리를 구별한 조목(條目)이 아래에 기록한 바와 같다.

제1조. 나라의 권리는 모두 백성에게서 생긴다.

제2조. 정부는 전적으로 백성을 위하여 세워진 것이니, 백성의 공번된(공평한) 권리에서 생긴 것이다.

제3조. 제 몸을 제가 다스리고 남에게 의지하지 아니하며, 또한 남의 압제를 받지 아니하고, 제 몸을 자유(自由)할 줄 아는 자는 다 같이 평등한 권리를 얻는다.

제4조. 벼슬에 직품(職品)을 두거나 등분을 구별하여 상하(上下) 반상(班常)의 명목을 가르는 악습(惡習)을 일절 엄금한다.

제5조. 세상에 대하여 여러 사람에게 공번되게 이로(利路: 이익이 되는 길)를 열어준 공로가 있어서 특별히 국법(國法)으로 허락한 자 외에는, 공번되게 속한 이익을 한두 사람이 사사로이 차지하는 폐단을 금한다.

제6조. 관원을 선정하거나 일을 의론하는 공번된 장소는 한두 사람이 억지로 막거나 위력으로 점령하지 못하고, 백성들에게 다 같이 공평하게 그 장소를 사용할 수 있도록 해야 한다.

제2장은 사람의 생명을 보호하는 것으로, 그 권리 구별의 조목이 아래와 같다.

제1조. 모든 백성은 각각 제 몸과 집을 보호하며, 각종 재산에 관한 문권(文券: 땅. 집 등의 소유권이나 그 밖의 어떤 권리를 증명하는 문서)을 간수할 권리가 있다. 혹 사람을 위법하게 무단히 잡아 가두지 못하며, 백성의 집과 세간을 무단히 수색하

지 못한다.

제2조. 사람을 체포하거나 재산을 수색(搜索)할 때에는 반드시
  문서[영장]가 있어서 그 사람의 성명, 직업, 무슨 일에 관계된
  것인지를 낱낱이 적어 혹 착오나 죄 없이 걸려드는 폐단이
  없도록 해야 한다. 겸하여 사람을 체포하거나 집을 수색할
  때에는 확실한 증거에 근거한 것으로서 실수가 없음을 담보
  한 후에 비로소 집행하여야 한다.

제3조. 채송(債訟: 채무관계 송사)에서 빚진 자가 남의 재물을 속
  여 먹으려고 하는 정황이 있지 않은 한, 빚진 것을 이유로 그
  를 감옥에 가둘 수는 없다.

제3장은 백성의 재산을 보호하는 것으로, 그 권리 구별의 조목은
아래와 같다.

제1조. 백성의 재산을 시가(時價)대로 보상하기 전에는 나랏일
  에나 혹 다른 데 쓰는 것을 이유로 함부로 취하지 못한다.

제2조. 농사짓는 것에 관한 규정으로, 나라 소유의 땅을 백성이
  맡아서 농사를 짓는 데에는 일정한 기한이 있으며, 영구히
  차지하지 못하게 한다.

제4장은 백성들의 마음을 제 생각대로 하게 하는 것으로(*사상의 자
유), 그 권리 구별은 아래와 같다.

제1조. 백성이 종교 믿기를 각자 자기 뜻대로 하도록 하여(*종교
  의 자유), 혹 이단사설(異端邪說)이라거나 사문난적(斯文亂賊)
  이라고 배척하는 폐단이 없이 제 의견대로 말하고 비판하게
  하며, 다만 노예를 매매하거나 한 사람이 두 명의 처(妻)나

혹은 처와 첩(妻妾)을 두는 것은 엄금한다.

제2조. 여러 가지 종교를 법률상 다 동등하게 대접하고 어떤 것을 국교(國敎)로 정하지 않고 각기 마음대로 믿고 받들게 한다.

제3조. 나라에 공적인 일이 있을 때에는 모든 교회가 다 같이 관여하되, 소속된 교회 때문에 차별받지 아니한다.

제4조. 무슨 종교를 받들든지 자유로 할 권리는 관원이나 윗사람이나 혹은 남이 간섭하지 못하고 제 뜻대로 하게 한다.

제5장은 백성이 정사(政事)에 대해 충역(忠逆: 충성과 반역. 찬성과 반대)이나 시비(是非)를 토론하거나, 정사의 폐단과 모든 관계에 대하여 혹 말로 의론하거나 글을 지어 전파하는 것을 각각 제 뜻대로 하고 이를 막지 못한다. 그 권리 구별의 조목은 아래와 같다.

제1조. 책을 써서 전파하는 일을 사람마다 자유롭게 할 권리가 있다.

제2조. 누구든지 자유 언론과 저술할 권리가 있으나 다만 방한(防閑: 하지 못하게 막는 범위)이 있으니, 근거 없는 거짓말을 하거나 까닭 없이 남에게 손해를 끼치게 되는 일에는 그 책임을 지도록 한다.

제6장은 백성이 모임(會)을 만들어 일을 의론하는 것을 마땅히 보호해야 한다. 그 권리 구별의 조목은 아래와 같다.

제1조. 무슨 일이든지 여러 사람에게 공번되게 이로울 것은 누구든지 모임(會)을 만들고 모여서 의론할 권리가 있다.

제2조. 백성들이 원통하고 억울한 일을 당하거나 남에게 무리한 일을 당하여 모여서 등소(等訴: 여러 사람이 연명으로 관청에

어떠한 요구를 하소연하는 일)하거나 설원(雪冤: 원통한 사정을 풀어 없애는 것)하려는 것은 다 허락하여 금지하지 못한다.

제7장은 백성으로 하여금 군사의 행패를 당하지 않게 하는 것이다. 그 권리 구별의 조목은 아래와 같다.

제1조. 무관(武官)의 권리를 문관(文官) 아래에 있게 한다.

제2조. 태평할 때에는 주인의 허락 없이 백성(민간인)의 집에 군사를 두지 못한다.

제3조. 사람마다 칼과 총을 예비하여 자기 몸을 보호하게 하되, 다만 무기(軍器)를 감추어 두고 몰래 흉악한 일을 꾸미는 데에만 쓰지 못하게 한다.

제8장은 법률을 분명하게 드러내서 백성으로 하여금 법률의 모호함으로 인한 괴로움을 받지 않게 하는 것이다. 그 권리 구별의 조목은 아래와 같다.

제1조. 일이 지난 후에 마련한 법률로 그 전에 지은 죄를 다스리지 못한다.(*소급입법의 금지)

제2조. 법률을 제정하기 전에 정한 약조(約條)를 그 후에 제정한 법률로 인하여 폐지하지 못한다.

제3조. 기왕 시행하고 있는 법률은 잠시도 폐지하지 못하는데, 의회에서 결정하여 정지시키지 아니하는 한 아무도 법률을 임의로 정지시킬 권리를 가지지 못한다.

제9장은 송민(訟民: 송사에 연루된 사람)의 권리를 보호하는 법으로, 옛부터 전제정치를 하는 나라에서는 모든 권리를 한두 사람에

게 맡기기 때문에 법정에서 재판할 때에는 항상 공평해야 한다는 본래의 뜻을 버리고 재판관 개인의 사사로운 감정을 따르는 폐단이 있는데, 이를 미리 막기 위하여 권리를 구별하여 정한 조목이 아래와 같다.

제1조. 죄인을 심판 없이 오래 가두지 못한다.

제2조. 살인죄인 이외에는 무슨 사건이든지 심판한 후에 속전(贖錢: 보석금)을 바치고 형의 집행을 면하려고 하면 이를 막지 못한다.

제3조. 속전을 지나치게 많이 책정하지 못한다.

제4조. 백성이 언제든지 재판 마당(法庭)에서 송사하는 것을 들으려고 하면 그 방청을 막지 못한다.

제5조. 송사(訟事)를 당하는 백성(*피고)은 그 본 지방에서 재판받도록 해야 하고, 멀리 이송시켜서 송민(訟民)에게 폐단이 되지 않게 해야 한다.

제6조. 법관이 재판할 때에 백성 중에서 그 사건을 아는 사람을 법에서 정한 대로 몇 명씩 택하여 함께 송사를 듣게 하는데 (*배심관이라 하는 것이다: 원주) 무슨 일이든지 다 배심원이 있어서 법관과 함께 송사를 듣는 것을 막지 못하지만, 만일 소소한 송사에서 원고와 피고가 다 허락할 때에는 배심원이 없어도 관계없다.

제7조. 전답과 재산과 명예에 손해를 끼칠 일에는 누구든지, 지위와 등분을 막론하고, 아무나 걸어서 법정에 제소(提訴)하는 데 구애받지 말아야 한다.

제8조. 송민(訟民)을 불러올 때에는 무슨 관계와 무슨 사건에 불려 가는 것인지 숨기지 말고 먼저 알려주어야 한다.

제9조. 재판할 때에는 원고는 반드시 분명한 증거를 피고의 면전에 드러내 보이도록 하여 근거없는 일에 얽어 제소하는 폐단이 없도록 해야 한다.

제10조. 피고가 자유롭게 변명하는 것을 허락하여 재판관이 호령하거나 위협하는 폐단이 없게 하며, 법률을 아는 자를 변호사로 정하여 본인 대신에 변명하게 하고자 할 때에는 누구든지 다 허락해 주어야 한다.

제11조. 억지로 범죄사실을 진술하게 하여 죄안(罪案: 범죄 사실을 적은 기록. 소장)을 만들지 못한다.

제12조. 법률에 정하여 놓은 대로 다스리는 것 외에는 사람의 자유 권리와 생명과 재산에 손해가 되게 하지 못한다.

제13조. 법률대로 한 번 처벌한 후에는 다시 번복하여 두 번 처벌하지 못한다.

이상 아홉 가지 조건은 백성이 당연하게 저마다 얻는 권리를 구별하여 낱낱이 규정을 만들어 전국에 반포하여 사람마다 알고 지켜 행하게 하기 위한 것이니, 누가 감히 분수 외의 일을 행하거나, 여리고 약한 백성이라고 해서 신원(伸寃)할 곳이 없겠는가. 이런 나라는 참으로 즐겁고 편안하여 곧 인간의 극락국(極樂國)이라 할 것이다.

제 집과 토지와 재산이 다 제 것인 줄을 믿을 수가 없고, 제 처자와 가속(家屬)이 다 제 것인지 아닌지 알 수 없으며, 제 목숨이 살았는지 죽었는지 믿지도 못하고 남의 희생이 되어 지내는 나라에서는, 사람들로 하여금 저 나라 사람들이 무궁하게 누리는 복락을 보고 듣게 한다면 어찌 부럽지 아니하고, 자기들도 그것을 누리기를 원하지 않겠는가.

관원 된 자 어찌 그 더러운 재물이나 벼슬만을 중하게 여기며, 백성 된 자 어찌 자기 전장(田莊: 자기가 소유한 논밭)과 재산만을 귀하게 여기고 이렇듯 무궁한 복락은 구하려 하지 않는가. 피차 다 무식하고 어두운 중에 몰라서 이러한 것이니, 실로 무식(無識)함의 앙화(殃禍: 지은 죄의 앙갚음으로 받는 재앙)가 이렇듯 혹독한 것이다.

그러나 남이 저러한 복락을 누리는 것이 어찌 태곳적부터 그러하거나 우연한 중에 저절로 저리 되었다고 하겠는가. 다 그 조상 된 이들이 무궁한 고초(苦楚)를 견디지 못하여 자기들끼리 일어나서 백성의 뜨거운 피를 한없이 흘리고, 자기네 재물을 수없이 허비하여 이러한 큰 복의 무궁한 기초를 세워 그 자손들에게 물려준 것을 그 자손들이 잘 지켜 보전해 올 수 있었기 때문에, 오늘날 저 사람들에 관하여 내가 대강 아는 것만 말해도 우리에겐 질책(質責: 꾸짖어 바로잡음)이 될 것이지만, 다 말할 수는 없으므로, 다만 이 복을 얻는 근원만 대강 말해 보도록 하겠다.

17
미국이 독립한 역사

서양 각국도 전에는 혹 의회(議會)에 관한 규칙이 있었으나 헌법(憲法)이 제정되지 못하여 거의 다 전제정치(專制政治)로 나라를 다스렸으므로 처음에는 세상이 다 이익을 많이 얻었으나, 인심이 변하는 대로 차차 법의 미비점이 드러나고, 그 후 1~2백 년 동안에 수많은 분쟁이 계속 생겨나서 백성들은 도탄에 빠지게 되었으며, 혹은 한두 나라의 주권자(主權者: 왕)들 간의 권리 다툼으로 인하여 전쟁이 일어나서 사람의 목숨을 초개(草芥: 지푸라기)같이 해쳤다.

혹은 천주교황(天主敎皇)의 세력을 믿고, 혹은 제왕과 권력을 잡고 있는 귀족과 장수(將帥)와 법관의 모든 권세와 위력을 빙자(憑藉)하고 세상을 흔들어 모든 창생(蒼生: 세상의 모든 사람. 백성)들이 다 물 끓고 불타는 중에서 살 수 없는 지경에 이른 것이다.

대저 괴로움을 면하고 편한 것을 취하며, 죽기를 면하고 살기를 도모하는 것은 생명이 있는 모든 종류의 자연스러운 성정(性情)이므로, 포학한 정치의 학대를 벗어나 따로 살기를 구하는 것은, 비유하자면,

물이 말라가는 웅덩이에 있는 목이 마른 고기떼가 새 물줄기를 찾는 것과 같다.

아메리카주를 새로 찾아놓은 때를 당하여 사람마다 헤아리기를, 대서양(大西洋) 바다만 건너가면 한없이 넓은 땅이 모두 드문드문 모여 사는 야만 토인들의 땅이 되어 다 버려져 썩고 있으므로 무수한 금은(金銀) 동철(銅鐵)을 캐어 쓰지 아니하며, 기름진 농토가 사나운 들짐승들의 수풀이 될 뿐이니, 이는 곧 하나님이 우리 불쌍한 생명을 위하여 특별히 감추어 두신 것이다.

우리가 건너가서 힘들여 개간(開墾)하면 맹호보다 사나운 압제를[1] 벗어나서 편안한 세월을 보고 살다가 자손에게 기업(基業)을 물려줄 수 있을 것이라고 하면서, 조국과 고향을 버리고 분분히 뒤를 이어 대해(大海)를 건너가서 수목(樹木)을 찍어내고 논밭을 개간하여 짐승들을 물리치고 야만인들과 싸웠다.

그들은 무수히 죽어가면서도 간신히 몸 부치고 살 곳을 마련하여 날마다 모여들어 몇 해 안 되어서 인구가 크게 늘어났고, 어느 정도 태평한 낙토(樂土)를 얻어서 별유천지(別有天地: 별세계)를 이루게 되었으니, 이야말로 고진감래(苦盡甘來: 고생 끝에 즐거움이 옴)로서 실로 다행한 일이라 할 수 있겠으나, 그 당시의 정황을 생각해 보면 또한 불쌍하고 가여운 세월이었다. 그런데도 저 권력을 잡은 자들은 저들의 포학한 욕심을 버리기는커녕 오히려 탐학을 더하고자 하였다.

---

1) 맹호보다 사나운 압제: 이는 〈예기(禮記). 단궁하(檀弓下)〉의 "夫子曰: '小子識之, 苛政猛于虎也'"(공자께서 이르시기를, "너희들은 이 말을 기억해 두거라: 가혹한 정치는 범보다 더 사납다.")에서 인용한 말이다.

이때 영국에서 아메리카주를 차지하고 그 인민들을 다 영국 백성
으로 만들자, 백성들은 영국이 좀 잘 대접해 주기를 기다릴 뿐이었다.
마침내 영국이 관원을 보내서 다스리게 되자, 그들의 포학무리(暴虐無
理)함이 전보다 더 심해져서 그들을 마치 영국 백성의 노예처럼 대접
하였다. 모든 물건에 세금을 편파적으로 높게 부과하고 송사(訟事)에
서는 항상 치우치게 학대하였는데, 그들이 행하는 모든 심한 폐단들은
이루 다 말할 수가 없었다.

원래 이 백성들은 각 나라에서 학문과 지식이 풍부한 자들 중에서
남의 노예 대접받기를 싫어하여 바다를 건너 이 지방에 모였으므로,
목숨 살기만을 소중히 여기고 압제를 달게 받는 썩은 백성들과는 결코
같지 않았다. 그래서 의기(義氣)의 인사들이 도처에서 일어나서 영국의
세력을 두려워하지 아니하고 죽기로써 항거하여 전쟁이 일어났다.

그 당시의 형편을 보면, 대소관원 이하로, 심지어 병사들과 경찰과
여항(閭巷: 여염)의 평민들도 모두 영국의 충신들이어서, 다들 말하기를,
상국(上國)을 배반하고 왕명(王命)을 거역하는 것은 도리가 아니고 역적
의 무리라고 하면서, 들고 일어나는 대로 무찌르기를 위주로 하는 터였
으므로, 모든 세력은 다 영국의 장악하에 들어 있었다. 그렇지 않은 백
성들이라고는 단지 웬만큼 장사를 하거나 농사를 지어서 자신의 손발
로 벌어 먹고사는 무고하고 연약한 사람들뿐이었다.

약간의 연약한 사람들의 엉성한 힘으로 어찌 강대한 영국과 겨루
어 이기기를 바랄 수 있겠는가마는, 그 사람들은 말하기를, 세상에 사
람은 다 한가지다(*평등하다), 남의 노예 대접을 달게 받는 자는 곧 사
람의 권리를 잃어버린 자이니, 사람의 권리를 찾지 못하는 자는 차라
리 목숨을 버리고 피를 흘려 죽어서라도 보배로운 기초를 세워 우리

자손의 영원한 복이 되게 하는 것이 옳을 것이다, 우리의 부형(父兄)들은 벼슬에 끌리거나 월급에 팔려서 남의 종노릇 하는 것을 충성으로 알고 우리 백성을 무찌르려고 총을 쏘고 창으로 찌르고 있는데, 우리는 마땅히 우리 부형의 손에 죽더라도 독립을 위하여 싸워서 간담이 흩어지고[肝腦塗地] 백골이 부서진 후에야 그만둘 것이라고 하면서, 충분(忠憤: 충의로 인하여 일어나는 분한 마음)에 끓는 피로 죽으러 나아갔다.

당시 그들은 혹 형편을 살피거나 힘을 비교해 보지 않고 일편단심으로 죽고자 하는 마음뿐이었다. 농부들은 호미와 낫을 들고 나섰고, 부인과 아이들은 부지깽이라도 가지고 나가서 앞에서 죽으면 뒤에서 잇대어 섰으며, 각자 제 양식을 싸가지고 나가서 싸웠다. 그러면서도 한편으로는 농사를 짓거나 다른 생업에 종사하면서 거의 8년 동안을 계속하여 전쟁을 하였으니, 이로 인해 전후(前後)로 죽은 목숨은 얼마이며 없어진 재물은 얼마나 되겠는가.

당초에 몇 사람이 일어날 때에는 이렇게까지 될 줄은 생각지 못하고 다만 자기 하나만 죽고 말겠다고 했을 뿐인데, 뜻하지 않게 이렇게 죽으려는 사람이 연속하여 뒤를 따라 점점 많아지자, 처음에는 미친 백성들이라고 책망하던 각국의 인심들이 이때에 이르러서는 바뀌어 차차 감동하여 지지를 표하는 자가 많아졌다. 그러자 법국(法國: 프랑스)이 자국의 여론 때문에 부득이 군사를 보내서 미국 백성을 도와주겠다고 자원하였다.

그리하여 결국 영국이 물러나고 미국이 독립하여 영원무궁한 자유의 기초를 세워 오늘날 세계에서 상등 문명국이 되었는데, 이 전쟁 중에 있었던 영광스럽고 충의(忠毅)로운 역사는 이루 다 말할 수가 없다.

미국의 독립 역사를 보면 대강 알겠지만, 여기에 기록한 것만 보고도 충애(忠愛: 忠君愛國)의 마음이 간절한 동포는 깊이 배워서 깨달을 것이 무궁할 것이다. 순전한 공심(公心)으로 목숨을 버려서라도 남의 노예를 면하려고 한다면 뜻밖의 힘이 생겨서 당초에 바라지도 못한 공로와 업적(功業)을 이룰 수 있게 되는 이치를 확실히 믿은 다음에야 독립국 건립의 기초자(基礎者)가 될 수 있을 것이다.

저 미국 백성들이 저렇듯 보배로운 권리를 얻은 것은 일호(一毫: 터럭 하나)도 남이 도와주어서 되었거나 힘들이지 않고 얻은 것이 아니고, 다 자기들이 무한한 피와 무수한 재정(財政)을 허비하고 힘들여 마련한 후에 얻은 것이다. 이는 곧 힘들여 얻은 재물이 오래 부지될 수 있는 것과 같은 이치이다.

슬프다! 우리 대한 형제들은 이것을 보고 응당 감동함이 있을 것이다. 우리는 이러한 기초를 기왕에 세워 놓았기 때문에 이러한 권리를 누리고 있다고 하겠는가, 혹은 장래에 이러한 기초를 세워서 이 권리를 찾으려 하는가. 혹은 이 권리는 언감생심(焉敢生心: 감히 그런 마음을 품을 수도 없음)이고 단지 목숨 사는 것만 중히 여겨서 남의 종노릇을 하더라도 만족하겠는가. 마땅히 잘 헤아려 결정한 원칙이 있어서, 그 한 가지 원칙을 목적으로 삼아 한편으로 일해 나가야 할 것이다.

부디부디 이 문제를 심상(尋常: 대수롭지 않고 예사로움)히 여기지 말기를 바란다.

18
미국 독립 선언문

대저 저렇듯 지루한 전쟁이 일어나 수많은 목숨이 상한 것은 다 포학한 전제정치(專制政治)의 압제하는 폐단 때문으로, 만고의 역사에서 처음 있는 일이다.

자고(自古)로 각국에 이런 폐단 때문에 민란(民亂)이나 군인들의 반란 등 큰 난리가 없었을 때가 거의 없지만, 그러한 난리들은 다 일시적으로 민심이 격분하여 한 번 보복하거나 설욕을 해보려고 함으로써 잠시 세상을 소란하게 하였을 뿐, 한두 명의 공평한 사람들이 위에서 잘 무마하거나 잘 진압하면 평정되고 말았을 뿐, 그 폐단의 근원은 추호(一毫)도 제거되지 않고 그대로 남아 있었다.

그러나 이 미국 전쟁은 이러한 압제를 전혀 받지 않겠다는 원칙을 분명히 하고 목숨을 버려서라도 끝내 남의 포학을 면하여 따로 남으로써 이후에는 이런 폐단이 영원히 생기지 못하게 하겠다는 원칙을 정하고 정치적 폐단의 근본을 바로잡으려고 하였다. 그들은 만약 국권을 도로 한두 사람이 장악하도록 내맡겨 둔다면 다시 위험에 빠질 염려가 있음을 깨달았던 것이다.

이러므로 정치제도를 위에 기록한 것처럼 만들어서 만민에게 다 같이 맡겨서 주관하도록 하였는데, 그 본래의 뜻은, 사람의 화복(禍福)과 안위(安危)를 위하여 각기 제 손으로 맡아서 하고, 남에게 바랄 것도 없고, 남을 원망할 것도 없게 하려는 것이었다.

그러므로 사람마다 그 나라의 흥망성쇠가 다 제 한 몸에 달린 줄로 알고, 나라를 잘 다스리려면 먼저 제 몸 하나를 잘 다스려서 남의 다스림을 받지 않게 되는 데 있는 줄로 여기어, 각기 자유(自由)하는 권리를 제 목숨보다 중하게 여기고, 이 중한 권리를 중하게 여기는 마음을 속에 깊이 박히게 하고, 조상 대대로 전해 내려오는 가장 귀한 유업(遺業)으로 알고, 이 기초를 세운 지가 지금 겨우 130년밖에 안 되지만, 그동안 그 자손들은 이 권리를 다만 지켜서 잃지 않았을 뿐만 아니라 날마다 해마다 이 권리의 본래 뜻을 확장하여 점점 더 정미(精美)한 정도에 이르도록 한 것이다.

그러므로 자기 조상들의 독립한 역사를 기념하여 수도 이름을 워싱턴이라 하는데, 이는 독립의 기초를 놓는 데 제일 공이 큰 첫째 대통령 워싱턴(George Washington)의 빛나는 이름으로, 그는 세계 정치개혁의 근본을 기초(基礎)한 자가 되어 만국의 추앙을 받고 있다.

양력 7월 4일은 미국이 독립을 반포한 날인데, 미국인들은 이날을 미국의 제일 큰 명절로 여겨서, 해마다 이날이면 전국의 상하 관민(官民)들이 공사(公私) 간에 모든 사무를 전폐하고, 집집마다 국기(國旗)를 꽂고, 등(燈)을 달아 온 나라가 다 경축 일색이 된다. 미국인들은 독립전쟁 당시 싸우다가 죽은 장수와 병사들의 무덤을 찾아가서 글을 지어 찬송하며, 무덤을 꽃으로 덮어 영광(榮光)을 드러내며, 만세를 불러 한없이 즐기며, 감동의 눈물을 흘려 감격하기를 마지아니하고, 심지어 외국에 나가 있는 한두 명의 백성이라도 경축하는 예식을 행하여 독립명절을 기념하는데, 우리나라에서도 미국인들이 사는 근처에서는 다 이 날에 그것을 구경도 하였을 것이고 알기도 할 것이다. 약간이나마 나라를 사랑하는 마음이 있는 사람이라면 남들이 이렇듯 즐기는 것을 보면 응당 감동의 눈물이 흐름을 금치 못할 것이다.

미국의 독립 선언문을 아래에 기록하는데, 이는 1776년 7월 4일에 아메리카 합중국 안에 있는 여러 나라들을 대표한 자들이 모여 영국의 지배를 거부하고 독립하려는 본래의 뜻을 세상에 반포한 글이다. 이 글은 오늘날 세상 사람들의 간담(肝膽)에 새겨져 있고 입술에 배여 있는 것인데, 사람마다 미국이 독립한 그 충성심과 애국심을 본받아 각각 자기 나라의 독립을 위한 충성심(忠)과 절의(義)를 배양하려는 것이 그 본래의 뜻이므로, 우리 대한 동포들이 가장 깊이 관심을 기울여야 할 글이다.

미국의 독립 선언문은 다음과 같다:

「세계의 어떤 인민이든지 타국의 압제를 벗어나서 하나님께서 부여해 주신 평등한 지위를 찾아 지구상의 열강국과 같이 '따로 서고 자(獨立)' 할 때에는, 마지못하여 독립하게 되는 이유를 천하에 반포하는 것이 인정상 마땅하게 여기는 바이다.

대저 온 세계 사람들은 다 동등(同等)하게 태어났으니, 이는 고금(古今)에 바꾸지 못할 참 이치이다. 조물주께서는 모든 사람에게 다 같이 권리를 부여해 주셨으므로, 생명(生命)과 자유(自由)와 안락한 복(福)을 추구하는 것은 다 남이 빼앗을 수 없는 권리이다.

이 권리를 안전하게 하기 위하여 나라를 세우고 정부를 세웠으므로, 정부는 곧 백성의 공번된(공평한) 권력과 세력을 합하여 된 것이다. 그러므로 언제든지 정부의 제도는 국민의 권리를 보호하는 것이라는 본래의 뜻을 해친다면, 백성은 마땅히 그 제도를 바꾸든지 없애든지 하고 새로 정부를 세우면서, 그 기초를 무슨 주의(主義)로 잡든지, 권력과 세력을 무슨 제도(制度)로 조직하든지 간에 그 백성의 생각에 가장 합당하게 하여, 저희들의 태평하고 안락한 복을 유지하도록 만드는 것은 곧 그 백성의 합당한 권리이다.

그러나 사람들이 마땅히 경계해야 할 바는, 오래된 정부를 웬만큼 사소한 곡절(曲折: 사연이나 까닭) 때문에 경솔하게 바꾸거나 고쳐서는 안 된다는 것이다.

이러므로 각국의 지나온 경력을 근거로 백성의 성질(국민성)을 궁구(窮究: 깊이 연구함)해 보면, 정부의 포학이 지나치게 심한 정도에 이르지 아니하여 능히 견딜 수만 있다면 차라리 저희 권리를 보류하고 참고 지낼지언정 오래 습관이 된 정부 제도를 폐기하기를 즐겨하지 않는다.

그러나 포학과 침탈이 한결같이 심하여 백성의 권리를 다 무시하고 압제를 위주로 하려는 경우에는 곧 정부를 뒤집어엎고 자신들의 장래에 영구히 안전함을 보호하도록 준비하는 것이 곧 백성의 권리이자 또한 백성의 직책이다.

우리 거류지(居留地: 영국의 식민지, 즉 미국) 사람들이 무수히 참아오며 당하는 곤란이 곧 이 지경에 이르러 끝내 더 참을 수 없으므로 부득이하여 이전 정부 제도를 바꾸려 하는 것이다.

　지금 영국 왕의 역사를 보면, 하나같이 백성을 살해하고 백성의 권리를 침탈한 사적(事迹: 일의 자취)뿐인데, 그 목적은 오로지 우리의 모든 거류지를 순전한 포학과 압제하에 넣으려는 것이다. 이 뜻을 증명하기 위하여 그 실제의 행적(行蹟)을 공평한 세상에 드러내고자 하는바, 그 사적을 말하자면 다음과 같다:

□ 모든 백성들에게 유익한 법령은 그 시행을 허락하지 않았다.

□ 관원들에게 명령하여 백성들에게 시각이 긴급한 모든 일을 다 자기의 재가(裁可)를 얻기 전에는 행하지 못하게 하라고 하였고, 자기에게 재가를 청하면 또한 허락하지 아니하였다.

□ 백성을 대표하여 법률을 정하는 입법관(立法官)들의 권리는 다만 포학한 임금에게만 상극(相剋)이 될 뿐이고 그 외의 모든 사람에게는 없을 수 없는 것임에도 불구하고, 이 권리를 허락하지 아니하여 온 백성에게 다 같이 이로울 일을 시행하지 못하게 하였다.

□ 법률 제정하는 회(會: 의회)를 정해진 장소도 없이 자기 뜻대로 이리저리 옮기게 함으로써 참가하기에 멀고 불편하여 의원들이 스스로 기진맥진(氣盡脈盡)하여 포기하도록 만들었다.

□ 백성의 권리를 침탈하다가 백성의 대표자들이 용맹하게 일어나 그 불가함을 주장하고 반대하면 곧 회(會: 의회)를 해산시켜 회(會)가 모이지 못하게 한 적도 한두 번이 아니다.

□ 회(會: 의회)를 해산시킬 때마다 다른 사람을 뽑아서 다시 회(會)를 구성하는 것을 오랫동안 금지하여 없앨 수 없는 입법 권리를 영

구히 없애고자 하였는데, 그 때문에 밖에서 침노(侵擄)하고 안에서 일어나는 모든 위태함이 생기게 하였다.

□ 각국에서 백성이 들어와 호구(戶口)가 느는 것을 적극 막으려고 외국인의 입적법(入籍法: 귀화법)을 없애버리고, 옮겨 사는 백성들이 넘어 들어오는 것(즉, 이민)을 온갖 방법으로 금지하였다.

□ 공평한 법률이 시행되는 것을 싫어하여 재판권(裁判權)을 허용하지 않았다.

□ 법관들을 월급과 벼슬로 매수하여 자기 뜻대로 부릴 수 있게 하였다.

□ 쓸데없는 관원들을 각종 명목으로 파견하여 떼를 지어 우리 지방(식민지)에 와서 백성의 고혈(膏血)을 빨고 생명을 방해하였다.

□ 태평무사할 때에 우리 민간에 상비병(常備兵)을 항상 두어 백성 대표자의 허락 없이 재물을 허비하였다.

□ 위력(威力)을 행사하기 위하여 무관(武官)의 권리를 도리어 문관(文官) 위에 두었다.

□ 재판 규정이 본 지방의 법률과 부합하지 아니하며, 백성의 뜻에 거슬리는 것을 만들어 지방법률이라는 이름으로 우리로 하여금 복종하도록 하였다.

□ 많은 군사를 길러 패류(悖類: 언행이 거칠고 예의가 없는 무리)의 세력을 돕고, 사람들을 무단히 살해하는 학정(虐政)을 실시함으로써 백성이 들고일어나 자신들의 힘으로 그들을 징벌하려고 하면 난

민(亂民: 무리를 지어 사회를 어지럽히는 백성)이라고 탄압하였다.

□ 각국과 통상(通商)하여 장사하는 권리를 막았다.

□ 백성의 대표자들이 법대로 의론하여 허락한 바가 없음에도 불구하고 임의로 법에도 없는 세금(稅)을 부과하였다.

□ 재판할 때에 배심관(陪審官) 세우는 권리를 멋대로 빼앗고, 남의 무소(誣訴: 거짓으로 일을 꾸며 관청에 고소함. 무고)에 근거하여 애매한 백성을 재판한다고 핑계 대고 바다를 건너가게 하였다(*영국으로 끌고 갔다).

□ 영국의 보통 법률이 지방에는 통행되지 않게 하고 독립 정부를 세워서 편벽되게 따로 다스리게 하였는데, 이는 더욱 심한 포학(暴虐)을 우리에게 따로 가하기 위해서였다. 우리에게 가장 이로운 법률은 낱낱이 다 없애버리고, 지방정부가 의례(依例: 이전의 예에 따름)히 행할 권리는 전무하게 하였다.

□ 우리가 자기의 보호 안에 들어가지 않으려 한다는 이유로 우리가 세운 정부를 무시하고 우리를 상대로 전쟁을 일으켰다.

□ 바다와 해변에 도적을 풀어서 무단히 노략질하게 하고, 마을들을 불사르고 백성을 살해하였다.

□ 지금 현재는 외국의 용병(傭兵)들을 많이 실어다가 백성들의 생명을 잔해(殘害)하고 재산을 소멸시키려는 모든 포학을 벌써 행하기 시작하였는데, 그 잔혹하고 무리(無理)함은 가장 야만적인 시대에나 행하던 것이고 개명한 나라의 임금으로서는 할 수 없는 행위이다.

□ 우리 동포를 위협하여 억지로 무기(軍器)를 들고 저희 나라를 침노하도록 하거나, 저희 형제와 친구를 도륙하게 하거나, 혹 저희 자손들이 자결하도록 하였다.

□ 민심을 선동하여 서로 싸워 죽이고 다치게 하고, 또한 항상 무지한 야만 인종들을 일으켜서 우리의 내지(內地)를 침노하게 하여 남녀노소를 구별 없이 살육하게 시키고 있다.

□ 우리가 이 모든 참혹한 압제를 받으면서 가장 가엽고 애처로운 정상(情狀)으로 신원(伸寃: 원통한 사정을 풀어줌)해 주기를 애걸하였으나, 신원해 주기는 고사하고 도리어 포학을 더욱 심히 하고 있으니, 저렇듯 포학한 임금은 자유(自由)하는 백성 위에는 결단코 합당하지 않다.

□ 그러나 우리는 오히려 참고 저 영국 동포들이 우리에게 무리하게 대접하고 있음을 자주 설명하여 중지해 주기를 청구하기도 하였으며, 우리 거류지(居留地: 식민지)의 어려운 사정을 깨닫고 불쌍하고 가엽게 여기도록 해보기도 했으며, 저들의 공평하고 관후(寬厚)한 선심(善心)을 애걸해 보기도 하였으며, 이런 침탈을 결코 받지 않겠다는 뜻을 맹세해 보였으나, 저들은 또한 귀를 막고 듣지 아니하였다.

□ 이러므로 우리는 마지못하여 각각 독립하려는 원칙을 반포하고, 저 영국 백성들을 다른 모든 나라 사람들과 같이 여기어 태평할 때에는 친구지만 전쟁에서는 원수로 대접할 것이다.

□ 그러므로 우리 아메리카 합중국의 모든 나라(州) 대표자들은 국

회에서 독립의 대의(大義)를 들어 만국(萬國)을 주재(主宰)하시는 분, 곧 하나님께서 공평한 판결을 해주실 것을 바라고, 이 거류지(식민지)의 모든 정의로운 백성들의 단합된 마음(合心)의 힘을 의지하여, 우리 거류지가 완전한 자주독립국임을 세계에 반포하노니, 지금부터 우리는 영국 왕실에 대하여 신민으로서의 의리[分義]를 전부 무시할 것이다.

□ 이로써 두 나라 사이의 모든 정치적 관계는 다 없어지고 확실한 자주독립국이 되어, 전쟁을 일으키거나 평화를 이루거나, 연합 동맹을 맺거나 통상조약을 체결하거나, 기타 모든 내치(內治)와 외교(外交)에 대하여 자주국들이 갖는 권리는 우리도 다 평등하게 가지고 자주(自主)할 것이다.

□ 이 선언문이 드러내 보인 원칙을 영원히 유지하기 위하여 전적으로 하나님의 도우심을 의지하고 우리의 목숨과 영광을 다 빼앗기지 아니하기로 서로 담보하노라.」

이 선언문 한 장이 곧 전국 백성의 공분(公憤)한 의기(義氣)를 불러 일으켜서 한없는 피를 쏟고 독립 기초를 세운 것이니, 이 글을 반포한 날로써 미국의 독립명절로 삼았던 것이다.

구구절절이 통분(痛憤: 원통하고 분함)하고 격절(激切: 말이 격렬하고 절실함)하여 장부의 혈기(血氣)를 스스로 격동시키는 중에, 가장 핵심적인 내용은 곧 "모든 사람은 다 동등하게 태어났다"고 한 것이다. 이 한 구절로 말미암아 모든 조목(條目)의 근본이 생긴 것이니, 이러므로 사람마다 나도 남과 같은 권리가 있음을 깨닫고, 그 권리를 목숨보다 소중하게 여긴 결과 이렇듯 보배로운 기초를 세우게 된 것이다.

그러므로 정치제도를 순전히 이 뜻에 따라 만들어 위에 기록한 백성의 권리 구별이 다 이로부터 생겼는데, 이 글은 지금 세계 각국 사람들이 사랑하여 읽는[愛讀] 바이니, 실로 심상히 보아 넘겨서는 아니 될 것이다.

그러나 만일 그때에 백성이 다 어리석어서 저마다 믿기를, 아래 사람은 의례히 윗사람의 양식(糧食)이 되고, 소국(小國)은 마땅히 대국(大國)의 노예가 되어 죽어가면서도 섬기는 것이 충심(忠心)이고, 도리(道理)이고, 천지의 떳떳한 법도[常經]이며, 고금에 걸쳐 널리 통용되는 의리[通義]라 하면서, 이런 말을 하는 자를 도리어 역적이라, 난신(亂臣)이라, 죽일 놈이라, 없애버려야 할 놈이라고 한다면, 그런 백성을 상대로 이런 격문(檄文)을 억만 장을 발간하여 이런 말을 억만 마디 하기로 무슨 효험이 있었겠는가. 그러므로 이 글의 본래 뜻도 장하지만 그 백성들의 개명(開明)함 또한 어느 수준까지 이르렀는지 짐작할 수 있을 것이다.

대저 어느 나라든지 백성이 다 썩어서 원기(元氣)가 없어진 후에는 여러 해 공(功)을 들여 개명한 학문으로 새로운 기운을 받아 생맥(生脈: 쇠약해진 원기가 되살아나는 것. 활력)이 생기게 한 후에야 스스로 뿌리가 제 힘으로 일어날 것이다.

그렇게 되기 전에는 어떤 제도(制度)나 주의(主義)도 세워 볼 수도 없을 뿐만 아니라, 우연히 그것을 세운다고 하더라도 머지않아 다시 쓰러질 것이니, 완전히 선 것이라 말할 수 없을 것이다.

19
미국의 남북전쟁사

이렇듯 힘들여 얻어놓은 독립 권리를 대대로 물려주며 지켜서 사람마다 제 권리를 터럭 하나(一毫)만큼도 잃지 아니하고, 남의 권리를 조금도 빼앗지 아니하며, 그 때문에 남의 권리를 보호하는 것 또한 자신의 도리로 알기 때문에, 타국 백성이나 타국 정부의 자주 권리를 위하여 행한 일이 역사에 많이 드러나 있는데, 그 중에서도 가장 빛나는 역사를 들어 대강 말해 보려고 한다.

처음부터 미국에는 물건이 풍요(豊饒)하고 사람이 귀한 중에 더군다나 자주 권리를 저렇듯 중히 여기는 세상에서, 아무리 못생긴 사람이라 하더라도 어찌 남에게 머리를 숙이고 노예 노릇 하기를 즐겨 하겠는가.

저마다 재주(기술)를 익히고 지혜를 늘여서 제 손으로 벌어먹고 제 손으로 남을 도와주는 것을 사람으로서 마땅히 해야 할 직분으로 알기 때문에, 부자가 재물이 아무리 많아도 부릴 사람이 만만치 않았다.

이때 대서양을 건너 장사 다니는 사람들이 아프리카주 해변에 가

서 배를 대고 살빛 검은 인종(黑人)을 혹 유인하여 값을 주고 사기도
하고, 혹 무기를 가지고 겁박하여 사로잡기도 하여, 그 중에서 나이가
적당하고 부리기 좋은 아이와 계집을 묶어서 배에 몇백 명씩 싣고 바
다를 건너가서 북아메리카주 동남 해변에 하륙(下陸)하여 비싼 값을
받고 나누어 팔아서 큰 이익을 얻으려 하니, 사서 부리는 자들이 한없
이 많았다. 비록 말은 서로 통하지 않고 모양은 흉했지만 사지(四肢),
즉 팔다리가 튼튼하여 힘든 일을 잘하고, 먹고 입는 것은 매우 싸고 천
하니 값싸고 편한 것을 그 누가 사려고 하지 아니하겠는가. 그리하여
장사하는 자들이 해마다 늘어나서 43년 전(1861년)에는 미국 남방에
있는 흑인 노예의 수가 4백만 명에 이르렀다.

부모처자와 고국산천을 잃고 생소한 사람에게 끌려서 대해(大海)를
건너오느라 여러 달 동안에 배에서 죽는 자도 무수했고, 체질에 맞지
않는 기후와 물과 토양에 병도 잦은 중에, 그들의 주인 되는 자들은 소
와 말같이 부리려고 돈을 주고 산 것이므로 그들을 같은 인류(人類)로
서 대접해 주지 않는 폐단이 생겼는데, 그 인종들의 처지를 생각하면
실로 가련하고 측은하였다.

이에 미국의 북방 사람들이 그 일[흑인들을 노예로 부리고 매매하는 일]
의 불가(不可)함을 의논하여 말하기를 "세상에 사람은 다 한가지이니
저 흑인들도 다 우리의 동포들이다. 비록 그 얼굴 모습이 다르고 지혜
는 부족하지만, 하나님께서 품부(稟賦)하신 권리는 다 같으므로, 우리
가 우리의 권리는 중하게 여기면서 남의 권리를 멸시하는 것은 도리
가 아니다. 하물며 사람이 사람을 사고파는 것은 형이나 아우를 물건
이나 짐승으로 대접하는 것이니 이 어찌 교화(敎化)를 받은 사람으로
서 차마 할 바이겠는가. 마땅히 흑인 노예들을 속량(贖良: 몸값을 받고

종의 신분을 풀어주어 양민이 되게 함)하고, 종을 부리거나 매매하는 풍속을 금지하여 우리와 평등하게 자유(自由)하게 해 주자."고 하였다. 그리고는 글을 지어 전파하니[1] 감동하여 좇는 자들이 날마다 많아졌다.

이에 남방 사람들에게 종을 다 풀어주라고 하자, 남방 사람들은 돈을 주고 사서 부리는 것 또한 자기들의 권리에 속하는 일이니 남이 간섭할 수 없다고 하여, 피차 서로 양보하지 않고 버티다가 끝내 전쟁이 일어나 수년 동안을 크게 싸웠으나, 마침내 남방이 지고 북방이 이겨서 1863년에 노예를 속량하는 명령을 반포하여 전국에 있는 그 불쌍하고 가련한 흑인들이 일시에 노예의 굴레를 벗고 자유로운 신분이 되니 그들의 즐거워함도 측량할 수 없거니와 그 넓고 큰 은택이 어디까지 미치겠는가.

그 후에 영원히 노예 부리는 풍속을 금지하는 법률을 정하여 지금 미국에서는 종이라는 이름도 없으며, 차차 노예 금지 운동이 확산되어 지구상의 각국들이 이 법을 본받아 시행하게 됨으로써 지금 세상에는 대한(大韓)과 청국(淸國) 외에는 종 부리는 풍속을 없애지 않은 나라가 없다.

나라마다 모든 백성은 다 평등하게 권리를 가져서 남에게 의지하거나 남을 위하여 살지 아니하고 각각 제 몸을 의지하며 제 나라를 위하여 일하기에 등분이 없기 때문에, 사람을 고용할 일이 있을 때에는

---

[1] 글을지어 전파하니: 그 글의 대표적인 것이 1852년에 발표된 해리엇 비처 스토우 부인이 쓴 『엉클 톰스 캐빈(Uncle Tom's Cabin: 톰 아저씨의 오두막)』이란 소설이다. 이 소설책이 출간된 후부터 노예해방의 당위성에 대한 인식이 폭발적으로 증가하였다.

몇 시나 몇 날이나 몇 달, 몇 해를 약조(約條)하고, 무슨 일을 하는 데 품삯은 얼마라고 서로 정하는데, 그 시간과 그 일에는 약조를 따라서 고용하는 것이고, 그 약조 외의 일에 대해서는 조금도 상관하지 않는다. 이것은 남의 집의 심부름꾼이나 회사의 사무원에게나 나라에 벼슬하는 사람에게나 다 같이 적용되는 규정이다.

이러므로 사람마다 제 나라 법률에는 매여 있다고 하더라도 다른 어떤 사람에게 매여 있는 자는 하나도 없다. 이런 나라에서는 전국의 백성이 가령 만 명이 될 것 같으면 만 명이 다 살아서 활동하는 기계가 되어 나라를 받들고 보호한다. 그러니 그 힘이 어찌 강대하지 않겠으며, 남이 어찌 무인지경(無人之境)으로 보겠는가.

그러나 그렇지 못한 나라는 층층이 등급을 나누어 차례로 남에게 매이다가 끝에 가서는 맨 위의 한두 사람에게 매여서 그 윗사람의 손과 발이 될 뿐이니, 그 나라 안에 비록 백만 명이 있을지라도 실상은 한 사람만 있는 것과 같으니, 백만 명을 결박 지어 한두 사람이 누르고 앉아 있는 나라에 자유 활동하는 1~2만 명의 백성들이 함께 쳐들어간다면 어찌 무인지경 같지 않겠는가.

노예를 없애고 권리를 평등하게 갖는 사람들이 날마다 부강해지고 문명(文明)이 발달하는 것은 전적으로 이러한 이유 한 가지뿐이니, 인심을 자유롭게 해주어 평등하게 대접하는 효과가 실로 어떻다 하겠는가.

이렇듯 굉장한 이익의 효력을 보면, 그 근본은 다 세상 사람은 동등하게 태어났다는 뜻을 깊이 궁구(窮究: 깊이 파고들어 연구함)하여 그러한 원칙을 확실하게 지켜낸 힘에서 생긴 것이다. 미국 백성들이 자기네 권리를 보호한 힘으로 남의 권리 또한 회복하여 이렇듯 빛난 역사를 이룬 것이 얼마나 힘들여 된 것인지를 깊이 생각하여 보라.

사람 같지도 않게 생긴 야만 흑인들의 권리를 위하여 저희 나라의 같은 동포끼리 전쟁을 일으켜서 이 싸움에서 상한 인명(人命)이 거의 백만 명이 넘으며, 허비한 재물이 30억 원가량이나 되었다.

자유권리가 무엇인지 모르는 나라에서는 이런 역사를 보고는 도리어 미친 사람들이라 이를 것이니, 이 어찌 인애(仁愛)와 의리(義理)가 지극하여 사람이 생각하지 못할 정도로 뛰어난 일이 아니겠는가.

슬프다, 우리 대한 형제들아, 각기 옛 법에 습관처럼 익숙해져 있는 소견(所見)들을 깨치고 세상의 공변된(공평한) 사상(思想)으로 바꾸어 생각해 보시오. 저 사람들은 어이하여 남의 권리 보호하기를 이렇듯 힘쓰는데, 우리는 어이하여 우리 국민의 당당한 권리를 찾고자 아니하며, 내 나라 동포들을 압제하고 학대하여 소나 말같이 대접하며 노예같이 부리는 것을 당연하게 여기는가.

우리나라에서도 갑오경장(甲午更張)[1] 초에 노예법(奴隷法)을 혁파하는 새로운 법률을 정하였으나, 상하가 다 그 본래 뜻을 깨닫지 못하여, 마치 노예법을 버리는 것은 곧 천지에 떳떳한 이치[2]를 어기는 것인 줄로 여겼기 때문에, 지금껏 그 법이 실시되지 못하고 있는 것이다.

---

[1] 갑오경장(甲午更張): 갑오개혁. 갑오혁신. 조선왕조 고종 31년(1894년) 갑오년에 그때까지의 옛날식 정치제도를 서양의 법식을 본받아 고친 일. 개화파의 김홍집 등이 민씨 일파의 사대세력을 물리치고 대원군을 불러들여 어전회의를 열고 신정(新政)의 유서(諭書)를 발표하였다.

[2] 천지에 떳떳한 이치: 조선조에서는 법으로 국민들을 사·농·공·상·노비 등으로 신분을 나눠놓고, 신분이 낮은 자는 신분이 높은 자에게 무조건 복종해야 한다고 하였다. 이를 어기는 것은 천지자연의 떳떳한 이치에 어긋나는 것으로 생각하였다.

이 문제 한 가지와 관계된 것도 매우 광범하므로 설명하고자 하는 말 또한 한이 없으나, 이 책에서 다 말할 수는 없다. 다만 위에서 말한 것만 보더라도 그 중요성을 짐작할 수 있을 것이다.

> 우리 모두 어서 바삐 깨달아서
> 남에게 노예 대접도 받지 말고
> 남을 노예로 대접하지도 말며
> 제 몸을 남과 같이 여겨서
> 한 사람도 평등한 권리를
> 찾지 못하는 사람이 없도록 할지어다.

나 또한 대한의 신민(臣民)인데 내 나라의 예전 풍속을 어찌 무단히 버리고자 하는 것이겠는가마는, 지금 세상은 과연 전과 달라서 만국이 상통(相通)하므로 자주(自主) 자유(自由) 하는 나라에는 각국의 백성들이 날마다 모여들어 분분히 호적에 이름을 올리는데, 이는 물이 아래로 흐름과 같이 자연스러운 인정(人情)이다.

이것을 알지 못하고 다만 내 백성만 압제하여 밖으로 나가지 못하게 한다면, 이는 병 속의 물과 바닷물이 서로 통하게 해놓고는 병 속에 있던 고기가 계속 병 속에 들어 있기를 바라는 것과 같으니, 어떻게 고기가 계속 병 속에 들어 있기를 바랄 수 있겠는가.

20
프랑스 혁명사

이때에 구라파주 각국은 모두 압제정치를 시행함으로써 백성들은 극도의 도탄지고(塗炭之苦: 진구렁에 빠지고 불에 타는 듯한 곤경)에 빠져 있었다. 백성들은 주권자(主權者: 최고 통치자)들을 호랑(虎狼: 범과 이리) 같이 두려워하고 원수같이 미워하여 사면에 백성들의 원성이 자자하였으나 위에 앉아 있는 자들은 권세만 믿고 오로지 압제만 하여 백성들이 머리를 들지 못하도록 억눌렀다.

당시 형편으로 보면, 백성의 기운이 아주 썩어 실낱만큼의 생맥(生脈: 활력. 원기)도 없을 듯하였으나, 그 백성들의 성질(*국민성)이 근본적으로 나약하지 아니하고, 교화와 학문의 힘이 또한 그 마음을 얼마쯤 발달시켰기 때문에, 압제자들의 권리와 세력 밑에서도 끝까지 불평한 마음을 굽히지 않았다.

다른 나라 역사까지 다 말할 수는 없고, 다만 법국(法國: 프랑스)의 역사만 대강 말하여 이로 미루어 보게 할 것이다.

저 법국은 그때에 전제정치로 인한 폐단이 가장 심하여 위에 있는 황제가 전국 백성들의 죽고 사는 것이 다 자기 한 사람의 뜻에 달린 줄로 알고, 말 한 마디나 글 한 장이면 곧 나라의 법이 되어 감히 어기는 자는 곧 대역부도(大逆不道: 대역으로 인도에 몹시 어그러짐)의 죄로 다스렸는데, 이렇게 함으로써 사람마다 황제 한 사람에게만 아부하고 순종할 뿐 국법(國法)을 멸시하면서 황제의 은총만을 받으려고 하였다. 정부의 대신(大臣)들은 소나 말 같은 대접을 받으면서도 이를 달게 여기고, 궁중의 간신배(奸臣輩)들은 국권을 조롱하면서 상방참마검(相方斬魔劍: 만나는 상대의 목을 베어 죽일 수 있는 권리가 부여된 칼)이나 마패통부(馬牌通符: 어느 곳에서든 제시하면 통할 수 있는 특권이 부여된 마패) 같은 온갖 명색을 만들어 이르는 곳마다 사람을 죽이고 재물을 노략질하는 것을 전례(前例: 이전부터 내려오던 사례)로 여겼기 때문에, 이를 감히 막아보려고 생각하는 사람이 없었다. 대강의 형편이 이러한데 법률이 어디 있겠는가.

송사(訟事: 소송 사건)를 전적으로 청탁과 뇌물에 따라서 판결하기 때문에 옥중에 40년간 자기 죄명도 모른 채 갇혀 있는 사람도 있었다. 백성들은 이르기를, 이런 세상에서 송사(訟事)를 하려는 자가 틀린 사람이다. 지금같은 상황에서는 무슨 시비가 있으면 법관에게 호소하지 말고 양척(兩隻: 원고와 피고)이 마주 서서 연장을 갖고 싸워 승부를 내서 시비를 결단하는 것이 오히려 공번되다(공평하다)고 하였다. 그 결과 이 법, 즉 결투법(決鬪法)이 대단히 성행하였는데, 이 일로 보면 그때의 사정을 짐작할 수 있을 것이다.

나라 안에 15만 명이나 되는 양반들이 모두 권세를 잡고 세상을 흔드는데 그 밑의 백성된 자들이 무슨 수로 권리를 의논하겠는가, 다만 하늘을 향해 울부짖을 따름이었다.

이때 미국에서 백성들이 들고일어나 독립 권리를 세워 온갖 정치적 폐단들을 없애고 어진 정치를 일으켰다는 소식을 듣고 스스로 감동하여, 그 제도의 아름다움과 뜻의 공평함을 저마다 흠모하고 감탄하여, 민심이 스스로 동요하려고 하였다.

위에 있는 자들이 이런 형편을 살피고는 더욱 엄히 단속하여 법률과 정치 등의 일에서 조금이라도 시비곡직(是非曲直)을 의논하지 못하게 하면서 하는 말이, 저 미국 사람들은 다 난민적당(亂民賊黨: 무리를 지어 사회 질서를 어지럽히는 도적의 무리)의 종류들이다, 천하 만고에 없는 의론을 지어내어 신민(臣民)의 분의(分義: 자기 분수에 맞는 의리)를 어기고 있으니 마땅히 무찔러서 화단(禍端: 재앙의 단서)을 없애버려야 할 것이다, 백성에게 어찌 나랏일에 상관할 권리가 있겠는가, 하였다. 그러면서 처음에는 미국인과 사귀거나 왕래조차 못하게 하려고 했다.

그러나 민간에서 새 법을 의논하는 인사들이 위태함을 무릅쓰고 글을 써서 전파하며 신문에 게재하여 백성들의 지혜를 날마다 열어주어 집집마다 정치적 의론이 분분(紛紛)하였다. 이에 의기에 격분한 남자들이 위에서 금지하는 것을 무시하고 스스로 자원병이 되어 미국에 건너가서 그 사람들을 도와서 싸우는 자들이 무수히 많았다. 그러자 법국 정부에서는 마지못하여 민심을 진정시키기 위해 군사를 파견하여 미국의 독립전쟁[1]을 도와서 싸웠는데, 위에서 미국의 독립은 법국

---

1) 미국의 독립전쟁: 1775년에 영국의 식민지 13개 주의 독립군과 영국 본국 군과의 전쟁. 처음에는 독립군이 고전했으나 1778년 프랑스와 동맹을 맺고, 1779년에는 스페인이 독립군을 지원하고, 1780년에는 러시아 등 각국이 영국을 견제하여, 1781년 10월 요크타운(Yorktown) 전투에서 결정적으로 승리

의 도움을 받았다고 한 것이 곧 이것이다.

이렇게 해서 미국의 새로 열린 풍기(風紀)가 날마다 넘어 들어와 막을 수 없이 전파되자, 유명한 인사들이 무수히 나서서 정사의 모든 폐단을 열거하면서 민심을 격동시키니, 더 이상 위력으로 억제하기가 어렵게 되었다. 그러자 위에서 부득이 백성들에게 허락하기를, 정부 관원들과 함께 모여서 국사(國事)에 긴급히 고칠 것과 마땅히 시행할 것을 결정하여 올리면 실시해 주겠다고 하였다.

이에 날을 정하여 관민(官民)이 함께 모여 의논하였는데, 백성의 수가 많아서 관원들의 의견이 받아들여지지 않자 그들이 함께 모이기를 싫어하여 오랫동안 결정이 되지 않았다. 그러자 백성들이 모여서 저희끼리 고칠 것과 시행할 것의 조목(條目)을 정하고 이대로 집행하는 것이 옳으니 합의하지 않는 관원들을 더 이상 기다릴 필요가 없다고 하였다.

이에 형세가 몹시 두려워지자 비로소 위에서 백성들의 뜻을 허락하여 다시 원하는 대로 시행해 주겠다고 하니, 이에 민심이 크게 기뻐하기를 마치 큰 가뭄[大旱]에 비를 맞는 것 같았다.

진실로 당시 위에 있던 이들이 허락한 그것을 실제로 시행하여 민심에 따랐더라면 피차에 영구히 평강(平康)하고 안락함을 다 같이 얻었을 텐데, 끝내 포학한 생각이 없어지지 아니하여, 밖으로는 이 허락한 사실을 반포하고, 민심이 흩어지게 되면 다시 백성들을 도륙(屠戮: 무참하게 마구 죽임)하려고 했다.

─────────────────────────────

하여, 워싱턴을 독립군 총사령관으로 삼아 8년간 끌어온 전쟁은 1783년 파리평화조약에서 13개 주 식민지의 독립을 승인함으로써 막을 내렸다.

밤을 타서 군사 3만 명을 이끌고 와서 파리(Paris: 프랑스의 서울) 성 내외에 가득히 세워놓고 대포와 무기를 벌여 놓고 곳곳에 방문(榜文)을 붙여서 포고하기를, 감히 모이는 백성이 있으면 곧바로 도륙을 낼 것이라고 하니, 그 엄하고 두려운 형세가 백성들로 하여금 숨조차 쉬지 못하게 하였다.

이때에 백성들은 그 속사정을 알지 못하고 나랏일이 순조롭게 바로잡혔다고 다행히 여기면서 신문을 기다렸으나, 그날 아침에는 신문이 오지 아니하므로 이상하게 여겨서 밖으로 나가보니 밤새 형편이 홀연히 변하여 신문사와 백성들이 모이는 장소에는 창칼들이 촘촘히 늘어서서 엄위(嚴威)가 진동하였다.

백성들이 크게 화가 나서 사방에서 물 끓듯 일어나면서 기왕에 죽을 바에는 흔쾌히 죽는 것이 낫다고 하면서, 남녀노소 할 것 없이 집집마다 나서서 떼를 지어 모여들자 무식한 군사들이 총을 쏘고 창으로 찔러 인명을 살상(殺傷)하였다.

이에 민심이 더욱 격분하여 물밀 듯 밀려들면서 곳곳에 풀무를 설치해 놓고 무기를 만들어 화살과 돌들(矢石)이 어지럽게 날아다니는 중에 서로 앞 다투어 들어가 목숨을 걸고 싸웠다. 그러자 소위 군사들은 다 돈을 받고 남에게 팔려온 용병(傭兵)들이었기에 못할 짓이 없었지만, 그들은 원래 공심(公心)은 없고 겁심(怯心)만 많았기 때문에. 자신들의 부모, 처자, 형제, 자매가 자기들의 총 끝에 분분히 쓰러지면서도 다투어 나오는 것을 보게 되자, 그들도 목석간장(木石肝腸: 나무나 돌과 같이 아무런 감정이 없는 마음씨)이 아니었으니, 스스로 감동하게 되었다.

더군다나 자기들을 사서 부리는 사람들이 덕(德)을 잃고 신용을 잃어서 전국의 사람들로 하여금 적국(敵國)처럼 되게 한 줄을 그들도 알고 있었기 때문에, 혹은 군복을 벗고 달아나기도 하고, 혹은 창을 거꾸로 잡기도 함으로써 마침내 전국이 다 백성의 편이 되기에 이르렀다.

처음에 바스티유(Bastille)라 하는 감옥을 물 가운데 지어 한편에 다리를 놓아 통하게 하고 그곳에 대포와 군사를 두어 출입을 감시하며 지키도록 하였는데, 정말이지 나는 새도 지나가지 못할 정도였다.

그 속에다 온갖 형구(刑具: 형벌을 가하거나 고문을 하는 데 쓰이는 기구)를 갖춰놓아 수백 가지의 악형(惡刑)으로 사람을 백정질[1]하였는데, 우리나라의 경위원(警衛院)[2]이나 경무청(警務廳)[3]에서 죄수를 신문할 때 칠십여 가지나 되는 뇌형(牢刑: 주리를 트는 형벌)을 쓰는 것을 자랑하고 있지만, 여기에 비하면 우리나라는 오히려 문명한 나라라 할 수 있다.

이렇듯 철옹성(鐵甕城)같이 굳게 지어 놓아 그 속에 한 번 들어가는 자는 하늘도 못보고, 해와 달도 못보고, 어떻게 없어지는지 그 문밖으로 나와 본 자가 드물다. 역대로 전해 오면서 황실과 세도가(勢道家)에서 이 감옥을 백성들을 노략질하는 함정으로 사용하고 있었으므로, 그 옆을 지나가는 자들은 항상 이가 갈리고 머리끝이 쭈뼛 올라갔던 것이다.

이때에 이르러 백성들이 먼저 말하기를, 우리 조상들이 대대로 이

---

[1] 백정질: 조선시대 때 도살업, 광대, 고리업 등에 종사하던 천인을 백정이라 하였는데, 백정이 가축을 도살하듯이 사람을 고문하여 죽인다는 뜻.

[2] 경위원(警衛院): 대궐의 안팎을 경계하고 지키는 일을 맡아보던 궁내부의 한 관아.

[3] 경무청(警務廳): 한성부 안에서 경찰과 감옥의 일을 맡아 보던 관청. 1884년 이전의 포도청을 폐지하고 그 대신 창설한 기관으로, 후에는 명칭이 경시청으로 바뀐다.

속에서 원통한 목숨을 끊어 그 백골(白骨)을 추려낸 곳이다. 이것을 먼저 깨트려 없애자고 하여 일시에 달려들어 평지를 만들고, 피가 끓어오르는 것을 억제하지 못하여 물밀 듯이 쳐들어가니, 황제와 대신들은 어찌할 수 없어서 창황망조(蒼黃罔措: 다급하여 어찌할 줄을 모름)하여 천만 가지로 타일러서 분노한 민심을 가라앉히려고 하였다.

슬프다. 그러나 때가 이미 늦었으니 터져 나오는 강물을 누가 막을 수 있겠는가. 백성들은 말하기를, 모든 사람들을 다 죽이고 자기 혼자 살려고 하던 포학한 임금은 곧 하나님께 죄인이고 모든 사람들의 원수다. 지금 세력이 다하고 힘이 떨어지니[勢窮力盡] 민심을 따르겠다고 하지만, 그 마음은 한 백성도 남기지 않고 완전히 다 죽여 없애고 싶어 할 것이니, 결단코 저들이 이전 권세를 회복하게 할 수 없다.

저 황족과 귀척(貴戚)과 세도가들은 다 저희 몸 있는 줄만 알고 백성 있는 줄은 알지 못하며, 임금 있는 줄만 알고 나라 있는 줄은 몰라서, 폭군 걸주(桀紂: 夏나라의 폭군 걸왕과 殷나라의 폭군 주왕. 흔히 폭군의 대명사로 거명됨)로 하여금 포학한 정치를 하도록 권했던 자들과 같은 부류들이다. 천지간에 가득히 쌓인 만민의 공분(公憤)을 이런 때를 타서 한 번 설욕해야겠다고 하였다.

그리고는 전날에 왕당파(王權黨: 왕권을 수호하려는 당파)라고, 세도파(勢道便: 주로 귀족들로 이루어진, 세도가들의 이익을 지키려는 정파)라고 하던 각색 당파의 무리들을 그 대소(大小)와 유죄, 무죄를 묻지 않고 모두 낱낱이 살해할 때 심지어 사대부가(士大夫家)의 죄 없는 부녀들과 어린아이까지 남기지 않고 다 죽여 없애려고 하여, 전날에는 덕망 있는 군자[有德君子]라고 칭송받던 사람들까지 무수히 해를 당하였으니, 그 외의 정경(情景)은 다 미루어 짐작할 수 있을 것이다. 만고에 이렇듯 참혹한 역사가 없었으니, 차마 더 말할 수 없도다.

이는 다 거의 일백십여 년 전에 있었던 역사적 사건이다. 지금까지 법국의 혁명사를 보는 자들은 다 법국 백성의 잔포(殘暴)함을 책망하며 한편으로는 당시 집정(執政)하던 이들을 더욱 경계하여 나라를 다스리는 자들로 하여금 거울을 삼게 하고 있다.

그 후로 나라 안이 오랫동안 요란하여 정치가 여러 번 뒤집히다가 사람들의 지식이 차차 늘어나 마침내 미국의 제도를 본받아 민주국(民主國)이 되어 지금은 세계에서 강대한 나라가 되어 있는데, 그토록 참담한 화(禍)를 겪고 나서야 비로소 이렇게 된 것이다.

이는 다 윗사람들이 나라 밖의 정세를 알지 못하고 백성을 압제하면 되는 줄로만 알고 밖에서 들어오는 새 기운을 억제하지 못하는 중에서 끝내 충돌이 생긴 것이다. 지금 세상에서 나라를 다스리는 자들은 깊이 경계해야 할 것이다.

21
헌법정치의 효험

정치상 변혁하려는 생각은 이때부터 더욱 성행하여 구라파주의 여러 나라들이 공화국(共和國)으로 바뀌었다. 그 외에도 여러 나라들은 위에 있는 이들이 차차 세상 풍기(風紀: 풍속, 풍습에 대한 기율)가 변하는 것을 보고는 자기 나라의 정치제도가 공평하지 못한 줄도 깨닫게 되었고, 백성들을 압제하여 들고 일어나지 못하게 하면 결국 윗사람들에게도 크게 두려운 화단(禍端)이 생기게 된다는 것도 알게 되었다. 그리하여 자기네끼리 정치제도를 변화시켜 백성들의 권리를 얼마쯤 허락해 주어 피차 충돌이 일어나지 않게 하였는데, 그로 인하여 상하가 다 평안무사하고 나라도 나날이 흥왕하게 되었다.

이것이 곧 헌법(憲法)이니, 구라파주의 각국은 거의 다 이 법으로 다스리고 있다. 이에 대하여 여기에서 전부 다 기록할 수는 없고, 다만 영국으로만 보더라도, 겨우 백 년 이전의 상황을 말한다면, 바닷가의 조그마한 섬 세 덩이[1]로 되어 있는 데 불과하여 별로 부강하다고 말

---

[1] 섬 세 덩이: 영국(Great Britain)의 본섬이 잉글랜드(England), 웨일스(Wales), 스코틀랜드(Scotland) 세 지역으로 이루어져 있다.

할 것이 없던 나라였다.

옛부터 영국에서는 왕족과 세도가들이 국가 권력을 마음대로 휘둘러 정사(政事: 정치에 관계된 일)의 모든 폐단이 법국(法國)에 비하면 오히려 심했다고도 할 수 있다.

다시 말할 것도 없이, 영국의 민심(民心)은 본래 영악하여 남에게 지기를 좋아하지 않는데, 그런 가운데 유명한 대신(大臣)들이 많이 나와서 세상 형편을 밝히 살피고, 먼저 폐단을 없애며, 새 법을 참조하여 상하 의회 의원의 규모를 다시 정하여 백성의 권리를 얼마쯤 허락하고, 이전에는 세도가들이 독점해 오던 이익을 다 거두어 공평하게 누리도록 하고, 백성으로 하여금 국사(國事)에 다 같이 참여하도록 하고, 법률과 재정과 기타 한 나라에 크게 관계되는 일들은 마땅히 백성을 대표한 상하 의회에서 먼저 결정하여 위의 재가를 얻은 후에 시행하게 함으로써 위(王)에서도, 관원들도, 백성들도 모두 다 이 법에 따라서 하기 전에는 아무도 혼자 힘으로 할 수 없게 되었다.

이럼으로써 사람마다 자기에게 속한 직책과 권리가 얼마씩 다 있어서, 그 권리와 직책에서 벗어나는 일을 추호라도 범하면, 비록 그가 대신이라도 구애하지 않고 그 시비(是非)와 득실(得失)을 백성들이 탄핵도 하고 비판도 하는 것이다.

다만 황실을 존중히 받들어 특별히 높일 뿐이고, 그 외에는 상하(上下)와 반상(班常: 양반과 상사람)의 등분이 없이 법 아래에서는 모두를 다 같은 백성으로 대접하는데, 이렇게 하는 것이 상하 모두를 온전하게 하는 방법이기 때문이다.

설령 위에서 포학을 행하고자 하더라도 법에 어긋난 일은 할 수가

없으므로 백성에게 해가 미칠 게 없고, 백성에게 해가 미치지 아니하
므로 스스로 충군애국(忠君愛國)하는 마음이 생겨 임금을 곧 자신이 사
랑하는 부모같이 받들고 보호하게 되니, 설령 불궤무도(不軌無道: 법이
나 도리를 지키지 아니하고 모반하려는 마음)한 무리가 있기로서니 어찌 감
히 거스르려는 마음을 먹겠는가.

　하물며 강포한 나라가 국권을 침탈하고자 하더라도 백성들이 두려
워서 윗사람을 핍박하거나 뇌물로 유혹하기를 도모하지 못할 것이니,
이것이 진정으로 황실과 나라와 백성에게 두루 영구히 평강(平康)한
복이 되나니, 이 어찌 정치의 가장 아름다운 제도가 아니겠는가.

　영국이 이 제도 때문에 사오십 년 동안에 저렇듯 부강한 나라가 되
어 온 세계에 영국의 속지(屬地)가 없는 곳이 없으므로 영국의 국기 위
에는 해가 질 때가 없다고 말하는데, 영국이 이와 같은 부강에 이른 지
가 몇십 년이 아니 된 일이니, 이 어찌 힘이나 위력으로 빼앗아서 된
것이겠는가.

　미국이 일어나 독립한 후로 포학한 정사의 위태함을 깨닫고 어진
정치를 행하여 백성들을 자유하게 하자, 백성들이 다 그 덕화에 감화
되어 나라의 영광을 위하여 죽고자 아니하는 백성이 하나도 없었으므
로 국권이 스스로 강해져서, 점점 복종해 들어오는 토지가 온 지구상
에 널리 차게 된 것이다.

　그 속지의 백성들도 전보다 더 후하게 대접하여 지금 영국 황제의
모친 빅토리아 여왕 폐하가 붕어(崩御: 임금이 세상을 떠남. 승하)하시기
전에 환갑잔치를 할 때에 본국 신민들이 즐거이 경축한 것은 말할 것
도 없고, 각 속국(屬國), 속지(屬地)의 모든 백성들이, 심지어 야만 토종
들까지도 다같이 경축하고, 돈을 모아 병원과 학교를 크게 지어 빅토

리아 여왕의 성덕(盛德)을 기념하였다.

그 당시 삶의 모습을 기록해 보면, 희호세계(熙皥世界: 熙皥=和樂. 백성이 화락하고 나라가 태평한 세상)에 강구연월(康衢煙月: 태평한 세월. 태평한 풍경)이 어찌 이보다 더하겠는가. 도탄수화(塗炭水火: 진구렁에 빠지고 불에 타는 듯한 곤경. 도탄지고) 중에 빠져서 군민동락(君民同樂: 임금과 백성들이 같이 즐거워함. 여민동락(與民同樂))하는 참 즐거운 것이 어떤 것인지 모르는 자들로 하여금 보고 듣게 한다면 스스로 눈물을 금치 못할 것이다.

그러나 그 역사를 더 자세히 말할 겨를이 없어서 위에서 대강 말한 것만 보더라도 충분히 사람들의 마음을 감동시킬 것이니, 남의 즐겁고 편한 것을 보고 어찌 부러워하지 아니하겠는가. 그러나 당초에 저 백성들도 만약 정치 제도를 고치지 않았더라면 그 즐겁고 편한 것은 다만 잠시뿐이었을 것이니 어찌 영구하기를 담보하겠는가.

그러나 먼저 그 제도의 근본을 안전하게 한 결과 온 백성이 다 잘못하거나 온 백성이 모두 무식하게 되기 전에는 그 복락을 영원히 보전하여 충돌할 자가 없을 것이니 어찌 더욱 즐겁지 않겠는가.

구라파 안에도 여러 나라가 이 법을 준행(準行: 준거로 삼아 그대로 따라 행함)하여 아무리 땅이 좁고 백성이 적더라도 권리를 남에게 조금도 잃지 않고 문명을 다툴 수 있는 것은 다 이 법 시행의 효험을 얻어서 된 것이다. 동양의 일본도 거의 사십 년 전에는 세상에서 이름도 별로 알려지지 않았던 조그마한 섬나라로서, 정치를 변혁하여 서양의 규범을 준행하면서 곧 날마다 흥왕(興旺)하여 오늘날엔 열강국과 권세를 다투기에 이르렀으니, 이 또한 다른 까닭이 아니라 다 헌법정치를 본받아 관민(官民)이 함께 정사를 의논하기 때문이다.

　이 세상에서 종사(宗祀)와 국가를 보전하고 백성을 안락하게 하고자 한다면 마땅히 정치 제도를 고쳐서 상하가 함께 안전한 법을 행한 후에야 유지하기를 바랄 수 있을 것이다. 세상에 어진 자는 대적할 자가 없나니[1], 모든 백성과 이익을 평균히 하자는 뜻이 어찌 어진 정치가 아니겠는가.

　어진 정치의 무한한 세력이 날마다 자라서 동으로 퍼져오는 것이 마치 조수(潮水)가 밀려오듯이 넘쳐서 막을 수 없이 들어오는 중에, 나 홀로 반대하여 그것을 막으려고 한다면 누가 이기고 누가 지겠는가. 이는 사람마다 빨리 생각해 볼 일이지만, 정치를 끝까지 변혁하지 아니하다가 멸망에 이른 나라들을 아래에서 대강 의론해 볼 것이다.

---

[1] 어진 자는 대적할 자가 없다[仁者無敵]: 이 말은 『맹자(孟子)』〈양혜왕〉 편에 나오는 말이다. 그 내용은, 포악한 왕이 백성들의 일할 시간을 빼앗아 그들이 농사를 지어 자기 부모를 봉양할 수 없게 함으로써 부모가 추위에 굶주리고 형제와 처자식들이 함께 살 길이 없어 뿔뿔이 흩어지게 하고 있을 때에 어진 왕이 다스리는 나라의 군사들이 쳐들어가서 정벌한다면, 적국의 병사들까지 창과 칼을 거꾸로 잡고 자기 왕을 공격할 것이다. 그래서 "어진 자에게는 천하에 대적할 자가 없다(仁者無敵)"고 한 것이다.

22
정치를 변혁하지
않는 것의 손해

육대주의 땅 면적을 비교해 보면 구라파주가 가장 작다. 그러나 문명과 부강함은 지금 세계에서 으뜸이니, 이는 구라파주에 있는 모든 나라들이 다 정치를 변혁하여 혹은 공화정(共和政)을 본받고, 혹은 헌법정치를 시행함으로써 그 민심을 발달시켰기 때문이다.

차차 동쪽으로 뻗어오면서는, 옛적부터 몇천 년 동안 부강하던 큰 나라들은 다 전제(專制)하는 옛 법을 고치지 못하다가 그 때문에 스스로 없어짐을 면치 못하였다.

구라파주의 동편 끝에 있는 토이기국(Turkey)은 대단히 강성하던 나라였으나 지금은 간신히 부지하고 있으나 날로 없어져 가고 있고, 아프리카주 북편에 있는 애급국(Egypt)은 세계에서 제일 오래고 제일 크던 나라였으나 지금은 다 없어지고 간신히 이름만 남아서 영구히 영국의 지배에서 벗어날 수 없게 되었다.

아세아주 동편 끝에 있는 파사국(波斯國: Persia. 고대 이란 지역에 있던 제국. 1935년에 이란으로 개칭) 또한 상고 때부터 유명하던 대국이었으나 지금은 약간 남은 강토를 부지하지 못하게 되었으며, 청국(淸國)의 서편에 있는 인도국(印度國: India)은 상고 때부터 강대하여 근대까지 토지가 넓고 백성이 많은 나라였으나 불과 사오십 년 전에 전부 영국이 차지한 바 되었으며, 청국의 남편 해변으로 섬라(暹羅)[1], 면전(緬甸)[2], 안남국(安南國)[3] 등 여러 나라들이 다 차례로 없어졌는데, 섬라국은 명색만 겨우 유지해 오다가 지금 그 임금이 새로이 깨닫고 죽기로써 정치 변혁하기를 힘쓰면서 그 왕자를 각국에 유람시키고, 영국에 보내어 공부를 마치도록 하였으며, 나라 안의 총명한 자제들을 나날이 교육시켜서 옛법 고치기에 전력을 기울이고 있다. 그러자 지금 각국이 다 신기하게 여기고 칭찬하면서 공론으로 협조하기를 아끼지 아니하나, 백성이 너무나 어두워서 위에서 홀로 변혁하기 어려움을 한탄하고 있다고 한다.

아세아 동편에 있는 청국(淸國)으로 말하면, 세계 역사에서 가장 오래된 나라이다. 땅이 가장 크고 부유하며, 백성이 제일 많아서, 가령 온 세상 사람들을 다 섞어서 한 줄로 늘어세우면 매 4명 사이에 청나라 사람이 하나씩 끼이는 셈이니 그 나라의 강대함을 알 수 있을 것이다.

그러나 지금 국권을 보전하지 못하여 이리저리 찢겨가며 백 가지 천 가지로 남의 위협과 토색(討索)을 당하고 있으며, 갑오년에는 작은 일본에게 일패도지(一敗塗地: 여지없이 패하여 다시 일어설 수 없게 됨)하였다.

---

1) 섬라(暹羅): 태국(Thailand)의 옛 이름인 시암(Siam)의 음역. 수도는 방콕(Bangkok).

2) 면전(緬甸): 미얀마(Myanmar). 1948년 영국에서 독립하며 버마연방이라고 하다가 1989년에 국호를 미얀마연방으로 개칭하였다. 2010년 다시 미얀마연방공화국으로 개칭. 수도는 네피도(Naypyidaaw).

3) 안남국(安南國): 안남(Annam). 중국인들이 베트남을 가리켜 부른 명칭.

자고(自古)로 당당한 제국에 속하였으며, 더군다나 청국 황제가 그 곳에서 일어난 만주의 너른 땅을 제 힘으로 보전하지 못하여 지금 일본이 대신 싸워 회복하려고 하기에 이르렀으니,[1] 그 나라가 지금껏 유지되고 있는 것은 다 각국의 견아상제(犬牙相制: 개의 위아래 이빨이 서로 어긋맞음과 같이 어긋나고 뒤섞이어 가지런하지 못함)한 형편 때문이다. 장차 이 모양으로 몇 해만 더 지내려 하다가는 끝내는 나라의 이름도 없어지게 될 것이니, 이러므로 고명(高明)한 사람들이 헌법정치를 본떠서 하자는 의론을 제기하고 있는 것이다.

이 외에도 무수한 여러 나라들이 망한 것에 대해서는 다 말할 것도 없이, 다만 위에 열거한 몇 나라만 보더라도, 지금 세상에서 나라를 부지하느냐 못하느냐 하는 것은 전적으로 정치제도를 고치느냐 아니 고치느냐에 달린 줄을 의심 없이 깨달아야 할 것이다.

대개 전제정치 밑에서는 나라가 점점 쇠패(衰敗)하고, 다른 정치 제도 밑에서는 나라가 점점 흥왕하여 가는 이유에 대해서는 위에서도 수차 말하였지만, 전제정치는 첫째, 백성의 마음을 압제로 결박하여 시비곡직(是非曲直)을 드러내어 말하지 못하게 하므로 마음에 불평불만이 맺혀서 서로 사랑하는 마음이 없어지고, 원망하고 미워하는 마음

---

1) 청나라와 만주: 청나라는 원래 만주족인 누르하치가 17세기 초에 명나라를 멸하고 세운 나라이다.
   1894년 청일전쟁의 결과 승리한 일본이 청나라로부터 요동반도와 대만을 얻었으나, 러시아·독일·프랑스의 3국 간섭으로 요동반도는 다시 청에 반환하였다. 그런데 러시아가 1896년 동청(東淸) 철도부설권을 얻어내고 1898년에는 여순(旅順)과 대련(大連)을 조차하여 실질적으로 만주를 장악하고 여순에 극동총독부를 설치하자 일본과 러시아는 만주와 조선 문제를 놓고 대립하게 되었으며, 마침내 1904년 2월 8일에 일본함대가 여순 군항을 기습 공격하여 러일전쟁이 시작되었다.

이 자라서 피차 잔해(殘害)하는 중에 스스로 소멸된다.

둘째, 생각을 발달시키지 못하여 사람마다 남과 같이 흥왕하기를 도모하지 않고 각각 윗사람이 결박하는 것을 가만히 앉아서 당하려 하므로, 타국 사람이 들어와서 나의 이익을 멋대로 취하는데도 백성들은 기진맥진하여 저항을 하지 못하고 나라까지 빼앗기고 만다.

셋째, 백성은 나랏일에 상관이 없다고 하므로 백성들은 나라를 남의 것으로 알고 보호하고자 아니하니, 남이 와서 그 위에 있는 몇몇 집권자들을 혹 뇌물로 꾀이거나 위력(威力)으로 핍박하여 그들을 손아귀에 넣으면 모든 백성들은 총 한 방 쏘지 않아도 스스로 딸려서 들어올 것이니, 전제정치를 하는 나라가 위태한 가장 근본적인 이유는 바로 이것이다.

저 다른 정치제도를 시행하는 나라들은 백성의 마음의 결박을 풀어놓아 다만 법률과 규정(章程)으로 일정하게 방한(防閑: 하지 못하게 막는 범위)해 놓은 안에서는 세상에 무서울 것도 없고 두려울 것도 없으므로 기운이 활발하여 남의 뒤에 떨어지기를 죽기보다 싫어하는데, 백성이 남보다 낮게 된 후에야 나라가 어찌 남만 못하겠는가. 서로 다투어 앞서려고 하는 중에 끝내 한없이 나아가 상등국(上等國)이 되는 것이다.

또한, 백성으로 하여금 다 같이 나라를 돕고 보호하게 하기 때문에 저마다 나라를 제 것으로 알고 사랑하여 국권(國權)을 확장하고 영광을 드러내어 영토를 넓히는 것을 공업(功業)으로 삼으니, 남들이 어찌 넘겨다보고 침범할 생각을 하겠는가. 이러므로 날마다 흥왕(興旺)하고 발달해 가서 제일 부강한 정도에까지 이르는 것이니, 그 장단(長短)과 우열(優劣)의 구별이 어찌 판이하지 아니한가.

　지금 우리나라가 이 지경에 이른 근본적인 원인은 다 정치를 변혁하지 못했기 때문이다. 청국처럼 강대하던 나라도 오늘날 강토와 국권을 보전하기 어려운 지경에 이르렀는데, 하물며 우리는 저들보다 십여 배나 작은 중에 남의 억압을 받고 있으므로, 따로 서 볼 날(獨立日)이 있을지 말지 헤아려 단정하기가 어렵다. 이런 땅에 앉아서 어찌 시종(始終) 변혁하기를 급급히 애쓰지 아니하겠는가. 이는 뜻있는 자들이 깊이깊이 연구해서 그 중에서 합당한 정치를 택해야 할 것이니, 대강이라도 다시 설명하지 않을 수 없다.

23
정치제도는 백성의
수준에 달려 있다

이상에서 말한 것은 각국의 흥망성쇠가 다 그 정치제도를 따라서 결정되는 이유를 설명한 것이다. 이것을 보면, 정치를 변혁하지 않으면 안 될 줄을 사람마다 다 짐작하겠지만, 모든 정치제도는 언제나 그 나라 백성의 수준에 달려 있는 줄을 먼저 알아야 할 것이다.

만일 백성의 수준은 보지 않고 다만 남의 정치제도와의 구별만 보고는 망령되이 헤아리기를, 지금 같은 새 세상에서는 아무것을 하더라도 관계가 없다고 한다면, 이는 다만 국법(國法)에만 죄를 지을 뿐 아니라 동양 천지에서 용납받지 못할 죄인이 될 것이다.

대저 굽어 자란 가지는 졸지에 펴지 못하고, 앉아 자란 아이는 하루에 멀리 가지 못하나니, 백성의 수준도 이와 같다. 몇천 년 몇백 년을 전제와 압제 아래에서 굳어져 의례히 그것을 받을 것으로 여기는데, 만일 사람을 평등하게 대접하라고 한다면, 윗사람도 이를 변괴(變怪)로 알겠지만, 아랫사람들이 도리어 더욱 큰 변괴로 알 것이다.

그리하여 혹 존귀한 지위에 있는 사람이 하천(下賤)한 사람을 경대(敬待: 공경하여 접대함)하거나 수령(守令: 조선시대에 각 고을을 맡아 다스리던 지방관. 관찰사, 목사, 군수, 현감, 현령 등)이 되어 평복으로 민간에 순행(巡行)하는 것을 보면, 그 아래 백성들이 크게 놀라서 그가 체통을 잃고 풍속을 흐린다고 할 것이며, 혹 반상(班常: 양반과 상인)을 혁파하고 노복을 없애자고 하면 더욱 반대하면서 명분(名分)을 어지럽히고 천지를 바꾸려 한다고 할 것이며, 혹 불법을 행하는 관장(官長: 시골 백성이 고을 원을 높이어 일컫던 말)을 걸어서 송사를 하라고 하면 곧 풍화(風化: 풍교)를 해친다고 할 것이다. 이런 모든 폐단들은 이루 다 말할 수 없을 정도이다.

혹 위에 고명(高明)한 관원이 있어서 실제로 백성들에게 공번되게 (공평하게) 이로울 근원(根源)을 보고 그것을 기어이 실시하고자 하다가는 마침내 대역부도(大逆不道)한 자라는 누명을 쓰고 백성의 손에 도리어 큰 화를 당할 것이다.

이러므로 백성의 수준이 이런 정도인 나라에는 압제가 두 가지 있다. 첫째, 윗사람의 압제는 의례히 정치상 권리로부터 생기는 것이지만, 아래 백성의 압제는 풍속에서 생겨나는 것으로, 이 풍속을 거스르고는 윗사람이 아무리 잘하려고 해도 마침내 행할 수가 없다. 이러므로 윗사람의 세력으로 압제하는 것이 아무리 크다고 해도 실상은 아래의 악한 풍속의 압제가 더욱 크다.

사람마다 이 풍속의 결박을 받아 그 생각을 자유로이 할 수 없기 때문에, 윗사람이 정치상 권리를 가지고 그 괴이하고 악한 풍속을 이용하여 압제를 하는 것이다. 만일 백성이 그 풍속의 결박을 벗어나서 각기 남의 압제를 받지 않는 것을 당연한 줄 안다면, 그 많은 아랫사람들을 무슨 힘으로 눌러 압제하겠는가.

몇천 년을 두고 내려오며 점점 변해갈수록 심하게 된 모든 악습 속에서 사지(四肢)와 백체(百體)가 낱낱이 병이 들어 손끝 발끝을 까딱할 수 없는 전신불수(全身不隨: 중풍으로 말미암아 온몸을 마음대로 쓸 수 없는 상태)가 되어 있기 때문에, 졸지에 남이 백여 년 이래 연구하여 진보시켜온 새 법을 억지로 행하고자 한다면 어찌 충돌이 나지 않고 큰 변고가 없을 것이라 하겠는가.

그러므로 영국과 덕국(德國: 독일) 같은 강국들도 교화와 학문의 무궁한 힘을 얻어 사람마다 마음(정신)을 얼마쯤 발달시켜서 고금(古今)에 두루 통하고 인정(人情)에 합당한 제도를 간신히 찾아내서 어느 한 쪽으로 치우치지 않는 법률을 시행하자 비로소 상하(上下)가 다 편안하고 변혁이 어느 정도 순조롭게 이루어질 수 있었던 것이다.

그러므로 마땅히 헌법 제도에 대한 연구를 시급히 시작하여 조금씩 채택해 간다면 지나친 충돌도 없을 것이고, 황실과 백성이 다 같이 영원무궁하게 태산반석(泰山盤石)의 편안함을 얻을 것이다.

내가 이 글을 써서 헌법의 채용을 주장한다는 이유로 나에게 중벌을 가한다면, 비록 내 한 몸이 가루가 될지라도 두렵지 아니하고 사양하지 않을 바이지만, 다만 내가 바라고 원하는 것은, 이 글을 보시는 이들이 우리 대한의 급급업업(岌岌業業: 산이 높고 험악함. 형세가 위급함)한 사정을 깨달아, 숨 막히고 기운이 끊어져 거의 다 죽어가는 이 나라에 이 한 가지 단방약(單方藥)을 급히 시험해 보는 것이다.

그렇게 하지 않으면 이 나라는 화타(華佗)와 편작(扁鵲)[1]이 와도 회춘(回春)할 길이 망연(茫然: 넓고 멀어서 아득함)할 것이다.

---

[1] 화타(華佗)와 편작(扁鵲): 화타는 후한(後漢) 사람으로 자는 원화(元化), 편작은 춘추시대 사람으로 성은 진(秦), 이름은 월인(越人)이다. 두 사람 모두 중국 역사상 명의(名醫)로 유명했다.

24
백성의 마음(精神)이
먼저 자유해야 한다

그러므로 헌법 정치를 채택하는 것이 그리 어렵지도 아니하고 또한 그 긴급함이 이렇듯 절박하지만, 이것도 우리 대한 백성들의 수준이 지금과 같아서는 결코 급히 하지 못할 것이다.

대저 서양의 여러 나라들은 설립된 지가 다 동양처럼 오래지 않기 때문에 사람들의 마음(精神)이 악한 풍속에 물든 것이 과히 깊지 않았지만, 동양 사람들은 여러 천년을 전하여 내려오면서 병들고 썩은 것이 속속들이 배어들어 웬만한 학문이나 교육의 힘으로 갑자기 그 근본 원인을 제거하기는 어렵다.

그러므로 마땅히 새 교화(教化)의 '자유(自由)하는 도(道)'로써 오랜 풍속에 결박당해 있는 민심을 풀어주어야만 비로소 고질이 된 구습(舊習)을 깨뜨리고 차차 자신의 생각으로 좋고 나쁜 것을 구분하여 택할 줄 알게 될 것이다. 만일 결박당해 있는 그 마음(精神)을 풀지 못함으로써 옛 풍속의 압제 속에서 자유(自由)하지 못하고 몸만 자유를 얻으려 한다면, 이는 결단코 될 수 없는 일이다.

대저 세상의 수많은 일들은 다 사람의 마음(精神) 한 가지에서 비롯 되는 것이니, 사람이 마음으로 하려고만 한다면 못 될 일이 없다고 한 것이 어찌 이치에 어긋나는 말이겠는가.

몇만 리 밖에 앉아서 순식간에 서로 언어를 통하는 것과(*電話), 공 중에 올라가서 사방으로 횡행(橫行)하여 세계를 유람하며 마음대로 왕 래하는 것과(*비행선), 그 외 천만 가지의 모든 신기하고 미묘한 것들은 다 사람이 마음으로 하고자 하는 중에서 생겨났고, 그 이치를 궁구(窮 究: 깊이 연구함)하고 만드는 법을 터득하여 점점 정교하고 요긴한 것으 로 발전시켜 온 것이다.

금은동철(金銀銅鐵)을 쌓아두고 캐어 쓰지 못한 것과, 지혜총명(知 慧聰明)을 버려두고 남처럼 쓰지 못한 것은 다 마음에 그것이 없었기 때문이다. 이 마음이 없는 자는 자연히 헤아리기를, 사람이 어찌 공중 에 오르겠는가, 이전의 성현(聖賢)들께서도 못하신 것을 우리가 할 수 는 없을 것이니 생각도 하지 않는 것이 옳다고 하고, 산천의 맥(脈)을 끊고 철로를 놓는 것은 청룡백호(靑龍白虎)[1]를 해롭게 하는 것이니, 그 렇게 하면 혹 비도 안 오고 다른 재앙도 있을 것이라고 하며, 하늘은 움직이고 땅은 고요하며, 해와 달이 서로 돌아간다고 하는 말은 다 성 현의 말씀이니, 아무리 더 나은 말이 있다고 해도 믿지 않을 바라고 한 다. 그 외에도 이러한 모든 악습(惡習)은 다 남의 뜻에 압제를 받아서 자기 마음의 결박을 벗지 못했기 때문이다.

---

[1] 청룡백호(靑龍白虎): 풍수지리에서 주된 산맥에서 갈라져 나간 왼쪽의 산맥을 청룡(靑龍), 오른쪽의 산맥을 백호(白虎)라고 한다.

속담에 이르기를, 상(床) 위에 놓인 소금도 집어넣어야 짜다고 하였다. 아무리 쉬운 것도 하려고 하지 않으면 저절로 될 수는 없다. 지금 우리나라 사람들은 다 마음의 결박을 풀지 못하여 아무것도 하려는 생각이 나지 않고 있는데, 아무것도 하지 않고 어찌 스스로 무엇이 되기를 바라겠는가. 지금 사람들의 마음의 수준을 대강 구별하여, 생각이 어떤 것에 결박당해 있는지 그것을 알리고자 한다.

일(一)은 반상(班常)의 등분을 깨뜨리지 못한 것이다.

당초에 사람으로 태어날 때에는 상중하(上中下)의 등분이 없어서 상놈의 몸도 때리면 아프고, 긁으면 시원하며, 남 듣는 것은 들리고, 남 보는 것은 보이며, 제게 이로운 것은 보호하고, 제게 해로운 것은 막으며, 생명과 재산을 보전하여 남과 같이 살고자 하는 것은 조금도 남과 다르지 않으므로, 세상에 있어서는 다 같은 사람이고, 나라에 있어서는 다 같은 백성인 것이다.

도덕적인 사업을 하여 사람을 많이 구제하면 상놈이 한 일이라고 해서 못쓴다 하겠는가. 충신의 절개(節槪)를 굳게 세워 임금 대신 죽는다면 양반 자손 아니라고 해서 소용없다 하겠는가? 오늘날 양반들의 원시조(元始祖) 되는 이는 어떠한 양반이며 어떻게 생겼는가. 옛날부터 내려오며 죽백(竹帛: 역사를 기록한 책. 사서)에 기록되어 전해오는 충신열사(忠臣烈士)와 현인군자(賢人君子), 문장명필(文章名筆)과 영웅준걸(英雄俊傑)들은 전부 다 양반의 혈속(血屬: 혈통을 이어가는 살붙이)이고 지벌(地閥: 지체와 문벌) 따라 되었는가.

요(堯) 임금은 어떤 사람이며 순(舜)임금은 어떤 사람인가. 그도 장부(彼丈夫)이고 나 또한 장부이다(我丈夫)[1].

똑같은 천품(天稟)으로 도덕 품행 잘 닦아서 공업(功業: 큰 공로. 공적이 뚜렷한 사업)과 은택(恩澤: 은혜와 덕택) 드러나면 누구든지 송우암(宋尤庵: 宋時烈)과 허미수(許眉수: 許穆)[2]같은 인물이 될 것이다.

전쟁에서 공을 세워 보국안민(輔國安民: 나랏일을 돕고 백성을 편안하게 함)을 잘만 하면 남이(南怡) 장군과 이순신(李舜臣)의 뒤를 저마다 앞다투어 대대로 이어나가고, 나의 부형이나 조상보다 못한 것을 스스로 부끄러워한다면 곧 사람마다 성현(聖賢)처럼 되지 못할까봐 염려할 게 없을 것이니, 이것이 곧 사람을 창조하신 조물주의 본래 뜻이요, 또한 지금 세계 각국이 문명의 지위에 이르는 근본인 것이다.

그런데도 어찌하여 우리나라에서는 혹 이름난 조상이 하나만 생기면 그이를 곧 천신(天神)같이 높이고 다른 사람은 그와 같이 될 수 없는 줄로 알게 하고, 자기는 그 이름을 빙자하여 높은 사람이 되려고 하는데, 이는 첫째, 조상의 이름을 의지하여 잘 되기

---

[1] 요하인, 순하인, 피장부, 아장부(堯何人, 舜何人; 彼丈夫, 我丈夫): 이 문장의 출처는 『맹자』(등문공 상)으로, 원문은:〈顏淵曰 "舜, 何人也? 予, 何人也? 有爲者亦若是."成覵見 謂齊景公曰: "彼, 丈夫也; 我, 丈夫也; 吾, 何畏彼哉?"〉이다. 성현을 따라서 배우고 노력하면 누구든지 또한 성현처럼 될 수 있다는 뜻이다.

[2] 송우암(宋尤庵, 宋時烈)과 허미수(許眉수, 許穆): 둘 다 조선 후기(선조~숙종)의 문신으로 송우암(송시열)은 서인, 허미수는 남인의 대표적인 인물이다. 효종(孝宗)이 죽은 후 조대비(趙大妃)의 복상(服喪) 기간에 관해 두 사람 사이의 견해 차이로 서로 다투었는데, 이를 역사에서는 예송(禮訟)이라 부른다.

를 꾀하는 것은 국민의 원기(元氣: 혈기)를 줄어들게 하는 것이고, 둘째는, 사람의 사상이 대대로 천박해져서 진보할 기상(氣象)이 없게 만들며, 셋째는, 인재가 날 수 없어서 점점 잔약(孱弱)하게 만드는 것이다. 그 결과 아비는 조부(祖父)만 못하고, 자식은 아비만 못하여, 대대로 못해져 가면 끝내는 온 나라가 세상에서 제일 잔약하고 천박한 사회로 될 것이다.

천하에 공번된(공평한) 벼슬자리를 전 국민들에게는 한 사람도 상관하지 말라고 해놓고는 그것을 이(李) 정승과 김(金) 판서의 세전지물(世傳之物: 대대로 전하여 내려오는 물건)로 만들어서, 아무의 아들이고 아무의 손자라면, 그가 비록 숙맥(菽麥: 콩과 보리)도 구별하지 못하고 낫 놓고 기역 자(ㄱ)를 모르더라도, 부귀영화가 그의 것이 되고 전국의 백성이 그의 종이 되는데, 이런 세상에서 재주는 닦아 어디에 쓰겠으며 사업은 하여 무엇하겠는가.

이러므로 배우지도 아니하고 견문(見聞)도 좁아져서 점점 더욱 못되어 가므로 마침내 직책이 무엇이고 도리가 어떤 것인지 전혀 알지 못하고, 다만 어려서부터 배우는 것은 남을 압제하고 호령하여 저의 포학(暴虐)만 기르고, 남의 공심(公心: 공공을 위하려는 공정한 마음)을 꺾으며, 저 혼자 사람이고 남은 모두 사람 같지 아니한 물건으로 알아서, 상놈의 재물은 내 맘대로 할 수 있으며, 천한 사람의 계집은 빼앗아도 문제 삼지 아니하여, 저희들의 화복(禍福)과 길흉(吉凶)이 전적으로 양반의 손에 달렸으니, 저들은 다만 양반을 받들어 영화롭고 호강하게 도와만 줄 뿐이니, 비록 인품이 특출하더라도 개천에서 난 용에 불과하니 무엇에 쓸 것이며, 아무리 학식이 출중하여 경천위지(經天緯地: 온 천하를 경륜

하여 다스림)할 수 있을지라도 어찌 감히 벼슬자리를 바라보겠는
가.

그리하여 이것이 곧 법과 규범이 되자 상놈의 자식들은 아무
리 총명하고 영특해도 세상에서 바라볼 것이 전혀 없으니 경륜
이 커질 수 없으며, 또한 공부에 힘쓰지 아니하여 수없이 많은 인
재들을 원통하게도 버리게 되는데, 전국의 인민 전체를 가지고
비교하면 양반은 천분의 1도 못되는데, 그 천분의 1은 되든 못되
든 나라를 위하여 일한다 하더라도, 기타 1,000분의 999는 다 그
양반들을 위하여 사는 사람들이니, 실로 나라에서는 1,000분의
999는 다 잃어버리고 앉아 있는 셈이다.

이 좋은 백성들을 어쩔 수 없이 잃고 앉아서 날마다 쇠패하여
이 지경에 이르고도 백성은 오히려 깨닫지 못하여 지금껏 이런
구습을 깨뜨리지 않을 뿐만 아니라, 혹 뉘 자손 뉘 아들이 높은
벼슬을 하였다고 하면, 그 사람됨도 물어보지 않고, 당연히 그런
벼슬을 할 것으로도 알고, 일도 잘할 줄로 믿는다. 그러나 소속된
당파[偏色]도 없고 지체와 문벌[地閥]도 부족한 이가 무슨 벼슬을
하였다고 하면, 그의 학문과 재주가 아무리 유명하다고 해도, 존
중해 주지 않고 도리어 속히 물러나기를 바라는데, 그런데 어찌
그 자신이나 그의 자식이 또 학문과 재주를 닦아서 그 지위에 올
라 그 사업을 하려는 생각을 감히 하겠는가.
도리어 재주가 없어서 쫓겨난 양반들을 도와서 그 밑에서 머
리를 숙이고 종질 하기를 자원할 것이니, 이것은 곧 마음이 남의
굴레를 벗지 못하기 때문이다.

이(二)는 생각을 제 뜻대로 하지 못하는 것이다.

무슨 일을 대하거나 무슨 말을 들을 때에, 어떤 것이 참으로 이로운지 해로운지를 제 주견(主見)대로 따로 생각하지 못하고, 매번 그 사람의 지위와 당한 일의 처지를 따라 바람 앞의 풀 같이 쓰러져서 천만인의 의사(意思)와 나이나 경험이 하나도 소용없고, 다만 그 중에서 내노라 하는 한두 사람의 눈치만 보아 딸려갈 뿐이니, 이렇게 하고서야 어찌 경위(涇渭. 經緯: 사리의 옳고 그름이나 이러하고 저러함의 분간)를 세워 볼 수 있겠는가.

세상에 사람이 있는 이상 시비(是非)가 없을 수 없는데, 시비라 하는 것은 너는 그르고 나는 옳다고 하는 중에서 생기는 것이다. 진실로 누가 옳고 누가 그른지를 공정하게 분별하여 올바로 가려낸다면 무슨 시비가 있겠는가. 사람마다 시비를 분간하는 지혜[1]는 다 갖추고 있으나 잘 닦지 못하면 거울에 때가 낀 것 같아서 바로 비치지 못하는데, 시비를 항상 바르지 못하게 판정하여 혹은 이렇게 알고 혹은 저렇게 아는 중에서 이치가 흔히 뒤집히기 쉬우니, 만일 그른 것이 이겨서 옳은 것이 서지 못하게 된다면, 관계된 사안의 대소(大小)에 따라서, 끝내는 그 화단(禍端)이 천지(天地)가 뒤집히고 해와 달(日月)이 서로 바뀌는 지경에까지 미칠 것

---

[1] 시비(是非)를 분간하는 지혜: 『맹자』에는 사람에게는 남을 측은히 여기는 마음(惻隱之心), 부끄러움을 아는 마음(羞惡之心), 사양할 줄 아는 마음(辭讓之心), 옳고 그른 것을 판단하는 시비지심(是非之心)이 있는데, 동정하는 마음은 인(仁)의 싹(端)이고, 부끄러워할 줄 아는 마음은 의(義)의 싹이며, 사양하는 마음은 예(禮)의 싹이고, 옳고 그름을 가리는 마음은 지(智)의 싹이라고 하였다. 이 네 가지가 소위 사단(四端)이라 하는 것으로, 인간의 본성에 내재하는 것이라고 하였다.

이니, 이 어찌 세상이 위태하지 아니하며 사람이 염려할 바 아니겠는가.

이러므로 사람이 학문을 배양하는 본래의 뜻은, 첫째, 지혜의 본성(本性)을 거울같이 맑게 닦아서 인간의 천만 가지 일에 본래의 색대로 비추어서 시비와 선악(善惡), 장단(長短)과 우열(優劣)을 착오 없이 판결하기 위해서인데, 개명한 나라에서 학문을 위주(爲主)로 삼는 것은 첫째로 이 목적 때문이다.

그러나 사람의 지혜가 아무리 밝다고 해도 한두 사람의 일시적인 생각으로 경솔하게 판단하여 결정하는 것은 오히려 부족할 염려가 없지 않다. 그러므로 훌륭한 규범을 만들어서 무슨 일이든지 여러 사람들이 모여 의논하여 각기 자기 생각대로 무수히 설명한 후 제 뜻에 따라 가부(可否)를 결정하는데, 가령 열 사람이 모여 있을 때에 여섯 사람은 옳다고 하고 네 사람은 그르다고 한다면, 여섯 사람의 말대로 시행하는데, 다만 이삼인 이상 몇천만 명의 일이라도 다 이 규범을 좇아서 행한다면, 여러 사람의 밝은 지혜를 모아서 할 일을 결정하는 것이 되는데, 이렇게 한다면 무슨 실수가 있겠는가.

이것이 곧 개명한 나라들이 인재를 골라서 쓰고 나랏일을 다스리는 공평한 법으로서, 조금도 어느 한쪽으로 치우치는 폐단이 없는 것이다. 그러나 그 가부를 판단하여 결정하는 사람들이 각각 제 주견이 있어서 천만인의 의론에 구애받지 않고 자기 주견대로 말할 줄 알아야 비로소 그 법이 공평하게 행해질 수 있을 것이다.

만일 식견(識見)이 없어서 어떤 것이 옳을는지 판단하지 못하고 이리저리 둘러보다가 한두 권세 있는 자의 의견만 따라간다면, 그 공평한 법이 도리어 세력 있는 자들의 기세만 올려줄 것이다. 가령 열한 명이 한 가지 일을 의론할 때, 다섯 사람은 옳다고 하고 다섯 사람은 안 된다고 한다면, 그 큰일은 전적으로 나머지 한 사람에게 달렸으니 그 사람의 말이 얼마나 중대하겠는가. 이럴 때에는 한 사람의 옳은 말이 이렇듯 긴중(緊重: 아주 필요하고 중요함)하며 한 사람의 옳지 못한 의견이 이렇듯 위태한 것이다.

지금 우리나라 사람들의 생각은 모두 양의 무리 같아서 그 먹이는 사람의 눈치만 보고, 백정(도살자)의 집에라도 무리로 몰려가면서도 저희들의 위태함을 알지 못한다. 아무 양반의 말이라 하면 생각해 보지도 않고 의례히 옳다고 하며, 어떤 상놈의 의견이면 아무리 좋아도 안 될 것이라 하여 듣기도 싫어하는데 어찌 생각을 해보려 하겠는가.

드디어 가부(可否)를 물어보면, 첫째로 대답하는 말이, 나는 남 하는 대로 할 것이니 남에게 먼저 물어보라고 하거나, 혹 이것도 좋고 저것도 좋다고 하거나, 혹 내 의견은 저러하나 아무 씨의 말이 이러하니 그 말대로 따르겠다고 하거나, 혹 남도 다 이러하니 나도 그리할 수밖에 없다고 하거나, 혹 양편의 얼굴을 봐서는 가부를 말할 수 없다고 하거나 한다.

혹 부득이하여 가부를 결정한다는 것이 남의 얼굴을 봐서 하거나, 남의 사정(事情)에 팔려서 어쩔 수 없이 하거나 하여, 당초에 시비(是非)와 선악(善惡)을 밝히 알지도 못하거니와, 웬만큼 아는 것도 제 마음대로 설명하지 못한다.

다만 한두 사람만 이러할 뿐 아니라 전국민들이 모두 이러하므로 겨우 한두 푼 관계되는 사소한 일도 당초에 의론할 수 없는데 하물며 한 나라의 대사를 이 사람들과 의론한다면 무슨 일이 공평하게 되겠으며, 무슨 폐단이 생기지 않겠는가. 생각을 자유로 하지 못함이 또한 이것이다.

삼(三)은 사람들이 벼슬[관직]에 복종하는 노예의 사상을 면치 못한 것이다.

당초에 사람이 생길 때에는 높고 낮은 등분(等分)이 없으나, 장성한 후에 이르러 그 인품에 따라 지혜로운 자는 남의 윗사람이 되어 권리가 자연히 많아지는데, 그 높은 지위와 권리는 자기가 억지로 **빼앗**거나 남이 자기를 위하여 주는 것이 아니다.

그 사람이 자기의 지혜를 잘 써서 모든 사람들에게 두루 이로운 은혜와 혜택을 베풀기 때문에 여러 백성의 마음이 저절로 그에게 돌아가서, 그 사람이 우리를 위해 일을 많이 해주기를 바라는 마음이 생기고, 그리하여 그 사람을 여럿이 받들어 좀 높은 지위를 허락하고 남보다 많은 권리를 맡겨서, 그 지위와 그 권리를 가지고 여러 사람들의 공번된 이익을 증대시키기 위하여 일을 더 많이 하라고 하는 것인즉, 실상은 그 높은 사람을 위한 것이 아니라 여러 낮은 사람들을 위한 것이다.

그러므로 벼슬 지위[官職]는 천하의 공번된 그릇[公器]이라고 하는데, 누구든지 세상을 위하는 일을 많이 하는 자에게는 민심이 저절로 그에게 돌아가 높이 추앙하게 될 것이니, 여러 사람들이 추앙하여 그 사람의 말을 중히 여기고 그 사람의 몸을 귀하게 받든다면, 명색(名色)은 무엇이든지, 처지는 어떠하든지 간에, 실상 권리가 다 그 사람에게 있으니, 세력이 어찌 지위에 달렸다고 하겠는가. 다 사람에게 달려 있어서 누가 억지로 막을 수 없고 억지로 시킬 수도 없는 것이다.

그런데도 사람들은 이것을 깨닫지 못하고 헛된 지위와 명목 때문에 높다거나 귀하다고 하고, 그 지위를 얻은 후에야 말발이 서고 뜻이 행해진다고 생각한다. 그리하여 무슨 일을 하고자 하는 자들은 세상을 위하여 조금씩 힘자라는 대로 일을 하여, 그 일을 따라 힘이 더 커지게 할 생각은 하지 못하고, 불의(不義)하고 불신(不信)한 일이라도 하여 지름길로 그 자리를 얻으려고 한다.

그 결과 그 자리가 점점 더러워져서 정직한 자는 차차 물러가고 간악한 부류들이 다투어 그 자리를 차지하기 때문에 그 높은 지위가 천하게 되어, 전날에 웬만큼 명망이 있던 자도 그 지위에 앉는 날에는 민심이 곧 돌아앉아 분명한 일도 의심을 하며, 진실한 말도 믿지 아니하여, 무슨 명령을 내리든지, 무슨 일을 하든지, 면전에서는 순종하지만, 실상은 관장(官長: 시골 백성이 고을 원을 높여 일컫던 말)의 명령을 이웃 늙은이의 말만치도 중하게 여기지 않게 된다.

그 결과 지금 우리나라에서의 벼슬 지위는 이렇듯 천(賤)하게 되었으므로, 그 벼슬의 권위를 근거로 사업을 추진할 실제의 힘은 아주 없다고 해도 될 정도이다. 그런데도 이 무식한 백성들은 그 내막을 생각지 못하고 처음부터 끝까지 하는 말이, 백성은 아무리 재주와 덕을 겸비(兼備)해도, 어리석고 무식한 관원(官員)들이 하기 전에는, 우리가 무엇이든지 할 수도 없거니와 해도 되지 않을 것이라고 하여, 관인(官人)은 나라를 팔아먹어도 그것을 막아서는 안되는 줄로 알고, 평민은 나라를 당장에 영국, 미국같이 만들 도리가 있더라도 도와주어서는 안 되는 것으로 아는데, 이는 관인들의 노예가 되려는 생각에 불과하니, 어찌 국민 된 중임(重任)을 감당하겠는가.

대저 종이라 하는 것은 제 몸값을 많이 받거나 적게 받거나, 인심이 관후(寬厚)하고 의식(衣食)이 넉넉한 집으로 보내주든지 삼순구식(三旬九食: 삼순(30일)에 아홉 끼니밖에 못 먹을 정도로 매우 가난한 살림)도 못하고 매나 얻어맞을 집으로 비싼 값에 팔든지 간에, 다 상전의 뜻에만 순종할 뿐이고 제가 감히 알은 체를 못한다. 그러면서도 제 몸을 팔아먹는 악한 상전을 떠나기 슬퍼하여 도리어 눈물을 흘리는데, 이것이 곧 노예의 성질이다.

만일 살림을 차려주고 따로 나가서 살라고 하면 도로 기어들어 오면서 의지할 데가 없어서 따로 살기 싫다고 하는데, 이런 성질을 깨뜨려 없애기 전에는 결단코 자주(自主)하는 백성이 되지 못할 것이다. 이것이 또한 마음이 결박당해 있는 한 가지 폐습(弊習)이다.

사(四)는 사람의 마음이 세력에 의지하기 좋아하는 것이다.

대장부가 세상에 나왔으면 마땅히 나의 기운을 굳세게 하여 남이 와서 나에게 의지하게 해야 할 것이거늘, 이것을 생각지 못하고 도리어 남에게 의지하려 다니느라 기회와 형편을 살피기에 한가

할 새가 없으니, 천하에 더럽고 비루함이 실로 비할 데가 없다.

자고로 뜻이 있는 남자는 세력이 두려워서 기개(氣槪)를 굽히지 아니하며, 형편 때문에 자기의 원칙을 바꾸지 아니하며, 천군만마(千軍萬馬)가 물밀 듯이 쳐들어와도[1] 자기 한 몸을 태산같이 중히 여겨 한 발걸음도 뒤로 물러나거나 움츠러들지 아니하고, 천둥번개가 지척(咫尺)에 떨어져도 안색이 변하지 아니하며, 절개를 굳게 세워 천만 세대에 드러나서 영원토록 빛나는 것이다.

고대 중국의 은(殷)나라의 백이(伯夷)와 숙제(叔弟)[2]는 은나라를 치러 가는 주(周) 무왕(武王)의 말고삐를 잡고 간(諫)하였고, 고려 때 정포은(鄭圃隱: 정몽주(鄭夢周))[3]은 많은 군사들을 홀로 막다가 빛난 피를 뿌렸으며, 조선조(我朝)의 박태보(朴泰輔)[4]는 단

---

[1] 천군만마(千軍萬馬)가 물밀 듯이 쳐들어와도: 이 말은 『맹자』(공손추 상)에 나오는 다음의 문장의 뜻을 인용한 것이다. "스스로 반성해 보아서 내가 옳으면, 비록 상대가 천군만마라 하더라도 나는 용감하게 앞으로 나아간다."

[2] 백이(伯夷)와 숙제(叔弟): 은(殷)나라 고죽국의 왕자로서, 주(周)의 무왕이 상중(喪中)에 있으면서 은의 주왕을 치러 간다는 소문을 듣고 달려가서 치지 말라고 말렸으나 듣지 않자 수양산(首陽山)으로 들어가서 주 나라의 곡식은 먹지 않겠다고 하면서 고사리만 캐어먹고 살다가 굶어 죽었다는 전설이 있다.

[3] 정포은(鄭圃隱, 鄭夢周): 고려 말의 문신. 1392년에 조준, 정도전 등이 이성계를 왕으로 추대하려고 하자 이를 반대하다가 이방원의 부하인 조영규에게 선죽교에서 죽임을 당하였다. 고려왕조에 대한 일편단심을 노래한 시조 〈단심가(丹心歌)〉가 유명하다.

[4] 박태보(朴泰輔): 조선 중기의 문신. 1689년 기사환국 때 인현왕후의 폐위를 강력히 반대하는 소를 올리는 데 주동적인 역할을 하였다가 심한 고문을 받고 진도로 유배 도중 옥독(獄毒)으로 노량진에서 죽었다. 시비를 가리는 데 조리가 있었고, 비리를 보면 과감히 나섰고, 의리를 위해서는 죽음도 서슴지 않았다고 한다.

근질(烙刑: 쇠를 불에 달구어 몸을 지지는 형벌)을 받으면서도 의(義)를 굽히지 않았다.

근래의 역사로 말하더라도, 장신(將臣: 도성을 상비하던 각 영의 장수)들이 군사를 일으켜 대궐을 범하려고 도성(都城)으로 쳐들어오자 담배장사 하나가 담배를 썰던 칼을 들고 내달려가 혼자서 막아 대적하였는데, 지금껏 그 일을 말하는 자들은 칭찬하여 마지않고 있다. 우리나라의 이런 역사적 사건들을 다 기록하려면 지필(紙筆)이 감당해내지 못할 것이다.

슬프다, 저 역사에 빛나는 현철(賢哲)과 영걸들은 목숨 하나 사는 것만 다행으로 알지 않고, 목숨 외에 특별히 중하게 여긴 의(義)가 있어서, 그 의를 모르는 자는 살아도 죽은 줄로 알고 목숨을 버려 가며 의를 세웠으므로 몇백 년 몇천 년이 지나도록 그 이름이 썩지 않는 것이다.

이것이 실로 인류로 태어난 본래의 뜻이라 하겠거늘, 지금 사람들은 생각이 점점 비루해져서 오늘날에 이르러는 마침내 개미무리와 같이 되어 참 영광이 어떠한 것인지, 의리가 무엇인지 모르고, 다만 인간의 지극한 낙(樂)은 식(食: 음식)과 색(色: 남녀)이 제일이라 하면서 놀기와 살기만을 중히 여긴다.

그리하여 무엇이든지 냄새만 맡으면 사방에서 모여들고, 빛만 보면 각처로 따라가는데, 그 비루한 태도와 부패한 행동은 말할 것도 없고 다만 그 정상(情狀)을 말하더라도 실로 어찌할 수 없는 인민이 되어 있다. 그러면서도 이렇게 하는 것을 행세(行世: 세상을 살아가는 태도)라고도 하고, 지혜라고도 여기면서, 욕과 망신을 당하든 말든 간에, 남에게 빌붙어 이익만 생기면 제일이라

하는데, 태산 같은 세력을 저 혼자 반대하여 악한 세상을 이기고
의(義)를 드러내고자 하는 마음이 없으니 어찌 의(義)가 스스로
행해지며 세상이 스스로 바로잡히겠는가.

대저 세상은 의(義)와 악(惡)이 밤낮으로 싸우는 큰 전쟁판이
다. 개명한 나라에서는 의(義) 편을 도와 싸우는 자들이 많기 때
문에 옳은 자들이 편하게 되고, 그렇지 못한 나라에서는 악의 편
을 도와서 싸우는 자들이 많기 때문에 옳은 자들이 용납될 수 없
는 것이다.

그러므로 악(惡)이 강하고 의(義)가 약하여 당초에 비교도 할
수 없을 듯하지만, 누구든지 진실로 밝히 알아 실낱같이 약한 것
을 굳세게 붙들고 죽기까지 나아가기를 의심 없이 한다면, 그 의
(義)는 끝내 온 세상이라도 이기는 법이다.

그런데 사람들이 이것을 모르고 강한 편만 찾으니, 이는 이른
바 박쥐가 하는 짓이다.[1] 날짐승과 길짐승이 편을 갈라 싸울 때
박쥐는 양편의 강약(强弱)만 살피다가, 길짐승이 강할 때에는 날
개를 감추고 그 편에 들어가고, 날짐승이 이기면 날개를 펴고 새
편을 도왔는데, 그 후에 양편에서 다 박쥐의 정체를 알고 붙여주
지 아니하였다.

이러한 무리들은 마땅히 세상 밖으로 몰아 내쳐서 선악의 싸
움이 끝장 난 후에 풀어놓아 섞여 살게 한다면 큰 해가 없을지 몰

---

[1] 박쥐 이야기: 이솝 우화에 나오는 이야기로, 옛날 새들과 짐승들 사이에 전쟁
　이 벌어졌는데, 박쥐는 짐승들이 이길 때에는 쥐처럼 기어 다니며 짐승 편에
　서고, 새들이 이길 때에는 날갯짓을 하며 새의 편이 되었다. 마침내 전쟁이
　끝났을 때 박쥐는 양쪽 모두한테 배신자로 손가락질을 당하게 되었다.

라도, 어찌 국민 된 직책을 맡겨 국민 된 권리를 허락하겠는가. 이는 그 생각하는 것이 세력의 범위를 벗어나지 못하는 것의 폐단이다.

오(五)는 사람들이 사사로운 생각을 벗어나지 못한 것이다.

사사로운 생각이라 하는 것은 제 몸을 위하는 데서 생기는 것이니, 세상에 살아 움직이는 동물[活動物]로 태어나서 재앙을 피하고 복을 구하는 것은 다 같은 성질인데 이것을 모를 수 있으며, 이것을 모르고야 또한 어찌하겠는가. 그런즉 이것을 사사로운 생각이라 할 수는 없다. 그러나 그 구하는 것에는 또한 구별이 있어서, 남을 해롭게 하고라도 저를 이롭게 하고자 하는 것은 남에게만 해로울 뿐 아니라 제게도 크게 해가 되는 것이니, 이것이 이른바 사사로운 생각이다.

남을 이롭게 함으로써 제게도 이익이 저절로 돌아오게 하는 것을 공번된(공평한) 이익이라고 한다. 이러한 이익을 참 이로움으로 아는 자는 인간사회를 유지하려는 목표를 제 직책으로 삼는데, 이는 사람의 화복(禍福)과 안위(安危)가 전적으로 사회에 속해 있기 때문이다.

대저 사회(社會)라 하는 것은 인류가 모여서 한 뭉치(무리)가 된 것이니, 두세 사람만 모여도 곧 하나의 사회이다. 이로써 미루어 보면, 인류가 모여서 사는 무리는 도성(都城)이나, 나라나, 온 세상이나 다 하나의 사회이다. 본래 인류는 짐승과 달라서 따로 살지 못하고 여럿이 모여서 규범과 질서를 정하고 사회를 만들어 서로 의지하는 힘이 되어야 살 수 있는 법이다.

가령 몇 집이 모여서 사는 작은 사회로 말하더라도, 그 사회가 조용하지 못하면 그 안에 사는 사람들이 어찌 편하기를 바랄 것이며, 그 사회에 재물이 넉넉하다면 그 안에 사는 자들에게 어찌 의식(衣食)이 없겠는가. 이로 미루어 나라라는 큰 사회를 본다면 또한 이와 같다.

앞에서도 여러 번 설명하였으니 다시 말할 것이 없지만, 이것을 아는 민족들은 나라를 부유하게 하는 것이 곧 제 집을 넉넉히 하는 것인 줄로 알며, 나라를 태평하게 하는 것이 곧 제 집을 편안하게 하는 법인 줄을 알아서, 온 사회를 유지하는 것을 공변된 이익으로 삼는 것이 곧 국민 된 직책이다.

그런데 이것을 모르는 국민들은 곧 제 몸 하나만 보전하면 그 사회는 없어도 살 수 있을 줄로 알며, 제 몸에만 이로우면 온 사회가 위태하여도 자기 홀로 편안할 줄로 여기는데, 가령 천하에 아무도 없고 나 혼자 산다면 낙(樂)이 있다고 하겠는가. 이는 곧 야만시대에 하등사회(下等社會)의 원칙이다.

그들은 각기 제 입과 제 몸과 제 계집까지는 겨우 생각할 줄 알지만, 그 외에는 돌아보는 것이 없어서 형제끼리도 곧 서로 목숨을 걸고 싸우는데, 백성의 생각이 이렇듯 천박하게 되면 사사로운 은혜와 사사로운 원수만 중히 여기고 공변된 은혜와 공변된 원수는 중히 여길 줄 몰라서, 천만가지 일에서 이해(利害)와 시비(是非)를 뒤바꾸어 생각하게 되는데, 이는 마음이 사사로운 뜻에서 벗어나지 못하였기 때문이다.

이런 생각을 가지고 나랏일을 의론한다면 누가 참으로 사회

일에 이로울 사람인지, 어떤 일이 참으로 사회에 유익한 일인지
비교해 보지도 않고 다만 자기와의 관계가 친밀한지 서먹한지[親
疏], 사이가 먼지 가까운지[遠近]에 따라 개인만을 위하는 중에 큰
사회는 스스로 결딴나고 말 것이니, 이 어찌 위태하지 않겠는가.
이는 사회를 유지할 줄 모르는 폐단의 근본이다.

육(六)은 사람의 생각이 구습(舊習)을 버리지 못하는 것이다.

대저 일을 의론하는 자는 항상 여러 가지를 비교하여 그 중에
서 나은 것을 택하여 행할 줄 알아야 일이 완전하여 남만 못하게
되는 흠결(欠缺)이 없을 것이니, 남의 것과 제 것을 비교하는 생각
이 먼저 있어야 할 것이다.

그러나 설령 비교할 생각은 하더라도 자기가 먼저 알고 있던
것을 나은 줄로 여기는 편벽된 생각을 깨치지 못하면, 아무리 비
교하더라도 남의 좋은 것이 참으로 좋게 보이지 아니하는 성질
이 저마다 있다.

그러므로 누구든지 구습(舊習)에서는 좋게 여기던 것을 좋지
않은 것인 줄을 더욱 먼저 깨달은 후에야 비로소 이해(利害)와 선
악(善惡)을 바로 아는 길이 열릴 것이다.

하물며 지금 세상은 천하만국이 지혜를 모아 제일 편리하고
제일 정미(精美)한 법을 택하여 다 같이 시행하며, 날마다 진보하
여 전에 좋던 것을 내일에는 더 기이하게 만들어 점점 새것이 생
길수록 더욱 진보해 간다. 그러므로 나에게 없던 것을 남한테 배
워서, 그 배운 것을 더 개량하여 서로 지혜와 재주(기술)를 가지고
다투어 나아가고 있다. 그런데 어제 좋은 것을 알던 자가 오늘 더

나은 것을 알지 못하면, 어제는 남보다 뛰어났으나 오늘은 벌써 남에게 뒤떨어진다. 이렇게 해서 점점 새것으로 나아가 문명이 한없는 정도에 이르는데, 새것을 본받는 자는 남과 같이 흥왕하고, 예전 것만 고집하는 자는 날로 쇠함을 면치 못하는 것이다.

우리가 지금 이 세상에서 살아가고 있으므로 어서 바삐 새것 구하기를 곧 목마른데 물 찾듯 해야 하겠는데, 이것을 깨닫지 못하고 도리어 예전 것만 지키기를 목숨같이 아껴서, 선왕(先王) 때부터 내려오는 옛 관례(舊例)라고 하면, 정말로 옛 관례인지 아닌지도 모르고, 참으로 좋은 것인지 언짢은 것인지도 생각해 보지 아니하고, 의례히 천하에 제일이라고 하면서 다시없는 것으로 안다. 그리고 조상 때부터 전해오는 것이라고 하면 어느 때부터 어느 때까지 써 왔는지, 지금 세상에 합당한지 않은지, 남들도 이만한 것이 있는지 없는지는 묻지도 않고, 의례히 이것은 고쳐서는 안 될 것이라고 한다.

예컨대 의관(衣冠) 제도로만 보더라도, 갑오개혁 이전 시대의 갓망건(갓과 망건)과 중치막[1], 소창옷[2]을 조상의 옛 법이라고 하지만, 그것이 우리의 중간 조상들이 더 옛적 선조(先祖)들의 제도를 변경시켜 새로 만든 법인 줄을 몰라서, 가령 저희 시조(始祖)들이 옛적에 행하던 법을 다시 행하라고 하더라도, 이것은 선왕의 법이

---

[1] 중치막: 옛날에 백두(白頭: 지체는 높으나 벼슬하지 않은 선비)가 입던 웃옷의 한 가지. 소매가 넓고 길이가 길며 앞은 두 자락, 뒤는 한 자락으로 되어 있고 옆은 무(웃옷의 좌우 겨드랑이 아래에 대는 딴 폭)가 없이 터져 있었다.

[2] 소창옷: 예전에 중치막 밑에 입던 웃옷의 하나, 두루마기와 같은데 소매가 좁고 무가 없음. 창옷은 줄임말.

아니라 하는데, 이로써 다시 미루어 보면, 지금 사람들의 짧은 두루마기와 작은 갓을 이후의 사람들은 또 저희 조상의 옛 법이라고 하면서, 만일 큰 갓에 넓은 끈을 달아서 쓰고 행의(行衣)¹)나 중치막을 입으라고 하면 도리어 조상의 옛 법이 아니라고 하여 죽기로써 반대할 것이니, 이만큼 우스운 일은 없을 것이다.

이 외에 천백 가지 모든 일들이 다 이와 같아서, 그 때를 따라 변함이 없을 수 없고, 변하지 않으려고 해도 부지중에 변하지 않을 수가 없다. 이는 오늘날 우리가 일용하는 사물들을 십여 년 전의 것들과만 비교해 보더라도 충분히 알 수 있는 일인데, 끝까지 우물 안 개구리 신세를 면하지 못하여 돈짝(동전 둘레의 크기)만한 하늘을 보고 제일 넓다고 하니, 그런 자가 태산에 올라가 사방을 둘러본 자의 말을 어찌 믿고 곧이들으려 하겠는가.

이 때문에 새것을 싫어하고 반대하여 온갖 방법으로 방해하려고 하는데, 이런 생각을 가지고 나랏일을 의론하려고 한다면 다만 새 법만 준행(遵行: 좇아서 행함)하지 못할 뿐 아니라 도리어 크게 위태한 화단(禍端)을 일으킬 것이니, 이것이 구습(舊習)에 젖어 생각을 자유로이 하지 못하는 것의 폐단이다.

칠(七)은 사람의 마음이 거짓말하는 악습(惡習)에 물든 것이다.

대저 진실이라 하는 것은 만사(萬事)의 근원이고 백행(百行: 백

---

¹) 행의(行衣): 유생이 입는 웃옷. 소매가 넓은 두루마기에 검은 천으로 가장자리를 꾸민 옷.

가지 행동)의 으뜸이니, 진실이 아니면 소진(蘇秦)의 구변(口辯)[1]도 남이 믿지 아니하며, 제갈량(諸葛亮)의 의사(意思)[2]라도 남이 따르지 아니하는 것과 같은 이치이다. 비록 한때 속아서 믿고 좇는다 하더라도 얼마 못 가서 마침내 속은 것이 드러나는 법이니, 일단 드러나는 날에는 누가 다시 그의 말을 믿겠는가. 사람이 서로 믿지 아니하면 합심(合心)이 되지 못하며, 합심이 되지 못하면 저 혼자서 할 일 외에 다만 한두 사람 이상이 행할 일이라도 당초에 해볼 생각조차 못할 것이니, 그런 세상에서 무슨 큰 사업을 이루어볼 수 있겠는가.

그러므로 우리나라에서는 아무것도 할 수 없어서 스스로 쇠잔하고 있는 것과, 타국들은 날마다 큰 사업을 일으켜 저렇듯이 부강(富强) 함으로 나아가고 있는 것의 근본적인 차이는 사실 다 참된 것을 행하느냐 아니 행하느냐 하는 구별에서 나눠지는 것이다.

지금 대한(大韓)과 청국(淸國)을 이처럼 결딴낸 가장 큰 원인이 무엇이냐 하면, 그것은 바로 거짓말 한 것이 그 첫째라 할 수 있다. 그 거짓말하는 악습(惡習)을 다 열거하자면 실로 한량이 없다.

---

[1] 소진의 구변(口辯): 중국 전국시대의 외교가이자 정치가로 당시의 강국이었던 진(秦)나라에 맞서기 위해 조(趙)·한(韓)·위(魏)·제(齊)·초(楚)·연(燕) 6개국의 합종(合縱)을 설득하여 채택시킴으로써 그 변설, 즉 구변 실력을 천하에 과시한 유세가(遊說家).

[2] 제갈량의 의사(意思): 중국 삼국시대 촉한(蜀漢)의 정치가 겸 전략가. 그는 유비를 도와 오(吳)나라의 손권과 연합하여 남하하는 조조의 대군을 저지하고 형주와 익주를 점령하여 촉한 건국의 최대 공을 세웠다. 그의 뛰어난 책략과 지모는 다른 사람들의 생각을 압도하여 그의 의사를 따르지 않을 수 없게 만들었다.

위에서는 아래를 속이고, 자식은 아비를 속이는데, 남을 잘 속이는 자를 총명하다거나 지혜롭다고 하며, 잘 속이지 못하는 자는 곧 반편이[1]라거나 천진이[2]라고 한다. 부모가 자녀를 가르칠 때에 남에게 속을 주지 말라[3]고 하며, 선생이 제자를 교훈할 때에 거짓말로 칭찬하여 인간 천만사에 웬만큼 관계있는 일이나 혹은 상관없는 일에나 거짓말과 거짓 꾀가 들어가지 않는 곳이 없는데, 이것을 예절(禮節)이라고도 하고, 이것을 행세(行世: 세상을 살아가는 태도)라고도 하고, 이것을 권모술수(權謀術數: 목적 달성을 위하여 수단과 방법을 가리지 않고 남을 속이는 온갖 꾀)라고도 하면서, 이것은 없을 수도 없고, 없으면 또한 일꾼에게 수완이 없다고 한다.

거짓말로 집안을 다스리고, 거짓말로 친구와 교제하고, 거짓말로 나라를 다스리고, 거짓말로 세계와 교섭하는데, 내 말을 할 때에는 속마음을 감춰두고 말하고, 남의 말을 들을 때에는 속마음을 접어두고 들으니, 남의 정대(正大)한 말을 속이는 것으로 들으며, 나의 진실한 말을 남이 또한 곧이듣지 아니하여, 단 두 사람이 사적인 일을 의논할 수 없는데 어찌 나라의 중대한 문제를 말하여 결정할 수 있겠는가.

이러므로 세계에서는 대한과 청국을 곧 거짓말 천지(天地)라 하여 공사(公使)나 영사(領事)로 뽑아 보내면 참으로 정직한 사람은 이마를 찡그리고 머리를 흔들면서 부임해 오기를 좋아하지

---

1) 반편이: 지능이 보통 사람보다 아주 낮은 사람. 덜된 사람. 반병신.

2) 천진이: 본래의 뜻은 천진난만한 사람이란 좋은 뜻이지만, 대개 모자라는 사람이라고 비하하는 뜻으로 쓰인다.

3) 속을 주다: 마음속에 있는 것을 숨김없이 드러내 보이다.

않는데, 이는 진실함을 얻을 수 없은즉 일을 결정할 수 없기 때문이다. 실로 부끄럽고 분한 일이로다.

이렇듯 행세(行世)하여 일을 처리할 수 없으므로 끝내 남이 위협으로 내리눌러 압제로 핍박하게 되니, 은밀하게 뇌물을 바쳐 무사하기를 도모하는데, 이것이 도리어 후환을 기르는 것인 줄 깨닫지 못하고 있다.

이렇게 함으로써 세상에 공도(公道: 공평하고 바른 도리)가 없어지고, 그 때문에 나라의 원기(元氣: 활력)가 줄어들고, 거짓된 것이 득세하여 곧 거짓 것으로 사는 세상이 되었으니, 백성들의 권리가 어디에 있겠는가.

협잡(挾雜)이 층층이 늘어나고 폐단이 첩첩이 생겨서 어찌할 수 없는 지경에 이르렀으니, 만약 이 악습에 물든 것을 버리지 못하고 나랏일을 의론하는 권리를 얻는다면, 협잡과 뇌물과 아첨하고 청탁하는 모든 폐단들이 층층이 생겨날 것이다. 그렇게 되면 비록 법을 엄히 세워서 폐단을 막는다 하더라도 법을 집행하는 사람이 어찌 또 그런 사람이 아니겠는가. 이는 진실함을 중하게 여기지 아니하는 것의 폐단이다.

팔(八)은 사람에게 만물을 다스릴 권리가 있음을 알지 못하는 폐단이다.

천지만물은 다 조물주의 창조하심을 받아 형형색색이 기묘(奇妙)하고 정긴(精緊: 정밀하고 긴요함)하게 만들어졌으나, 다 사람이 쓰는 바 되지 못하면 마침내 혼돈 세상에 버려진 물건이 될 뿐이다.

그러므로 그 중에 사람을 만들어 가장 신령한 영혼을 불어넣어 만물을 주장할 수 있는 지혜와 능력을 주셨는데, 이러므로 사람은 지혜가 점점 늘어서 오래될수록 물건이 더욱 긴절(緊切: 아주 필요하고 중요함)하게 쓰이게 되었지만, 짐승들은 진보하지 못하여 몇천 년이 지났으나 항상 한 모양이다.

새의 깃들임과 짐승의 굴 파는 것, 거미의 줄 치는 것과 벌의 꿀 저장, 그 외 각색 종류들의 모든 재주들을 보면, 천성으로 품부(稟賦)된 지각(知覺)은 다들 얼마쯤 있어서 그렇게 하지만, 그것은 다 태고(太古) 적에 하던 것과 조금도 나아진 것이 없다.

이는 다만 짐승만 이러할 뿐 아니라 사람도 또한 이와 같아서, 아프리카주의 검은 인종(*니그로)이나, 태평양제도(諸島)의 종려나무 잎 같은 살빛의 인종(*멜라네시안)과, 남북 아메리카주의 검붉은 인종(*인디언)들이 사는 것을 보면, 모두 태곳적에 지내던 것과 똑같은 모양이고 조금도 진보된 것이 없으며, 아세아주의 여러 나라들은 이보다 조금 낫다고는 하나, 근년에 일본이 새로 서양의 문명 교화를 얻어 다시 변혁해 놓은 것 외에는, 모두 다 옛것만 지켜서 다만 진보하지 못했을 뿐만 아니라 도리어 옛것을 다 잊어버리고 전보다 못하게 된 것도 많다. 가령 고려 때에 굽던 사기(砂器: 도자기. 청자)는 유명한 옛적 물건(古物)인데, 우리나라 사람들은 다 그 만드는 법을 잊어버려 지금은 굽지 못하는데, 근자(近者)에 일본인들이 연구하여 그와 흡사하게 만들고 있다.

그 외의 천백 가지를 보면 다 이와 같아서, 전에 우리나라가 먼저 행하여 일본이 우리한테 배워서 하던 것을 지금은 우리가 도리

어 일본에게 배우며, 교화(敎化)와 정치(政治)의 근본은 다 동양에
서 생긴 것인데 그것을 서양에서 가져다가 발전시켜 놓았으므로
우리가 지금 그것을 배우면서 도리어 서양 것이라 말하고 있다.

다만 격물학(格物學)[1]과 화학(化學)으로 말하더라도, 지금 서
양 사람들이 지정지미(至精至微: 지극히 정미함)하게 발달시켜 놓
은 것을 보고는 사람마다 그 신기하고 미묘함을 탄복하고 칭찬
하지만, 그 근본을 알고 보면 다 동양에서 격물치지(格物致知)[2]하
는 법을 먼저 말해 놓은 것이다.

우리가 이 말을 할 때에 저 서양 사람들은 생각도 못하던 것이
니, 만일 우리가 그 후로 날마다 진보하였더라면 오늘날 어디까지
이르렀을지 모를 터이니, 서양 사람들이 우리를 보고 따라오려고
애를 쓰고 있을 것이다. 그런데 다만 선각자(先覺者)의 말만 중하
게 여길 줄 알고, 선각자의 말을 더욱 연구하여 더 낫게 하기를 도
모하지 않았으므로 오늘날 우리의 선각자가 남의 선각자만 못하
게 되었으니, 이는 선각자를 높이는 것이 도리어 낮게 한 결과가
되고 말았다.

교화(敎化: 종교)로 말하더라도, 예수가 동양에서 나시어 교(敎:
기독교)를 전하셨으나 동양에서 받아들이지 아니하여 서양에서
받아들여다가 저러한 정도의 문명에 이르렀다. 그런데도 지금 우

---

[1] 격물학(格物學): 주자학(朱子學)의 용어로서는 '사물의 이치를 연구하여 궁극
에 도달하는 학문'이란 뜻이다. 이로부터 청나라 말기에는 서양의 자연과학
(自然科學)을 '격물학'이라고 불렀다.

[2] 격물치지(格物致知): 원래 〈대학(大學)〉의 "치지재격물(致知在格物)"(정확한 지
식에 이르는 길은 사물의 본성을 파악함에 있다)에서 유래한 말로, 사물의 이
치를 연구하여 그것에 대한 지식을 명확히 하는 것을 말한다.

리는 그 근본을 모르고 서학(西學)이라고도 하고 혹은 서양 교화
(敎化: 종교)라고도 하여 남의 것이니 알기 싫다고 하는데, 사람의
어리석음이 어찌 이다지도 심하단 말인가.

물을 마시면 그 근원을 알고자 하며[*飮水思源], 과일을 먹으면
그 나무를 묻는 것이[*食果問樹] 인간의 타고난 성품이거늘, 어찌
하여 이러한 성품을 전부 버리고 이치와 근본을 알고자 아니하여
하나님께서 사람이 쓰도록 만드신 천지만물을 다 버려두고 지금
껏 배워서 써볼 생각을 하지 아니하였기 때문에 결국 남이 대신
다스려 쓰는 것을 만들려 한 것이니, 진실로 아깝고 원통하도다.

대저 그 원인을 궁구(窮究: 깊이 연구함)해 보면, 당초에 사람과
물건이 어떻게 생겼는지 그 근본을 알지 못하는 데서 어리석은 생
각이 생겨서, 다만 만물을 버려둘 뿐만 아니라 도리어 만물을 사람
보다 더 신령하게 여겨서 해와 달과 별, 산천과 초목, 날짐승과 길
벌레[*기어 다니는 벌레] 등 하나도 아니 섬기는 것이 없다.
그리하여 돌조각과 흙덩이로 만든 부처와 미륵, 우상(偶像) 등
의 형상을 곧 신명(神明: 천지의 신령)으로 받들며, 심지어 구렁 뱀
[*구렁이]과 온갖 천하고 더러운 미물(微物)들까지 아니 받드는 것
이 없다. 그 결과 천지간에 가장 귀하고 신령한 사람의 지위로 저
무심(無心)한 미물에게 절하기를 부끄러워 아니하고, 도리어 저 미
물을 위하여 사람으로서 마땅히 해야 할 일을 하지 않는 것이 무
수히 많다.
옛날에 애급(埃及: Egypt)이 망할 때에 소와 개와 돼지(돈)와 고
양이 등을 다 받들어 섬겼기 때문에 파사국(波斯國: 페르시아)이

각색 짐승을 몰아 군사 앞에 세우고 밀고 들어가자 애급의 군사들은 저희가 받들어 섬기는 짐승이 맞을까봐 두려워서 활 한 번 쏘지 못하고 조용히 항복하였는데, 지금 우리나라 사람들은 이 지경까지는 이르지 않았으나, 헛것을 숭상하는 풍속을 궁구해 본다면 이보다 별로 나을 것이 없다.

나라에 아무리 시급한 일이 있어도 달 가시기[*사람이 죽어서 부정을 탄 달이 지나감] 전에는 대궐문에 가까이 가지 못하며, 화색(禍色: 재앙이 일어날 빌미)이 눈앞에 박두하여도 점을 믿고 신을 믿어서 미리 예비하지 아니하며, 이인(異人)이며 명인(名人)이며 관상쟁이, 사주쟁이 등 모든 혹세무민(惑世誣民)하는 부류들을 믿고 앉아서, 비록 제세안민(濟世安民: 세상을 구하고 백성을 편안하게 함)할 방책이 있어도 채택해 쓰지 않으며, 무꾸리(무당이나 판수 그 밖의 신령과 통한다는 사람에게 길흉을 점치는 일)를 한 후에야 집을 고치며, 책력(冊曆: 달력)을 보고 나서야 대문 밖 출입을 하는 등, 무궁무진한 악풍(惡風)과 패속(敗俗: 쇠퇴해버린 풍속)이 모두 사람의 마음을 결박지어 벗어날 수가 없으니, 저 미물(微物)의 지배를 받고 헛된 생각에 매여서 제 몸을 자유(自由)하지 못하는 백성에게 만일 나랏일을 의론하는 권리를 허락한다면, 나라를 발달시키고 흥왕(興旺)시키기 위한 모든 긴급한 사업들을 어찌 용맹하게 행하여 보겠는가. 이는 인류에게 만물을 다스리는 권리가 있음을 알지 못하는 폐단이다.

이상의 여덟 가지는 다 사람의 마음을 결박하여 하늘이 부여해준 자주 권리를 소중히 여길 줄 모르는 폐단들 중에서 가장 두드러진 것들이다.

이것을 깨뜨려 부수지 못하고는 백성 된 권리를 얻어 발달 진보하는 데로 나아갈 수 없으니, 사람마다 자기부터 먼저 이런 습관을 깨치고 어서 남을 깨우쳐 주는 것을 자신의 직책으로 삼아야 할 것이다. 그러나 이것을 알고자 한다면 새 학문이 아니고는 될 수 없는 것이다.

대저 새 학문이라 하는 것은 몇천 년 전에 어리석게 믿던 것들을 다 깨쳐버리고 새로이 분명한 증거와 확실한 본체(本體: 사물의 정체. 본바탕. 본질. 존재)를 드러내어 누구든지 눈으로 보고 손으로 만지며 마음으로 생각하여 깨닫고 믿는 것이다.

서양 사람들도 전에는 말하기를, 큰 코끼리가 있어서 해를 싣고 달아난다고 하였으며, 혹은 무슨 귀신이 해를 손으로 들고 가는 것이라고 하였는데, 이는 마치 우리나라에서 말하는바 해를 먹어서 일식(日蝕)이 되고, 옥토끼가 달 속에 있어서 약을 찧는다는 말과 같은 종류의 생각이다.

무릇 모든 사물에 대한 이런 생각들을 다 버리고 그 실상을 찾아내어 지혜가 밝히 뚫리게 되니 생각이 더욱 늘어나고, 이치가 더욱 소상해져서, 기운(氣運)을 잡아 번개를 만들고(*번개는 양의 전기를 띤 구름과 음의 전기를 띤 구름이 부딪쳐서 생기는 것이다), 벽력(霹靂: 벼락)을 피하고 비를 물리치며, 손으로 물과 불을 만들어 그 자리에서 서로 변하게 하는 모든 기이한 일들을 저마다 배워서 곧 제 눈으로 보고 제 손으로 만들면 되는 것이니, 천문과 지리, 화학 등 천 가지 만 가지 사물의 지극히 정미[至精至微]한 학문은 다 날마다 진보하여 새로 뚫어낸 것들이다.

그러므로 이 학문을 알지 못하면 사물의 이치를 해석할 수 없고, 이치를 해석하지 못하면 어리석은 생각을 깨뜨릴 수 없다. 그러고서야 어찌 인류의 영혜(靈慧: 신령스럽고 지혜로움)하고 존귀한 지위를 알 것이며, 천품으로 타고난 권리를 소중히 여길 줄 알겠는가.

그런즉 우리나라 동포들에게 제일 시급한 것이 새 학문이니 급급히 공부에 힘써야 되겠지만, 만일 새 학문의 힘을 얻어 자유(自由)할 줄만 알고, 자유에 방한(防閑: 하지 못하게 막는 범위)이 있는 줄을 알지 못하면 또한 그 권리를 얻을 수 없을 것이다.

따라서 권리에도 한정(限定)이 있다는 것을 설명하지 않을 수 없다.

25
자유 권리의 방한

대저 조물주가 천지만물을 창조하신 본래의 뜻을 보면 과연 지극히 공번되어(*공평하여) 조금도 한쪽으로 치우침이 없다.

가장 작은 물건부터 한없이 큰 것까지도 서로 제어(制御)하여 골고루 보전되도록 하셨나니, 쥐 같은 짐승은 지극히 작기 때문에 돌아보는 자가 별로 없으니 그 자유(自由)함에 한정(限定)이 없을 듯하나 고양이가 있어서 얼마쯤은 못하게 한다.

고양이에게는 개가 있고, 개에게는 호랑이가 있고, 호랑이에게는 사자가 있으며, 사자에게는 사람이 있어서 서로 제어가 된다. 고래 같은 고기는 그 몸집이 지극히 크므로 바다에서 그것을 제어할 것이 없을 듯하나 조그마한 상어의 무리를 만나면 고래의 그 거대한 몸과 용맹(勇猛)이 소용이 없고 마침내 남의 고기가 될 뿐이다.

세상 만물이 다 이러하여 서로 제어하는 중에 사람의 다스림을 받는 것이니, 이는 사람이 가장 영혜(靈慧: 신령스럽고 지혜로움)하기 때문이다.

그렇다면 사람의 권리는 방한(防閑: 하지 못하게 막는 범위)이 없어서 제 마음과 힘대로 극한의 자유를 행하여도 마땅할까. 이는 결단코 그렇지 않다. 저 무지한 짐승들도 지혜에 따라서 권리의 크고 작은 한정이 있는데 어찌 사람만 홀로 권리의 방한이 없겠는가.

사람은 만물 중에서 제일 지혜롭기 때문에 그 직책 또한 만물 중에서 제일 중하다. 가령 남의 부모 된 자가 아이를 먹이고 입히며 기르고 교육하는 것은 그 부모 된 직책이지만, 이 직책이 있다고 해서 이유도 없이 아이에게 포학하거나 구박하는 것은 합당한 권리가 아니다.

어린아이는 부모에게 의지하여 길러지고 인도함을 받으므로 마땅히 부모의 뜻에 순종하고 인도를 바로 받아야 할 것이다. 만일 자기 마음에 들지 않는다고 부모의 가르침을 받지 않는다면, 이는 자유 하는 권리가 아니다.

그러므로 사람의 대소(大小)를 물론하고 각각 그 직책에 따라 권리가 그 안에 자재(自在: 본래부터 있음)하고 권리를 지키면 직책이 그 안에 자재(自在)하는데, 옛적 야만시대에는 각각 힘이 강하여 남을 이기는 것을 권리라고 하였으므로 권리에 한정이 없었지만, 시대가 차차 개명해 오면서 교화(教化)가 더욱 밝아져서 세력으로 다투던 권리를 줄이고 법률을 만들어서 권리를 한정하였다.

가령 사람들이 모여서 땅 하나를 장만하여 고르게 나누어 집을 지을 때, 각각 제 몫으로 돌아온 땅을 한 조각도 내어놓지 않으려고 한다면, 가운데서 사는 사람들은 길이 없어서 밖으로 통하지 못할 것이다. 그러므로 마땅히 모든 집이 각각 조금씩 내어놓아 길도 내고 공원도 만들어서 다 같이 편리하게 해야만 그 사회를 유지할 수 있을 것이다. 만일 내 재산을 보호할 권리가 내게 있으니 내 땅은 내어놓지 않겠다고 한다면, 형편상 그대로 지낼 수는 없으므로, 결국에는 강포한 자가 나서서 그를 치고 빼앗는 폐단이 생길 것이다.

나라를 세운 것도 이와 같아서, 그 나라 안에 사는 백성들이 각기 제 권리를 찾는다고 공회(公會), 즉 사회를 생각하지 아니하면 자유와 권리에 방한(防閑)이 없게 되므로, 그 권리를 보호한다는 것이 도리어 그 권리에 손해를 끼칠 따름이다. 이러므로 법률을 정하고 그 법률 안에 방한을 정하여 서로 편리하게 하는 것이다.

만일 완악(頑惡: 성질이 억세게 고집스럽고 모짊)한 자가 제 권리만 보호하기 위하여 그 법률에 벗어나는 행동을 한다면, 여러 사람들이 자신들에게도 권리가 있는데 어찌 그 사람의 권리만 중히 여겨 자기들의 권리는 잃어버리려고 하겠는가. 당연히 제재를 가하여 그 사람의 권리를 정지시킬 것이다.

이러므로 권리를 중히 여기는 백성은 법률을 먼저 공부하여, 그 법률만 어기지 아니하면 그 안에서는 남이 조금도 금지할 것이 없다고 생각하여 각각 제 몸을 다스릴 줄 알기 때문에, 남의 다스림을 받지 않게 된다.

국법(國法)만 이러할 뿐 아니라 일이십 명쯤 모이는 작은 사회에도 또한 규칙(規則)과 규정(章程)이 있어서, 아무리 귀하고 존엄한 자라도 그 자리에 참여하면 곧 그 규칙을 준행(遵行)한다. 이를 온 세상[전 세계]으로 미루어 말하여도, 거기에도 또한 공법(公法)이 있어서 이러한 경위대로 준행하는데, 그 사회의 대소(大小)의 구별은 비록 다르나 공번된(공평한) 본래의 뜻은 한 가지이다.

사람이 제 권리를 보호하여 남에게 잃지 아니하고, 제 몸을 다스려 남의 다스림을 받지 아니한다면, 그 나라 또한 나라의 권리를 잃지 아니하며, 타국의 다스림을 받지 아니할 것이다.

　이것은 다 사람의 몸에 딸린 권리를 소중히 여겨서 나라의 권리를 보호하는 근본 이치의 대강을 말한 것이지만, 지금 우리나라의 독립 권리가 어떠한 형편에 있는지를 알아야 비로소 장차 어떻게 해야 할지에 대해 무슨 생각을 할 수 있을 것이다. 그리고 지금의 형편을 알려면 마땅히 지난 역사를 먼저 상고(詳考)하여 보아야만 비로소 우리나라의 지금까지의 내력을 알 수 있을 것이다.

26
대한의 독립 내력

대한(大韓)은 단군(檀君) 이후로 거의 5천 년 이래로 당당한 독립 강국이었다. 고구려 때에 수(隋) 양제(煬帝)가 130만 명의 군사를 거느리고 조선으로 쳐들어왔을 때, 30여만 명이 요동(遼東)을 지나 압록강을 건너 평양(平壤)까지 이르렀다가 을지문덕(乙支文德) 장군에게 패하여 겨우 2천6백여 명이 살아서 압록강을 건너갔는데, 우리 동국(東國)의 역사를 공부해 보면 이렇듯 빛나는 역사를 사람마다 알 수 있을 것이고, 그때에 우리나라가 부강했던 것을 저마다 알 수 있을 것이다.

그런데도 한갓 청국(淸國)의 역사만 숭상하는 중에 내 나라의 영광스러운 일을 초한(楚漢) 때의 팔년풍진(八年風塵)[1]이나 삼국 때의 적벽대전(赤壁大戰)[2]만치도 중하게 여기지 못하여 이것을 자세히 아는 사

---

[1] 팔년풍진(八年風塵): 진시황이 죽은 후부터 한(漢)나라 유방이 초(楚)나라 항우와 천하를 두고 싸운 8년간의 전쟁. 이 전쟁에서 승리한 유방이 천하를 통일하여 한(漢) 왕조가 시작되었다.

[2] 적벽대전(赤壁大戰): 동한 말에 조조의 군사와 오나라 손권의 군사들이 장강 적벽에서 싸웠던 일. 여기서 조조의 대군은 오나라의 화공(火攻)에 의해 대패하였다.

람이 많지 못하다.

그 후 당(唐) 태종(太宗)이 10만 3천 명의 군사를 거느리고 조선을
침략하였는데, 이때는 요동 땅 전부를 우리 동국(東國)에서 차지하고
있을 때였다. 당 태종이 그 장수에게 말하기를, 요동은 본래 중원(中
原: 중국)에 속하였던 땅이거늘 조선이 차지하고 돌려보내지 아니하니
마땅히 전쟁을 해서 빼앗을 것이다고 하고는 대병(大兵)을 지휘하여
장수 설인귀(薛仁貴)를 선봉으로 삼았는데, 설인귀는 본래 조선 사람이
었다.[1] 조선에서 인재를 쓰지 않기 때문에 중원으로 들어가서 이렇게
된 것이니, 만일 조선에서 거두어 썼더라면 중원이 도리어 크게 위태
하였을 것이다.

당 태종은 고구려 장수 연개소문(淵蓋蘇文: 蓋蘇文)에게 크게 패하
여 쫓겨 갔으며, 그 후 다시 20만 군사를 거느리고 백제를 침범하다가
또한 소정방(蘇定方)이 패하여 갔다.[2]

당 헌종(憲宗) 시절에 절도사 이사도(李師道)가 배반하여 난을 일으

---

[1] 설인귀는 본래 조선 사람이었다: 그는 조선 사람이 아니었다. 설인귀는 중국
   강주(絳州) 용문 출신의 장수로서 당 고종 때에 고구려 멸망으로 설치된 안
   동도호부(평양)의 도호였다. 그러나 조선시대의 『동국여지승람』, 적성현 사
   묘조(祠廟條)에서 "민간에서 감악사는 신라 때 당의 설인귀를 산신으로 모신
   곳이라 전해온다"(紺岳祠諺傳, 新羅以唐薛仁貴爲山神)라고 기록되어 있고, 실
   제로 조선은 적성현(파주의 적성면) 감악산 감악사당의 설인귀 장군신과 개
   성 덕물산 사당의 최영 장군신을 무격신앙(巫覡信仰)의 으뜸으로 삼아 한말
   에 이르기까지 국가적인 기도처로 중요시하였기 때문에 저자가 착각을 하게
   된 것으로 보인다.

[2] 소정방(蘇定方)이 패하여 갔다: 이 말은 사실과 다르다. 소정방(蘇定方)은 당나
   라 장수로서 나당(羅唐) 연합군이 백제를 공격할 때 당군은 서쪽에서, 신라
   군은 동쪽에서 죄어들어오자 중과부적인 백제군은 당군을 포기하고 신라군
   과 황산벌에서 격전을 벌였으나 패하여 백제가 멸망하였다.

키자[1] 당나라가 사신을 신라에 보내서 구원을 청하였으므로, 이에 신라 헌덕왕(憲德王)이 김응원(金應元)에게 명하여 3만 명의 군사를 보내서 돕도록 하였다.

송(宋)나라 영종(英宗) 시절에 사신을 고려에 보내어 복식(服飾) 제구(諸具)와 금은보배와 풍류그릇(樂器: 악기)을 드리고 교제를 친밀히 하고자 하여 사신이 자주 왕래하였는데, 대접이 융숭하였다. 그리고 송나라에서 동국(東國: 고려)의 문학(文學)을 부러워하므로 당시에 유명한 문장가들을 뽑아 사신으로 보내주자, 저들은 극히 공손하게 특별한 예절을 베풀었다.

고려 때에는 몽고(蒙古)가 항상 침노(侵撈)해 오므로 그 사신 2명을 죽였는데, 그 때문에 여러 해를 두고 군사를 일으켜 보복하려고 쳐들어왔으나 항상 패하여 물러갔다.

원(元)나라 때에는 원나라가 일본을 치고자 하여 사신을 보내서 항복하라고 하였으나 일본이 듣지 않자, 원나라가 크게 화를 내어 고려와 연합하여 일본을 쳤는데, 일본의 군사가 고려에게 대패하였다. 이에 고려 군사를 크게 칭찬하여 말하기를, 몽고 군사가 아무리 강하고 싸움을 잘 한다 해도 동국(東國: 고려)의 군사를 따를 수 없다고 하였다.[2]

그 외에 빛나는 역사를 다 말하자면 한두 가지가 아니므로 일일이

[1] 이사도(李師道)의 난: 당 헌종(憲宗) 10년(기원 815년) 8월에 치청(淄靑)절도사 이사도가 몰래 숭산(嵩山)의 중 원정(圓淨)과 함께 모반을 한 사실이 『구당서(舊唐書)』 헌종 10년 8월조에 소개되어 있다.

[2] 일본 군사가 고려에게 대패: 고려와 몽고의 연합군이 대마도 살육작전에는 성공했지만 일본 본토 상륙에는 일본군의 저항과 소위 神風(가미가제)의 영향으로 실패하였다.

들어 기록하기는 어렵다. 혹은 병력을 동원하여 위엄도 보였으며, 혹은 외교로써 서로 통하여 평화와 전쟁을 자주적으로 결정하는 권리를 잃지 아니하여 동방에서 강한 세력을 서로 다투었는데, 지금 구라파주 안에서 강국들과 권리를 대등히 하는 작은 나라들에 비할 바가 아니다.

지금 서양의 몇몇 독립국들은 다 여러 강국들 사이에 끼어 있어서 여러 나라 세력들이 상호 견제하는 가운데 부지(扶支)할 수 있는 것으로, 만일 이 상호 견제하는 세력들이 없이 다만 하나의 강국과 싸우라고 한다면 부지할 수 있는 나라가 몇이 되지 못할 것이다.

우리나라는 옛날부터 연접한 나라가 중원(中原)과 일본 두 나라뿐인데, 일본은 바다로 막혀 있어서 피차 서로 통하는 것이 자연히 멀었으나, 중국은 영토가 서로 접해 있어서 호흡을 서로 통해 왔는데, 옛날부터 중국은 강대하여 동양에 대적할 나라가 없었다. 그러므로 어느 날 갑자기 군사를 일으켜 물밀듯이 쳐들어오면 앞뒤에 도와줄 나라가 없었지만, 우리나라는 홀로 저들을 대적하여 번번이 승전한 역사를 위에 기록한 것만 보아도 알 수 있다. 따라서 우리나라의 산천이 웅장하지 못하다거나 인민이 굳세고 사납지(强悍) 못하다고 말할 수는 없는 것이다.

만약 우리나라에서도 인재(人材)를 발굴하고 키워서 점점 부강(富强)함으로 나아가기를 힘썼더라면, 오늘날 영국이 조그마한 섬 세 덩이[1] 속에서 일어나 천하의 강국이 된 것을 부러워하지 않을 것이다.

그리고 고대 중국의 주(周) 문왕(文王)[2]이 사방 100리의 땅으로 일

---

[1] 섬 세 덩이: 영국(Great Britain)의 본섬이 잉글랜드(England), 웨일스(Wales), 스코틀랜드(Scotland) 세 지역으로 이루어져 있다.

[2] 주 문왕(周 文王): 주(周) 나라는 기원전 12세기에 은(殷)나라를 이어서 중국을

어나 천하의 왕 노릇을 하게 된 것을 우리에게 자랑할 것이 없었을 것인데, 생각이 멀리 미치지 못하여 한갓 잇속(이익이 있는 실속)을 위해서만 서로 권세를 다투고 시기(猜忌)하면서 서로를 잔해(殘害)하고, 영웅을 버려두고 등용하지 않았으며, 하물며 부패한 선배들이 소위 도학(道學)[1]을 힘쓴다고 하면서 인심을 결박하여 활발한 기운이 생기지 못하게 됨으로써 날로 잔약해져서 스스로 설 수 없게 된 것이다.

우리 조선은 임진년(壬辰年: 1592년)에 이르러 왜장 풍신수길(豊臣秀吉: 도요토미 히데요시)이 이러한 정황을 살피고는 군사를 일으켜 침략해 오자 각처에서 명장(名將)과 충신들이 일어나서 적군을 맞아 싸우다가 전사한 자도 많았고 승전한 자도 무수히 많았다.

이순신(李舜臣), 류성룡(柳成龍), 김덕령(金德齡), 김응서(金應瑞), 강홍립(姜弘立)[2] 등 모든 유명한 이들이 곳곳에서 나왔으나 다 시기와 참소(讒訴)를 당하는 중에 성공할 자리를 얻지 못하였으며, 혹 자리를 얻더라도 또한 기운을 펴지 못하여 영웅의 뜻을 다 펴지 못하였다. 그리하여 일본 군사들이 무인지경(無人之境) 같이 쳐들어와서 종사(宗社: 종묘와 사직. 곧 국가)가 위태하게 되었다가 명나라 장수 이여송(李如松)

지배한 왕조로, 문왕 때에 제후국이었다가 그 아들 무왕(武王) 때에 은나라를 멸하고 주나라가 천하를 지배하였다. 〈맹자〉에 "文王猶方百里起"(공손추상), "地方百里而可以王"(양혜왕 상)이라 하였는데, 이를 인용한 것이다.

[1] 도학(道學): 유학(儒學). 특히 송대(宋代)의 정주(程朱)학파의 학문으로 심성(心性), 이기(理氣)에 관한 학설을 연구하는 성리학(性理學).

[2] 강홍립(姜弘立): 선조 22년(1597) 알성문과에 급제하여 1605년 도원수 한준겸의 종사관이 되었고, 이해 진주사(陳奏使)의 서장관(書狀官)으로 명나라에 다녀왔다. 임진왜란 때의 활약상은 그 기록이 보이지 않고, 광해군 때 명나라의 원병 요청에 따라 후금(淸)과의 싸움에 조선군 원수로 출전했다가 패하여 투항했는데, 그때 광해군의 밀지를 후금에 전달하여 풀려났다.

의 지원을 받아 왜장을 막아내니, 일본은 상황이 별로 이롭지 못하게
되자 물러갔다.

그 후 병자년(丙子年: 1636년)에 이르러, 큰 전쟁(*임진왜란과 정유재
란)을 치른 지 얼마 못 되어 원기(元氣: 생기)가 미처 다시 살아나지 못
한 가운데 중국 오랑캐(漢夷: 淸)가 그 기회를 틈타 침범하여 화색(禍
色: 재앙이 일어나는 빌미)이 박두하자 부득이 머리를 굽혔다. 그러나 그
렇듯 위급한 중에도 죽기로써 절개를 굽히지 말자면서 굳세게 겨루다
가 척화파(斥和派: 청나라와의 화의를 물리쳐야 한다고 주장한 파. 주전파)로
몰려서 죽은 자도 또한 무수하였으며, 세자(소현세자)와 대군(大君: 봉림
대군)의 존귀하신 옥체(玉體)로 적군에 잡혀가 무지한 호한(胡漢: 한 나
라 되놈, 즉 청나라)에게 곤욕을 당하시었다.[1]

심지어 윤집(尹集)과 오달제(吳達濟), 홍익한(洪翼漢) 등 세 충신(*이

---

[1] 병자호란(丙子胡亂): 1636년(인조 14년) 12월~1637년 1월까지 청나라의 조선
침입으로 일어난 전쟁. 1627년 정묘호란(丁卯胡亂)으로 조선과 형제관계를
정립하였던 후금(後金)은 중국 본토를 장악해 가면서 국호를 청(淸)나라로
바꾸고 조선에 군신(君臣)의 의(義)를 요구하는 동시에 황금, 백금, 전마와
정병 3만까지 요구해 왔다. 조선에서 청나라의 이러한 요구를 무시하고 항
쟁의지를 보이자 청 태종은 같은 해 12월 9일 몸소 10만 대군을 이끌고 압록
강을 건너 5일 만인 12월 14일에 개성에 진입하였다.

청나라의 침략 소식을 접한 조선 정부는 먼저 전왕들의 신주(神主)와 봉
림대군(鳳林大君: 후에 효종)을 비롯한 왕자와 공주 등을 강화도로 피신시켰
다. 오후에는 인조도 그 뒤를 따라 강화도로 들어가려 했으나 청나라 군사들
이 강화도로 들어가는 통로를 봉쇄하였기에 소현세자와 함께 남한산성으로
들어가서 전투태세를 갖추고 대항하였다.

그러나 결국 견디지 못하고 투항하여 삼전도(三田渡)에서 군신의 의를 맺
는 치욕을 당하였다. 이 과정에서 주화파(主和派)와 주전파(主戰派)의 논쟁
과 대립이 있었고, 오달제, 윤집, 홍익한 등 소위 삼학사(三學士)가 중국 심양
으로 끌려갔다.

들 세 사람을 역사에서는 삼학사(三學士)라 부른다)들은 오랑캐의 진중(陣中)
으로 잡혀가서 수많은 악형을 당하면서도 오랑캐 꾸짖기를 그치지 아
니하고, 충절을 세우고 빛나게 죽었으니, 지금도 삼학사(三學士)의 이
름을 모르는 자가 없으므로 천추만세에 무궁한 영광이 역사와 함께
전해질 것이니, 후세에 충신들로 하여금 당시에 같이 나서 같이 죽지
못한 것을 영원히 한탄하게 할 것이다.

그 후로 거의 삼백 년 동안 소위 조공(朝貢)을 바친다는 명색(名色:
어떠한 명목으로 불리는 이름)이 있었으니, 동국(東國) 5천 년 역사에서 이
렇듯 더러운 욕이 없었기 때문에 길이 영웅들로 하여금 강개(慷慨)한
눈물을 금치 못하게 하여, 성주명왕(聖主明王)과 충신의사(忠臣義士)들
이 북벌할 계획으로 전쟁을 준비하였으나 결국 그 뜻을 이루지 못하
였다.

그 이유는 다름 아니라 소위 도학(道學: 유학)을 숭상한다는 선비들
이 망령된 의론을 내어, 천명(天命)을 거역하지 않는 것이 옳다고 주장
하는 가운데 인심이 스스로 수치(羞恥)를 잊어버리고 구차하게 편안함
만을 생각하여, 국권(國權: 주권)을 회복하자는 의론을 들으면 곧 앙화
(殃禍)를 스스로 취하려 한다고 책망하고, 위망(危亡)을 재촉한다고 비
난하면서 감히 이런 뜻을 말하지 못하게 하였으니, 이런 가운데 무슨
생각을 할 수 있으며, 또한 생각이 있기로서니 무슨 일을 행하여 보았
겠는가.

이러므로 사람의 생각이 점점 어두워져서, 청나라가 우리 조선은
자주독립국이라고 분명히 선언한 갑오년(甲午年: 1894년. 이해부터 1895
년 7월까지 추진된 개혁 운동을 갑오개혁이라 함) 이후까지도 청국을 배반하
고 독립국이 되는 것은 의리 없는 일이라고 하면서, 갑오개혁으로 그

전에 사용해 오던 중국의 연호(年號: 군주 시대에 임금이 즉위하던 해에 붙이던 칭호)를 없애고 그 대신에 건양(建陽: 고종황제의 초기 연호)이나 광무(光武: 고종황제의 연호)라는 연호를 사용해서 만든 책력(冊曆)[1]은 보지 않으려는 무리들까지 있었으니, 도학(유학)을 숭상한다는 무리들이 끼친 해독(害毒)이 이렇듯 심하였다. 진실로 통분함을 이기지 못할 것이다.

---

[1] 책력(冊曆): 지구와 태양, 달과의 관계에 있어서 1년 동안의 달과 해의 뜨고 지는 일, 월식, 일식, 절기 및 다른 기상학상의 변동 및 그 밖의 사항을 날을 좇아 기재한 책. 정삭(正朔). 역서(曆書).

27
청국의 완고함

청국(淸國)으로 말하면, 요(堯) 임금, 순(舜)임금 이후로 문명이 일찍 일어나 교화(敎化)와 정치(政治)가 선미(善美)한 정도에 이르렀기 때문에 교만한 생각이 생겨나서 천하에 저희 혼자만 나라이고, 그 밖에 토지를 서로 접하고 있는 여러 나라들은 모두 다 동이(東夷), 서융(西戎), 남만(南蠻), 북적(北狄)의 오랑캐라고 하였다.

그리하여 옛날부터 혹 화친을 청하거나 사신을 보내오는 나라가 있으면 곧 군사를 보내서 쳐서 물리치거나, 힘이 부족할 때에는 공주를 시집보내거나,[1] 물건을 후하게 주어 달래서 물러가게 할 뿐이었다.

---

[1] 공주를 시집보내 주다: 서한(西漢) 원제(元帝) 때 궁녀로 뽑힌 왕소군(王昭君)이란 처녀가 입궁을 하였다. 황제는 화가 모연수(毛延壽)에게 모든 궁녀들의 초상화를 그려 올리라고 명했는데, 그는 궁녀들한테서 뇌물을 받고 얼굴을 실제보다 예쁘게 그려주었다. 그러나 왕소군은 뇌물을 주지 않았기에 모연수는 그녀의 얼굴을 추하게 그려 바쳤다. 그 결과 궁녀로 입궁을 하였으나 황제를 볼 기회가 없었다. 그때 (B.C.33년) 흉노족의 호한야(呼韓邪) 선우(單于: 추장)가 한나라 공주를 아내로 맞이하여 황제의 사위가 되고 싶다고 청하자, 한나라에서는 궁녀 하나를 뽑아서 공주라고 속이고 시집을 보내기로 작정하였다. 이때 왕소군이 자원하여 흉노 추장에게 시집을 가겠다고 나섰고, 왕

주변의 나라들로부터 곤욕을 심하게 당하게 되었을 때에는 마지못해서 하는 말이, 오랑캐들에게서는 좋은 말을 들어도 기쁠 것이 없고 나쁜 말을 들어도 화낼 것이 없다고 하면서 한(漢) 고조(高祖: 劉邦) 시절부터 항상 이렇게 지내왔다. 그러므로 교만 방자한 생각으로 세상에는 자기 혼자만 있다고 하여 남들과 서로 통하기를 엄금하였는데, 천하에 이렇듯 고루하고 편벽된 자들이 다시 어디에 있겠는가.

가령 서로 교류하는 범위 밖에도 강한 나라가 있다면, 마땅히 그 나라가 얼마나 크고 어떻게 강한지 비교해 보아 자기 나라를 더 강하게 하여야 쇠패(衰敗)하기에 이르지 아니할 것이다.

만일 그들이 전부 다 야만족이나 오랑캐들 같아서 자기 나라와 비교할 수 없는 줄로 안다면, 더욱 자기 나라의 문명과 개화를 널리 드러내어 모두 다 자기의 교화(敎化) 안에 들어와서 문명의 혜택을 같이 누리도록 하는 것이 도리(道理)에도 공평하고 자기 세력도 더욱 드러날 것이니, 이것이 곧 영국과 미국이 천하에 행세하는 본래 뜻이다.

그런데 어찌하여 청국은 자국의 높은 교화와 자국의 좋은 문명은 자기 혼자만 알 것이고, 자기 혼자만 행할 것이니 남의 것은 보기도 싫고, 자기 것을 남에게 보여주기도 싫다고 하면서 세상과 서로 통하지 않기로 작정하고는, 이상한 인물과 이상한 의복을 입은 사람이 자기 나라 안에 들어오면 잡아 죽이기로 작정하고, 자기 백성이 국경을 넘어 남의 나라에 들어가면 곧 잡아 없애는 것을 만고에 바꿀 수 없는 국

소군은 흉노 추장에게 시집을 가서 한나라와 흉노의 우호관계 증진에 기여하게 된다. 한편, 아름답게 단장을 한 왕소군의 아름다운 모습을 보고 놀란 황제는 그녀에 대해 알아보았고, 결국 모연수가 왕소군의 얼굴을 거짓으로 그려서 자신을 속인 사실을 알고 나서 그를 죽였다.

법으로 삼는단 말인가. 천하에 이렇듯 편벽된 처사가 어디 있으며, 이렇듯 악한 풍속이 어디 있는가.

이렇게 지켜 오다가 거의 60년 전에 이르러 비로소 영국과 법국(法國)이 통상(通商)하기를 청했는데, 청국은 그 사람들을 서편 오랑캐라고 하여 막고 들어오지 못하게 하였다. 이에 영국이 군사들을 상륙시켜 북경으로 쳐들어가서 대궐에 불을 지르자 전국이 소란해지고 나라의 위태함이 조석에 달리게 되었다.

그렇게 되자 부득이 통상하기를 허락하고 광동(廣東)에 거류지(居留地)를 만들어서 외국인들을 살게 하였는데, 영국의 사신이 북경에 들어갈 때에는, 영국인들은 한문(漢文)을 모르므로, 사신의 수레에다 크게 영국이 항복하러 온다고 써 붙여서 보는 사람들이 속게 하였다. 그리고 역사에는 기록하기를, 모년 모월 모일에 영국이 와서 조공(朝貢)을 하였다고 하였으니, 이는 세상을 어리석게 하여 자기 형세를 강하게 보이고자 하는 어두운 누습(陋習)이다.

그 후로 법국(法國)이 안남국(安南國: Annam: 지금의 베트남의 일부)을 차지하고, 섬라국(暹羅: 타이(Thailand)의 옛 이름인 시암(Siam)의 음역)이 따로 떨어져 나가도 청국은 아무 말도 못하였고, 영국이 면전(緬甸: 미얀마(Myanmar))을 점령하고 일본이 유구국(琉球國)[1]을 빼앗았으나 또한

---

[1] 유구국(琉球國): 유구(琉球)는 일본 규슈우(九州) 남쪽에서 대만에 이르는 해상에 흩어져 있는 열도로서 오키나와(沖繩) 군도, 미야꼬(宮古) 군도, 야에야마(八重山) 군도 등을 포함하는 50여 개의 섬으로 구성되어 있다. 주민은 일본 민족과 같은 계통으로, 7세기 이후 이미 중국, 한국, 일본 등과 교섭이 있었고 조공을 바쳐 왔다. 14세기에 중국 명(明)나라의 책봉을 받았고 1871년 일본 영토가 되어 1879년에 오키나와현(沖繩縣)이 되었다. 제2차 세계대전 후에는 한때 미군의 관리 지역이 되어 미국의 극동 방위의 제일선 기지가 되었다.

어찌하지 못하였다. 이들은 다 청국의 속국으로서 오래 그 밑에 들어 있어서 감히 벗어날 생각을 하지 못하고 또한 감히 침범할 자가 없었는데, 하루아침에 서양인의 세력으로 분분히 떼어내 주었다. 이는 그들과 세력을 다툴 수 없음을 깨달았기 때문이다.

다만 그 나라들의 세력이 강한 줄만 알고 그 나라가 어디에 있으며, 그 크기가 얼마나 되는지, 정치 법률과 인정이 어떠한지, 풍속이 어떠한지에 대해서는 전혀 알지 못했으므로, 모르는 중에 의심이 생기고, 의심하는 중에 겁이 나서, 서양 사람이라면 곧 호랑이와 같이 두려워하여 그들과 마주 대해서는 감히 머리를 들지 못하고, 돌아서면 곧 양국(洋國)의 귀신 자식이라, 혹은 서방 오랑캐 종류라고 욕을 하였다.

만일 그 사람들의 교화와 풍속을 알아보려고 하는 자가 있으면 곧 이단(異端)의 교(敎)를 배운다느니, 이국인(異國人)과 몰래 내통한다느니, 약을 먹여서 사람의 마음을 혹하게 한다느니, 어린아이를 쪄 먹는다느니, 사람의 눈을 뺀다느니 하면서, 온갖 어두운 생각으로 근거도 없이 의심하였다.

그래서 관원들이 위력으로 잡아 죽이지 아니하면 백성들끼리 모여서 서양 사람들을 혹 살해하거나 못살게 구박하여 견디지 못하게 하였는데, 이러므로 상하(上下) 관민(官民)을 막론하고 모두 다 세상 형편을 알 수 없었으며, 제 나라 지도(地圖)가 어떻게 되어 있는지도 몰라서 어디서부터 어디까지가 제 나라 땅인지 아는 자도 없고 알고자 하는 자도 없었다.

아라사(俄羅斯: 러시아의 옛 이름)가 청국의 이런 사정을 살피고는 비밀리에 청국 정부를 꾀어서 이르기를, 저 영국과 법국 양국은 다 남의 영토를 탐내서 호랑이 같은 욕심이 있는 자들이니 심히 위태하다, 그러나 우리는 천하에 국력도 부강하고 영토 또한 넉넉하여 남의 것을 원하지 아니하니 우리와 힘을 합치면 가까운 이웃으로 서로 돕기도 쉽고 세상에 두려울 것이 없다고 하였다.

그래서 청국이 얼마쯤 의지하려는 마음이 생겼기 때문에 아라사가 해마다 청국의 지방을 누에가 뽕잎 먹듯이 잠식해 들어왔으나 청나라 사람들은 그 땅의 경계를 분간하지 못하고 전부터 그러했던 줄로 알아서 부지중에 잃은 것이 흑룡강(黑龍江) 일대 지방으로 대한(大韓)의 북편 지경까지 연이어져서, 전부 합하면 두세 성(省)가량이나 되었다. 그러나 청나라 사람들은 끝까지 깨닫지 못하고 있으니, 동방의 위급함이 이렇듯 급급하도다.

28
일본이 흥왕한 역사

일본은 옛날에 왜국(倭國)이라 하던 나라이다. 대한의 동편에 있으며 조그마한 섬 세 덩이(혼슈(本州), 규슈(九州), 시코쿠(西國))로 되어 있는데, 토지와 인민이 대한에 비하면 조금 더 된다.

옛날부터 인민들이 강한(强悍: 강하고 사나움)하여 무기를 숭상하며, 교화(敎化)가 부족하여 괴이한 풍속이 많다.

바다 가운데 따로 떨어져 있어서 밖으로부터 침략당하는 일이 없었기 때문에 자존자대(自尊自大: 자기 스스로를 존대하게 여김)하는 성품을 저희끼리 길러서 남에게 굴복당하는 것을 죽는 것 같이 여기기 때문에 '하라기리(腹切り: 스스로 칼로 자기 배를 갈라서 죽는 것)'라 하는 것을 좋게 여기는 풍속이 있다.

남에게 이유 없이 지고 억울한 일을 당할 때에는 제 손으로 배를 갈라 죽는 것을 마땅히 해야 할 의(義)로운 행동으로 알고, 관계된 사건이 작을 때에는 한두 명, 클 때에는 오륙십 명이 함께 모여서 서로 이르기를, 우리가 이러저러한 수치를 당하고 더럽게 사는 것은 영광스럽게 죽는 것만 못하다 하고는, 저마다 모두 칼을 잡고 남녀노소가 일시에 꿇어앉아 머리를 굽혀 작별인사를 하고는 그 자리에서 곧 오장(五臟: 간장, 심장, 폐장, 신장, 비장, 즉 내장)을 쏟아놓고 엎드려 죽는다.

이런 일이 비비유지(比比有之: 흔히 있음)하였으나 근래에 차차 없어지고 있는데, 그 사납고 독살스러운(悍毒) 성품은 칭찬해줄 만한 게 아니지만, 남에게 이유 없이 지기 싫어하는 기개는 본받을 만한 것이다.

백성의 기개가 이러하므로 아무리 강한 나라 사람이라도 그들을 감히 무리하게 대(對)하지 못하는데, 이것이 자유 권리를 보전하기에 가장 좋은 특별한 성질이다.

또한, 옛 풍속에 양반[*武士: 사무라이]을 높이고 예법이 심하여 귀족은 몸에 칼을 차고 다니는데, 이는 실례하는 자를 베어 죽이려는 것이다. 사람의 목숨을 지푸라기처럼 여기는 독한 마음과 열리지 못한 풍속 중에서 2천5백여 년 동안을 유전해 내려오면서 대대로 한 성씨(姓氏)가 인군(人君: 천황) 노릇을 하였는데, 이는 다른 나라의 역사에는 없는 일이다.

그리고 한국과 청국 양국의 변방을 종종 침범하여 항상 괴롭혔는데, 백제 시절에는 조선에서 왕인(王仁)을 보내어 일본 왕자의 스승이 되어 논어(論語)와 천자문(千字文)과 다른 책들을 많이 가르쳐 주었으며, 또 일본 국문(이려파)을 만들어 주었으므로, 이때부터 그 나라에 글자 쓰는 법이 비로소 생겼다.

그 후에 또 우리나라에서 금부처와 불경(佛經)을 보내주었는데, 지금 일본이 숭상하는 불교는 다 이때에 들어간 것이다. 그 후에 또 천문(天文)과 책력(冊曆)을 만드는 법과, 의술과 풍류하는 악공(樂工: 악기)과 질그릇과 기와 굽는 장색(匠色: 손으로 물건 만드는 것을 업으로 삼는 사람.

匠人. 工匠)들과, 간장 만들고 술 만들며 옷 만드는 공장(工匠: 물품을 만드는 것을 업으로 삼는 사람)들이 다 우리나라에서 들어가서 그들에게 만드는 법을 가르쳤는데, 당초에는 이렇게 미개한 인종이었으나 우리나라의 문명을 배워서 얼마쯤 개명된 것이다.

그때의 정치제도를 보면, 땅을 갈라 나누어주어 봉(封)한 제후(諸侯)들이 있어서 각각 권력을 잡고 정사(政事: 정치에 관계된 일. 정무)를 주장하였는데, 그들 중에 관백(關白: 헤이안(平安) 시대 이후 천황을 보좌하여 정무를 맡아보던 최고의 중직. 간바꾸)이란 자가 있어서 임금의 권리를 대신하였으므로 임금은 다만 헛이름만 있을 뿐이고 실상의 권력은 없었다. 임진년(壬辰年)의 전쟁(*임진왜란) 역시 다 관백이 제멋대로 일으킨 것이다.

이 전쟁에서 일본이 사람의 가죽(人皮) 3백 장을 조공(朝貢)으로 바쳤다고 하나, 이는 그때에 어떤 사람이 일본에게 병화(兵禍: 전쟁으로 인한 피해) 당한 것을 통분히 여겨서 지어낸 말이고, 실상은 한·일 양국이 이 싸움 끝에 강화(講和)하고 부산 항구에 거류지(居留地)를 정하여 일본인이 와서 살게 하고, 변방에 수자리(民兵)를 두어 우리나라에서 매년 10만 량의 경비를 허비하다가, 1869년에 이르러 비로소 없애버렸다.

서양 사람들이 일본이란 나라가 있는 줄을 짐작한 후로 간간이 와서 통상(通商)을 하려고 하였으나 일본이 다 막고 받아들이지 아니하더니, 1853년에 미국이 군함을 보내어 억지로 통상을 텄다.(*이때 미국의 해군 함장이 페리제독이다.)

그 후에 일본이 세상 형편을 살피기 위하여 서양으로 사신과 선비를 보내어 교제를 친밀히 하여 서양의 부강하고 문명한 형편을 대강 깨닫고 보니, 남들이 와서 통상하려는 본래 뜻이 나를 해치려고 하는 것이 아닌 줄을 짐작하고, 나라를 유지하려면 서양의 제도를 본받아야 될 줄을 알게 되었다.

이에 총명하고 지혜로운 선비들을 택하여 잇달아 서양으로 보내서 서양에 가서 공부하게 하니, 그 학도들이 각국에 가서 공부를 시작한 후 기한이 차기도 전에 각각 돌아오려고 하였다. 그래서 그 이유를 물어본즉, 서로 의론하는 말이, 우리가 본국에 있을 때에는 세상 형편이 어떠한지 전혀 몰랐다가, 여기 와서 공부하면서 살펴보니 동양의 형편이 이렇듯 위급한데, 이렇듯 위급한 중에 앉아 있으면서도 사람들은 지금 세상 형편이 어떠한지 알지 못하니, 우리만 혼자 나라의 위태함을 보고 어찌 공부만 하고 앉아서 세월을 허비하겠는가. 마땅히 곧 돌아가서 내 나라의 관민(官民)을 다 흔들어 깨워서 함께 동양을 보전하는 것이 옳다고 하였다.

그리고는 곧 돌아와서 혹 정부에 들어가 권력도 잡고, 혹 민간에 나서서 글도 지어 전파하고 연설도 하여 민심을 격동(激動)시키고, 익숙해진 생각들을 버리고 상하가 합심하여 봉건제도를 혁파하고, 각 봉건영주의 권력을 정부에 돌려보내고, 황실을 높여서 실권을 회복하며, 정사(政事)를 고쳐서 예전 폐단을 없애고, 새로이 개명한 제도를 차례로 본받으려고 하자 모든 완고한 세도가들이 극력 반대하였다. 그리하여 개화파 인사들 중에는 잡혀서 죽은 자도 무수하였고, 중상을 당하고 간신히 죽음을 면하여 병신이 된 자들도 여러 명이 되었다.

다행히 지금의 명치(明治: 메이지) 황제는 총명(聰明)하고 과단(果斷)하여 세상 돌아가는 형편을 먼저 깨닫고, 어려움을 무릅쓰고 반역자들

을 용서하여 중임을 맡기고, 수구당(守舊黨)을 차례로 몰아내고, 개화
당(開化黨)에게 힘을 실어주어 새 법을 실시하였다.

헌법(憲法)을 제정하여 상하 의원을 설치하고, 백성들에게 나랏일
을 의논하는 권리를 허락해 주자, 외국에 나가서 공부하는 자들이 날
마다 늘어났다. 사람이라면 누구든지 다 학문만 닦으면 못할 것이 없
을 줄로 알고 집과 솥이라도 팔아서[賣家鬻鼎: 매가육정] 경비를 장만하
여 영국이나 미국으로 건너가서 공부를 하였다. 그들이 졸업하고 돌아
오는 대로 그 능력을 따라 권리와 직업을 맡기자 점점 새 학문 공부하
기를 자기의 목숨 구하듯이 하여, 이삼십 된 자들은 남녀를 물론하고
그 성질과 모양이 다 서양 사람 같이 되었다.

이처럼 전후로 사십 년 동안에 전국에 변하지 않은 것이 하나도 없
어서, 세상 사람들은 이르기를, 일본은 다만 그 나라 이름 두 글자 외
에는 변하지 않은 것이 없다고 하는데, 이렇듯 속히 변혁한 것은 세계
역사에서도 드문 일이다. 우리나라의 신민 된 자들은 저들의 변화한
모습을 보고 부러운 마음을 이기지 못할 것이다.

29
아라사의 정치 내력

아라사(俄羅斯: 러시아)는 청국의 북방에 있는 나라로서 구라파와 아시아에 반씩 걸쳐 있는데 천하에서 제일 큰 나라로는 영국과 이 나라 둘을 치고 있다.

영국은 각처에 흩어져 있는 속지(屬地)들을 다 합해야 큰 나라이지만, 아라사는 한 덩이로 이렇듯 크게 되었으니 그 땅의 너름을 짐작할수 있을 것이다. 그러나 다만 지구 북편 끝에 가까워서 기후가 몹시 춥고 너른 들이 매우 습하여 사람 살기에 적합하지 못한 곳이 많으며, 모든 항구가 반년 동안은 얼음이 풀리지 아니하여 동서양에 전쟁이 있으면 군사를 파병하기에 심히 불편하기 때문에 항상 얼지 않는 항구를 얻고자 하는 것이다.

아라사는 처음부터 풍기(風紀: 풍속과 풍습에 대한 기율)가 미개하여 지금까지 야만스러운 풍속이 많이 없어지지 않았으나, 이전의 역사를 보면 더욱 괴이하고 사악한 역사적 사건들이 많다.

1672년에 대(大) 피득(Peter the Great: 표트르 I(Pyotr I). 재위 1682~1725)

이라 하는 임금(人君)이 나서 정사를 그 매씨(妹氏)에게 맡기고 미복(微
服: 지위가 높은 사람이 무엇을 몰래 살피러 다닐 때 입는 남루한 옷)으로 각국
을 유람하였는데, 다른 나라의 문명하고 진보함을 보고는 자기 나라의
미개함과 곤궁(困窮)하고 잔약함을 탄식하면서 크게 변혁할 것을 맹세
하였다.

그 후 배를 만드는 장색(匠色: 어떤 물건을 만드는 기술자)에게 고용되
어 배 만드는 법을 공부해 가지고 자기 나라로 돌아와서 정사(政事)를
고치고 풍속을 변혁했는데, 영특한 수완으로 완고한 민심을 돌아보지
않고 용맹하게 개혁을 시행하였으나, 다만 신하들이 어둡고 백성들이
미개하여 그러한 신민들을 데리고는 갑자기 성공하기가 어려웠다.

이에 서양 사람들을 청해 들어와 국적(國籍)에 올려주고 살기를 원
하는 자들은 그 자격에 따라서 벼슬도 시키고, 땅도 갈라 주어 자기의
신민(臣民)이 되어 나라를 돕도록 하였는데, 지금도 그 나라에서는 웬
만한 평민이라도 약간의 상등 대접을 받는 사람을 보면 다 얼굴빛이
흰 인종이고, 모든 하등 사람은 다 살빛이 누르고 얼굴이 못생긴 인민
들이다.

이렇듯 힘써 행하여 나라를 중흥(中興)시켜 놓았으므로 지금 저렇
듯 강대하게 된 것인데, 이는 다 이 임금이 기초를 잡아놓은 것이다.
이러므로 그 서울을 피득보(皮得普: 피터스버그)라 하여 그 굉대(宏大: 굉
장하게 큼)한 사업을 천추(千秋)에 기념하는 것이다. 그러나 그 나라의
본토 백성들을 위하여 의론하는 자들은 종종 말하기를, 이 임금의 공
적은 심히 크다고 하겠지만, 본토의 인종에게는 크게 원망을 샀다는
책망을 면하지 못할 것이라고 한다.

이 임금이 평생에 각국을 병탄(倂吞)할 욕심이 있어서 사방으로 토

지를 널리 확장하였으나, 끝내 장생(長生)할 방법이 없어서 욕심을 다
채우지 못하고 세상을 떠날 줄 먼저 생각하였다.

그래서 미리 14조목(條目)의 유언장을 작성하여 깊이 간수하고, 그
후 자손으로 하여금 대대로 전해 주면서 비밀히 감추어 두고 형편을
따라 유언대로 행하라고 하였는데, 그 유언장의 대지(大旨)는, 강한 나
라와 먼저 힘을 합하여 작은 나라를 나누어 없애고, 그 후에는 틈을 타
서 그 나라를 마저 쳐 없애며, 자유(自由)하는 나라에는 혼인을 통하거
나 달리 결연(結緣: 인연을 맺음)하여 먼저 내정을 간섭하여 권리를 주
장하라고 하였다. 이런 모든 궤휼(詭譎: 야릇하고 간사스럽게 속임)하고
간교(奸狡: 간사하고 교활함)한 계책의 의도가 몹시 음험하였다.

그 후로 여러 대(代)에 걸쳐 임금이 된 자들이 다 이 유언대로 따라
행함으로써 효험을 많이 보았는데, 근래에 이르러 그 유언장이 발각되
어 세상에 드러나자 각국은 그 무한한 욕심을 알고 크게 두려워하여
사람마다 전파하여 모르는 자가 하나도 없게 되었다. 그러자 구라파주
의 모든 나라들은 하나같이 아라사의 세력 막는 것을 제일 긴급한 문
제로 삼았다.

1859년에 아라사와 토이기(土耳其: 터키) 두 나라간의 전쟁(*크리미
아 전쟁. 1853~56)에 각국이 일제히 나서서 싸움에 간섭하여 아라사와
조약을 체결하여 다시는 흑해(黑海) 어귀를 건너서 마음대로 나오지
못하게 하였다. 본래 흑해는 아라사 함대가 서양으로 나오는 길목이므
로 이 어귀만 막으면 서양 각국에 대해서는 감히 어찌할 수 없기 때문
이다.

그 후로 아라사인들은 감히 서쪽을 다시 엿보지 못하고, 범같이 탐
하는 눈길을 동쪽으로 돌이키니, 밤중 같은 천지에 수많은 생고기들이

무수히 널려 있었다.

그래서 1880~90년간에 시베리아 철로를 부설하기 시작하여 6년을 작정하고 1만 5천 리가량을 통하여 나오니, 이는 그 서울[피터스버그]에서 군사를 파견하여 아시아주 동방 끝으로 나오기를 지척(咫尺)같이 하기 위해서였다.

해삼위(海蔘威: 블라디보스토크)를 동방의 거점으로 삼았는데, 이곳은 곧 대한의 북도(北道)와 청국의 동편에 연접한 곳으로, 이 지방에 이르러 동양 천지를 맘대로 호령하고자 한 것이다. 서양에서 막은 불이 동양으로 미쳐오고 있었으니, 그 위급하고 절박함이 실로 조석(朝夕)에 달려 있었다.

30
서양 세력이 동으로 뻗어오다

아라사의 세력이 서양으로 뻗어가지 못한 것은, 다른 이유가 없고, 다만 서양 각국이 모두 아라사의 욕심을 깨달아서, 아라사가 가는 곳마다 조심하고 방비하여 그들의 계책에 빠지지 않고 한마음으로 협력하여 막아냈기 때문이다.

만약 동양 각국도 진작 그런 형편을 깨닫고 서로 방비하였더라면 아라사가 감히 다른 욕심을 부리지 못하였을 터인데, 한(韓)·청(淸) 양국은 전혀 모르고 앉아서 점점 뻗어 들어오는 화근(禍根)을 방비하지 아니하였기에 그 형세가 심히 위태하게 된 것이다.

만일 아라사가 청국을 향하여 호령만 크게 해도 청국은 곧 두려워서, 대한은 본래 우리 것이 아니니 아낄 것이 없다고 하면서 제것처럼 아라사에게 허락하고는 저만 화를 면하려고 할 것이다. 대한은 대한대로 헤아리기를, 기왕에 남의 속국 되기는 일반이니 아라사에 속하는 것이 과히 원통하다 할 것도 없거니와, 설령 원통하더라도 청국의 세력도 우리가 거절하지 못하였는데 하물며 청국이 대적하지 못하는 아라사에게 어찌 감히 항거하겠는가 하면서, 우리가 아라사의 입에 들어

가는 것을 영원히 면하지 못할 것이니, 만일 대한이 아라사의 입에 들어간다면 일본은 스스로 외로워져서 또한 홀로 부지(扶持)하기를 바라지 못할 것이라고 하였다.

　일본이 홀로 이러한 형편을 살펴보고 밤낮으로 백성을 교육하여 이러한 뜻을 알게 하고, 군사를 길러서 국력을 강하게 하고, 한편으로는 한(韓), 청(淸) 양국을 깨워서 같이 방어하기를 힘쓰고자 하였다. 그러자 서양 각국이 또한 이 뜻을 일본에 권고하며 대한(大韓)과 통하여 깨닫도록 하였는데, 이는 아라사 세력이 미치는 곳마다 상업과 전도(傳道) 등 모든 공변된 이익에 크게 손해가 있기 때문이었다.

　이때에 법국(法國: 프랑스)의 천주교인들이 틈틈이 들어와서 전도하므로 우리나라에서는 그들을 붙잡는 대로 죽이기를 일삼았다.

　1832년에 영국 군함 한 척이 남도 해변에 대고는 글을 보내어 통상하기를 청하며[1] 교책(敎冊: 종교 관련 책자. 성경)을 바쳤는데 곧 물리쳐서 쫓아냈다.

　1847년에 법국 군함 두 척이 고군산(古群山: 고군산 군도. 전라북도 군산시 옥도면에 속하는 군도) 앞에 들어왔다가 얕은 바닥에 걸려서 조수(潮水)가 물러간 후에 곧 파선이 되었다. 법국인 600여 명이 섬으로 들어가 섬 주민들에 의해 구제되어 의복과 음식을 충분히 준비해 주고 배를 내어 실어서 청국으로 보내려고 할 때 마침 영국 배가 가까이 지나가다가 그들을 실어서 갔는데, 이때에는 조선 정부와 백성들이 외국인을 극히 잘 대접하였으나, 외국인들이 다시 들어올까 염려하여 글을

---

[1] 1832년 영국 군함 한 척이 황해도 몽금포에 와서 통상을 요청하는 청원서를 조선 조정에 보냈다.

청국에 보내어 법국 사람에게 사정을 설명하기를:

"지나간 해에 우리가 외국 사람한테서 글을 받아보니, 그 글에서 말하기를, '귀국에서 우리 선교사들을 무단히 죽였기에 그 이유를 물었더니, 귀국의 법은 외국인을 국내에 들어오지 못하게 한다고 하였다. 그러나 만일 청인(淸人)이 귀국에 들어간다면 극진히 보호하여 잘 대접하는데, 어찌하여 청인은 그렇듯 잘 대접하면서 우리 백성에게만은 홀로 차별대우 하는가. 만일 우리 백성이 혹 인명을 살해하거나, 법이나 도리를 지키지 아니하려고 하거나, 혹 다른 죄를 범하였다면 우리가 아무 말도 못하겠지만, 이 사람들은 실로 아무런 죄도 없는데 귀국이 사형에 처하였으니, 이는 법국(法國) 정부에 대하여 크게 손해를 입히는 것이다.'라고 하였다.

이에 대하여 우리나라에서는 이렇게 답장하였다:

'우리는 이 편지에 대하여 삼가 답장하노라: 몇 해 전에 어떤 외국 사람이 붙잡혀서 옥에 갇혔는데, 그가 언제 우리나라에 들어왔는지는 알 수 없으나 조선옷을 입고, 조선말을 하고, 얼굴은 가리고, 밤이면 다니고 낮이면 자고, 다만 상종하는 사람이라고는 우리나라의 법을 지키지 아니하는 무리들이었다. 마침내 잡혀 와서 심사받는 자리에서 성과 이름을 바로 대지 아니하고, 어느 나라 사람이라고 말하지도 않았다.

그런데 지금 귀국에서는 이 사람들을 귀국의 백성이라고 말하는 것인지 그 뜻을 자세히 알기 어렵거니와, 당초에 어느 나라 사람이라고 말하지 않았으니 돌려보내 줄 수도 없었고, 설령 귀국 백성인 줄 알았다 하더라도 내 나라에 비밀히 들어오는 자를 국법대로 다스렸던 것인데 무엇이 잘못되었단 말인가.

하물며 언어와 이름과 복색(服色)을 바꾸고 내지(內地)에 비밀히 다닌 것은 분명히 다른 뜻이 있어서일 것이니, 그런 사람을 어찌 파선(破船)당해 오는 사람과 같이 비교하겠는가. 만일 파선당해 오는 자가 있으면 힘껏 구제하여 돌려보내는 것이 본국의 법이므로, 귀국 백성들도 표풍(漂風: 바람결에 떠서 흘러감)하여 왔다면 청인이나 일본 인과 다름없이 하였을 것이다.

그런데도 귀국에 대하여 우리가 크게 실수하였다고 하는 것은 실로 놀라운 말이다. 우리가 법국과 교섭이 없었으므로, 법국이 얼마나 멀리 있는 나라인지도 모르는데 무슨 손해를 입혔다고 하는가. 만약 귀국에 모르는 사람이 들어가서 불법한 일을 행한다면 짐짓 그저 두겠는가. 청국 사람이나 만주 사람이 이렇게 했더라도 우리는 또한 이와 같이 조처하였을 것이다.

그동안에 청국 사람이 변복(變服)하고 들어왔다가 잡혀 죽었으나 이것이 우리나라의 법인 줄 알기 때문에 청국 정부에서는 아무 말도 못하였는데, 귀국 백성인 줄 알았더라도 법대로 시행한 것이 실수라 할 수 없는데, 하물며 모르고 한 것이야 더욱 무슨 말이 필요하겠는가.

귀국에서 보낸 편지가 법식(法式)에 합당하지 못하므로 우리가 회답할 의무는 없으나, 이 일은 관찰사(觀察使) 한 사람이 조처할 바가 못 되고, 그리고 우리는 청국의 속국이기 때문에 외국과 관계되는 모든 일에는 북경 정부와 의논하여 조처하는 것이 우리의 직책이므로, 이 사실을 숨기지 않고 바로 말하는 것이니 윗사람에게 이대로 보고하라."

고 하였다.

이 편지가 청국을 통하여 법국 정부에 전달되자, 법국 정부에서 보고 의론하여 말하기를, 죽음을 무릅쓰고 어두운 나라에 들어가서 교화(敎化)를 전하는(*선교하는) 내 나라 백성을 어찌 돌아보지 아니하겠는가. 군사를 보내서라도 별도로 조약(條約)을 맺고 조선에 들어가는 교인(敎人)들을 잘 보호하게 하는 것이 옳다고 하고는 막 군사를 보낼 준비를 하려고 하다가 마침내 법국 내에서 내란이 일어나[1] 그 의론이 정지되었던 것이다.

대저 교인(敎人)이라 하는 것은 각국이 법으로 극력 보호해 주고 있다. 서양의 각국에서도 수천 년 동안 내려오면서 교(敎) 믿는 백성들을 잡아 죽이는 것을 큰 사업으로 삼아서 수천 명이 목숨을 잃은 후에야 비로소 그것이 잔포(殘暴)하고 무리(無理)한 일인 줄 깨닫고 헤아리기를, 교(敎)라고 하는 것은 각국의 정치와 풍속의 근원인데, 저들이 각각 믿는 대로 받들고, 또한 저들이 좋은 줄로 알고 믿는 것을 남과 같이하자는 본래의 뜻은 지극한 인애(仁愛)의 마음에서 나오는 것인데 어찌 금하고 막겠는가, 하여 공법(公法: 국제법)을 정하여 특별히 보호하는데, 이것이 곧 근대 개명 세계가 크게 관심을 기울이고 있는 것이다.

그런데 조선에서는 이러한 본래의 뜻을 모르고 혹 교를 전파하면 곧 나라가 없어지거나, 백성이 다 임금도 없고 아비도 없이 금수(禽獸)

---

[1] 법국 내의 내란: 나폴레옹 1세의 조카 루이 나폴레옹(1808~1873)이 나폴레옹 1세의 제1제정이 몰락한 후 영국으로 탈출하였다가, 프랑스에서 1848년에 2월 혁명이 일어나자 귀국하여 대통령에 당선되었다. 이후 1851년에 쿠데타를 일으켜 1852년에는 황제가 되어 제2제정시대를 열었는데, 국내의 내란이란 이런 일련의 사태를 말한 것 같다.

같이 되는 줄로 알아서 외국인의 입국을 막는 것이 가장 엄한 국법으로 되었기 때문에, 잔혹하고 무리한 일들이 종종 생겼던 것이다.

일찍이 1866년 6월에 미국의 범선(帆船: 돛단배) 한 척이 황해에서 태풍에 표류하여 내지로 떠밀려 올라왔는데 대원군의 명령으로 무사히 보호하여 청국으로 보냈다. 그해 9월경에 미국 상선(商船) 한 척이 대동강 어귀에 들어와 평양 앞에 이르러 통상조약(通商條約)을 맺자고 하였으나 허락하지 아니하고 물러가기를 재촉하였다. 그러나 끝내 듣지 아니하고 점점 올라왔는데, 이 소문이 전파되자 난리가 났다고 하여 민심이 크게 동요하였다.

본래 이곳에는 큰 배가 들어오지 못하는데 바닷물이 얕은 줄 모르고 조수(潮水)를 따라 상류로 높이 올라왔다가 물이 물러나가자 배 밑이 강바닥에 걸려서 물러가지 못하게 되었다. 말은 서로 자세히 통하지 못하고 민심은 크게 동요하였는데, 그 때문에 충돌이 생겨서 배에 불을 지르고 배에 탄 사람들을 모두 살해하였다.[1]

이 해에 법국의 천주교 신부들이 변복(變服)하고 다니다가 또 붙잡혔다. 다시는 이 땅에 있지 말고 본국으로 돌아가라고 하였으나 죽어도 돌아가지 않겠다고 하였으므로 이에 죽이는 형벌에 처했는데, 이때에 간신히 형을 면하고 도망쳐서 청국으로 간 자(*리델(F.C. Ridel) 신부. 한국이름 李德兒)가 있어서 그 참혹한 처형의 정상(情狀)을 전하였다. 법국 공사(Henry de Bellonet)가 크게 분노하여 청국의 공친왕(恭親王: 청국의 총리아문 최고책임자)에게 조회(照會: 무엇을 묻거나 알리기 위하여 보내는

---

[1] 이때 침몰한 배가 미국의 상선 제너럴 셔먼(General Sherman)호이므로 이 사건을 셔먼호 사건이라 부른다.

공문. 서면으로 물어봄)를 보내어[1] 조선에서 법국 선교사들을 죽인 사실을 따져 물었는데, 그 조회에서 이와 같이 말하였다:

"이전에 귀국의 속국이었던 조선이 야만스러운 포학을 행하였다. 4월경 법국 신부들이 그 나라에서 전도하다가 마침내 붙잡혀서 선교사 아홉 명과 조선 신부 일곱 명과 그 외에 무수한 교인들을, 남녀노소를 막론하고, 그 나라의 왕명으로 모조리 살해하였는데, 이런 행위는 결단코 그냥 두지 못할 것이다.

수일 후에 우리 군사가 그 나라에 들어가 쳐서 이길 터이니, 우리 대황제(*待皇帝: 대통령 되기 전—원저자 주)께서 그 나라 임금(조선왕)께 대하여 어떻게 하시든지 뜻대로 하실 것이다.

귀 정부에서 본 공사에게 여러 번 설명하기를, 귀국은 조선에 대하여 아무런 관련도 없다고 하였으며, 조선에 가는 우리나라 교인을 보호해줄 빙표(憑票: 여행허가증)를 귀 정부에 청구하였더니 또한 귀국은 조선과는 상관이 없다고 하면서 하여 주지 않았다. 본 공사가 지금 분명히 밝혀두는 바는, 우리는 귀국이 조선에 대하여 아무 권리도 없는 줄로 안다는 것이다."

청국은 매번 이런 문제를 만나면 장래에 어찌 될지는 생각지 아니하고 다만 당장의 화단(禍端: 화의 단서)만 면하기 위하여 말썽 나지 않

---

[1] 조회를 보내어: 이 글은 원래 법국 공사 벨로네(Henry de Bellonet)에 의해 불어로 작성된 외교문서인데, 이승만은 그리피스(William E. Griffis, 1843~1928)의 영문 저서『Corea: The Hermit Nation』(조선: 은둔의 나라)에 실린 이 글의 영문 번역본을 보고 번역하여 옮겼을 것으로 추정된다.(*유영익 저,『젊은날의 이승만』p. 126.)

고 넘어가도록 대답하는 것이 벌써 한두 번이 아니었다. 이때에도 이 조회를 보고는 무슨 책망이나 있을까봐 두려워서 즉시 이렇게 대답하였다:

> "조선은 본래 강한(強悍: 강하고 사나움)하여 항상 우리를 괴롭게 할 뿐이고 우리 속국은 아니므로, 우리와는 상관이 없는 일이니 알아서 행하라."

그때 마침 우리나라 사신이 북경에 갔다가 돌아오려고 할 때 청국 정부에서 은밀히 이르기를, 우리 청국의 세력으로도 서양 사람들을 마음대로 다루지 못하는데, 하물며 작은 조선이 어찌 이런 일을 행하겠는가. 지금 법국이 군사를 일으켜 쳐들어간다고 하니 알아서 조처하는 것이 좋겠다고 하였다.

사신이 이 말을 듣고 돌아와 우리 정부에 보고하고, 겸하여 북경에 법인(法人)이 돌입(突入)하여 대궐에 불을 지르고 억지로 통상조약을 맺은 사실을 자세히 말하니, 조야(朝野)에 난리 소문이 파다하게 퍼져서 무수히 많은 사람들이 분분히 피난하여 산으로 들어갔고, 한편으로 각처 바닷가에 포대를 쌓으며 싸울 준비를 하였다.

이때에 법국 군함 2척(*사실은 7척이었음)이 강화에 이르러 1척은 먼저 한강 어귀에 들어와 물속을 측량하니, 강화는 벌써 법국 병사들에 의해 점령되었으므로, 전국에 풍문이 요란하여 큰 난리가 난 듯하였다. 우리 정부에서 이경하(李景夏)에게 군사를 거느리고 통진부(統鎭府)에 웅거하고 있으면서 법국 군사들과 대치하고 있도록 하고는 법국 진영에 글을 보내어 이렇게 말하였다:

"너희 선교사가 변복을 하고, 이름을 고치고, 수상한 행색으로 내지에 들어와 남의 나라 국법을 어겼기 때문에 사형에 처한 것은 당연한 일이었다. 그런데 어찌 군사로써 흔단(釁端: 서로 사이가 벌어지게 되는 시초나 단서)을 만드느냐?"

그러자 법국의 함장이 회답하여 말하였다:

"우리 선교사를 이유 없이 죽인 것은 실로 불법(不法)한 일이다. 그 일을 주관한 대신 3명을 우리에게 내어주고 전권대신을 보내어 통상(通商)과 선교(宣敎) 활동을 허용하는 조약을 맺자."

우리 정부에서는 다시 대답하지 않고 산포수(山砲手: 생업으로 산에서 사냥을 하는 사람) 5천 명을 뽑아 보내서 일시에 쳐서 물리니 법국 병사들이 무수히 상하여 부득이 물러갔는데, 이것이 곧 병인양요(丙寅洋擾)이다.

이때에 미국 상선(*제너럴 셔먼호)이 평양에서 침몰한 소식을 미국 정부에서 듣고 자기 백성들이 무고하게 피해를 당한 것을 그냥 두지 못하여 1871년 봄에 청국에 있는 미국 공사(*로우Low)에게 명하여 군함을 거느리고 조선에 가서 조약을 맺고 통상(通商) 문제와 조선에 오는 미국 선교사를 보호하는 문제를 의론하도록 하였다.

이에 군함 5척을 일본 장기(長崎: 나가사키)에 모아 이해 5월 16일에 한국을 향해 떠나 30일에 한국 해변에 도착하여 정박해 있으면서 우리 정부에 글을 보내어 말하기를, 긴급히 의논할 일이 있으니 관원을 파견하여 결정하자고 하였다.

이전에 청국 정부에서 미리 미국 군사가 오려는 뜻을 우리나라에 알려주었기 때문에, 먼저 소문을 듣고 평양 사건으로 인하여 사단(事端)이 있을까 두려워서 포군(砲軍) 3천 명(*실제로는 6백여 명)을 뽑아 보내서 강화 어귀에 주둔시켜 놓고 그들을 막아서 물리치도록 하였다.

그때 작은 배 한 척이 먼저 측량하러 올라왔는데, 그것을 향하여 일시에 사격을 하자 총알이 비 오듯 하여 더 올라오지 못하고 물러가서는 여러 군함들과 함께 올라와서 언덕에 내려 포대를 점령하였다.(*강화의 초지진, 덕진진, 광성진 등이 이때 점령되었다.)

미국 군사들이 잠시 동안은 접전하여 육지에 자리를 잡고 버티었으나, 외로운 군사가 무수한 포군과 대적할 수 없고, 또한 성안으로 들어가지 못할 터이므로, 서로 오래 대치하고 있는 것이 좋은 계책이 아닌 줄 알고는 곧 군사들을 이끌어 물러가니, 비로소 난리가 평정되었다.[1]

앞에서 기록한 것을 보면 서양 각국과 통하지 않으려고 여러 번 승강이를 벌이던 역사의 대강을 알 수 있을 것이다.

각국이 대한(大韓)이란 나라가 있는 줄 알게 된 후로는 청국으로부터 여러 차례 군함을 파견하여 혹 호의로 권하기도 하고, 혹 위력(威力)으로 핍박하기도 하였으나, 한 번도 뜻을 이루지 못하고 낭패하여 돌아갔으니, 이때까지도 우리나라에 원기(元氣: 활력)가 든든하였음을 짐작할 수 있다. 그리고 우리나라 정부에서 두 차례나 승전한 후로 얼마나 의기양양해 하였을지 또한 짐작할 수 있을 것이다.

---

[1] 1871년에 일어난 이 사건이 소위 신미양요(辛未洋擾)이다. 미국 함대의 철수를 미군의 패배로 간주한 흥선 대원군은 쇄국정책을 더욱 강화하기 위해 서울의 종로와 전국 각지에 척화비(斥和碑)를 세웠다.

청국은 막지 못하여 부득이 허락하고, 일본 또한 마지못해서 통상을 허락하였지만, 우리나라는 홀로 방비하여 끝끝내 물리쳤으니 기운이 더욱 강성해져서 종로의 큰길 위에 비석을 세우고 비문(碑文)을 새겨 넣으며 말하기를(*이를 척화비(斥和碑)라고 한다):

"서편의 오랑캐가 침범하니 싸우지 아니하면 화친해야 한다. 만일 화친한다면 이는 나라를 파는 것이니[洋夷侵犯, 非戰則和, 主和賣國], 만세 자손으로 영원히 경계하라.
 병인년에 새겨서 신미년에 세우노라."

그 후로 천주교인을 살해하라는 명령이 더욱 엄해지고, 외국인을 막아내려는 방침이 더욱 굳건하여, 천지는 바뀌어도 외국인은 이 나라에 용납하지 못하며, 서양의 종교(천주교)는 전하지 못할 듯하였으나, 지금 겨우 30여 년 동안에 외국인의 세력이 어떻게 퍼졌으며, 천주교

〈그림〉 조선 포군과 미국 수군이 전쟁하여
양국 군병들이 다소 사상한 후 잠시 상륙한 것

를 믿는 사람들이 얼마나 많아졌는지 각자 생각해 볼 일이다.

　종로 네거리에 뚜렷이 세웠던 비석이 다시 보이지 아니하니, 세상이 변하는 것을 세력으로 막을 수 없는 줄을 황연(晃然: 환히 깨닫는 모양)히 깨달아야 할 것이다. 지금도 컴컴한 데 들어앉아서 왜(倭: 일본)와 양(洋: 서양)을 몰아내자거나, 저희가 스스로 물러갈 날이 있을 것이라고 하면서 고집을 깨우치지 못하는 자들은 참으로 어리석은 인생이로다.

〈그림〉 조선 수군과 미국 수군의 전투에서 죽은 조선 포군

〈그림〉 미군에게 잡힌 조선 포군

31
일본이 조선과 통하려 하다

이때에 아라사 또한 사신을 보내어 원산(元山)에 이르러 우리 정부에게 통상조약을 맺자고 청하였지만, 이 또한 듣지 않았다. 그러나 서양의 세력이 점점 가까이 닥쳐와서 세상의 공론이 분분(紛紛)하였다.

일본도 사신을 보내어 동래(東萊)에 이르러 통상조약 맺기를 청하면서 말했다:

"지금 일본이 각국과 서로 통하여 세상 형편을 살펴보니, 옛날처럼 혼자서 지낼 수 없으니 어쩔 수 없이 서로 통하여야 견딜 것이고, 서로 통하려면 정치와 풍속을 전부 새롭게 변혁하여 새 법을 본받기 전에는 나라도 유지하지 못할 줄을 깨달았다. 그래서 날마다 서양의 법을 본받기에 관민(官民)이 한마음이 되어 노력한 결과 점점 개명(開明)으로 나아가는 효험이 벌써 적지 않다. 귀국도 우리와 같이 타국과의 왕래를 통하여 부강(富强)을 도모하는 것이 심히 옳다."

그리고는 동래(東萊) 부윤(府尹: 지방 관청인 부(府)의 우두머리)에게 부

탁하여 그 글을 정부에 올렸더니, 정부에서는 곧바로 물리치며 말했다:

"우리나라에서는 이런 글을 받고자 아니하니 그 사신에게 주어 곧
내쫓으라."

일본 사신이 부득이 물러가자 일본 정부에서 다시 교섭하려고 하
였으나 결국 효과가 없었다.

1870년에 화방의질(花房義質: 하나부사 요시모토)이 들어와서 다시 시
도하였으나 또한 성사시키지 못하였다.

그 후 1875년 9월경에 일본 군함 2척이 청나라 지부(芝罘: 치푸) 땅
에서 출발하여 조선의 해변을 지나가다가 강화 근처에서 내려 배에서
먹을 물을 긷고 있을 때 근처 백성들이 보고는 법국이나 미국의 군사
로 알고 일시에 총을 쏘면서 맹렬히 공격했다. 그러자 일본 군사들은
대단히 격노하여 일제히 배에서 내려 백성들을 겁박하고 마을에 불을
지른 후 곧 물러가 장기(長崎: 나가사키)에 이르러 그 사실을 위에 보고
했다.(*이것이 운양호(雲楊號) 사건이다.)

이때에 일본 정부에서는 당론(黨論)이 갈라져서 혹은 조선을 치자
고도 하고, 혹은 치는 것이 이롭지 못하다고 하여 시비(是非)가 분분했
다. 그때 서향륭성(西鄕隆盛: 사이고 다카모리)[1]이 살마(薩摩: 사츠마) 파

---

[1] 서향륭성(西鄕隆盛, 사이고 다카모리): 사츠마 번(薩摩藩)의 하급 무사 집안 출
신으로 오쿠보 도시미치(大久保利通)와 함께 사츠마 번을 중심으로 막부(幕
府) 타도 운동을 벌였다. 1868년 보신전쟁(戊辰戰爭) 때 막부군을 설득하여
에도성(江戶城: 현재의 도쿄)을 무혈 항복시켜 도쿠가와 막부 시대를 끝내고
메이지 유신을 열었다. 이후 메이지 정부에 참여했다가 1873년 자신이 제기
한 정한론(征韓論)이 받아들여지지 않자 관직에서 물러나 귀향하였다. 이후

의 영수가 되어 조선을 급히 쳐서 없애자고 주장하면서, 심지어 군사를 일으켜 일본 정부를 몰아붙이기에 이르렀다.

그러자 일본 정부에서 말하기를, 지금 곧 군사를 보내면 조선을 격파하기는 아주 쉽겠지만 이긴 후에 틀림없이 후환이 있을 것이다. 그 후환을 없애려면 지금 세력으로는 감당하지 못할 것이니, 쳐서 이기는 것이 우리에게 이롭지 못하다. 우리는 지금부터 군사를 잘 길러 후일에 일할 힘이나 준비하면서, 한편으로 조선을 호의로 권하여 다행히 들으면 부국강병(富國强兵)할 도리로 동심합력(同心合力)하여 서양의 형세를 막는 것이 참으로 모두에게 완전한 계책이다. 만일 듣지 아니하면 그때 가서 다시 군사를 일으켜 치더라도 늦지 않다고 하면서 서향륭성의 계책을 듣지 않았다.

그러자 서향(西鄕: 사이고)이 대병(大兵)을 일으켜 정부를 몰아내고 자기 뜻대로 행하려고 하여, 전후로 일곱 달 동안 큰 전쟁이 벌어졌는데,(*1877년의 이 전쟁을 일본 역사에서는 〈세이난(西南) 전쟁〉이라 부른다), 이 일로 인하여 죽은 사람이 2만여 명이고, 허비한 재정이 2천만 원가량이나 되었다. 결국 서향이 패하고 평화를 주장하던 편이 이겨서 조선에 큰 병화(兵禍: 전쟁의 참화)가 이르지 않게 되었으니, 이는 진실로 양국에 대하여 다행한 일이다.

이때에 우리나라 정부에서는 나라가 이런 위급한 형편에 처해 있는 줄을 짐작한 이들이 혹 있었는지 모르지만, 전국의 백성들은 아무것도 모르고 꿈속에서 지내고 있었다. 만일 그때 전쟁이 일어나게 되

사츠마 번에서 반정부 세력의 우두머리가 되어 중앙정부에 저항, 1877년 세이난(西南) 전쟁을 일으켰다가 패배하고 자결하였다.

었더라면 임진왜란(壬辰倭亂) 이후 또 한 번의 큰 전쟁이 되었을 것이
니, 우리나라의 이해(利害)는 어떠하였을지 단정할 수 없지만, 서향(西
鄕)의 뜻은 망령되다고 할 수 있을 것이다. 사오천 년의 오랜 역사를
지닌 남의 나라를 이렇듯 무인지경(無人之境)같이 여기고 어찌 패하지
않을 것이라 확실히 장담하였단 말인가.

　　일본 정부에서 그의 주장을 따르지 아니한 것은 과연 장원(長遠)한
계책으로 밝게 보았다고 할 수 있을 것이다. 어두운 이웃 나라를 극력
깨우쳐서 힘을 합쳐 보전하자고 한 것은 우리나라 신민들이 일본에
대하여 깊이 감사해야 할 것이다.

32
일본과 처음으로 통상하다

이즈음 일본이 조선에 사신을 보내어 통상하기를 청하려고 하였으나, 본래 공법(公法: 국제법)상으로는 남의 속국은 타국과 조약을 맺거나 사신을 서로 교환하지 못하게 되어 있다.

청국이 비록 각국에 대하여 누누이 공개적으로 밝히기를 조선은 우리의 속국이 아니라고 하였으나, 청국은 본래 그 행위가 정대하지 못하여 어려운 형편이 있으면 이렇게 말하고, 그렇지 않으면 또 달리 말하여, 일정한 실상을 믿을 수 없기 때문에, 청국에 먼저 질문을 하여 확실한 대답을 들은 후에 조선과 의론하는 것이 옳다고 하여 즉시 사신을 청국에 보내어 사실관계를 질문하였다.

그러자 청국이 또 겁을 내어 여전히 대답하기를, 조선은 우리와 상관이 없는 자주독립국으로 알고 있으니 직접 판단해서 처리하라고 하였다.

이에 흑전청륭(黑田淸隆: 구로다 기요타카)과 정상형(井上馨: 이노우에 가오루)[1]이 해군과 육군 8백 명을 거느리고 조선을 향해 가는데, 청국이 이 사실을 먼저 조선에 기별하면서 부득불(不得不) 화친하는 것이 좋을 것이라고 권고하였다.

우리나라 정부에서는 비로소 사세가 절박한 줄 알고 부득이 통상하는 문제를 의논하였는데, 그때 마침 대원군께서 국정을 내어놓고 물러나셨기 때문에, 정부에서는 신헌(申櫶)과 윤자승(尹滋承) 등에게 명하여 강화에 가서 일본 사신과 조약 문제를 의논하도록 했다.

일본 사신이 먼저 물었다:

"우리나라가 항상 귀국과 화친조약을 맺고자 하여 누누이 청하였으나 귀국은 끝내 대답하지 아니하였는데, 그 까닭이 무엇이오."

조선의 대신이 대답하였다:

"옛날부터 귀국은 우리나라에 대하여 말이 극히 겸손했었는데, 근래에 와서는 대일본(大日本) 대황제(大皇帝)라고 스스로 존칭하여 우리나라보다 높은 체하는 뜻이 보이기로 대답하지 아니한 것이오."

그러자 일본 사신이 좋은 말로 대답하여 말했다:

"일본이 이름을 존칭하는 것은 귀국의 실제 권리에는 상관이 없지 않은가."

---

[1] 정상형(井上馨): 이노우에 가오루. 이등박문 등과 영국 유학을 하고 귀국해서 막부 타도 운동을 벌였다. 1876년 흑전청륭(黑田淸隆: 구로다 기요타카)과 함께 조선 조정에 운양호 사건에 대한 책임을 추궁하여 조일(朝日) 수호조약을 체결했다. 1884년에는 전권대사로서 갑신정변 처리를 위한 한성조약을 체결했다. 1894~1895년 주한 공사를 지냄.

조선의 대신이 그 말을 듣고는 그렇겠다고 여겼다.

일본 사신이 다시 물었다:

"우리 군사가 강화 지방에 내려서 물을 길을 때에 어찌하여 총을 쏘았소?"

조선 대신이 대답했다:

"일본인이 양복을 입고 있었기 때문에 서양인인 줄 알고 백성들이 그렇게 했던 것이오."

일본 사신이 다시 물었다:

"그러면 그 전에 일본 정부에서 일본 국기(國旗)를 귀국에 보내고 그 견본을 각 군(軍)에 돌려서 우리 국기의 모양을 알게 하기를 청하였거늘 어찌 일본인인 줄 분간하지 못하였소?"

우리나라 대신은 부득이하여 실수하였음을 사과하였다.

이즈음 정부에서는 날마다 모여서 이들이 문답(問答)한 앞뒤의 말들을 가지고 어떻게 조처할 것인지 의논하다가, 마침내 1876년 2월 7일에 통상조약을 조인하였다.(*이것이 강화도조약이다.)

이 조약의 대지(大旨: 대의. 대강의 뜻)는, 일본은 조선을 자주독립국으로 대우하여 본래부터 자주(自主)하던 일본국과 평등함을 인정한다고 하고, 심지어 청국의 간섭 여부에 대해서는 말한 바 없었으니, 이때가 곧 조선이 독립 권리를 실제로 회복한 최초의 일이다.

만일 백성이 독립을 중하게 여길 줄 알았다면 이날에 곧 전국이 즐거워하면서 경사스런 경축일로 삼아 지금까지 기념하기를 잊지 않아야 할 테지만, 백성이 독립의 귀중함을 알지 못하고 도리어 하는 말이, 대국(大國: 청국)을 배반하면 화근도 있으려니와 또한 도리가 아니라고 하였기 때문에, 감히 이 통상조약 맺은 사실을 알리는 자가 없어서, 어찌하여 통상이 되었으며, 이 통상조약이 우리나라의 권리에 무슨 관계가 있는지 지금까지 말하는 자도 적으니, 국권(주권)이 어찌 견고하기를 바라겠는가.

만일 이 통상조약이 아니었으면 서양 각국이 결단코 그저 있었을 리가 만무할 것이니, 그 중에서 강포한 나라가 먼저 기회를 타서 손을 댔더라면 대한의 형편이 어떻게 되었을는지 모를 일이다. 그런데 다행히 일본과 먼저 통상조약을 맺어 공고하고 완전한 독립을 실제로 공표하였으니 이 어찌 다행한 일이 아니겠는가.

이후로 각국이 뒤를 따라 차례로 들어와서 영국, 미국, 법국, 덕국, 아라사, 오지리(*오스트리아), 의대리(이탈리아) 등 모든 나라가 서로 따라 통상조약을 맺고, 피차 동등한 나라로 대우하며, 서로 대등하게 공사를 보내어 다 같이 외교 관계를 맺는다고 하였으니, 이 어찌 당당한 독립국이 아니겠는가.

당초에 우리나라가 이때까지 청국의 속국이라 불린 것도 실로 어림없는 말이거니와, 설령 부득이한 사정이 있었다 하더라도, 나라에 깨인 백성이 있었으면 세상 형편을 먼저 깨닫고 사방으로 주선(周旋)하여 각국에 요청하여 독립국으로 인허(認許)를 얻기 위해 죽기까지 힘을 썼어야 할 것이다.

그런데 이렇듯 깨인 백성이 없었기 때문에 타국이 자청(自請)하고 들어와서 그들에게 억지로 이 일을 맡기기에 이르렀는데, 자원하여 도와주는 좋은 친구들이 이렇듯 많았으며, 겸하여 이홍장(李鴻章)[1]이 먼저 우리 정부에게 통상조약을 맺도록 권하였는데, 그도 각국의 압력에 의해 부득이 그렇게 한 것인 줄은 소경이라도 짐작할 수 있겠거늘, 조선은 청국이 속으로 으르는 것을 두려워하여 대조선(大朝鮮) 독립국(獨立國)이라고 세상에 드러나게 반포하지 못하고 구차하게 시비(是非)에만 휩싸이지 않으려고 하였으니, 그 용렬함이 실로 심하였다.

---

[1] 이홍장(李鴻章): 청국의 북양대신. 1871~1898년 기간 중 청국 외교의 사실상 최고책임자였다. 조선에 미국, 영국, 독일 등과의 조약 체결을 권했다. 그러면서도 미국과의 조약 체결 시에는 "조선은 청국의 속방(屬邦)이다"란 내용을 제1조에 명문화하려고 시도했으나 미국의 반대로 결국 빠졌다.

33
임오군란

1879년에 화방의질(花房義質: 하나부사 요시모토)이 조선 주재(駐在) 일본 공사로 서울에 왔는데, 외국 정부를 대표하여 주재 공사로 조선에 온 것은 이때가 처음이다.

그래서 우리나라와 통상하는 각국의 공사들이 모이는 좌석에서는 일본 공사가 상석(上席)에 앉게 된 것인데, 일본은 이것을 매우 영광스런 일로 여기었다. 이 공사가 통상조약을 맺기 전에 개인적으로 조선에 와서 궁중에 얼마 동안 있었기 때문에 일본이 특별히 파견한 것인데, 그가 조선의 세력가들과 얼마쯤 안면이 있었을 것임은 짐작할 수 있을 것이다. 천연정(天然町: 서대문구 천연동. 조선 영조 때 세운 정자가 있던 자리. 현 동명여고 자리)에 공사관을 정하고 군사를 두어 호위하였다.

이때에 법국 선교사 2인이 새로 와서 서소문 밖에 숙소를 정하고 전도를 하다가 잡혀서 갇히게 되었다. 일본 공사가 우리 정부에 대하여 설명하기를, "일본에 있는 법국 공사가 내게 부탁하여 이 일을 대신 의논해 달라고 해서 이렇게 개입하는 것인데, 나의 개인적인 의견

으로 말하더라도, 선교사를 죽이는 것은 공법(公法)에 심히 합당하지
못하니 놓아 보내는 것이 옳다."고 하였다. 그리고는 그들을 보호하여
일본으로 보냈다.

　그 후로 선교(敎)를 반대하던 당파 사람들이 사형에 처해졌는데, 이
때부터 외국인을 몰아내고 교인을 없애자는 의론은 영원히 없어지고,
지금에 이르러서는 천주교를 믿음으로써 보호를 받을 수 있다고 생각
하는 자들도 종종 있다. 이런 일들은 다 과거의 정사가 밝지 못했기 때
문으로, 바깥 세력이 이렇듯 속히 들어왔음을 충분히 알 수 있다.

　1882년(임오년)에 이르러 비로소 세도가(勢道家)의 자질(子姪)들 중
에서 총명한 인재를 뽑아 일본에 보내서 견문을 넓히고 학문을 닦게
하고, 한편으로는 하도감(下都監: 조선왕조 때 훈련도감의 분영)에 교련병
(敎鍊兵)을 두어 별기(別技: 새로운 군사 기술)를 가르치자, 이 때문에 외
국인을 미워하고 새것을 싫어하는 생각이 불꽃같이 일어나서, 혹은 왜
놈과 부화뇌동하여 나라를 팔아먹는다고도 하고, 혹은 말하기를, 왜놈
의 편당(偏黨: 친일파)이 권력을 잡으니 백성들이 살 수 없다고 하여, 불
평한 민심이 은근히 소동을 일으키려고 하였다.

　이때에도 백성의 원기(元氣: 활력)가 얼마쯤 남아 있어서 오늘날의
이 부패한 형편과는 대단히 다를 때였다. 그때 마침 민씨(閔氏)의 세도
때문에 은근히 조정에 흔단(釁端: 서로 사이가 벌어지게 되는 시초나 단서)
이 있을 때에 군사들의 요미(料米: 봉급미. 잡직, 각 군문, 아문의 장교들과
그 밖의 관리들에게 급료로 주는 쌀, 콩, 보리, 무명, 베, 돈 등을 통틀어 이르는
말)를 공평하게 주지 않자 군사들의 분노가 폭발하여 궁궐로 쳐들어갔
다. 명성황후께서는 충주로 피난하시고(*충주목사 민응식의 집으로 피난

감) 가짜 국상(國喪)을 발표하였다.

군사들이 곧 천연정(天然町)에 불을 질러 일본인을 모조리 죽이려
고 하자, 일본 공사는 군사들을 데리고 간신히 빠져나가서 인천으로
도망가서 월미도에 이르러 군사들을 점고해 보니 죽은 자가 3명이고
행방불명 된 자가 2명이었다. 그들은 영국 군함을 타고 바다를 건너가
서 일본의 하관(下關: 시모노세키. *옛날에는 赤間關·馬關이라고도 했다)에
내렸는데, 이 사건이 곧 임오군란(壬午軍亂)이다.

이때 일본 정부에서 이 사실을 듣고 즉시 화방의질(花房義質)과 함
께 군사 4천 명을 조선으로 보냈는데, 이해 7월에 조선과 일본 사신이
다시 인천항에 모여서 화친을 의논하였다. 그 자리에서 국태공(國太公)
대원군(大院君)의 사과의 말을 전하였다:

　　"창졸간에 어리석은 백성들이 아래에서 충돌한 것으로, 즉시 진압
　하지 못한 것에 대해서는 책망을 감수하겠다."

그리고는 조약에 관한 일을 의논하였는데, 일본공사가 먼저 청구
하여 말했다:

　　"20일 안으로 난리의 수괴(首魁)를 잡아 상당한 벌로 징치(懲治: 징
　계하여 다스림)하되, 재판할 때에는 일본 공사가 사람을 파견하여 심
　판하는 것을 지켜볼 것이오.
　　난민들에게 죽은 일본인들의 시신을 상당한 예로 장사지내 주고,
　그 가족들에게는 보상금 5만 원을 주어야 하며, 일본이 이 일로 인하
　여 손해 본 군비와 배상금을 50만 원으로 정하고, 이를 다섯 해에 나
　누어 갚아야 하며, 일본이 그 공사관에 약간의 보호병을 두어 다시
　있을지 모르는 불의의 변고를 미리 방비할 것이오.

조선 정부에서는 특별히 사신을 일본에 보내어 실수한 것을 사과하고, 조선에 와서 사는 일본 백성의 거류지(居留地)를 늘이고 상인(商人)들을 보호해야 할 것이오. 일본 관인이 조선 내지를 유람하는 것을 조선 정부에서는 합당하게 보호해 주어야 하오.

이 여러 가지를 다 허락해야만 다시 화친을 맺을 것이오."

이에 우리 정부에서는 그리 하라고 응낙은 하였으나 실제로 시행해 보이지는 아니하니, 화방의질(花房義質)이 담판을 깨고 물러가면서 군사로써 위협하려 하자 부득이 시행하였다. 이후로 한양 성내에 일본 수비병이 지금껏 계속 남아 있는데, 이 조약을 맺은 후로 우리나라의 독립 권리에 손해됨이 실로 적지 않았다.[1]

대저 독립국에는 그 나라의 허락 없이 다른 나라의 군사가 군기(軍器: 병장기)를 가지고 육지에 오르지 못하는 법이거늘, 막중한 황성(皇城: 황제가 있는 성)에 타국의 군사를 주둔시키는 것이 어찌 독립국의 실제 권리를 손상하는 것이 아니겠는가. 이것이 대한의 신민 된 자들이 제일 통분히 여겨야 할 것이다.

그러나 이 군사를 청해 들인 것 또한 우리가 한 일이다. 외국과 조약을 맺어 그 나라 공사가 와서 있게 하고는 난리를 일으켜 살해하려고 하였으니, 어찌 자기 나라의 군사를 두어 보호할 생각을 하지 않겠는가.

---

[1] 임오군란(壬午軍亂)으로 발생한 문제를 처리하기 위하여 조선과 일본 사이에 체결된 것이 바로 제물포조약(濟物浦條約)이다. 이 조약의 체결로 조선은 군란의 주모자를 처벌하고, 배상금 15만 원을 지불하였으며, 임오군란에 대한 사죄 명목으로 박영효, 김옥균 등을 일본에 파견하였다. 한편 일본은 공사관 수비를 구실로 1개 대대의 병력을 서울에 주둔시켰다.

진실로 우리 백성이 다 깨여서 남의 나라의 관민(官民)을 물론하고 교제할 때에는 좋은 친구로 대접하고, 시비(是非)를 가릴 때에는 올바른 경위(經緯)와 공법(公法: 국제법)으로 다투고, 무단히 남의 생명과 재산을 손상시키려는 마음이 없다면, 비록 그 군사를 와 있으라고 우리가 청하더라도, 부질없이 나라의 재정을 허비하면서 와 있을 리가 만무하다.

그리고 설령 와 있고자 하더라도 핑계 댈 말이 없을 것이니, 우리가 아무리 약하더라도 세계 여러 나라의 공론(公論)이 두려워서 감히 그럴 마음을 먹지 못할 것이다. 그런즉 어리석은 백성이 남을 해치려 한 것이 마침내 제 몸을 해칠 뿐인데도 도리어 이를 깨닫지 못하였다.

이 조약 중에는 다만 위태할 때에만 보호병을 두었다가 일이 없을 때에는 물러간다고 하였는데, 우리 백성이 그 후에라도 진작 깨였더라면 우리 힘으로 대신 보호하고 공평하게 대우해 주어 곧바로 군사를 철수시키도록 했을 것인데, 만약 그랬다면 우리의 권리에 손해 된 것을 도로 회복한 지가 오래되었을 것이다.

그런데도 남을 해치려고만 힘쓰기 때문에 지금껏 군사를 철수하지 아니하여, 이 때문에 심지어 을미사변(乙未事變)[1]까지 생기기에 이르

---

[1] 을미사변(乙未事變): 1895년 일본공사 미우라(三浦梧樓)의 지휘 아래 일본군과 낭인들이 명성황후를 시해한 사건. 청일전쟁 후 조선에서의 세력 확장을 기도하던 일본이 흥선 대원군을 추대하고 친러파의 실세인 명성황후를 비롯한 민씨 일파를 제거하기 위해 1985년 10월 8일 새벽 미우라가 대원군을 앞세우고 일본인 낭인 및 훈련대와 일본 수비대 병력을 지휘, 경복궁으로 침입하였다. 그때 일본 낭인들이 건청궁(乾淸宮)으로 쳐들어가 명성황후를 살해하고 시체에 석유를 뿌려 불태운 후 뒷산에 묻었다.

렀던 것이니, 우리가 마땅히 지난 일을 징계(懲戒)하여 어서 바삐 깨우쳐서 외국의 보호병을 속히 철수해가도록 힘써야 할 것이다.

대원군

명성황후

34
갑오년 이전의
한·일·청 삼국의 관계

1875년에 김옥균(金玉均), 서광범(徐光範)이 가만히 일본에 건너가서 새 세상을 구경하였는데, 이때에는 일본이 처음으로 경장(更張: 개혁)을 시작하여 지금에 비하면 비록 보잘것없었으나, 우리나라의 귀인(貴人)의 자질(子姪)로서 외국 유람을 한 것은 이때가 처음이다.

그들이 마음속으로 얼마나 감탄하고 부러워했을지는 들어보지 않아도 충분히 짐작할 수 있을 것이다. 세상의 평가와 여론이 어떠한지, 동양의 형편이 어떻게 돌아가는지 들어보고 개화를 힘써 하는 것이야말로 시각을 다투는 급한 일이라고 여기게 되었다.

얼마 후에 돌아와서 그들이 보고 들은 것을 위에 아뢰고, 귀척(貴戚: 임금의 인척)의 자질들을 일본에 유람시키도록 권하여, 5천 년 동안 오래 닫혀 있던 산중처사국(山中處士國: 은둔국)의 문호를 비로소 열어 놓음으로써 동(東: 일본)으로 왕래하는 사람들이 차츰 더 많아지게 되었다.

그 중에서도 개화에 더욱 적극적인 사람들이 모든 세도가들을 규합하여 한마음으로 개화를 시도하려고 하자 국태공(國太公: 대원군)께서 그들을 심히 미워하여 말하기를, 이 무리들이 서학(西學: 천주교)을 가져와서 우리 동방예의지국에 전파하려 한다고 하면서 그들을 죽이고자 하였다.

그들 중에 몇이 도망쳐서 화를 면하니, 모든 사람들이 또한 두려워하면서 통상하자는 사건에 관계하지 않으려고 하였는데, 그때 이홍장(李鴻章)이 각국으로부터 압력을 받아서 대원군에게 통상을 허락하라고 권하여, 대원군은 마지못해 통상을 허락하였다.

그러자 비로소 세도가들이 다시 머리를 들고 권력을 잡아 개화를 추진하면서, 한편으로는 권세를 믿고 불공(不恭)하고 무리(無理)한 일들을 무수히 행하였다. 그 결과 개화(開化)와 수구(守舊) 두 당파가 생겨서 얼음과 숯처럼 서로를 용납할 수 없는 사이가 되었다가 마침내 군란을 일으켰는데, 이것이 바로 임오군란(壬午軍亂)[1]이다.

---

[1] 임오군란(壬午軍亂): 1882년(고종 19년) 6월 구식군대의 군인 급료(軍料) 문제를 계기로 일어난 군란. 1881년 민씨 정권이 제도개혁의 일환으로 신식군대인 별기군(別技軍)을 창설하고 종전의 5영(五營)을 무위영(武衛營)과 장어영(壯禦營)으로 개편하였다. 이때 2영으로 개편된 군인들은 별기군보다 대우가 떨어지자 불만을 품게 되었는데, 이들의 급료가 13개월이나 미뤄지는 가운데 1882년 6월 초 선혜청 도봉소(都捧所)에서 무위영 소속 군인들에게 급료를 지급하였으나 지급된 쌀에 겨와 모래가 섞여 있었고 두량(斗量)도 모자랐다.

이에 군인들이 격분하여 급료의 수령을 거부하고 항의하자 정부에서는 군인들을 동원하여 이들을 진압하려고 하였다. 이에 구식군인들이 폭동을 일으켜 선혜청 당상관 민겸호(閔謙鎬)의 집을 습격, 파괴한 후 운현궁으로 가서 대원군에게 호소하였다. 대원군은 그들에게 밀린 급료의 지급을 약속하면서 그들에게 궁궐로 들어가 국왕을 폐위시키고 왕비(명성황후)를 제거할 것과 민씨 일파를 처단할 것을 지시하였다.

청국이 보낸 오장경(吳長慶)과 원세개(袁世凱)는 군사 4천 명을 거느리고 황성(皇城: 한성)에 들어와서 남관(南館)과 동별영(東別營)에 나누어 진을 치고, 민간에 횡행하여 작폐가 무수하였다. 그들은 국태공을 잡아 천진으로 데려가고, 낙동(洛洞)에다 청관(淸館)을 설치하여 이를 이사부(理事府)라고 불렀는데, 이는 조선을 독립국으로 인정하지 않는다는 뜻에서 공사관(公使館)이라 부르지 않고 '모든 일을 다스리는 관청'이라는 뜻에서 '이사부(理事府)'라고 한 것이다.

당시 각국 공사들은 다 대궐문 밖에서 가마에서 내려 걸어서 입궐하였으나, 청국 공사는 감히 가마를 타고 앉아서 바로 어전에 들어가면서 "나의 지위가 조선왕의 위에 있다"고 하여 막중한 존전(尊前: 임금 앞)에서 불법 무리함이 비할 데 없었다. 그는 거만 방자하여 예절을 무시하고 은밀히 종종 위협하여 말하기를, "우리 대국이 항상 소국을

대원군의 지시를 받은 그들은 무기고를 습격하여 무기를 탈취한 뒤 민겸호, 이최응, 민창식 등을 비롯한 민씨 일파의 집을 습격하여 살해하고, 별기군 병영을 습격하여 일본인 교관을 비롯한 일본인 10여 명을 살해하였다. 이때 왕비는 경기도 장호원으로 피신하였다.

이들은 같은 날 저녁 일본 공사관을 포위 공격하였는데, 이에 일본공사를 비롯한 공관원들은 인천으로 탈출하였다. 이후 사태가 더욱 악화되자 고종은 사태수습을 위해 대원군에게 모든 정사의 전권을 위임하여 대원군이 정권을 장악하게 되었다.

임오군란 후 일본은 조선 내의 거류민 보호라는 구실로 군대를 파견하여 조선 정부에 군란을 항의하고 배상을 요구하였고, 청나라도 조선 정부의 요청을 받고 군대를 파견하였다. 조선에 출동한 청나라는 군란의 책임자로 대원군을 지목하고 그를 납치하여 천진으로 압송하였다. 이로 인해 대원군은 실각하고, 정권을 회복한 고종은 청나라의 중재를 통해 일본과 〈제물포조약〉을 체결하여 군란으로 인한 배상금을 지급하고 일본군의 한성 주둔을 인정하였다.(출처: 한국사사전. 청아출판사)

보호하여 옛날부터 신세진 것이 무궁하거늘, 감히 외국인의 말을 듣고 상국(上國)에 실례하면 마땅히 그 잘못한 책임을 면치 못할 것이다. 외국인을 대해서는 항상 청국의 속국으로 자원하여 정의(情誼)가 친밀함을 보여야만 우리 대국이 다 보호하고 도와주어 타국이 감히 엿보지 못할 것이다."고 하였다.

이때 소위 완고한 대신들은 그 속내도 생각해 보지 않고 저들의 욕을 달게 여겨서 아첨하고 권력을 붙좇아 이권을 얻고자 하면서 청국 사신을 도리어 자기 임금보다 중하게 여기는 무리한 짓까지 있었는데, 그들은 거의 다 원세개(袁世凱)[1]의 충신이 되어 있었다.

이러므로 원세개가 따로 앉아서 정치상의 크고 작은 일들에 거의 다 간섭하려고 하였기 때문에, 각국 공사들이 이것을 분하게 여겨서 혹 조선의 관리들에게 청국 사람의 무리한 요구를 들어주지 말라고 하면, 그들은 부끄러운 줄도 모르고 도리어 영광스럽게 여기며 하는 말이, 소국(小國)은 대국(大國)을 공손히 섬겨야 옳다고 하였다.

각국 공사들이 혹 말하기를, 귀국은 당당한 자주 독립국인데 어찌

---

[1] 원세개(袁世凱): 중국 하남 항성(項城) 사람. 1882년에 조선에 머무르며 조선의 내치와 외교에 간섭하여 친청(親淸) 세력을 심는 데 힘썼다. 청일전쟁 패배 후에는 천진에서 신식 육군을 편성하였는데, 뒷날 이것이 북양군벌(北洋軍閥)이라 불려지고 그의 사병(私兵)처럼 되었다.

의화단 사건에서 의화단을 진압하고, 1912년에는 청조(淸朝)의 선통제(宣統帝)에게 퇴위를 요구하고, 임시 공화정부를 수립, 손문(孫文)의 양보를 강요하여 중화민국 초대 대총통(大總統)이 되었다. 독재 권력을 써서 스스로 제위(帝位)에 올랐으나, 1915년 일본의 대 중국(對華) 21개 조 요구를 비밀리에 수락한 것이 폭로되어 제3혁명이 일어나자 이내 제위(帝位) 즉위(卽位)를 취소하고 화병으로 죽었다.

하여 청국만 못하다고 하며, 또한 큰 나라를 섬기고자 한다면 어찌하
여 청국보다 더 큰 나라들은 섬기지 않는가. 그러므로 나라의 대소(大
小)를 따지지 말고 귀국도 다 같은 독립국이니 독립국으로서의 동등한
권리를 잃지 말라고 하면, 그들은 곧 발끈하여 얼굴색을 붉히면서 말
하기를, 우리더러 어찌 신의도 없이 상국(上國)에 실례를 하라고 하느
냐고 하였다. 그러므로 그때에 미국 공사로 왔던 이가 지금까지 이런
말을 옛이야기처럼 하면서 웃기를 마지않는다고 하더라.

　　매번 각국 공사들이 모이는 자리에서 청나라 사람이 특별히 높은
대접을 받으려고 하기 때문에 각국 공사들이 그 무리함에 시비를 걸
면서 그 이유를 따져 물으면, 청나라 사람의 대답은, 한국은 옛날부터
우리의 속국(屬國)이다, 조선이 예절을 자의(自意)로 지키므로 우리 또
한 그대로 대접하는 것이니 각국 공사들이 상관할 바 아니라고 하였
다. 이는 청국이 기왕에 각국에 대하여 드러나게 성명(聲明: 어떤 일에
대한 입장이나 태도, 견해 등을 글이나 말로 여러 사람에게 밝힘)한 말을 저버
리는 것이고, 각국 공사들의 권리를 멸시하는 것이다. 진실로 무리함
이 너무 심하도다.

　　조선을 속국으로 대접하고자 한다면 마땅히 위태하고 어려운 사정
이 있을 때에는 담당하고 나서서 대신 처리해야 할 텐데도 그렇게 하
지는 않고, 어려울 때에는 독립국이라고 하다가 제 편할 때에는 속국
이라고 하니, 설령 조선에는 말 한마디 할 자가 없다고 하더라도, 여러
통상국들에 대하여는 그들을 크게 능욕하는 것이다. 끝내는 각국이 기
회를 보아서 시비를 일으킬 것이니, 시비가 한 번 벌어지는 날에는 그
결과가 어찌 대한에 대하여 안전한 것이 된다고 단정할 수 있겠는가.

그러므로 독립의 실제 권리를 비록 드러나게 세웠으나 청국의 완만(頑慢: 성질이 모질고 거만함)·무리(無理)함과 조선의 잔약(孱弱: 가냘프고 매우 약함)·혼몽(昏懞: 정신이 흐릿하여 가물가물함)함이 동양의 형편을 더욱 위태하게 할 뿐이다.

이러므로 일본에서 이 형편을 보고 더욱 통분히 여겨 민심이 크게 울분(鬱憤)을 느끼고 곧 청국을 물리치자고 하여, 백성들 중에 청국을 치러 가는 군사가 되겠다고 자원하여 나서는 자가 2만여 명이나 되었고, 백성들끼리 모금하여 군비로 낸 돈이 10만 원에 이르렀다. 그리고는 곧 청국과 전쟁을 벌이자고 정부를 독촉하였다.

그리하여 일본은 청국의 오장경(吳長慶)과 따로 이런 내용의 조약[1]을 맺었다:

"이후에 만일 조선에 긴급한 일이 있어서 군사를 파견하려면 청국은 마땅히 일본 정부에 대하여 먼저 의론한 후에 시행해야 할 것이다. 일본이 만일 조선에 군사를 파견할 일이 있다면 또한 청국에 대하여 먼저 알게 할 것이다."

이 조약을 맺은 후로 일본의 민심이 충분히 정돈되어 당장에 일·청 전쟁이 벌어지는 것은 면하게 되었으나, 이때에 갑오전쟁(甲午戰爭)의 씨앗은 더욱 깊이 뿌리가 박혀서, 일본은 그 후 10년 동안 밤낮으로 양병(養兵)을 하면서 항상 전쟁을 벌일 기회를 노리고 있었다. 그리하여 한번 청국의 고벽(痼癖: 아주 굳어져 고치기 어려운 버릇)을 깨뜨리고 버릇을 가르쳐 주겠다고 하면서 전국의 인심을 날마다 격동시키니, 어

---

[1] 이 조약문은 〈제물포조약〉의 한 조항이다.

린아이라도 일·청 전쟁은 기어이 일어나고야 말 줄로 알고 있었다.

일본은 청국의 내정(內政)과 외교(外交)를 손샅(손가락 사이) 같이 알고 앉아서 그 속을 소상히 들여다보았기 때문에 사람들은 모두 청국을 하나의 속이 빈 껍질로 여겼고, 전쟁만 벌어지면 어찌하고 어찌하여 한 번에 격파할 것으로 다들 예상하고 있었다.

그러나 청나라 사람들은 그런 줄은 전혀 모르고 기왕에 조약(條約)을 맺은 것까지 다 소용없는 것으로 여겨 까마득히 잊어버리고, 조그마한 일본을 업신여기고 모든 일을 다 살펴보지 아니하였으니 갑오년(1894년)에 전쟁이 일어날 것으로 어찌 미리 짐작이나 했겠는가. 실로 어리석고 어둡도다.

35
갑신(甲申) 난리의 역사

　원래 조선이 미국과 통상한 것은 1884년의 일이다.[1] 이 나라는 처음부터 대한의 독립과 개화 진보에 특별히 관계가 가깝기 때문에 우리가 특별히 알고자 하는 것이다.

　이 해에 미국의 특명대신 슈펠트(Robert W. Shufeldt)가 일본을 지나 대한의 경성(京城)에 들어왔다. 전에 강화에 들어올 때에 전국이 소동을 피우며 나서서 막던 바로 그 어귀에, 이전에 왔던 배를 타고 편안히 상륙하여 느긋하게 도성에 들어와서 통상조약(通商條約)을 맺고, 공사관(公使館)을 설치하여, 미국 정부를 대표하는 국기(國旗)가 한양 성내에 휘날리게 되었다. 그러자 미국은 자기 백성이 조선 지방에서 수차 살해당한 일에 대해 원망하고 미워하는 마음을 버리고 새로이 교분을 두텁게 하려고 하여, 조선의 독립을 완전하게 하는 문제에는 적극 협조하고 나섰다.

---

[1] 미국과 통상한 것은: 〈조미수호통상조약(朝美修好通商條約)〉은 미국의 슈펠트(Robert W. Shufeldt) 제독이 1882년 5월 22일에 조선에 들어와서 조선의 대표인 신헌(申櫶)과 맺은, 서양과의 최초의 조약이다.

조선 정부에서는 서양인이 들어오면 곧 그들이 우리나라를 생으로 삼키려고 하는 줄로 알았으나 그런 모든 의심을 하루아침에 다 깨뜨리고 지금까지 교제를 유지해 오고 있는데, 물론 그 중에는 탐심을 품고 흔단(釁端)을 엿보는 나라도 없지 않으나, 아직까지 나라를 부지(扶持)해 오고 있는 것은 다 조선과 교제하는 외국들이 상호 견제하는 관계에 있기 때문에 그렇게 된 것이다.

만일 지금까지 통상이 되지 않았더라면 어떤 강한 나라가 무슨 욕심을 부렸을는지 알 수 없을 것이니, 오늘날 이 뜻을 깨닫고 보면, 전에 까닭도 없이 남을 의심하던 것이 어찌 어리석은 일이 아니겠는가.

이때에 민영익(閔泳翊)이 귀척(貴戚: 임금의 인척)의 자질(子姪) 11인을 데리고 태평양을 건너 미국에 가서 석 달 동안을 유람하고, 대서양을 건너 구라파주를 지나 한양으로 돌아왔는데, 조선 사람의 안목으로 서양 각국을 구경한 것도 이때가 처음이고, 한인(韓人)의 발자취로 온 지구를 한 바퀴 돌아다닌 것도 이때가 처음이다. 그러니 그 흉금(胸襟: 가슴속)이 얼마나 상쾌하였을 것이며, 그 견문(見聞)이 얼마나 넓게 트였을지는 당연히 짐작하기 어려울 것이다.

하물며 미국에서는 전에 자기네 백성을 무고하게 살해하고, 상통하기를 죽기로써 막던 것에 대한 혐의를 버리고, 도리어 조선에서 처음으로 오는 손님이라고 하여 독립 평등국의 상등 손님으로 극진히 대접하고, 머물 동안 전후의 모든 경비를 미국이 다 부담해 주고, 다만 새로이 깨달아서 각국과 통하려고 하는 본래의 뜻만 신기하게 여기어 상하 관민들이 정답게 권면해 주었다.

진실로 목석(木石)이 아닌 자라면 그런 세상을 구경하고, 그런 인정을 살핀 후에, 감동하는 새 의사(意思)가 어찌 없겠는가.

그 일로 인하여 혁신할 생각을 가득히 품고, 한마음으로 혁신을 추진하기로 작정하고 본국에 돌아와서 세상 형편을 듣고 본 대로 자세히 위에 보고하고, 개화를 추진함에 있어서 긴급한 사무들을 차차 시도해 보려고 하였다. 그런데 이때에 모든 귀척(貴戚)들은 개화를 싫어하고, 청나라 사람들에게 의지하는 것을 상책(上策)으로 알고 그런 의견을 여전히 고수하니, 그런 생각을 갑자기 깨치기가 어려웠다.

민영익이 귀국한 지 얼마 안 되어 청국을 추종하는 세력에게 이끌려서 개화주의(開化主義)를 버리고는 수구(守舊)를 주장하면서 개화를 막으려고 함으로써 개화를 결국 할 수 없게 되었다. 그러자 개화파 인사들 중에 몇 사람이 청국을 추종하는 당파를 몰아내기로 은밀히 작정하고 서로 기회를 기다렸는데, 마침 전보국(電報局: 우정국)을 새로 세우고 연회를 열어 낙성식(落成式)을 할 때 거행하기로 미리 약속을 해놓고, 대소 관원들이 모였을 때 불을 질러서 소동을 일으키고 민영익을 칼로 쳐서 귀를 상하게 했다.

개화파들은 곧바로 대궐에 들어가서 급히 임금에게 화색(禍色: 재앙이 일어나는 빌미)이 박두하였다고 아뢰고, 일본 수비병을 청해 와서 궁성을 호위하도록 하였다. 원래 일본 군사들과는 미리 연락이 있었던지, 그들은 막중한 대궐문을 무단히 돌입(突入)하여 철통같이 에워싸고 완고한 수구파 대신들을 어명(御命)으로 불러들여서 그들이 들어오는 대로 대궐문에서 죽였다. 백성들은 무슨 일인지도 모르고 졸지에 난리를 당하게 되자 어찌 된 까닭인지를 몰라서 장안은 큰 혼란에 빠졌고, 전국이 소란해졌으며, 서로 풍문(風說)을 전하여 의심과 두려움이 민심에 가득하였다.

개화파들의 압력에 굴복하여 정치와 풍속을 바꾸고 변혁에 힘쓰겠다는 고종 황제의 칙교(勅敎: 임금이 몸소 타이르는 말씀을 적은 포고문. 칙유)를 내려서 그것을 막 반포하려고 할 즈음에, 완고한 수구파들은 원세개에게 이 소식을 전하였다. 원세개가 청국 군사 3천 명을 거느리고 궁궐을 에워싸고 일본 군사들을 들이치자, 궁궐 안팎에서 양편이 서로 맞아 싸워 적지 않은 인명이 상하였다.

일본 군사들이 버텨내지 못하고 사동(寺洞: 인사동)에 있는 일본 영사관으로 들어가니, 이때에야 비로소 백성들은 개화파와 수구파가 맞붙어 싸우는 줄 짐작하였다. 백성들은 개화(開化)가 무엇인지 모르는 중에 의심이 가득하여, 역당(逆黨)이 일본과 부동(符同: 그른 일을 하기 위하여 몇 사람이 결탁함)하여 나라를 도모하려는 줄로 여기고 있었는데, 천하에서 제일 강하고 높은 대국(청국)이 막아서 보호해 주는 증거가 드러나자, 한편으로는 분한 마음이 치밀어 올랐지만, 또한 뒤가 든든하다는 생각에서 없던 기운도 생기자, 장안 사람들은 일시에 들고 일어나 군기서(軍器署)를 깨뜨리고 무기를 끌어내서 길목마다 지키면서 사대문을 닫고 일본인들을 살해하였는데, 사동(寺洞)에 있는 일본 영사관을 에워싸고 진고개(*지금의 충무로 일대)로 쳐들어가서 심히 잔혹한 일을 많이 저질렀다.

일본 군사들은 포위되자 사방진(四方陣: 사각형 모양의 군사 편대)을 치고 갑자기 총을 쏘면서 서소문으로 나가서, 인천에서 배를 타고 간신히 도망쳐서 일본으로 건너갔다. 개화당의 영수들도 그들과 같이 일본 강호(江戶: 에도. 東京(도쿄)의 옛 이름. 에도 시대 도쿠가와(德川) 막부의 소재지)로 도망가서 목숨을 부지했다.

이에 난리가 평정된 후 일본에 배상금을 물어주고, 마음으로 사과하여 무사히 다시 화친을 맺으니, 이것이 곧 갑신년 난리(1884년)[1]이다.

그 후로 백성들이 청나라 사람을 믿는 마음은 더욱 심해졌고, 관리들이 청나라 사람들에게 의지하는 폐단은 더욱 많아졌다. 만일 청나라가 아니었으면 큰일을 당했을 줄로 아는 생각을 깨칠 수 없게 되자, 우리 관리들과 우리 백성들끼리 따로 일을 하여 독립 자유할 생각은 하지 못하고, 이리저리 의지하여 남의 보호만 받으려고 하였기 때문에 백성의 원기(元氣)가 줄어들고 날마다 잔약해져서 오늘날에 이르러는 스스로 설 수 없게 되었는데, 이는 다 이때부터 시작된 것이다.

여기에서 말한 것들은 다 각국 사람들이 공개적으로 한 이야기들로서 사서(史書)에 기록되어 있는 것을 대강 간추려서 그 사실 관계를 알리기 위한 것이지, 그 일의 시비곡직(是非曲直)을 의론하고자 한 것이 아니다.

그러나 당초에 내 나라의 자주 권리를 굳게 하려는 목적에서 일본의 군사를 청하여 도움을 받으려고 시도한 것은 본래 자주(自主)함의 본래 뜻이 아니다.

하려는 일이 아무리 정대하고 광명하더라도 내가 먼저 남을 의지하면서 남은 따로서기(獨立)를 원한다면, 남 또한 다른 사람에게 의지하여 나를 몰아내도 된다는 도리가 성립하는데, 이는 고금을 물론하고 독립을 의론하는 자가 제일 먼저 경계해야 할 일이다.

---

[1] 갑신년 난리(1884년): 갑신정변(甲申政變). 이 정변의 결과 조선과 일본이 맺은 조약이 〈한성조약(漢城條約)〉이다. 그 내용은, 이 사건으로 인한 일본의 피해를 보상해 주고, 일본 공사관의 신축에 필요한 비용을 조선정부가 부담하고, 소란의 책임자를 엄중히 처벌한다는 것이었다. 이 사건으로 인해 조선에 대한 청국의 내정간섭이 강화되었고, 청일 양국의 조선에 대한 주도권 쟁탈전이 더욱 격화되었다.

36
공사를 처음으로
서양에 보내다

그리하여 갑신년 난리(*갑신정변)가 일어난 근본 원인은 청국을 물리치려 한 것이었지만, 그 결과는 도리어 일본을 물리친 일이 되어 버렸다. 마침내 난리가 정돈된 후에 자세히 조사해 보니, 청인과 싸우다가 죽은 일본인과 조선 백성들에게 살해당한 일본인이 합계 3백여 명에 이르렀다.

이에 조선의 김홍집(金弘集)과 일본의 정상형(井上馨: 이노우에 가오루)과 청국의 이홍장(李鴻章), 이렇게 삼국의 대표자들이 청국 천진(天津)에 모여서 조약(條約) 체결 문제를 의논하였는데, 조선은 일본에게 배상을 하고, 일·청 양국은 다 조선에서 군사를 거두어 물러가기로 작정하였다.

이전부터 법국이 여러 번 청국을 독촉하여 조선에 있는 청국 군사들을 철수시키라고 하였으나 듣지 않다가, 이때에 이르러 비로소 군사를 거두어 가니, 을유년(乙酉年: 1885년) 6월에 일본 군사들도 물러가면

서 일본 공사가 조선 정부에 공문을 보내어 말하였다:

　　"지금 서울에 와 있는 일본 수비병을 전부 거두어 가는데, 이는 명
　　치 15년(*1882)에 인천에서 맺은 조약(*제물포조약) 중에 수비병이 긴
　　요하지 않을 때에는 거두어 간다고 한 말을 준행하여 물러가는 것이
　　다. 그러나 이번에 잠시 물러가는 것 때문에 수비병을 둘 수 있다고
　　한 조약을 영원히 폐지하는 것은 아니다."

　이후 1885년에 영국 군함이 조선의 거문도를 점령하자 우리 정부
에서 무수히 따져 물었고, 아라사 또한 영국에 질문을 하였는데, 영국
이 대답하기를, 아라사에서 조선의 요해처(要害處: 군사전략상 중요한 곳)
를 항상 엿보기 때문에 우리가 먼저 착수한 것이라고 하였다.

　이에 아라사가 대답하기를, 조선 땅은 조금이라도 점령하지 않겠
노라고 하자, 영국이 비로소 1887년에 거문도에 세운 영국 깃발(旗)을
떼어 가지고 물러갔는데, 이 일은 대한의 국권과 강토를 보전하는 문
제와 대단히 긴절(緊切: 긴밀하고 절실함)한 관계가 있는 것이다.

　영국과 아라사 양국이 서로 승강이를 벌여 누구든지 하나가 먼저
침범하지 못하게 되었으므로, 각국 또한 그 내막을 알고 감히 다른 생
각을 하지 못할 것이니, 이런 중에서 대한이 먼저 깨닫고 누구에게든
지 한편으로 치우치지 말고 공평하게 대접하면서 제 일을 제대로 하
여 갈 수 있었다면 끝내 타국이 감히 엿보지 못하게 되었을 것이다.

　조선 정부에서 이때에 비로소 청국을 더 믿을 수 없는 줄로 짐작하
고 두려워하지 않고 공사를 택하여 영·미 각국에 파견하니, 청국이 조
선에 대하여 은밀히 무수히 위협하여 못하게 하였는데, 원세개가 전보
다 더욱 무례하게 행동하면서, 심지어 청나라 사람이 교련시킨 대한의

병정들을 데리고 대한의 황실에 대하여 몰래 불궤(不軌: 법이나 도리를 지키지 아니함. 반역을 꾀함)한 뜻을 꾀하다가 일이 발각되었다.

이 일 때문에 대한 정부에서 청나라 사람을 믿던 마음이 차차 적어지면서 도리어 의심을 품고, 그들이 은밀히 위협하는 것은 크게 두려워할 것이 없는 줄을 알고, 청국을 거절할 의사가 은근히 자라서 1888년에 미국에 주차(駐箚: 관리가 직무상 외국 어느 곳에 머무름)할 공사를 파견하여, 대한 정부를 대표하여 그 서울(워싱턴)에 공사관을 설치하고, 대한의 국기를 처음으로 드러내자, 각국이 서로 대등한 예로써 대접해주어, 세계 문명국들과 만국과의 교제에 있어서 동등한 권리를 얻었는데, 각국은 이 날을 조선 독립을 세계에 반포한 날로 간주하였다.

우리나라의 신민 된 자라면 이 역사를 영원토록 기념하지 않을 수 없거니와, 이 일을 성사시키기 위하여 우리 대한 사람들이 얼마나 힘들고 어려운 노력을 하였는지 또한 생각하지 않을 수 없도다.

당초에 우리나라에서 서양 각국으로 공사를 보내려고 하자 청국에서 말하기를; 조선은 우리의 속국이니 공사를 타국들과 서로 교환할 수 없다, 각국이 보내는 공사는 이미 받았으나 타국에 주차(駐箚)할 공사를 보내는 것은 청국을 배척하는 것이니 결단코 해서는 아니 될 것이다, 우리가 조선 대신에 교섭하겠다고 하였다.

이때에도 조선의 관리들 중에는 독립이란 게 무엇인지, 공사를 보내는 것이 어떠한 의미를 갖고 있는지를 알지 못하여 다만 청나라 사람의 말을 옳다고만 하였으니, 모두가 청나라 사람의 충노(忠奴: 충성스러운 종. 충복)들이었다.

이런 중에 몇몇 사람의 손으로 안팎으로 일을 주선해 놓고 불시(不

時)에 떠나서 미국으로 향해 가니, 청국에서는 기왕에 각국에 대하여 공개적으로 발표해 놓은 말이 있으므로, 드러나게 막을 권리가 없었다.

이홍장(李鴻章)이 미리 미국에 있는 청국 공사에게 신칙(申飭: 단단히 타일러 경계함)하여 이르기를, 대한의 공사가 가는 것을 맞이하여 일을 다 잘 주선해 주는 모양새로 대신 주관하여, 그가 스스로 우리 속국인의 대접을 받도록 하라고 지시하였다. 그리고 한편으로 원세개는 대한 정부에게도 이러한 뜻을 대한의 공사에게 신칙하도록 하라고 지시했다.

대한의 공사가 미국에 도착하자 청나라 사람이 지시받은 대로 미리 준비하여 그 지휘를 받도록 하려고 했으나, 대한의 공사가 다 듣지 아니하고 미국 정부에 대하여 직접 국서(國書)를 올리고, 청국 공사와 더불어 대등한 권리를 행사하려고 다투자, 각국은 다 칭찬하여 마지않았으나, 청국은 더욱 분하게 여기면서 은밀히 위협하기를 전보다 더욱 심하게 하였다.

275

37
갑오전쟁(청일전쟁)의
근본 원인

이때에 국태공(國太公: 대원군)께서는 권력을 잃고 한가히 물러나 있어서 정사에 관여할 계제(階梯: 어떤 일을 할 형편이나 기회)가 없었으므로, 속으로 불평불만을 품고 있어 그 소문이 저절로 민간에 퍼지던 중에, 겸하여 모든 귀척(貴戚: 임금의 인척)들이 권력을 잡고 앉아서 토색(討索: 금품을 억지로 달라고 강요함)하고 탐학(貪虐: 탐욕이 많고 포학함)함이 극도에 이르렀다.

창생(蒼生: 백성)이 어육(魚肉: 생선의 고기. 남에게 짓밟힘을 비유한 말)이 되어 민심이 흩어져 마침내 스스로 설 수 없을 지경에 이르니, 백성들은 어두운 생각으로 원망하여 말하기를, 외국인이 없을 때에는 나라가 태평하고 백성이 부유하더니, 외국인과 외국 물건들이 들어온 후로는 사람이 하나도 살 수 없게 되었다고 하면서, 외국인과 상통하고는 살 수 없는 줄로 알아서 부지중에 인심이 흉흉해져 날마다 물끓듯 하였다.

이때 마침 일본에서 김옥균을 유인하여 청국 상해(上海)로 가서 찔러 죽인 후 그 시신을 육시(戮屍: 죽은 사람의 시신을 토막냄)하여 각 군

(郡)에 돌린 일이 있었다.

백성들은 헤아리기를, 개화당 역적들은 나라(*임금)에서 싫어하시는 바이고, 국태공께서 미워하시는 바인데, 더군다나 청국이 용납하고자 아니하니, 청국은 천하제일의 대국이고 일본은 조그마한 왜국(倭國)이며 우리가 3백 년 이래로 잊지 못할 원수이니, 이때를 타서 한 번 치욕을 씻는 것은 상쾌한 일이라고 하였는데, 이는 전국이 어리석은 중에서 자연히 생기게 된 생각이다. 일찍이 책 한 권이라도 만들어 전파하여 백성에게 말 한마디 가르쳐 준 적이 없었으니 어두운 백성이 어찌 스스로 깨기를 바라겠는가.

대저 포학함이 극한에 이른 후에는 반드시 변하는 법이니, 이는 고금에 피할 수 없는 이치이다. 이에 동학(東學)이 일어나서 주문(呪文)을 읽으며 부적(符籍)을 붙이면 바람이 불고 비가 내리게 할 수 있다고 하였으며, 서양 사람의 대포와 군함을 진언(眞言: 주문) 한 마디로 막아낼 수 있다고 하였는데, 전국에 믿지 않는 자가 적게 되었다. 괴수(魁首) 최시형(崔時亨)이 전라도 고부(高阜)에서 깃발을 들고 일어나[1] 네 가지 명목을 세워 각처에 격문을 돌렸다:

1. 사람을 죽이지 아니하고 재산을 손상치 않을 것이다.
2. 충성과 의리를 쌍으로 온전케[兼全] 하여 세상을 건지고 백성을 편안케 할 것이다.
3. 왜(倭)와 양(洋)을 몰아내고 성인의 도를 밝힐 것이다.

---

[1] 최시형이 전라도 고부에서: 최시형이 아니라 전봉준(全琫準)이 고부에서 거병하였고, 최시형은 그 당시 동학의 제2대 교주로서 충청도 보은(報恩)에 근거를 두고 있었다.

4. 군사를 몰아 성 안으로 들어가서 권문세가를 다 멸하고 법강
(法綱: 법도와 기강)을 세우고 명분(名分)을 밝힐 것이다.

이들은 모두 머리에 흰 수건을 쓰고 손에 누런 깃발을 잡았으니,
이는 다 무슨 이치에 따른 것이라고 한다.

동(東)에서 일어나면 서(西)에서 따라서며, 남(南)에서 부르면 북에
서 응하여, 사방이 벌떼 일어나듯 따라서 일어나 관장(官長: 고을 원님)
을 죽이고 백성들을 노략질하여 전국이 소란해졌다.

정부에서 홍계훈(洪啓薰)에게 명하여 군사 8백 명을 거느리고 충청
도로 가서 난민을 치려고 할 때, 원세개가 그 차원(差員: 심부름하는 사
람) 서방걸(徐方杰)에게 따라가서 형편을 살펴보라고 지시하였다.

정부군(京軍)이 동학당을 만나 여러 차례 접전하였으나 여러 번 패
하여 서울이 장차 위태롭게 되었다. 원세개가 이런 상황을 천진(天津)
의 이홍장(李鴻章)에게 보고하자, 이홍장은 먼저 정예병 4천 명을 뽑아
서 조선으로 가서 동학을 평정하라고 하였다. 그러면서도 끝내 일본에
게는 한마디도 분명히 밝혀 말하지 않았는데, 이는 청국이 기왕에 일
본과 조약을 맺으면서(*천진조약), 조선에 군사를 파견할 때에는 피차
간에 먼저 알린 후 파견하자고 약속한 말을 생각지 못하고 다만 제 뜻
대로만 행한 것으로, 이는 첫째는 조선의 독립을 멸시하고, 둘째는 일
본을 멸시하여 약속을 배반한 것이고, 셋째는 각국은 조선을 동등하게
대접하는데 청국만이 홀로 무리하게 대접하는 것은 다만 조선에 대해
서만 무리할 뿐 아니라 각국을 두루 능멸한 것이다.

청국은 옛날부터 이런 기습(奇習: 기이한 습관이나 버릇)이 있기 때문
에 각국이 오래전부터 이를 심히 미워해 온 것이다.

일본이 벌써 오래전부터 청국의 이런 뜻을 엿보았기 때문에 지난 10년간 군사를 기르고, 미리 조약을 체결하여 앞일에 대비하고, 밤낮으로 흔단(釁端)이 생기기를 기다리던 차에, 청국이 방자하고 무리하게 군사를 동원하니 일본이 어찌 시각을 지체하겠는가. 즉시 조선에 있는 일본인들을 보호한다는 명분으로 군사를 파견하여 아산과 인천으로 물밀 듯 들어오며 분분히 상륙하여 만산편야(滿山遍野: 산과 들을 가득 덮음)한 것이다.

이홍장이 크게 놀라서 일본 정부에 대해 따져 물으면서 말했다:

"우리가 속국의 왕이 청하기 때문에 약간의 구원병을 보내어 난민을 진압하려고 한 것이고 별다른 뜻이 없거늘, 귀국은 어찌하여 대병(大兵)을 보내어 내지에 돌입(突入)하는가. 그 뜻을 알기 어렵다."

일본이 곧 이렇게 대답하였다:

"조선은 뚜렷한 독립국이므로 귀국이 지금에 와서 속국이라 할 수 없고, 겸하여 천진조약이 있어서 조선에 군사를 보내게 될 때에는 양국이 홀로 행하지 못하고 서로 알린 후에 행하자고 하였다. 그런데 이번에 귀국이 먼저 분명히 공표하지도 않고 졸지에 군사를 움직였으므로 우리 또한 군사를 보낸 것이다."

이때 만일 청국이 실수하였음을 깨닫고 군사를 돌이키고 호의(好意)로 조처하여 이전에 여러 번 공표한 말을 준행(遵行)하였더라면 그 욕을 당하기에 이르지 않았을 것이고, 대한으로부터도 고맙다는 말을 들었을 것이다. 그런데 우준(愚蠢: 어리석고 재빠르지 못함)한 완습(頑習: 모질고 고집스러운 습관)으로 끝내 깨닫지 못하고 다만 일본을 업신여기는 생각만 가득하여 여전히 고집을 부리면서 조선이 저희 속국이라고

하다가 아니라고 하는 등, 분명하게 단정하는 말도 없이 군사를 곧 거
두지 않았다.

음력 7월 초하룻날 일본 황제가 선전포고문을 반포하였는데, 그 글
에서 이르기를:

"짐이 청국과 전쟁을 하려 하노니, 모든 직책 맡은 신하들은 위로
는 짐의 뜻을 받들고 아래로는 백성의 뜻에 따라 싸우기와 지키기에
각각 직책을 다하여 국가의 영광을 드러내며 만국의 공법(公法: 국제
법)을 어기지 말라.

짐의 본래 뜻은 학문을 숭상하고 전쟁을 없애서 백성이 편안한 복
을 누리게 하고자 한 것이므로, 즉위한 후 지금까지 30년 동안 항상
조심하여 각국과의 우호관계를 유지해 왔고, 대신에게도 이 뜻을 신
칙(申飭)하여 근년에 와서는 외국들과 정의(情誼)가 가장 친밀하므로
우방(友邦)들과 잘 사귀고 있음을 심히 기뻐하였는데, 근래에 이르러
조선(朝鮮) 사건으로 인하여 청국이 여러 번 신의를 저버렸는데, 이
는 실로 짐이 생각하지 못했던 바이다.

원래 조선은 독립국이므로 각국과 조약을 맺고 서로 통상하는데,
이는 일본이 권유하고 이끌어 준 힘이 없지 않거늘, 청국은 항상 조
선이 저희 속국이라고 하면서 그 내정(內政)을 간섭하다가, 지금 조
선에 일이 있자(*동학란) 청국이 속국을 보호한다는 핑계를 대고 군
사를 일으켜 그 내지에 들어가니, 짐이 1882년의 조약(*제물포조약)에
따라 군사를 보내어 불의의 변고를 방비하고, 조선을 환란 중에서 건
지고, 아세아 동방에 태평함을 보전하여 짐의 소원을 이루기 위하여
청국에게 화평하게 의논하고자 하였지만, 청국은 백 가지로 핑계를

대면서 합의하려고 하지 않았다.

일본은 조선에게 정치를 개혁하여 안으로는 백성을 편안하게 하고 밖으로는 외국과의 교제를 친밀히 하도록 권유하니, 조선 정부에서는 명백히 개혁할 뜻을 밝히었으나 청국이 은밀히 이를 방해하면서 내란을 진정시킨다는 핑계를 대고 군사를 움직여 수륙으로 전쟁을 준비하고 군사를 점점 더 보내어 조선에 있는 세력을 강화시켜서, 강포(强暴)함을 믿고 약한 나라를 핍박하여 홀로 이로울 계책을 도모하고자 하며, 거만하고 무례하여 우리 군함에 대하여 대포를 쏘기에 이른 것이다.

대저 조선의 독립국으로서의 지위는 원래 일본이 지지해준 덕이고 각국과의 조약에서 인정한 것이거늘, 청국이 이렇게 하는 것은 다만 조선의 지위만 손상시킬 뿐 아니라 각국과의 조약 또한 멸시하고, 우리의 국권을 손상시키며, 동양의 평화를 해롭게 하는 것이니, 청국의 욕심과 화심(禍心)은 밝히 드러났다.

그러므로 우리나라가 홀로 군사를 동원하는 것 또한 부득이한 일이니, 우리 충성스럽고 용맹스러운 백성은 각기 그 직책을 다하여 속히 태평을 이루도록 하고 국가의 영광을 드러내기를 짐은 깊이 바라노라."(*명치 27년(1894) 8월 1일)

한편 바다와 육지에서 전쟁이 벌어지자 원세개는 미리 형편을 살펴보고 도망쳐서 물러갔고, 청나라 장군 섭사성(葉士城)과 해군제독 섭지초(葉志超: 예즈초우)는 도처에서 패하여 아산, 공주, 평양에서 점점 물러가서 전국 거의 모든 곳에 일본 군사들이 주둔하게 되었다.

그러나 조선 정부에서는 끝까지 고집하기를, 청국은 대국이고 일본은 소국이며, 청국은 은인(恩人)이고 일본은 원수이다. 결국에는 청국이 다시 이기고 들어올 텐데 그때 대답할 말이 없을까봐 두려워서 정사(正使)와 부사(副使)로서 각각 이승순(李承純)과 민영철(閔泳喆) 등을 파견하여 관원 일백수십 인을 데리고 청국에 가서 배반하지 않겠다는 뜻을 보이고 나중에 용서를 받을 문을 열어놓았다.

그리고 백성들은 집을 비워 청국 병사들에게 내어주고, 재물을 내어 청국 병사들을 도와주니, 관(官)과 민(民)의 어두움이 이렇듯 심하였으니 어찌 독립 국권을 의론하겠는가.

만일 그때에 청국이 이겼더라면 우리 국권은 어찌 되었겠으며, 우리 백성은 또 어찌 되었겠는가. 우리 대한 사람들은 지금 시점에서 다시 한 번 생각해 보지 않으면 안 될 것이다.

일본 명치황제

38
갑오전쟁 후의 관계

이때에 청국이 일본과의 싸움에서 연달아 패하여 의주(義州)에서 쫓기어 압록강을 건너 청국으로 넘어가서도 구련성(九連城: 압록강 건너 10km 지점에 위치한 단동의 한 마을)과 봉황성(鳳凰城)을 차례로 빼앗기고, 여순항의 험하고 견고한 포대는 각국이 다 어찌할 수 없는 곳이라고 하던 곳인데 이를 한순간에 잃어버리자, 북경(北京)이 흔들려서 인심이 소란해지고 천하가 놀라서 세상의 태도가 일시에 변하였다.

원래 각국은 헤아리기를, 청국은 천하의 거대하고 오래된 나라이므로, 비록 전에 영국과 법국 양국이 북경에 쳐들어가서 청국의 위엄을 꺾었으나, 요만한 일본이 감히 청국과 전쟁을 시작하는 것은 사실상 망령된 행동이므로 장차 제 나라조차 보전하기 어려울 것이라고 하면서 얼마쯤 그 담대한 행동을 나무랐다.

그런데 천만뜻밖에도 일본이 백전백승하여 청국이 다시는 이길 수 있는 여지가 없게 되자, 각국은 비로소 공론을 바꾸어 일본의 의리(義理)를 칭찬하고, 청국의 완고함과 우준(愚蠢: 어리석고 움직임이 굼뜸)함을 책망하고 미워하면서 극히 곤란한 지경에 처한 청국을 돌아보지 아니하니, 청국은 더욱 어찌할 수가 없었다.

본래 청국은 영국의 부강함을 장하게 여기면서도 그 부강하게 된 근본을 연구하여 본받아 행하기는 힘쓰지 아니하고 도리어 의지할 마음으로 항상 특별한 대접을 해주면서 속으로 정의(情誼)를 사고자 하였으며, 아무 때나 어려운 일이 있으면 영국이 우리를 도와줄 것이니 별로 걱정할 것 없다고 하다가, 이때에 이르러 도와주기를 청하였으나 영국이 어찌 정의 때문에 형편을 돌아보지 아니하겠는가. 영국은 중립을 지키고 간섭을 하지 않았다.

청국은 바라던 것이 여의치 못하자, 형편은 급하고 다른 도리는 없어서, 일본에 대하여 화친을 청하였다. 이홍장은 마관(馬關: 시모노세키(下關)의 옛 이름)에서 열린 강화회담에서 굴욕을 무릅쓰고 백방으로 애걸하여 배상금 2억 원을 물고 1895년 4월 28일에 마관의 춘범루(春汎樓)에서 일·청 양국이 강화조약을 체결하였는데, 그 조약 제1조에서:

"청국은 대한을 확실한 자주독립국으로 분명히 인정하고, 독립국으로서 전혀 흠결이 없다는 것을 알기 때문에, 독립 자주국으로서의 권리에 조금이라도 손해가 될 것은 다 없앨 것이며, 그 전에 해마다 (조선이 청국에) 소위 공물(貢物)을 보내던 일 같은 폐단은 일절 폐지할 것이다."

고 하였다.

이후로 한·청 양국 간에 교제가 끊어져 피차에 간섭이 없어지자, 당시에 번화하고 세력이 등등하던 낙동(洛洞)의 청관(淸館: 청나라 공사관)은 폐쇄되어 문 앞은 오가는 사람 없어 쓸쓸했고, 청국의 깃발인 황룡기(黃龍旗)는 거두어 가고 빈 깃대만 서 있었다. 그렇듯 강포하고 무리하던 청인의 기세는 다 어디로 가버리고 웬만한 청국 상인들의 기세도 꺾어지니, 중국을 높이고 원세개의 충노(忠奴)가 되어 부귀와 영화를 도모하던 세도가들은 고개를 숙이고 자취를 감추었다.

중국의 음흉한 권력이 만리장풍(萬里長風: 만 리 떨어진 먼 곳에서부터 불어오는 바람)에 검은 구름 흩어지듯 물러가고 개명의 새 기운이 날마다 들어와서 개화의 기초가 이때부터 뿌리가 박혔다.

이후로 영은문(迎恩門: 조선시대 중국 사신을 맞이했던 모화관(慕華館) 앞에 세웠던 문)을 헐어내고 그 자리에 독립문을 세우고, 남별궁(南別宮)을 개조하여 원구단(圜丘壇)[1]을 만들고, 조선이라는 나라 이름을 대한으로 바꾸고, 대청(大淸)의 연호(年號)[2]를 없애고 개국(開國), 건양(建陽), 광무(光武) 등 여러 가지 연호를 조선 마음대로 바꾸어 사용했다. 그리고 대군주(大君主), 대황제(大皇帝)라는 존호(尊號)를 받들어 세계의 제왕(帝王)들과 서로 대등한 지위를 회복하시었다.

무술년(戊戌年: 1898년) 12월 13일에 청국이 새로 공사로 보낸 서수붕(徐壽朋)이 한양에 이르러 그달 20일에 대황제 폐하께 알현하고 청국 황제의 국서를 바쳤는데, 그 국서의 내용은 다음과 같았다:

---

[1] 원구단(圜丘壇): 고종이 황세로 등극한 후 하늘에 제사를 지내기 위해 세운 제단. 원래 하늘에 대한 제사는 중국의 천자만이 지낼 수 있었는데, 조선이 독립국임을 반포하고 고종이 황제를 칭한 다음 하늘에 제사지내기 위해 세운 것으로, 현재 조선호텔 옆에 있는 사적으로 일명 환구단(圜丘壇)이라고도 한다.

[2] 연호(年號): 군주 시대에 그 임금이 즉위하는 해에 대하여 짓는 칭호. 다음 임금이 즉위할 때에는 그 이듬해에 칭호를 고치게 된다.

"대청국 대황제는 공경하는 마음으로 대한국 대황제께 편안하심을 묻나이다.

우리 두 나라가 함께 아시아주에 있어서 물과 육지가 서로 연결되어 수백 년 이래로 좋고 언짢은 것을 서로 관계하여 피차를 분간하지 아니하고 도울 수 있는 일은 마음과 힘을 다하여 같이 편안하기만을 바랐는데, 이는 귀국의 사기(史記)에도 기록되어 있을 것이므로 더 말할 것이 없으며, 광서(光緖)[1] 첫 해(1874년)에 귀국이 아메리카와 구라파주 여러 나라들과 조약을 맺을 때에 글로써 분명히 말하였으니, 이는 귀국이 오래도록 잊지 않는 뜻을 나타낸 것입니다.

근래에 각국이 자유 독립함을 공번된(공평한) 의(義)로 삼기 때문에, 광서(光緖) 21년(1894)에 청·일 양국이 마관(馬關: 시모노세키(下關))에서 조약을 맺으면서, 제1조에서 귀국은 자유 독립국임을 분명히 드러내었습니다.

겸하여 옛적부터 친밀히 지내던 정의(情誼)와 근대 세계정세의 어려움을 생각하면 서로 관계하여 보전하는 의(義)를 돌아보지 않을 수가 없기에, 이품후(二品侯: 벼슬이 2품인 관원) 서수붕(徐壽朋)을 출사대신(出使大臣: 어느 한 지방으로 보내어 그곳에서 일하게 하는 대신)으로 귀국에 보내면서 친히 국서(國書)를 써주어 받들고 한양에 가서 짐의 뜻을 대신하도록 하는 바입니다.

이 사신은 충성스럽고 진실하며 맡은 바 업무에 숙련되어 있으니,

---

1) 광서(光緖): 광서제. 중국 청나라 제 11대 황제. 서태후의 옹립으로 4세 때 즉위하였으나 태후가 독재하였다. 17세 때 친정을 시작한 후 청일전쟁 등 내외로 다사하여 변법자강(變法自疆)의 개혁에 착수하였으나 무술정변으로 유폐된 채 병몰하였다. 재위 1874-1908.

바라건대 대황제께서는 받아 맞이해 주시어 귀국 정부와 더불어 통
상조약을 맺고 이후로 양국이 영원토록 화호(和好: 화목하고 우호함)한
정의(情誼)를 돈독히 하여 함께 태평함을 누리게 되기를 깊이 바라나
이다."

이 글을 바친 후에 각국과 맺은 통상조약에 따라서 새로 조약을 맺
고 서로 평등한 대우로 친근하게 교제하니, 이는 다 갑오전쟁 후에 드
러난 효험이다.

그러나 우리가 우리 힘으로 권리를 회복하여 독립할 수 있었더라
면 다만 헛이름으로만 효험을 얻을 뿐 아니라 실제 권리상의 효력 또
한 이러하였을 것이지만, 이것을 못하였기 때문에 우리가 오늘날 이
말을 하기가 실로 수치스러움을 면하지 못하는 것이다. 그러나 그 실
상이 이러하므로 이 글을 보는 자는 마땅히 생각할 일이 있을 것이다.

전날에 우리는 중국을 높이는 것이 우리의 도리인 줄 알았으며, 중
국이 제일 큰 나라라고 알았는데, 그때의 생각을 오늘날과 비교하면
전날에 우리의 어리석음이 어떠하였으며, 오늘날 독립의 효험이 어떠
한지를 환히 깨달을 수 있을 것이다.

전날에 우리가 진작 깨닫지 못하여 남의 도움을 받게 된 것을 한마
음으로 통분하게 여기고, 어서 바삐 저 모르고 어두운 동포들을 깨닫
게 하여 가지고 밤낮으로 일을 하여 오늘날에 당하는 수치를 씻어버
리고 영구한 국권을 새로 세워 보아야 할 것이다.[1]

---

1) 이승만은 옥중에서 『독립정신』을 쓰기 전에 『청일전기』를 먼저 번역했는데,
그 제2장, 「청일전쟁의 원인」편에서 이렇게 설명한다:
"청국이 일찍 개화하여 자기 나라를 먼저 튼튼히 하고 대한(大韓)을 개화

시켰다면 일본이 싸움을 걸어올 기회를 얻지 못했을 것이다. 그러나 청국은 과거의 방식만 고집하다가 조선을 잃어버리고 국제사회에서 큰 망신을 당했다며 분을 참지 못하고 있다. 생각건대, 만약 대한이 세계정세를 먼저 알았더라면 처음부터 이런 일은 생기지도 않았을 것이다.

대개 청일전쟁으로 인해 대한이 독립국임이 세상에 알려졌으니 전쟁이 일어나지 않은 것보다는 낫다고 생각할 것이다. 그러나 그 내막을 들여다보면 이렇게 대한의 독립을 세상에 선포한 것이 일본에게는 영광이지만 우리에게는 수치다. 사람이 오죽 변변치 못하면 제 권리를 제 손으로 찾지 못하고 이웃 친구가 대신 찾아줄 지경이 되었겠는가.

다른 나라 사람들은 몇만 명의 목숨을 바쳐가며 잃었던 독립 권리도 스스로 찾아서 보호하는데, 우리나라는 그것이 당연한 권리라는 것조차 애초부터 몰랐기 때문에 대한의 독립을 한 번도 주장하지 못했다. 그러던 중 일본이 우리 대신 일어나 싸워주고 세계를 향해 생색을 내며 자랑하자 남들이 모두 의로운 싸움이라고 일본을 칭찬했다. 이는 진실로 우리에게는 분하고 원통한 일이다.……

이를 분하게 여길 줄 안다면 먼저 그 내막을 알아야 한다. 그러자면 될 수 있는 대로 이런 종류의 책을 많이 보아 외국의 형편과 내 나라 형편을 자세히 공부하는 것이 급선무이다."(*출처:『쉽게 풀어쓴 청일전기』이승만 편저 / 김용삼·김효선·류석춘 번역)

39
아라사의 세력이
요동을 침범하다

이때에 각국은 다 방관자로서 이 전쟁의 결말을 구경하고 있었는데, 급기야 전쟁이 끝나고 종전(終戰) 회담이 열리는 자리에서 일본이 전후 배상을 은으로 2억 냥(兩)을 받고 요동(遼東) 땅 전체를 차지하게 되었다. 이를 본 각국은 일본이 분수에 넘치게 토색(討索: 금품을 억지로 달라고 조름)하는 것에 대해 시비를 걸었다.

아(俄: 아라사), 법(法: 프랑스), 덕(德: 독일) 삼국이 연합하여 일본 정부에 외교 문서를 보내어 요동 땅은 곧 청국으로 도로 돌려보내라고 하였으나, 일본 정부에서는 이를 허락하지 않았다. 그러다가 그들의 압력을 더 이상 견뎌내지 못할 지경에 이르러서야 비로소 한발 물러서서 요동 땅을 청국에 돌려주었다.

그러나 그 대신에 돈으로 1억 원가량을 더 물어주게 하고, 또 대만을 차지하게 하였으니, 일본의 실제 이익은 요동 반도를 다 차지한 것만 못하지 않았다. 그러나 청국으로서는, 옛날부터 헛이름(虛名)으로 겉치레만을 중하게 여겼으므로, 요동 땅을 도로 회복하였다는 말만 듣게 되어도 얼마간 체면이 선 것으로 여겼다.

전부터 믿고 의지하던 영국은 아무 말도 없는 중에 아라사가 홀로 힘을 써서 법국과 덕국과 연합하여 요동을 찾아주었으므로, 청국은 아라사에게 감사히 여기는 마음에서 은근히 아라사에게 의지하고자 하였다. 아라사가 그 정황을 살피고는 비밀히 달래어 말하기를, 다른 나라들은 다 믿을 수 없고 다만 우리가 귀국과 국경을 접하고 있어서 편안하고 위태함이 서로 가까이 관계되니, 만일 우리 두 나라가 연합하면 천하에 두려울 것이 없을 것이라고 하였다.

그러면서, 요동 땅 중간으로 철로를 놓으면 대단히 이롭겠지만, 귀국의 재정이 부족하니, 우리가 대신 재정을 부담하여 이 철로를 우리가 놓을 테니, 이 철로를 우리가 놓으면 각국은 다 우리 양국의 정의가 친밀함을 알고 감히 엿보지 못할 것이라고 하였다.

그러자 어리석은 저 청국이 이 말을 달게 듣고는 철로 놓는 것을 허락하니, 해삼위(海蔘威: 블라디보스토크)에서부터 만주 중간을 가로질러 여순(旅順)까지 통하고, 여순항을 빌어 아라사 군함의 근거지를 만들어 시베리아 철도를 연결하였다. 그리고는 철로를 보호한다는 핑계로 드문드문 병참기지를 설치하여 군사를 두어 지키니, 이렇듯 광활한 토지가 명색은 비록 청국 땅이라고 하나 실상은 다 아라사의 관할 속에 들어 청국이 어찌할 수 없게 되었다.

아라사로 말하자면, 당초에 시베리아 철로를 놓을 적에는 그 원하던 바가 사실 여기까지 미치지 못하였는데, 하루아침에 총 한 방 쏘지 않고 피 한 방울 흘리지 아니하고 아시아 동편에 한없이 광활하고 한없이 기름진 토지를 점령하여 대한과 청국의 중간에 걸쳐 앉아 얼음이 얼지 않는 여순 항구를 차지하여 동양의 해륙(海陸) 권리를 마음대

로 조종하게 되니, 아라사에게는 실로 말할 수 없는 다행이었으나, 천
하에 범 같은 욕심이 어찌 요동 반도를 먹는 것만으로 만족하겠는가.
동양 전체를 다 차지하려는 것이 가장 음험한 속내였다.

한편 청국으로 말하자면, 헛이름(虛名)만 차지하고 실상 권리는 남
에게 내어주어 영구히 회복할 기회가 없게 되었다.

각국이 이 소문을 듣고 청국에게, 과연 아라사에게 철로 놓을 권리
를 허락하였는지 물어보면, 청국은 어름어름 대답함으로써 각국을 믿
지 않는 실정을 드러내 보였고, 이에 각국은 분노하여 시비가 분분하
였다. 제 것을 남에게 주어가며 세상에 인심을 잃었으니 이 어찌 통분
하지 않겠는가. 이번의 일·아 전쟁의 뿌리는 이때부터 생긴 것이다.

이홍장이 자기의 부귀와 영화를 보전하는 것만 중하게 여겨 서태
후(西太后: 1835~1908)의 종이 되어 아라사를 의지하고 국토를 팔아 동
양에 난리를 끼쳤으니, 그 더러운 목숨이 천만년을 살지 못하고 5년
전에 간신히 와석종신(臥席終身: 자리에 누워서 생을 마침)을 하였으나, 천
추(千秋)에 무궁한 죄명(罪名)은 실로 씻기 어려울 것이다.

40
청국의 의화단 사변

이홍장이 본래 청국을 홀로 좌지우지하여 황제의 바로 아래, 곧 4억 인구의 으뜸이었으므로, 각국은 그의 명망을 추앙하여 세계적인 호걸 인물 중의 하나로 쳐주었다. 겸하여 옛날부터 각국과 담판하고 교섭하는 일은 모두 이홍장이 주장하여 처리하였기 때문에, 그리고 동양의 대 정치가 중에 제일 먼저 개명된 자가 또한 그였기 때문에, 그에 대하여 내외국인들의 바라는 바가 적지 않았다.

동양의 형편이 점점 위태해질 때를 당하여 서양의 관민(官民) 중에 고명(高明)한 친구들과 대한과 일본의 뜻있는 인사들이 왕왕 그에게 간절히 요구하기를, 대한을 청국과 평등한 나라로 대접하고, 광서(光緒) 황제를 받들어 동양의 맹주(盟主)가 되게 하고, 개명에 힘써 아시아 형세를 유지하라고 하였다.

그러나 그는 끝까지 완고한 구습(舊習)을 깨치지 못하고 한결같이 고집을 부리다가 갑오년(甲午年: 1894년)에 이르러 천고(千古)에 처음 당하는 곤욕을 당하고 나서(*청일전쟁에서의 패배), 그제야 헤아리기를, 작은 일본이 우리를 이긴 데는 다른 이유가 있지 않고 다만 새 법의 시행을 힘쓰느냐 쓰지 않느냐에 달려 있다고 하면서, 이에 황명(皇命)을 받들고 서양 각국에 사신(使臣)이 되어 가서 문명한 세계를 유람(遊覽)하게 되자 비로소 부끄러운 생각도 나고 그들이 부러운 줄도 깨달았다.

그는 도처에서 자신이 감동한 뜻을 설명하고, 돌아가서는 곧 개화에 힘쓸 것이라고 장담하니, 각국은 본래 그의 명망을 중히 여기던 터였기에, 비록 일본에게 한번 욕을 당하기는 하였으나 전쟁에서의 승패는 병가지상사(兵家之常事)에 불과한지라, 지금 세계를 유람하면서 저렇듯 부러워하는 생각이 있으니, 돌아가는 날에는 응당 나라를 완전히 새롭게 만들어 동양에서 부강한 나라를 이루게 할 것이니 어찌 장하지 않으냐고 하여, 각국의 제왕(帝王) 이하로 도처에서 비할 바 없이 융숭한 대접을 받았다.

급기야 돌아오는 날에는 황제를 알현하고 혁신에 힘쓰고자 하였다. 광서 황제 역시 난리를 겪은 후로 또한 얼마쯤 먼저 깨달았기에 옛날 제도를 없애고 새 법을 시행하여, 백성들이 정사를 의논할 권리를 허용하고(*의회제도를 도입하려고 함), 지위가 낮은 자는 상소를 하지 못하던 옛 법을 혁파하여 상하 관민은 물론이고 누구든지 국민에게 유익한 일이 있으면 바로 상소를 올릴 수 있도록 허락하였다.

그런데 이때에 서태후가 권력을 잡고 있었고 조정의 완고한 수구파 대신들은 모두 서태후의 심복으로서 황제의 개회하려는 뜻을 싫어하여 서로 편당을 지어서 황제를 해치고자 하였다.

이때에 강유위(康有爲), 양계초(梁啓超) 등은 개화진보파 인사들로서 황제의 지시를 받들고 나라 안의 뜻있는 인사들을 모아서 국민대표 회의를 만들어 황제를 받들어 개혁을 실시하려고 하였으나, 마침내

서태후의 박해를 받아서 혹은 잡혀서 도륙을 당한 자도 있고, 혹은 도
망하여 외국으로 망명한 자도 있고, 나머지 무리들은 흩어졌다. 이때
서태후가 황제를 가두어 놓았다가 끝내는 독약으로 살해하였다는 소
문이 세상에 낭자하였다. 서태후는 황제의 서모(庶母)였으므로 국권을
찬탈하여 개혁의 기초를 없애버렸으니, 이것이 무술년(戊戌年: 1898)의
일이다.

이때에 이홍장이 전날에 서양 각국을 유람하던 때의 생각은 다 버
리고 서태후에게 붙어서 권력을 보전하고, 아라사에 의지하여 서태후
의 편당들과 힘을 합쳐 정사를 주관하였는데, 국권과 강토에 손해를
가져온 모든 조약은 다 이때에 맺어진 것이다. 그러나 어두운 백성들
은 어찌하여 이렇게 되었고, 어느 나라 사람이 탐욕을 내는 것인지 분
간하지 못하고, 서양 사람들은 다 같이 청국을 없애려고 온 줄로만 알
아 그들 모두를 저희 원수로 여겼다.

그전부터 청국에서는 교인(敎人)을 미워하는 폐단이 심하였다. 서
양 선교사들이 들어와서 전도하는 뜻은, 어떤 다른 뜻이 없고 다만 자
기들의 재산과 인력(人力)을 써가면서 어두운 백성에게 자기들이 좋게
여기는 바를 같이 알게 하려는 것이었으나, 청나라 사람들은 그 교인
들이 혹 토지를 빼앗거나 백성을 해치려고 오는 줄로 알아서, 관원이
나 백성이나 교인을 만나서 기회만 있으면 곧 전력을 다하여 해치려고
하였다. 그러므로 그 교를 믿는 나라에서는 어쩔 수 없이 간섭하여 자
기 백성들의 포교할 권리를 보호하기에 이르렀는데, 그 때문에 갈등이
더욱 커져서 교인들을 해치고자 하는 생각이 은근히 자라고 있었다.

그러는 중에 선교사들이 글을 지어 전파하거나 말로 전도하면서
허무한 것을 믿지 말고, 헛된 것을 섬기지 말라고 하니, 이런 뜻을 더

욱 싫어하여 간간이 허무맹랑한 말을 지어내어 민심을 선동하여 외국인을 몰아내려는 행동들이 종종 발생했는데, 이때에 이르러 형편을 살펴보니, 서태후 이하 모든 세력가들이 다 개화파와는 원수가 되어 인심을 선동하고 있는 것이었다.

그리하여 어두운 민심이 스스로 헤아리기를, 우리가 이런 기회를 다시는 얻지 못할 것이다. 그러니 일시에 일어나서 서양인들을 몰아내고 옛 법을 회복하여 여전히 문을 닫아놓고 우리끼리 살자고 하면서 의화단(義和團)[1]을 만들어 무리를 모았다. 그들은 요사한 말을 지어 주문(呪文)을 외우고, 부적을 붙이고, 호풍환우(呼風喚雨: 바람과 비를 불러옴)하는 재주가 있다고 하면서 사방에 전파하자 전국의 백성들이 거의 다 듣고 믿기에 이르니, 마치 우리나라의 동학난리 같이 된 것이다.

---

[1] 의화단(義和團): 청나라 말기인 1900년에 일어난 반외세, 반 그리스도교 운동으로 북청사변(北淸事變), 단비(團匪)의 난, 권비(拳匪)의 난이라고도 한다. 1894년 청일전쟁 후 제국주의 열강의 진출이 중국 내륙으로 미쳐서 값싼 상품이 유입되자 농민경제가 파괴되고, 그리스도교가 전파되자 반(反)그리스도교 운동이 일어났다. 이때 원나라 말기에 성행했던 백련교(白蓮敎)의 한 분파인 의화권교(義和拳敎)가 산동 일대에서 성행했는데, 이들도 교회를 불태우고 선교사와 신도들을 살해하며 농민들을 규합하여 의화단(義和團)이라 칭하고 세력을 확장하였다.

이들은 반(反) 그리스도교 운동에서 반(反) 외세 운동으로 발전하여 부청멸양(扶淸滅洋)을 외치며 북경과 천진 일대에서 외국인을 살해하고 철도와 전신을 파괴하며 외국제품을 불태웠다. 서태후를 중심으로 한 청조의 수구파는 의화단을 이용하여 1900년 6월, 열강에 선전포고를 하였다. 이에 영, 아, 덕, 법, 미, 의(이탈리아), 오(오스트리아), 일본 등 8개국이 연합군을 결성, 7월에 천진을 함락시키고 8월에 북경에 입성하자 서태후와 광서제(光緖帝)는 서안(西安)으로 피신하고, 실각한 수구파를 대신하여 실권을 쥔 양무파(養務派)가 연합군과 협상하여 1901년에 〈북경의정서(辛丑條約)〉를 체결하였다.(*자료: 세계사 사전, 청아출판사.)

　권력을 잡은 자들이 은밀히 도와서 안팎으로 화응(和應: 화답하여 응함)하니, 당시 저들의 소견(所見)으로는 온 세상이라도 곧 뒤집어엎기가 어렵지 않을 듯하였다. 그들은 대란(大亂)을 일으켜 교인들을 살육하였는데, 남녀노소를 막론하고 전날에 혹 교를 믿거나 개화파에 가까운 듯한 자들은 모조리 죽이고, 모든 외국인은 공사와 영사 이하 대소 관리들이나 상인이나 교인이나 일체 구별하지 않고 모조리 죽여 없애려 하면서, 각처의 교당(敎堂)이나 학당(學堂), 내외국인의 집과 재산을 불지르고 노략질하여 각처에 손해를 입힌 것이 한량이 없었으며, 도처에서 인명을 살해한 것이 또한 무수하였다.

　각국의 거류민(居留民)들이 북경에 모여서 서로를 보호하려고 하였으나 난민(亂民)들이 벌써 북경에 가득하여, 덕국(德國: 독일) 공사와 일본 공사관의 서기(書記)가 살해당하자 수많은 외국인의 사생존망(死生存亡)이 순식간에 달려있게 되었다. 이 소문이 전 세계에 시시각각 전파되자 각국은 다 같이 크게 분노하여 영, 미, 법, 덕, 아(俄: 러시아), 오(澳: 오스트리아), 의(意: 이탈리아), 하(荷: 화란), 포(葡: 포르투갈), 일본 등 모두 10개국[1]의 군사들이 사방에서 달려와서 일시에 연합하여 북경으로 돌입, 성문을 깨뜨리고 물밀듯이 들어가서 교인들을 구원하고 난민(亂民)들을 소탕하니, 폭약과 대포 소리가 천지를 진동시켰다.

　그리고는 의화단 사변을 일으킨 단친왕(段親王: 서태후의 총애를 받던 왕자)의 궁에 불을 지르고 황성을 점령하니, 경자년(庚子年: 1900년) 8월 4일에 서태후와 황제(*光緒帝)가 서안(西安)으로 피난을 갔는데, 모든

[1] 모두 10개국: 저자는 모두 10개국이라 하였으나 다른 기록에는 화란(荷), 포르투갈(葡)이 없는 전부 8개국의 군사라고 되어 있다.

친왕(親王: 황제의 형제나 아들의 칭호)과 대신들은 다 먼저 도망가 버리고 단지 내시 몇 명만이 호위하였다. 약간 명의 관리와 평민들이 피난을 만류하고자 하였으나 서태후는 자기의 죄를 짐작하고 있었기 때문에 화가 자기 몸에 미칠 줄 알고 몰래 빠져나가 도망하였다. 천리(400km) 먼 피난길에서 무수한 곤란을 겪게 된 것은 실로 불쌍하고 가련한 사정도 많았으나, 그 얘기를 듣는 자들은 측은히 여기지 않았다고 한다.

이때에 각국 군사들은 청국 사람들이 무고히 사람을 죽인 것을 분하게 여겨 도처에서 노략질과 살상(殺傷)을 여지없이 하여, 수천 년을 전해 내려오는 모든 보배와 고물(古物: 골동품)들을 낱낱이 다 가져가고, 사부가(士夫家: 사대부가. 사대부의 집안)의 부녀자들을 까닭도 없이 겁탈하니 그 포학과 능욕을 견딜 수 없어서 사방으로 도망가고, 길거리의 집들은 불에 타서 무너지고 상한 것이 태반이었다.

그 중에서도 아, 법, 덕국 군사들의 침욕(侵辱: 침범하여 욕을 보임)이 더욱 심하여, 휘춘(揮春) 지방에서는 아라사 병사가 청국인 남녀노소 3천여 명을 몰아가서 강물 앞에 이르러 말하기를, 너희들이 이 강을 건너가지 않으면 다 죽여 버릴 것이라고 하였다.

그러자 청나라 사람들이 울면서 말하기를, 우리는 순진하고 양순한 상민들로서 다른 뜻은 없고, 또한 죄 없는 부녀들과 늙고 어린 백성들이야 무슨 난리를 일으켰겠는가, 남아있는 목숨을 애걸하노라, 하고는 방성대곡(放聲大哭) 하였다.

아라사 병사가 쌀쌀하게 말하기를, 우리는 상관의 명령을 따를 뿐이다, 라고 하고는 여러 사람을 칼로 무찌르니, 청인들은 어찌할 수가 없어서 쇠약한 노인과 어린아이와 연약한 여인들이 혹 엎어져서 기절도 하자 분분히 물에 던져져서 시신(屍身)들이 뽕잎에 누에가 쌓여 있는 것 같았다.

그 중에 젊은 여인 하나는 어린아이를 안고 풀숲에 엎드려 울면서 애걸하다가 끝내 살 수 없음을 보고는 그 아이나 살릴까 하여 풀숲에 버리고 자신은 물에 빠져 죽으니, 철모르고 어미를 부르며 우는 아이의 울음소리가 사람의 간장을 끊는 듯하였으나 아라사 병사는 조금도 마음이 흔들리지 않고 창끝에 아이를 꿰어서 들고 의기양양해 하면서 합계 4천여 명을 모조리 죽이니 흑룡강 물이 핏빛으로 변했다.

그 후 이 지방에서 대한 사람 2천여 명이 또 아라사 사람들로부터 모조리 화(禍)를 당했다. 합이빈(哈爾濱: 하얼빈) 지방에서는 관장(官長)이 인민들에게 각국의 군사들을 반가운 마음으로 영접하여 드리라고 타일렀는데, 아라사 병사들은 그 호의도 모르고 저자를 불태우고 부녀를 겁탈하여 욕을 보였다.

사대부가의 귀부인들은 욕을 보고 자결한 자가 573인이나 되었다. 하등(下等)의 여인들은 몇 놈씩 돌려가며 욕을 보이고, 돌아갈 때에는 창으로 찔러 죽이고 돌아섰으며, 그때 살아남은 여인들은 욕을 견디지 못하여 자살하는 자들이 무수하였다. 일본 군사에게 찾아와서 아라사 병사들의 무리함을 호소하는 자들도 4백여 명이나 되었는데, 그 중에서 죽은 자가 11명이었다.

양반이나 대관(大官)이라 해도 구별하지 않고 만나면 붙잡아 짐을 지우고 일을 시켰는데, 조금만 순종하지 않으면 장화를 신은 발로 마구 차고 총대와 몽둥이로 마구 때리니, 지위와 문벌(門閥)을 자랑할 곳이 없었다.

대저 아라사 병사들의 포학하고 무리함에 대해서는 각국이 다 끊임없이 시비(是非)를 제기하고 있지만, 무도한 청국 사람들이 까닭 없이 세계와 원수가 되어 앙화를 자취(自取)한 것이니 어찌 남의 무리함만을 원망할 수 있겠는가. 다 각기 자기의 죄책(罪責)을 먼저 생각해야 마땅할 것이다.

어두운 윗사람들은 자기들의 죄가 있어서 당하는 것이므로 이들을 불쌍하다고 말할 수는 없다. 그러나 죄도 없는 나약한 백성들이야 다 윗사람을 잘못 만난 죄로 참화를 당하는 것이니 원통하다고 할 수도 있겠지만, 그러나 백성이 제정신을 차리지 못하고 어둡게 지내기를 편안하게 여긴다면 마침내 옥석구분(玉石俱焚: 옥과 잡석이 다 같이 불에 타는 것)이 되는 날에는 죄가 있는 자만 당하는 것이 아니다.

지금 세상에서 살아가는 자는 부인이나 아이라 하더라도 세상 형편이 어떠하며 국민 된 본래의 뜻이 어떠한 것인지 알아야 할 것이다.

41
일·아 전쟁의 근본 원인

옛날부터 청나라 사람들은 무도(無道)하여 항상 외국인들을 해쳐서 흔단(釁端: 서로 사이가 벌어지는 시초나 단서)을 자주 일으켰으므로 세상에서는 이를 통분하게 여기고 시비(是非)가 무수히 벌어져서 심지어 영토를 분할하고 국권을 없애버리자는 의론까지 있었다.

그런데 이때에 이르러 10개국의 대군이 북경을 점령하자(*원문에는 10개국으로 되어 있으나 당시 화란과 포르투갈은 참전하지 않았다고 한다.-교주자) 각국에서는 공론이 더욱 분분하여, 아주 영토를 쪼개서 국권을 없애버려 이후에 다시 이런 폐단이 생기지 않게 하자고 하였는데, 그때 형편으로는 청국이란 이름조차 더 이상 부지하기를 바랄 수 없을 듯하였다.

그런 중에도 더욱 염려된 것은, 청국의 난리를 평정한 후에 열국(列國)의 군사들이 각각 점령하였던 좋은 토지를 무심히 내어놓고 물러갈 리가 만무할 듯한데, 그런 중에서 피차간 기름진 고기를 다투다가 큰 전쟁이 열국 간에 생기는 날에는 동서양이 크게 요란해질 것이라고 하여 각국의 정치 대가들은 이 점을 깊이 염려하였다.

그런데 다행히도 각국의 후의(厚意)로 청국의 영토를 손상시키지 말고 국권을 보전하게 하는 것이 일처리도 정대하고 각국 간에 시비도 없을 것이라고 하여, 각국의 사신들이 북경에서 다시 화친조약(和親條約)을 의론하게 되었는데, 경친왕(慶親王)[1]이 광서(光緖) 황제의 명을 받들고 강화 사신이 되어 북경에 이르러 각국의 군사를 철수시킬 조약을 맺었다.

그 조약의 대략(大略)에 이르기를:
1. 난리를 일으킨 모든 대신들은 사형에 처할 것이다.
2. 각국이 이 난리에서 입은 전후 손해를 합당하게 배상하여 물어줄 것이다.
3. 각 지방에서 외국인들과 교회당과 교인들을 특별히 보호하여 다시 후환이 없게 할 것이다.
4. 천진(天津) 전체 땅을 국외지(國外地)로 삼아 각국이 공동으로 사용하는 땅으로 인가할 것이다.
5. 만주 전체 땅을 다 중립지로 만들어 각국 간에 이후 전쟁이 있더라도 그 지방은 병화(兵火)가 미치지 않게 할 것이다.
6. 각국은 청국 각처의 통상항구에 있는 외국인의 생명과 재산을 보호하기 위하여 수비병을 두어 후환을 방비할 것이다.

---

[1] 경친왕(慶親王): 이름은 혁광(奕匡力). 광서제 26년(1900년)에 8개국 연합군이 북경을 침략한 경자사변(庚子事變) 중에 경성에 남아 이홍장과 더불어 각국과의 화의를 추진하였다. 1903년에 군기대신(軍機大臣)이 되었고, 1911년 신해혁명 기간에 초대 총리대신이 되어 경친왕 내각을 조직했다.

이러한 조약을 맺고 정전을 한 후 배상금을 2억 원으로 정하여 여러 해에 나눠 물게 한 후, 각국의 군사들은 북경에서 나와 천진으로 물러났는데, 이는 곧 없어진 청국이 다시 생긴 것과 같으니 세상에 그 누군들 다행으로 여기지 않겠는가.

이것을 보면, 각국이 청국을 대접한 것은 실로 뜻밖의 후의(厚意)였다. 그 너른 토지를 한 조각도 손상시키지 아니하고 전부 다 돌려보내고, 배상을 또한 이렇듯 간략하게 정하여 갑오년(*갑오년 청일전쟁)에 일본에 갚았던 배상 액수에 비하면 겨우 반에 불과하니, 이로써 본다면, 각국이 다 청국을 해치고자 하는 악의(惡意)가 없음을 충분히 짐작할 수 있을 것이다.

이때에 각국이 서태후가 한 일을 통분하게 여겨 기어이 국권을 황제께 돌려보내고 정사에 간섭하지 못하게 하는 것이 옳다고 하는 의론 또한 많았으나, 그렇게 하기 위해서는 각국이 위력(威力)을 행사해야만 할 것이고, 그리되면 청국의 독립권에 손상이 간다고 하여, 저희끼리 하도록 맡겨두었다. 서태후가 환궁하여 외국인에게 무수히 사과하고 용납해 주기를 간구하자, 각국 사람들은 그를 더욱 미워하였다.

이때에 열국의 군사들이 기한을 정하고 일제히 천진(天津)으로 물러갔으나 아라사 군사들은 여순항과 산해관(山海關)으로 향해 가서 우장(牛莊), 휘춘(揮春), 합이빈(哈爾濱: 하얼빈) 지방에 나누어 웅거하니, 이로써 만주의 온 지방을 통째로 차지하게 된 것이다.

다른 나라들이 따져 물으면 대답하기를, 청국과 조약이 맺어져 있어서 여순항과 만주 지방에는 이전부터 철로를 보호하기 위한 군사를 둘 권리가 있다고 하면서, 은밀히 청국을 달래고 위협하여 분명한 대답을 하지 못하게 하니, 이로써 각국의 시비가 더욱 분분하였다.

그러나 아라사는 전부터 그 토지를 완전히 삼키기 위하여 철로를 놓아 밤낮으로 진출해 나오면서 흔단(釁端)을 기다리다가, 갑오년 (1894)에 일본이 만주를 차지하는 것을 보고는 곧 저희 것을 가져가는 것으로 여기고 기어이 일본을 위협하여 청국에 도로 찾아준 후, 속으로 은근히 어리석은 청인의 허락을 얻어 만주를 관할하면서 권리를 잡았지만, 실상 드러나게 확장하지 못하는 것을 항상 아쉬워하다가, 이때에 이르러 다시 만나기 어려운 기회를 만나자 군사를 옮겨서 영구히 자기 것으로 만들고자 한 것이다.

각국이 이런 의도를 짐작하였기 때문에 서로 다투어 따져 묻자, 아무 날에는 물러간다고 하면서 기한을 정하고는 은근히 군사들을 들여와서 세력을 키웠는데, 이렇듯 약속을 어기는 일이 한두 번이 아니었다.

각국의 시비가 점점 더해 갈수록 아라사인의 형세는 점점 더 커져서 심지어 청국의 관리를 몰아내고 송사(訟事)와 세금 징수까지 다 대신 주관하면서 밤낮을 쉬지 않고 군사와 전비(戰備)를 철로로 실어다가 여순항과 해삼위(海蔘威: 블라디보스토크)와 압록강 등지에 수만 명의 군사들을 주둔시키고, 형세를 키워서 위엄을 보이고, 한편으로는 대한 서북 지방에 침범하여 점점 뿌리를 내리면서 대한 정부로부터 인허(認許)를 얻어, 서북 해변에서 벌목을 한다는 핑계를 대고 몇백 명씩의 군사들에게 민간복을 입혀서 사방으로 들여보냈다.

작년(1903년) 양력 5월에 용암포(龍巖浦)를 '더 니콜라스(The Nicholas)'라는 이름으로 바꾸었다. 이는 아라사 황제의 이름으로, 이 니콜라스 황제 시절에 얻은 땅임을 영원히 기념하고자 한 것이다.

아라사는 군사들을 상륙시켜 포대를 쌓으며 압록강 연변에 군사를 주둔시켜 내지로 침범하여 백성들을 노략질하였는데, 온갖 불법 불의를 행하는 것이 비할 데 없었으니 어느 나라가 분하게 여기지 않겠는가. 그 중에서도 미국과 영국이 이 문제를 가장 심각하게 받아들였는데, 이는 두 나라가 도처에서 가장 큰 관심을 가졌던 것은 통상(通商)과 전도(傳道)하는 것으로, 청국에 대하여는 이것이 더욱 중대한 문제였기 때문이다.

그러므로 매번 청국의 한 지방을 어떤 나라가 차지하지 못하도록 힘쓰면서 청국 스스로 문명하여 막힌 곳이 없이 다 열리기를 바라고 있었는데, 만일 아라사가 이 큰 지방을 다 점령하는 날에는 각국과의 교섭을 끊고 홀로 차지할 것이니, 그렇게 되면 각국의 손해가 어찌 적다고 하겠으며, 그것이 어찌 공변된(공평한) 뜻이라 하겠는가.

이러므로 영국과 미국이 먼저 의론을 제기하여 만주 땅 전체를 열어놓아 각국 사람이 공변되게 관할하도록 하자고 하였다. 그 관할권은 누가 장악하든지 간에, 열어놓기만 한다면 별로 간섭하지 않으려고 하였을 텐데, 아라사 혼자 이 제의를 좋아하지 아니하여 은밀히 청국을 위협하여 열어놓지 못하게 하였다.

이때에 대한의 서북 지방 또한 만주와 같이 되어가는 모양을 보고 각국은 대한 정부에게, 의주를 열어놓아 각국의 자유 통상지역으로 만들라고도 하고, 용암포를 개항하고 이를 하루바삐 각국에 반포하라고도 권하였다. 이는 각국에게도 관계가 있지만, 대한에 제일 이로운 방책이었다. 만약 대한 정부가 이 같은 방침을 신속히 결정하고 각국에 반포하여 만국이 통상하는 지역을 만든다면, 영원히 변하지 않는 우리 땅으로서 각국은 감히 넘겨다보지도 못할 것이므로, 정부에서도 혹 이런 뜻을 짐작하고 각국이 원하는 대로 허락하려고 하였다.

그러나 아라사가 자주 은밀히 위협하여 허락하지 못하게 하니, 대한과 통상하는 각국이 한편으로는 대한 정부를 독촉하여 신속히 반포하라고 하고, 다른 한편으로는 아라사와 교섭을 하였는데, 아라사는 한결같이 대한 정부와 맺은 조약이 있다는 것만 핑계 대고 날마다 군사를 늘리면서 영원히 물러갈 뜻이 없음을 드러내 보였다.

그러자 세계 각국들이 점점 더 분하게 여기는 중에 일본이 이 문제를 더욱 긴요하고 중대한 문제로 여겼다. 이는 갑오전쟁에서 일본이 차지한 땅을 아라사가 참견하여 돌려보냈다가, 이때에 와서 아라사가 빼앗아 가는 것은 곧 일본의 권리를 능멸하는 것이고, 또한 넓은 땅이 아라사의 세력 안에 들어가면 대한과 청국이 따라서 위태해질 것이며, 그리되면 일본인들 어찌 무사히 보전(保全)하기를 바랄 수 있겠는가. 수십 년 이래로 밤낮 애를 쓰고 일한 것은 전적으로 이런 뜻에 있었는데, 어찌 통상(通商)과 전도(傳道)하는 이익에만 관심이 있는 서양의 각국에 비하겠는가.

일본이 단호한 태도로 아라사에게 담판을 청하고 나서면서 아라사에 주차(駐箚)한 일본 공사에게 전권을 맡겨 피득보(皮得普: 페테르부르크. 1914년 이전의 당시 러시아의 수도 이름. 레닌그라드) 정부와 의논하여 처리하라고 하였다. 그러자 아라사 정부가 미리 알고서 담판할 의향은 있다고 하였으나, 이럭저럭 미루면서, 혹은 황제가 병환 중이어서 못한다고 하고, 혹은 황제께서 타국에 유람하고 계시니 의론하지 못한다고 하면서 온갖 가지로 핑계를 대었다. 일본은 어쩔 수 없이 일본 동경(東京)에 있는 아라사 공사와 담판을 벌여 끝까지 원만한 해결책을 찾으려고 힘썼으나, 이 또한 합의에 이르지 못하고 점점 의론이 결렬되어 갔다.

그런데 아라사 정부에서는 날마다 군사를 늘리면서 알렉세비치(Alexseevich)를 아시아 동방의 총독(總督)으로 삼아 동방의 모든 일은 그가 전권(全權)을 가지고 처리하도록 맡겼는데, 이는 모든 핑계를 아시아 총독에게 미루고, 아시아 총독은 다시 정부에 미루어, 피차 미루는 중에 세월만 끌면서 그동안 전쟁 준비나 완전히 해놓으면 각국은 아라사에게 물러가기를 독촉하다가 차차 마음이 식고 기운이 떨어져 스스로 물러갈 것이니, 그리되면 일본도 어찌할 수 없을 것이고, 설령 일본이 혼자 싸우려고 하더라도 요만한 작은 나라를 곧 멸망시키기는 여반장(如反掌: 손바닥 뒤집는 것처럼 쉬움)이라고 하면서, 패리무도(悖理無道: 이치에 어긋나고 도리에 맞지 않음)함이 갈수록 심하였다.

아라사가 처음에는 일본을 꾀어서 이르기를, 만주를 우리가 어떻게 하든지 상관하지 않으면 대한을 일본이 어떻게 하든지 상관하지 않겠다고 하다가, 얼마 후에는 또 말하기를, 대동강을 따라 남북으로 반분(半分)하여 북은 아라사의 권리 안에 두고 남은 일본의 권리 안에 두자고 제안하자, 각국은 점점 더 분개하여 싸우지 않고는 결단코 해결될 수 없을 것이라고 하였다.

일본 백성들이 날로 격동(激動)되어 전국의 뜻있는 인사들이 도처에 모여서 정부에 건의하고, 한편으로는 글을 써서 나라 안에 전파하여 이르기를, 우리 군사가 갑오년(1894년)에 피 흘려 얻은 땅을 정부에서 도로 주어 오늘날 아라사인들이 차지한 바 되게 하고는 무심히 앉아서 도로 찾을 생각도 하지 않으니, 이는 정부에서 백성을 어렵게 여기지 않기 때문이다.

하물며 지금은 아라사가 충돌해 오고 있음이 세상에 다 드러났거늘 어찌하여 전쟁을 하루바삐 시작하지 아니하고 효과도 없는 담판으로 세월을 질질 끌어 아라사로 하여금 전쟁 준비를 마치게 하고, 우리 스스로는 기회를 잃어 국권이 장차 위태해지는 것을 생각하지 않는가, 하여 인심이 물 끓듯 하였다. 그러자 각처의 신문에서도 정부를 탄핵하여 더 이상 시비(是非)할 여지가 없게 하였다.

그때 마침 국회를 열 때가 되자 국회의원들이 먼저 정부를 탄핵하기 시작하였다. 그러자 정부에서는 즉시 칙령(勅令)을 내려 국회의 활동을 정지시키자 민심은 더욱 격렬해져서 전국이 세차게 들고 일어나고, 정부의 지도자들을 살해하려는 자들이 수없이 많아서 형세가 심히 위태해졌다. 그러자 군사들을 풀어 정부 고관(高官)들의 집과 신변을 보호하면서 끝까지 담판으로 문제를 해결할 생각을 거두지 아니하면서도, 한편으로 전쟁 준비는 게을리하지 않았다.

각국은 다 그 전쟁이 불시에 벌어질 줄 알고 각국 정부에서 자기 나라 군함에 비밀리에 명령을 내려 싸움이 벌어졌을 때 행할 일들을 준비하라고 하니, 소문이 날마다 퍼져서 어디서 전쟁이 벌어졌다느니, 어느 시(市)에 어느 군사가 대포를 쏘았다느니 하는 등의 온갖 낭설들이 첩첩이 일어나서 세상 사람들은 모두 이 전쟁이 일어날 줄로 믿고, 속히 일어나기를 밤낮으로 바라다가, 일본이 점점 물러나서 마침내 싸울 뜻이 없는 것을 보이자, 각국은 끝내 낙심하여 혹은 일본이 감히 아라사와 싸우지 못한다고도 하고, 혹은 일본이 어리석어서 아라사에 속고 있다고도 하였다.

그러나 실상은 일본이 전쟁 준비를 아라사 못지않게 하면서 은근히 싸우지 않으려는 뜻을 드러내 보임으로써 각국이 다 아라사의 무도함을 더욱더욱 분하게 여겨 세상 여론이 다 일본 편으로 오게 만든 후에 비로소 개전(開戰)하여 남의 뒷공론이 없어지기를 기다린 것이다.

부지중에 영·미 양국은 속으로 힘껏 도와주는 친구가 되고, 기타 여러 나라들도 다 일본을 편드는 감정을 드러내는 중에, 청국 또한 아라사에 의지할 생각을 거두고 일본과 합력(合力)하고자 하였으나 일본이 혼자서 담당하기를 자원하고 청국과 연합하기를 즐겨하지 않았다.

이에 뜻있는 친구들이 청국에게 전쟁에 간여하지 말고 중립을 선언하라고 권하였다. 이는 만일 청국이 일본과 합력(合力)한다면 다른 나라들도 또 나서서 청국을 핑계대고 중간에서 간섭하려고 할 것이니, 그리하여 만약 점점 여러 나라들이 상관하기를 그만두지 않는다면 그 싸움이 어떻게 전개될지 예상하기 어려우므로, 다른 나라들은 다 상관하지 말고 두 나라에만 맡겨서 승부를 결정하도록 하기 위해서였다.

그리하여 청국은 전투 지역을 만주 지방으로만 한정하고 그 밖의 다른 지방은 다 엄정히 지켜서 전쟁에 참여하지 아니하였다. 우리나라에서도 또한 중립을 선포하였으나, 속으로는 아라사를 청해 들이면서 어찌 중립국으로서의 권리를 보호할 수 있겠는가.

일본의 군사들이 조용히 한양에 들어오니 소문이 저절로 나면서 인심이 크게 소란해졌으나, 정부에서는 아라사 공사관(公使館)만 바라보고 조금도 동요하지 않았다. 그러다가 금년(1904년) 양력 2월 초9일에 인천항과 청국의 여순항에서 대포가 터져 전쟁이 벌어졌는데, 이것이 이 전쟁의 대강의 내력으로, 이 전쟁의 관계가 어떠한 것인지 모를 수 없다.

42
갑오·을미 동안의
대한의 상황

원래 대한이 청국을 믿는 마음을 버리지 못하다가 갑오전쟁이 일
어나기에 이르렀는데, 이 전쟁이 끝난 후에는 곧 상하 관민이 일시에
깨닫고 전날에 남만 의지하던 생각을 다 끊어버렸다.

이에 경장(更張: 사회적 정치적으로 묵은 제도를 고쳐 새롭게 함)을 시작
하면서 육조(六曹: 고려와 조선 시대의 6개의 정부 부처. 이조(吏曹), 호조(戶
曹), 예조(禮曹), 병조(兵曹), 형조(刑曹), 공조(工曹)의 여섯 관부)를 혁파하고,
열 개의 아문(衙門: 부처. 관청의 총칭)을 두었다.

소용없는 관리들을 없애 경비를 절감하고, 세금을 공평하게 부과하
여 관리들이 임의로 늘이거나 줄이는 것[增減]을 방지하고, 순검(巡檢:
순사. 경찰)을 뽑아 치안을 엄하게 하고, 과거제도를 없애고 인재를 탁
용(擢用: 유능한 인재를 뽑아서 씀)하고, 서울과 지방에 재판소를 설립하
여 공초(供招: 죄인이 범죄사실을 진술한 말)와 자복(自服: 자백)이 분명한
후에야 처벌받게 하자 좌우 포도청에서 죄명도 묻지 않고 인명을 살
육하던 폐단이 사라졌다.

각 궁가(宮家: 대군과 왕자군, 공주, 옹주 등 왕족이 거처하는 집. 궁)와 경향(京鄕)의 사대부가(士大夫家)에서 사사로이 토호(土豪: 옛날 시골에서 양반이 세력을 믿고 무고한 백성에게 가혹한 행동을 자행하던 일) 토색(討索: 남의 금품을 억지로 달라고 함)하던 폐단이 없어지고, 그 외에 예로부터 내려오던 무수한 나쁜 관례(舊例)들이 많이 없어졌다.

또한 정부에서 민간에 반포한 정책들 중 가장 두드러진 것은 문벌(門閥)을 보지 말고 인재를 쓸 것이며, 사색(四色: 사색당파)을 무시하고 다 같이 다스리며, 과부의 개가(改嫁)를 금하지 아니하며, 종을 두거나 매매하는 것을 금한 것이다.

그리고 서울과 지방의 대처(大處)에 소학교(小學校)를 설립하여 인민들에게 자질(子姪)들을 교육시키도록 권하자 허다한 악습(惡習)들이 날마다 줄어들고 신선한 공기가 점점 들어와서 문명 진보하는 힘이 크게 자라났다.

이때에 각부의 대신(大臣)들을 다 세상 형편을 아는 인사들로 임명했는데, 그 태반은 전날에 외국 유람도 하고 공부도 힘써 한 자들이었다. 이들이 국정 대권(大權)을 각각 나누어 맡아 한마음으로 일들을 하자 소위 완고한 수구파 대신들은 다 물러가 자취를 감추었으므로 혁신을 할 기틀이 막힐 데가 없어졌다.

이를 보고 각국이 다 칭찬하기를 마지아니하면서, 장차 이렇듯 쉬지 않고 혁신해 나간다면 몇 해 안에 곧 문명한 새 나라가 될 것은 의심할 바가 없다고 하였다.

이해(1894: 갑오년) 12월에 대황제 폐하께서 종묘(宗廟)로 거동하시어 맹세하시는 글을 고(告)하시니, 그 글에서 이르시기를:

"나라를 여신(1392년) 지 503년 12월 12일에 감히 황조(皇祖: 황제를 지낸 조상) 열성(列聖: 대대의 여러 임금)의 신령 전에 고하옵니다. 짐 소자(朕小子: 왕이 선조들 앞에서 자기 스스로를 일컫는 말)는 어려서 조종(祖宗: 임금의 조상)의 큰 기업(*조선이라는 나라)을 물려받아 지금까지 31년 동안 다만 하늘을 두려워하고 조상님들을 본받으려 노력해 오면서 그간 여러 번 어려움을 당하였으나 기업(基業)을 떨어뜨리지(*亡國하지) 않을 수 있었사온데, 이 어찌 짐 소자가 천신(天神)을 받든 공이 있어서 된 일이겠나이까. 진실로 역대 조상님들께서 도와주신 힘이옵니다.

조상님들께서 처음에 기업을 세우시고 우리 뒷사람(後孫)을 돌아보신 지 503년이 되었사온데, 짐의 시대에 이르러 시운(時運)이 크게 변하고 세상이 밝히 열려서 이웃 나라가 충성으로 권하고 조정의 의론이 하나같이 합하여져 자유 독립을 반포하고 국권을 굳게 세우기를 도모하고자 하오니, 짐 소자가 어찌 감히 천신만을 따르면서 조상의 유업(遺業)을 보전하지 아니하오며, 어찌 감히 힘쓰고 정신 차려 열성의 공덕을 빛내고자 아니하오리까.

지금부터는 타국을 믿지 말아 나라를 부강하게 일으키고, 백성을 복락으로 인도하여 자유 독립 권리의 기초를 굳게 할 것이오니, 이러한 뜻을 이루려면 옛것을 고집하지 말고, 편한 것만 좋다 하지 말고, 선대 황제들의 규범을 더욱 넓히고, 세상 형편을 살펴서 정사(政事)를 변혁하여 모든 낡은 관습들을 고쳐나가야 할 것이옵니다.

짐 소자가 큰 법 14조목을 받들어 하늘에 계신 우리 열성조 신령님들께 맹세하여 고하오며, 물려주신 공덕에 힘입어 감히 어김이 없이 성취할 것을 맹세하오니, 밝으신 신령께서는 살펴주시옵소서.

一. 청국에 의지하려는 생각을 끊어버리고 자유 독립의 기초를
굳게 세우겠나이다.

一. 황실의 제도를 정비하여 황위 계승에 관한 규정과 종실(宗
室)과 귀척(貴戚)의 분의(分義: 제 분수에 알맞게 지켜나가는 도리)
를 구별하겠나이다.

一. 대황제께서 정전(正殿)에 정좌하여 정사를 각 대신들에게 물
어 처결(處決)하되 황후나 빈궁이나 종실(宗室)이나 종척(宗
戚)들은 간여하지 못하도록 하겠나이다.

一. 황실에 관계된 사무와 정부에 관계된 사무를 분별하여 서로
뒤섞이지 않도록 하겠나이다.

一. 정부와 각 아문의 직무와 권리를 각각 한정하여 밝히 구별하
겠나이다.

一. 백성이 납부할 세금은 다 법률로 일정하게 정하여 혹 잡세
(雜稅) 명목으로 내거나 정해진 액수 외에 더 받는 폐단을 엄
금하겠나이다.

一. 세금 징수와 나라의 경비 지출에 관련된 모든 사무는 다 탁
지아문(度支衙門)에서 관할하도록 하겠나이다.

一. 황실에서 쓰는 경비를 먼저 절약하여 각 아문과 각 지방관의
모범이 되도록 하겠나이다.

一. 황실에서 쓰는 경비와 각 정부 부처의 경비를 매년 미리 예
산하여 재정이 문란치 않게 하겠나이다.

一. 지방관 제도를 급히 개정하여 방백(方伯: 관찰사)과 수령[1]의
직책과 권리를 한정하겠나이다.

---

[1] 방백과 수령: 방백(方伯)은 관찰사(觀察使), 수령(守令)은 관찰사 이하의 부윤
(府尹), 목사(牧使), 부사(府使), 군수(郡守), 현감(縣監), 현령(縣令)의 총칭.

一. 나라 안의 총명한 자제들을 택하여 널리 파견하여 외국의 학문과 기술을 배우게 하겠나이다.

一. 사관(士官)을 교육하여 군사의 지휘관이 되게 하며, 백성의 나이를 한정하여 몇 해씩 의례히 군사가 되게 하는 법을 마련하여 군사제도를 확실하게 세우겠나이다.

一. 민사와 형사의 법률을 밝히 구별하여 혹 법 외에 가두거나 처벌을 더하는 폐단을 금하며, 백성의 생명과 재산을 보전토록 하겠나이다.

一. 사람을 쓰는 데 지벌(地閥: 지체와 문벌)을 가리지 않고 경향(京鄕)과 조야(朝野)에 있는 선비를 널리 구하여 인재를 택용(擇用: 골라서 씀)하겠나이다.

이 소문이 각국에 전파되자 세상의 칭송이 낭자하여 조선은 머지않아 새 나라가 될 것이라고 하였다.

진실로 이 기초가 한결같이 행하여져 너무 속히 가지도 말고 또한 중단하지도 말았더라면, 그로부터 10년 동안에 국력(國力)의 흥왕(興旺)함과 백성의 부요(富饒)함이 거의 일본과 비교될 정도가 되었을 것이다. 그랬더라면 이번의 일·아 전쟁이 대한(大韓) 때문에 생겼다는 시비도 없었을 것이고, 일·아 양국의 군사가 우리 내지에 들어올 리도 없었을 것이니, 우리는 일·아 양국 사이에서 마음대로 행동하였을 것이다.

그러나 국민이 불행하여 당시에 집권한 이들이 장원(長遠)한 지식으로 백성의 식견을 열어 차차 국민들의 힘을 모으기를 도모하지 않고 당장에 속히 성공하기를 도모하니, 백성이 이해(利害) 관계를 알지 못하여 힘을 합치는 자가 하나도 없었다.

그때에 일본공사 삼포(三浦)¹⁾와 경장(更張: 개혁)의 실행을 약속하고 위력으로 행하고자 하니 민심이 자연히 복종하지 않아 불평불만의 마음들이 스스로 자라날 즈음에 역당(逆黨)이 일본 수비병을 지휘하여 졸지에 대궐을 침범하여 을미년(1895) 8월에 만고대변(萬古大變: 세상에 유례가 없는 큰 사변. *민비 살해사건)을 저질렀는데, 이는 차마 입에 담을 수 없는 일이다. 각국이 일시에 진노(震怒)하여 일본 공사의 범죄행위를 분하게 여기지 않는 자가 없었다.

전국의 민심이 크게 진동(震動)하여 전날에 무식한 수구파로 몰려서 물러가 있던 자들이 경향 각처에서 틈틈이 머리를 들고자 할 즈음에 갑자기 단발령(斷髮令)을 내려서 백성의 머리를 억지로 깎으니, 어찌 백성이 순종하기를 바랄 수 있겠는가.

본래 어두운 백성은 새 법이 무엇에 유익한지, 어떻게 편리한지는 생각지 아니하고, 다만 예전의 법 지키는 것만 옳고 좋게 여겨서 목은 벨 수 있을지언정 머리카락은 잘라서는 안 되는 줄로 알고 있었는데²⁾, 이런 백성을 가르쳐서 그 이해(利害)관계를 알게 하지 아니하고 촉급(促急: 촉박하여 매우 급함)히 위력으로 시행하고자 하다가 각처에 의병(義兵)들이 들고일어나 전국이 시끄러워졌다.

이해(1896) 12월에 대황제께서 아라사 공사관[俄館]으로 파천(播遷:

---

1) 일본공사 삼포(三浦): 미우라 고로(三浦梧樓). 막부정권 말, 막부 타도운동에 분주하였고, 한국공사로 재임 중이던 명치 29년(1895년)에 민비 살해사건을 일으켰다.

2) 단발령: 1895년 11월 15일에 단발령이 내려지자 유학자 최익현(崔益鉉)은 이렇게 말했다: "나의 목은 자를 수 있어도 나의 두발은 자를 수 없다."

임금이 왕궁을 떠나 다른 곳으로 피란함. 이것이 고종의 〈아관파천〉이다.)하시니 이때부터 일본이 모든 권리를 잃고 아라사가 거만하게 앉아서 대한의 내정을 속으로 간섭하니, 우리의 독립 권리가 이때에 다시 손상되었으며, 경장(更張)의 기초가 또한 이때에 무너졌다. 이는 우리 국민의 불행이고, 또한 일본이 그동안 노력해 온 것의 불행이다.

이때에 삼포(三浦梧樓: 미우라 고로) 공사가 지은 죄는 실로 작지 않다.

43
갑오 · 을미 후의 일본과
아라사의 상황

옛날부터 아라사 사람들의 정치적 목표는 오로지 남의 땅 빼앗는 것을 위주로 하였는데, 혹은 기회를 타서 계책을 부리거나, 혹은 은혜를 베풀어 나라 권력을 잡은 자들을 손안에 넣거나, 혹은 다른 여러 가지 수단을 부려서 한 조각의 땅이라도 저희 세력 안에 넣으면 영원히 제 것을 만들어서 장차 온 세상을 다 통일하고자 하는 마음이 은근히 커졌는데, 이는 각국의 역사를 보면 소상히 알 수 있을 것이다.

이러므로 아라사가 동양에서 원한 것은, 이 여러 나라들이 다 옛날 같이 어두운 속에 있어서 세상 형편도 모르고, 국권을 보호할 줄도 몰라서, 점점 쇠잔하여 가는 중에 저희 수단을 힘껏 부려보려고 한 것이었다. 그런데 일본이 이를 먼저 깨닫고 날로 나라를 부강하게 할 도리를 본받아 행함으로써 동양을 보전하겠다고 하여 끝내 갑오전쟁을 일으킨 후 대한으로 하여금 변혁하도록 권하는 것을 자기 책임으로 떠맡고 나섰다.

그러자 각국이 헤아리기를, 대한이 제 힘으로 변혁을 행하지 못하면 장차 국권이 위태해질 것이고, 그 국권이 위태하면 강포한 나라의 세력이 동양에서 자라날 것이니, 이는 각국이 대한과 통상(通商)하고 전교(傳敎)하는 일에 있어 다 같이 손해가 될 것이다. 어느 문명한 나라가 대한으로 하여금 부강해지기에 힘쓰도록 권해야 될 터이지만, 만일 서양의 어느 나라가 상관하려고 하면 응당 이를 시기(猜忌)하는 세력이 생겨서 다툼의 단서(釁端)가 생겨날 염려가 있다.

그러므로 일본이 이웃 나라로서 대한의 사정도 다른 나라보다 자세히 알 것이고, 기왕에 전쟁까지 일으켰으니 일본에 맡겨서 잘 도와주도록 하는 것이 두루 편하다고 하여 일본의 뜻을 은근히 찬성하니, 일본이 홀로 대한의 정치 변혁을 도와줄 권리를 떠맡게 된 것이다.

아라사가 이것을 곧 눈엣가시로 여겨서 방해하고자 하였으나, 본래 일본으로 말하면, 저의 나라 안에서도 백성들을 낱낱이 가르쳐서 아라사를 물리쳐 그 세력 안에 들지 않도록 만들고, 또한 대한에 와서도 저희 힘이 미치는 곳에서는 관원이나 백성에게 모두 이런 뜻으로 인도하니, 아라사가 더 이상 어찌할 수가 없어서 부득이 각국의 뜻을 따르면서 좋은 얼굴빛으로 따로 앉아서 구경하는 듯하였으나, 실상은 속으로 불평함을 가득히 품고 항상 기회를 기다리고 있었다.

그런데 을미사변(乙未事變: *민비 살해사건)이 갑자기 생기자 가국이 다 일본 공사의 불법행동을 비난하고, 또한 대한의 황실이 위태해져서 조석(朝夕) 사이에 무슨 변괴가 일어나지 않을까 하는 의심이 가득하였다. 몇몇 사람들이 속으로 영국과 미국 공사관으로 파천하시기를 의론하였으나 황제는 다 허락하지 아니하고 이르기를, 그렇게 하는 것은 대한의 국권에 손해가 되므로 온당치 못한 일이라고 하였다.

이때에 아라사가 이 기회를 타서 곧 그 공관을 빌려주기로 허락하고 정답게 맞아들이니, 이것은 을미년(乙未年. 1895) 12월 1일의 일이다. 밤새에 정부가 뒤집히고 판국이 바뀌니, 친일파 인사들을 모조리 몰아내고 새 정부가 들어앉아, 아라사의 보호를 의지하고, 전날에 하고 싶던 모든 일을 기탄없이 행하였다. 그러면서 보호하여 주는 친구의 은혜도 감사히 여기고 그 보호도 더욱 든든하기를 바라서 은밀히 금광과 철도와 벌목할 산림과 고기 잡는 어장과 그 외의 모든 이권들을 분분히 허락하고, 섬을 빌려주고, 해관(海關: 세관)의 세금징수와 탁지재정(度支財政: 정부의 세입세출을 관장하는 재정정책)을 맡기고, 아라사 군사를 고용하여 사관(士官)을 교련하는 등 모든 국권(國權)을 날마다 깎고 줄여[削減] 나갔다.

이때에 백성들이 독립협회를 조직하여 뜻 있는 대소 관민(官民)들이 모여서 정치상의 득실(得失)을 의논하였는데, 당시 아라사가 우리 정부와 조약을 맺고 절영도(絶影島)[1]를 군함에 쓸 석탄 저장소로 만들고, 우리 정부에서는 아라사의 사관과 고문관을 초빙하여 재정과 병권을 맡기는 것을 보고, 이에 반대하여 정부에 글을 올려 조약을 파기하라고 청하였다.

그러자 정부에서 아라사 공관으로 공문을 보내어 말하기를, 우리 정부와 백성이 합의하여 우리나라 땅을 조금이라도 외국에 빌려주지 말라고 하니, 절영도를 빌려줄 수 없노라고 하였다.

---

[1] 절영도(絶影島): 부산항 앞바다에 있는 섬. 영도(影島), 목도(牧島)라고 한다. 부산항의 천연적인 대방파제를 이루는 섬으로 영도대교와 부산대교가 부산 시내와의 사이에 놓여 있다. 면적 12km².

이에 아라사 공사가 대답하기를, 일본이 기왕에 월미도(月尾島: 인천
앞바다에 있는 섬. 지금은 육지와 연결되어 있다)를 빌려 쓰고 있는 전례가
있기에 우리도 절영도를 얻은 것이라고 하였다.

우리 정부에서 일본 공사에게 이 사연에 대해 공문을 보내어 질의
하였더니, 일본 공사가 빌렸던 월미도를 도로 돌려보내면서 절영도 되
찾기를 재촉하였다.

그러자 아라사 공사 또한 절영도를 돌려보내고 사관과 고문관을
다 철수하겠다고 하므로 우리 정부에서 그들에게 약속한 월급을 주어
서 보냈는데, 이는 우리 백성들이 정부를 도와서 관민이 한마음으로
국권을 보호한 최초의 일이다.

각국에서는 항상 백성의 뜻을 따라서 일을 처리하기 때문에 백성
이 깨여서, 공법(公法: 국제법)의 규정을 어기지 않고, 외국과의 교제를
방해하지 않고, 그리하여 세상 형편을 바로 행하는 것을 다 중요하게
생각하는 것이다.

안타까운 일은, 정부와 백성이 하나가 되지 못하여 결국 독립협회
를 해산시키고 다시 모이지 못하게 한 것이다. 각국이 이 속사정을 알
고 나서는 경쟁적으로 아라사와 같은 이익을 얻으려고 하였는데, 이는
당초 통상조약에 각국을 평균히 대접한다는 구절이 있으므로, 가령 아
라사에 금광 하나를 주면 다른 나라들도 다 이와 같이 얻으려고 하였
기 때문이다.

내 것을 남에게 줄수록 각국의 토색(討索)은 점점 더 심해지고, 토
색이 심할수록 국권(國權)은 더욱 상실되고, 외교(外交)도 따라서 혼란
해짐으로써 서로 간에 혐의와 갈등이 날마다 심해졌다. 이러므로 각국
의 공론(公論)은 말하기를, 대한의 독립 권리는 이때에 다 없어졌다고

하더라.

그러나 대한 정부에서는 세상 공론을 들을 수도 없거니와 들어도 또한 생각하지도 않고 다들 그 보호자만 깊이깊이 의지하니, 그 보호자는 스스로 마음속으로 만족해하면서 마치 꼭두각시놀음 하듯이 뒷줄을 잡아당기고 앉아서 각 기관(器官: 신체의 각 부위)을 놀리면서 은근히 세력을 확장하니, 부지중에 갑오 이전의 청국(淸國) 하나가 또 생겨난 것과 같았다.

아라사는 본래 동양의 문명(文明)을 싫어하였는데, 그러던 차에 대한의 신민(臣民)들이 다 같이 개화(開化)를 원수처럼 여기고 있음을 살피고는 간간이 속으로 전해주는 말이, 나라마다 각각 제 풍속대로 행해야 하고, 구태여 남의 것을 본받을 필요는 없으며, 또한 문명이라 하는 것은 야만인들이 본받아 행해야 하는 것인데, 대한은 이미 예의지방(禮儀之方: 예의를 잘 지키는 나라)이므로 교화(敎化)가 남만 못하지 아니하며 풍속과 정치가 다 좋은데 새삼스레 무엇 때문에 문명(文明)하려 하는가.

상투가 아무리 길어도 부국강병(富國强兵)에 손해될 것이 없고, 소매가 아무리 넓어도 치국평민(治國平民: 나라를 다스려 백성들을 평안하게 함)에 상관이 없다. 전제(專制)나 압제(壓制)나 위에서 하시기에 달려 있는데 어찌 백성이 감히 상관하겠는가. 저 역당(逆黨)들이 일본인들과 부동(符同: 그른 일을 하기 위하여 몇 사람이 결탁함)하여 군상(君上)의 권리를 빼앗아서 끝내는 화근(禍根)이 군상에게 미칠 것이다. 아라사는 전제정치로써 천하의 강국이 되어 만국이 다 두려워하는 바이니, 우리를 단단히 의지하면 일본이 감히 어찌할 수 없을 테지만, 그렇지 아니하면 장차 큰 화를 당할까 두려워하노라고 하였다.

이런 말이 의지하기 좋아하는 자들의 귀에 아주 깊이 박혀서 아라사를 믿는 마음이 곧 어린아이가 부모에게 기대려는 것과 같았다.

일본은 어쩔 수 없이 공사를 불러가고 다른 사람을 보내어 좋은 말로 다시 교류하는 정의(情誼)를 친밀히 하려고 하면서 광도(廣島: 히로시마)에서 (*을미사변의 주범들에 대한) 재판을 시작하여 세상에 대해 변명하려고 하였다. 그러면서 한편으로 대한에서 망명해 간 국사범(國事犯)들을 극력 보호하여 자객의 암살을 당하거나 다른 화(禍)에 빠지지 않게 하면서 그 사람의 등급에 따라 계속 월급을 주어 우대하는 뜻을 보였는데, 이는 각국에서 통행되는 관례이다.

이는 원래 자기 나라의 권리와 명예를 온전케 하기 위해서이고, 또한 어느 나라든지 자기 나라의 문명화(文明化)를 위해 힘쓰다가 국사범이 된 사람은 항상 특별히 대접하여 그 죄상은 돌아보지 않고 자기 나라의 체면을 위하여 보호해주는 법인데, 일본은 이런 뜻을 본받아 행한 것이지만, 대한에서는 헤아리기를, 일본이 역당들과 부동(符同)하여 기회를 얻어 우리 황실을 해롭게 하려고 한다는 의심을 품었다. 이런 의심은 더욱 해소하기 어려우므로 겉으로는 비록 화호(和好: 온화하고 좋아함)한 얼굴빛을 보였으나 속으로는 얼음과 숯불(氷炭)처럼 되어 결단코 서로 화합할 수 없었다.

일본인들이 온갖 방법으로 시험하여 혹 달래기도 하고 혹 위협도 하여 전날의 세력을 다시 회복하고자 하였으나, 마침내 효험이 없자 점점 물러갔다.

그때의 대한의 형편을 비유하자면, 앞에는 이리가 달려들고 뒤에는 사자가 앉아서 호령하니, 이리가 차마 먹이를 포기하고 물러가지 못하여 한 걸음 달려들면, 사람은 곧 뒤로 물러서고, 사자는 더욱 앞으로 나와서 점점 사자의 일만 좋게 만들어 주니, 끝내는 사자의 밥이 될 수밖에 없을 줄 짐작하면서도, 아직은 이리의 화(禍) 막는 것만을 다행으로 여기고 그 중간에서 따로 서기(獨立)를 도모하지 못하니, 일본의 모든 시도는 다 헛고생만 될 뿐이고 아라사의 기회만 점점 좋게 해줄 뿐이었다.

1896년 5월 14일에 아라사 공사 베베르(Karl Ivanovich Weber)와 일본 공사 소촌(小村壽太郎: 고무라 주타로)이 각각 그 정부의 명령을 받들고 대한에 관계된 일때문에 조약을 맺었는데, 그 조약의 내용은 다음과 같다.(*이때 체결된 조약의 공식 명칭은 〈베베르-小村覚書(Woeber Komura Memorandum)〉이다.)

 1. 대한의 대황제께서 아라사 공관에서 환궁(還宮)하시느냐 아니 하시느냐는 자의(自意)로 결정하시도록 하되, 만일 양국 공사가 다 생각하기를, 환궁하신 후에라도 다른 염려가 없을 듯하다면 마땅히 환궁하시도록 권하며, 일본이 검객(劍客)들을 특별히 단속하여 책임지고 다른 변란이 없도록 해야 할 것이다.

 2. 대한 정부의 모든 대신은 본래 대황제께서 택하시어 직무를 맡기시는 것인데, 근래 수년 동안에 내각의 관원들과 다른 중임을 맡았던 이들 중에 심지(心地)가 관후(寬厚)한 자를 다 짐작하고 계시는 바이니, 이후로는 양국 공사가 항상 대황제께 권하여 이런 사람을 가려내서 국정을 맡김으로써 관후한 덕으로 백성을 잘 대우해 주도록 해야 할 것이다.

3. 대한의 지금 정황에 따라 한양과 부산 사이에 전보(電報: 전신
선)를 보호하기 위하여 일본이 군사를 두어 합당하게 수비하
되, 만일 양국 공사의 의견이 합치될 때에는 속히 철수할 것
이며, 군사를 두는 장소로는 대구, 한양, 부산의 각 전보국에
는 각각 50명씩 두고, 그 외의 열 곳에는 10명씩 두고, 혹 긴요
한 곳이 있으면 헤아려서 두되 대한에 모든 일이 다 해결되어
정상적으로 평정되면 전부 다 철수할 것이다.

4. 한양과 각처의 통상 항구에서 한인들이 종종 일어나 일본인을
공격하니 일본은 부득이 군사를 두어 이를 방비하지 않을 수
없다. 지금 아라사와 일본 양국 공사가 약속하는 바는, 일본에
게 군사 세 부대를 두는 것을 허락하되, 두 부대는 한양에 머
무르고 한 부대는 인천이나 원산에 두도록 한다. 다만 군사
수효는 한 부대에 200명을 넘기지 못하며, 대한의 인심이 평
정되면 곧 철수해야 한다.

아라사 또한 한양과 각처의 통상 항구에 있는 공사관이나
영사관을 보호하기 위하여 군사를 두어 수비하되, 그 수효는
일본 군사 수보다 많아서는 안 되며, 대한의 정황이 평정되기
를 기다려서 모두 철수해야 한다.(*1896년 5월 14일)

이 해(1896)에 아라사 황제가 등극하는 예식(*황제 즉위식)에 일본의
군부대신 산현유붕(山縣有朋, 야마가타 아리모토)[1]이 경축사절로 성 페

---

[1] 산현유붕(山縣有朋, 야마가타 아리모토): 명치 초년에 구미를 시찰하고, 징병제
를 제정하였다. 후에 내상과 수상을 역임하였고, 청일전쟁에서는 제1군사령
관, 러일전쟁에서는 참모총장을 역임했다.

테르부르크(Saint Peterburg)에 가서 일본 정부의 명령을 근거로 대한에 관계된 일을 의논하였는데, 6월 9일에 아라사의 외무대신 신보팔나 보친왕[1]과 네 조목의 조약을 맺었다.[2]

그 조약의 네 조목은 다음과 같다.

1. 대한의 재정이 몹시 궁핍하니 급히 해결할 방책을 마련해야 한다. 아·일 양국이 한양에 주재하는 공사에게 지시하여 대한 정부로 하여금 쓸데없는 잡다한 경비를 줄이고, 매년 들어오는 수입(收入)을 예상하여 예산(豫算)을 정하고, 만일 정치상 급히 변혁할 일이 있으나 경비를 마련할 수 없다면 양국 정부가 대신 의논하여 국채(國債)를 내어 쓰도록 도와주어야 할 것이다.

2. 대한이 허다한 잡비를 줄여서 국채(國債)의 부족을 염려할 필요가 없어진 후에는, 양국은 대한 대황제께 맡겨서 군사를 늘리고 순검을 더하는 일에 양국이 협조하거나 간섭하지 말 것이다.

3. 대한에 있는 전선(電線)은 지금은 일본이 위임받아 운영하는 바이니 마땅히 일본 정부의 관할로 귀속시킬 것이다. 한양에서 아라사 지경에 이르기까지는 아라사가 전보를 놓을 권리

---

[1] 신보팔나 보친왕: 원문은 당시 청나라 문헌에서 인용하였을 것으로 짐작되는데, 이것을 한글로 표기하여 정확한 것을 알기 어렵다. 당시 러시아의 외부대신은 〈알렉세이 로마노프 로스토프스키〉였다.

[2] 네 조목의 조약을 맺다: 조약을 맺은 장소는 성 페테르부르크가 아니라 모스크바였다. 그래서 이를 〈모스크바 조약〉, 일명 〈로마노프 - 야마가타 협정〉이라고도 한다.

가 있으나, 이후에 대한이 매입하여 차지할 만하게 되면 상당한 값을 정하여 사게 할 것이다.

4. 이상의 각 조목을 피차 비교하여 더욱 자세히 해석할 일이 있거나 혹은 양국의 해석이 같지 아니하여 다툼이 생기는 경우에는 양국 정부가 공평한 관원을 파견하여 화평하게 의론하도록 할 것이다.(*1896년 6월 9일. 러시아 전 수도 모스크바에서 협정)

이상 두 조약의 대강(大綱)을 말하자면, 정부 대신을 출척(黜陟: 나쁜 사람을 내쫓고 좋은 사람을 올리어 쓰는 일)하는 대한 정부의 권리에 양국이 간여한다고 하며, 양국이 군사를 우리나라 내지(內地)에 두기로 하며, 정부의 재정을 감당한다고 하였으며, 전선을 놓을 권리가 있느니 없느니 하였는데, 이것은 다 자유 독립국에 대해서는 할 수 없는 말들이다.

아·일 양국이 대한의 독립을 진실로 존중한다면 대한 정부에서 자원하여 청하더라도 결단코 해서는 안 되는 것이 공법(公法: 국제법)에 합당할 텐데, 하물며 대한 정부에서는 양국이 조약을 맺는 데 참여하지도 아니하고, 자기네끼리 따로 앉아서 대한에 관한 일을 어찌어찌하자고 하여 마치 없는 물건을 가지고 의론하듯이 하며, 더욱이 두 집에서 같이 기른 짐승을 가지고 말하듯이 하였으니, 이 어찌 공법에 합당하다 할 수 있겠는가.

이것은 이 나라의 백성 된 이들이라면 분하게 여길 줄 알아야 이런 일 당하는 수모를 면해 볼 도리가 있을 것인데, 이런 일 자체를 아는 자도 몇 안 되니 어찌 분한 생각이 날 수 있으며, 혹 분하게 여긴다 하더라도 그 근본 원인을 생각하지 않기 때문에 공연히 저 아·일 양국에 대해서만 분개할 뿐이다. 이런 분개는 실상(實狀)에 부합하지도 않거니와 분개할수록 효험은 없고 도리어 자신에게만 해로울 것이다.

　무릇 개명을 힘쓰는 세상에는 사람이 범사(凡事)에 대해 그 실상을 연구하는 것이 첫 번째 일이다. 우리 정부에서 어떻게 하였기에 남들이 우리 정부의 대신(大臣)을 천거하겠다고 하였으며, 우리 백성이 어떻게 하였기에 남들이 군사를 갖다 두어 저희끼리 보호하기로 하였으며, 전쟁과 모든 일을 어떻게 하였기에 남이 다 대신 의론하기에 이르렀는지 깊이깊이 생각해 보아야 한다.

　그렇게 한다면 당연히 외국인을 탓하지 못하고 스스로 부끄러운 생각이 나서, 전날에 우리가 우리의 도리를 못한 것만 후회하고 각자 분발하는 마음이 생겨서 국권을 보호하는 일에 힘쓰고자 하는 사람이 될 것이다. 사람마다 이러한 생각이 있은 후에야 장래에 대한 여망(餘望: 아직 남은 희망)이 생길 것이다.

44
전쟁 전 일·아
양국의 형세

위에서 말한 일·아 양국 간에 조약이 맺어진 후로 대한 정부의 대소 관민(官民)들은 부지중에 두 파당으로 갈려서 스스로 어느 파당 소속인지 구별하였고, 양국 공관에 출입이 잦은 자들이 권력을 잡고 나섰다. 백성들은 그 속사정은 자세히 알지 못했으나, 누구는 일당(日黨: 친일파)이고 누구는 아당(俄黨: 친아라사파)이라고 지목하는 말들을 사람마다 수없이 하고 있었다.

그러나 그 실상을 보면, 일본 파당(日黨: 친일파)에 가깝다고 하는 사람들은 단지 헛이름뿐으로 실제 권력에는 참여하지도 못하고, 아당(俄黨: 친아라사파)이라고 하는 사람들이 번번이 실제로 권력의 자리를 차지하였다. 이러므로 일·아 양국의 교섭이 점점 얼음과 숯불(氷炭)처럼 극한 대립을 하게 되자 대한의 형편은 점점 더 위급해졌다.

일본은 아라사인들을 좋게 말로 해서는 물리칠 수 없음을 보고 날마다 전쟁을 준비하면서 그 백성들을 격동시켜 아라사인들과는 조만

간 한번 전쟁을 하고야 말 줄로 알도록 했고, 심지어 어린아이라도 아라사인들을 보면 눈을 바로 뜨지 아니하며 속으로 끝내 쳐서 이기겠다는 결의를 내비쳤다.

세상에서도 그 뜻을 알고 일·아 전쟁이 언제든지 한 번은 터지고야 말 것이며, 일본이 속히 아라사의 무도함을 꺾어서 동양으로 뻗어 나오는 세력을 막아 서양에서 아라사가 흑해(黑海)를 넘지 못하게 만든 것처럼 해야만 동양 각국도 안전함을 얻을 것이고, 각국에 관계되는 동양의 상업상 이익도 손해가 없을 것이라고 하였다.

이것은 세상의 공론이 자연히 일본을 편들어주는 정서를 표현한 것이지만, 전쟁의 형편은 항상 뜻밖에 변하기 때문에 평상시의 형편과는 비교할 수 없다. 그리고 아라사가 아무리 강포하고 무도하여 각국으로부터 미움을 받고 있다고는 하지만, 러시아는 서양 각국들과 인종도 같고 땅 또한 가까우므로 정의상(情誼上) 관계가 자연히 다른 나라와는 다를 것이다.

일본은 아무리 서양과 교제를 친밀히 하고 의리(義理)를 같이 한다고 하더라도 인종이 다르고 또한 동양 끝에 외로이 떨어져 있으므로, 만일 아라사와 전쟁을 하게 되면 각국은 다 아라사를 도와서 일본을 핍박할 염려도 없지 아니하고, 겸하여 아라사는 법국(法國: 프랑스)과 연합하여 서로 협조하므로, 혹 아라사가 도움이 필요한 경우에는 법국이 도와주고, 법국이 도움이 필요한 경우에는 아라사가 도와주어 피차 힘을 써서 서로 의지가 되어 주고 있으므로, 외로운 일본이 어찌 아라사와 법국 양국을 대적하겠는가.

이러므로 일본은 항상 외교활동을 멈추지 아니하여 세계의 여론을 일본 편으로 돌리기를 힘써 노력하다가, 재작년(1902) 정월 30일에 영·

일 양국이 연맹하여 조약을 맺으니, 그 연맹 조약은 다음과 같다:

대영국 정부와 대일본 정부는 동양에 평화를 유지하며, 대한
과 청국 두 나라의 자유 권리와 영토를 보전하며, 그 두 나라에
있는 각국의 공업과 상업상의 편익(便益)을 보호하기 위하여 특
별히 조약을 맺는다.

1. 연맹하는 영·일 양국이 대한과 청국의 자유 독립하는 권리
   를 함께 인허(認許)하며, 겸하여 두 나라가 한국과 청국 양국
   의 땅을 점령할 마음이 없음을 표명(表明)할 것이며, 지금 청
   국에 대해 영국이 가지고 있는 이권이 가장 크고, 일본으로
   서는 청국에 대해 가지고 있는 이권 외에 대한에 대해 가지
   고 있는 것이 또한 세 가지이니 정치(政治)와 통상(通商)과
   공업(工業)상의 이권이 그것이다.
   이러므로 영·일 양국은 지금 피차 분명히 말하여 조약을 맺
   은 후에 한·청 양국이 만일 어떤 다른 나라의 침탈을 받거
   나 혹 내란이 있거나 기타 사단(事端)이 생길 때에는 두 연
   맹국이 반드시 간섭하여 방책을 마련하여 보전하도록 해야
   할 것이다.

2. 대영국이나 대일본 중에 한 나라가 이상에서 말한 이권을 보
   전하기 위하여 어떤 다른 나라와 전쟁할 때에는, 우리 두 나
   라 중에 한 나라는 마땅히 중립하는 전례를 따라서 간섭하
   지 말며, 만일 연맹국과 싸우는 나라를 위하여 연맹국을 공
   격하는 나라가 있으면 마땅히 권력으로 막아서 못하도록 해
   야 할 것이다.

3. 대영국이나 대일본이나 이상의 권리를 보호하기 위하여 타국과 전쟁을 할 때에는 피차간에 곧 서로 구원하며 도와주어 싸우거나 지키거나 합력(合力)하여 행하되, 다만 연맹국이 중간에서 간섭하여 평화적으로 해결하는 것을 상책(上策)으로 여겨야 할 것이다.

4. 두 연맹한 나라 중에 한 나라가 타국과 별도로 조약을 맺을 때에는 이상에서 말한바 이익에 손해가 없게 해야 할 것이다.

5. 대영국이나 대일본이나 만일 이상에서 말한 이익이 위태롭게 된 경우에는 양국 정부는 피차간에 마땅히 먼저 통지하여 미리 알게 해야 할 것이다.

6. 이 조약을 맺고 서명한 후 조약문을 서로 교환하는 날로부터 시작하여 5년 동안 유효하되, 만일 5년 후에 두 나라 중에 한 나라가 다시 이 조약의 유효기한을 연장하고자 아니하면 마땅히 만료 12개월 전에 먼저 알리되, 무슨 이유로 더 연맹하기를 원하지 아니하니 5년만 채우고 그만두자고 하면 당연히 폐지될 것이다. 만일 5년의 기한이 다하기 전에 연맹국 중의 한 나라가 다른 나라와 전쟁을 시작한다면 이 조약은 반드시 그 유효기간이 연장되어 평화가 회복되고 난 후에 끝날 것이다.

우리 대신들은 각각 정부의 명령을 받들어 이상의 각 조목에 합의하고 이에 서명을 하는 바이다.

이 조약을 영국의 서울 런던에서 영국의 외부대신과 일본 공사가 전권을 가지고 체결하여 세상에 반포하자 듣는 자들은 다 놀라워하면서 공론이 크게 일어났다.

혹자는 말하기를, 이 조약이 동양을 영구히 편안하게 담보해 줄 것이라고 하고, 혹자는 말하기를, 이 조약은 전쟁을 재촉하는 표적이라고 하는 등 여러 의론이 서로 달랐으나, 이 조약의 성질을 대강 말한다면, 영·일 양국이 오로지 아라사 세력을 막기 위함이다.

이 두 나라가 연맹하는 것을 보고 아라사가 스스로 물러간다면 동양에서 전쟁이 저절로 물러갈 것으로 기약하겠지만, 만일 그렇지 못하다면 일본이 아라사와 개전(開戰)할 것이니, 영국은 아라사를 돕지 못하고 일본을 도우면서 평화적으로 해결하기를 힘쓰다가, 만일 법국(法國)이 아라사를 돕는 경우에는 영국은 일본을 도와서 법국을 치겠다고 한 것이니, 일·아 전쟁의 근본 원인이 완연히 드러난 것이다.

천하 각국의 정황이 모두 변하여 이르기를, 일본은 동양에서 홀로 힘 있는 나라이고 영국은 세계의 강국이다. 이 두 나라가 연합하여 동양에서 통상(通商)의 이익을 보전하려고 하니, 이는 각국 모두에게 다 같이 다행한 일이라고 하였다.

일본에서는 대소 관민(官民)이 이 소문을 듣고 전국이 영광스럽게 여기고 기뻐하여 각 신문에 보도되는 국내의 움직임과 민간에서 경축하는 모양은 곧 온 나라가 다 미친 듯이 잔치를 벌이고 자랑하는 것이 비할 데 없었다. 이는 일본이 각국과 상통한 이후로 항상 각국과 평등한 권리는 잃지 않았으나, 세계 강국들과 이익을 다투면서 영국과 연맹하여 치고 지키기에 서로 힘을 합치자고 하기에 이른 것은 일본으로서는 실로 한없는 영광이었다.

일본 정부가 이렇듯 부강한 지위에 이름으로써 그 백성이 세계 어디를 가든지 상등 대접을 받을 것이니 어찌 그 백성의 경사가 아니겠는가. 같은 아시아주에 있는 같은 황인종의 나라들로서는 부러움을 이기지 못할 것이다.

이때에 영·일 양국에 있는 대한의 공사들이 정부에 영·일이 동맹한 소식을 보고하고, 한양에 있는 영·일 양국 공사들 또한 이 소식을 연속하여 전했는데, 이는 영·일 양국이 한·청 양국에게 아라사의 세력 범위를 벗어나서 따로 자유하기를 바라는 뜻에서였다.

겸하여 이때에 일본에서는 자국 백성들에게 자유롭게 대한에 와서 내지에서 마음대로 대한 사람들과 섞여 살게 하자고 하였으며, 대한 정부에게는 농사와 토지 개척하는 법을 제정하자고 제안하였는데, 이는 일본이 통상한 이후로 백성이 점점 번성하여 땅이 좁아서 살기 어려운 염려가 있기 때문에, 대한에 와서 대한의 어두운 백성들과 섞여 살면서 무수하게 버려져 있는 토지를 개간하여 차차 차지하고 살기를 도모한 것이다.

우리 정부에서는 이런 소문을 듣고 자못 불안해하는 형편이었고, 민간에서는 헛소문도 퍼지고, 관원들 중에도 두려워하는 빛이 없지 않아, 혹 아라사가 물러가고 일본이 다시 권력을 장악하기에 이른다면 장차 무슨 변란을 당하게 될지도 알 수 없고 또한 모든 권리가 다 남의 손에 들어갈 것이고, 그리되면 자신들의 몸도 용납되기 어려울 듯하였으니 어찌 내심으로 두려움이 없겠는가. 정부도 자못 갈피를 잡지 못하고 흔들리고 있었다.

그때 아라사가 은밀히 이르기를, 저 두 나라가 비록 연맹을 하였다고는 하지만 실상 힘은 없으니 결단코 우리 대아국(大俄國)과 겨루기 위해 군사를 일으키지 못할 것이다. 설령 일본이 망령되이 전쟁을 하고자 하더라도 영국은 멀리 있어서 요만한 작은 나라 일본을 돕지는 않을 것이니 다만 저희 재앙(災殃)만 재촉하는 것이 될 따름이다.

설혹 영국이 힘을 합친다고 하더라도 우리는 이미 법국(法國)과 동맹하여 도처에서 진퇴(進退)를 같이 하고 있으니, 우리 두 큰 나라가 협력하고 있는 판에 천하에 누가 감히 대적하겠는가. 다만 우리만 믿고 흔들리지 말라고 하였다.

이 말이 가장 그럴듯하고, 또한 형편도 기왕에 내친걸음이어서 돌이키기 어려우므로, 이에 단단히 결심하고 아라사를 태산같이 의지하여 조금도 두려울 것이 없어지자 부지중에 일본을 반대하는 뜻이 더욱 심해졌다.

이에 일본이 더욱 분하게 여겨 겁을 주고 위협하기를 야박하게 하자 아라사를 의지하려는 생각이 더욱 간절해졌고, 아라사를 의지하려는 생각이 간절할수록 아라사인들이 은밀히 요구하는 것이 더욱 많아졌다. 그리하여 아라사에게 은밀히 무엇을 허락해 주는지, 무슨 조약을 맺는지 세상에서는 알 수 없다고 하였는데, 다만 아라사인들의 행동을 보면, 용암포(龍巖浦: 평안북도 신의주 남단 압록강 하루에 있는 어항)를 얻었다고 하고, 북도(北道: 평안북도와 함경북도)의 모든 섬과 해변의 벌목할 곳을 허가받았다고 하며, 경흥(慶興: 함경북도 경흥군의 군청 소재지. 두만강에 연한 국경도시로 석탄과 목재의 산출이 많다) 지방에 전선을 놓는 허락도 받았다고 하면서 점점 북도로 물 젖듯이 들어왔다.

이때에 미국이 의론을 제기하여, 청국의 만주를 만국의 통상(通商)

을 위한 개방된 시장으로 만들어 어느 나라든지 혼자 차지하고 각국의 이해관계를 돌아보지 않는 폐단이 없게 하자고 제의하였다. 또한, 대한 정부에게는 의주(義州)를 통상지역(通商地域)으로 열어 놓고, 용암포를 통상항구로 지정하도록 권하고, 이를 신속히 발표하기를 요청했는데, 이는 아라사가 혼자 대한 정부의 허락을 받았다고 하면서 자기 땅으로 만들고자 하기 때문이었다.

만일 우리 정부나 백성이 각자의 직책을 다하여 우리의 강토를 잘만 보전할 수 있었더라면 누가 감히 남의 주권(主權)을 간섭하겠는가마는, 정부도 백성도 자신의 안위와 권리의 득실(得失)만을 따져서 남의 보호를 의지하고 공번된 국토를 은근히 남에게 내어주기에 이르렀기 때문에, 이런 상황에서는 다른 도리는 없고 다만 그 땅을 각국에 대하여 열린 통상지역(通商地域)으로 만든다면 대한의 주권에는 영원히 손해가 없을 것이다.

그렇게 되면 다른 나라들은 감히 넘겨다보지 못할 것이니, 이는 진실로 대한에 대하여 제일 좋은 계책이므로 잠시도 그 지정과 발표를 지체해서는 안 될 일이었다. 그럼에도 불구하고 이리저리 시일을 질질 끌면서 즉시 결단을 내리지 못하자 각국이 일제히 이를 신속히 공표하라고 심하게 독촉하였다.

정부에서 비로소 이 문제의 중요성을 알고, 또 열국(列國)의 권유도 있고 해서 즉시 발표하려고 하였으나, 바로 그때 아라사가 은밀히 위협하면서 극력 막아서 결국 실시되지 못하였다. 그러자 각국은 더욱 분노함을 이기지 못하여 전쟁의 흔단(釁端)이 조석(朝夕) 사이에 생겨날 듯하였으나, 아라사의 파당들은 세력이 점점 강해져서 감히 그들을 누를 자가 없었다.

이럴 즈음에 일본은 대한에서의 사건(*을미사변)과 만주에서의 사건(*청일전쟁)으로 인하여 아라사와 담판을 지으면서 밤낮으로 의론하기를 그치지 아니하였으나, 아라사는 점점 더 세력을 늘리면서 따르지 않을 뜻을 나타내 보이고, 군사를 철수하기로 약속한 기한을 몇 번이나 어겼는데, 그러자 각국의 많은 사람들이 일본에게 속히 개전하기를 재촉하였으나 일본은 끝까지 더 담판을 하겠다고 고집하였다. 그러다가 끝내 담판을 더 할 수 없게 되자 아라사의 마지막 회답을 도로 물리치고 아라사 정부에게 다시 생각해 보라고 하였다.

이리하여 동방에 전쟁의 먹구름[黑雲]이 가득하여 어느 하늘에서 비가 내릴는지 알 수 없게 된 것이다. 각국의 병선(兵船)들이 모두 대한의 해변으로 모여들자 세상은 다 대한을 주목하고 이곳에서 전쟁이 먼저 터질 줄로 알았다.

그래서 금년(1904) 양력 정월 5일에 미국의 보호병이 먼저 한양성 안으로 들어와서 자국의 공관과 전기철도(*電車)를 보호하니(*1899년에 처음으로 서울 시내에 전차를 부설한 것은 미국이다), 각국의 보호병들도 차례로 한양성 안으로 들어와서 자기 나라의 공사관과 영사관을 보호하였다.

원래 독립국에는 타국의 군사가 인허 없이 상륙하는 것은 그 나라의 국권을 손상시키는 것이기에, 언제나 나라 안에 사변이 있을 때에는 그 나라 정부에서 군사를 보내어 외국 공사관을 보호해 주는 법이다. 우리 정부에서 미국 공사에게 보호병이 성안에 들어온 이유를 묻자 미국 공사가 대답하기를, 귀국의 병사들은 기율(紀律)이 없기에 본국의 병사들을 들여온 것이라고 하였다.

이때에 각국의 군사들이 성안에 들어와서 사방으로 돌아다니면서 이따금씩 못된 짓들을 하였는데, 그 중에서도 아라사 병사들의 행패가 더욱 심하여 혹은 민가에 돌입하여 부녀자들을 겁탈하기도 하고, 혹은 길에서 장옷(*조선 시대 때 부녀자들이 나들이할 때 얼굴을 가리느라고 머리에서부터 내리쓰던 옷. 長衣.)을 쓴 여인을 잡고 몇 놈이 돌려가며 억지로 입을 맞추고는 돌아서서 웃고 흩어졌고, 심지어 죽동(竹洞) 네거리에서는 아라사 병사 네 명이 여인을 잡고 욕을 보이려 하기에 대한 사람들이 모여서 이를 못하게 하려다가 그들이 칼을 빼서 치는 바람에 흩어졌다. 그때 마침 대한 헌병이 지나가다가 그를 떼어 보내려고 하자 아라사 병사가 칼을 빼서 치려고 하므로 헌병이 마주 칼을 빼서 싸워 아라사 병사의 손가락이 끊어졌다. 그래서 그를 결박하여 아라사 공사관으로 잡아갔는데, 각국 신문에서 그 헌병을 대단히 칭찬하였다.

본래 백성이 어두운 천지에서는 지척에서 무슨 화색(禍色: 재앙이 일어나는 빌미)이 박두하든지 가만히 있다가 무슨 변란이 생길는지 도무지 알지 못하고, 다만 자기 몸만 편하면 태평건곤(泰平乾坤: 태평한 세상)으로 여길 뿐이다.

세상에 소문이 어떠하며, 각국의 군함이 어디로 오는지는 전혀 알지 못하다가, 급기야 외국 군사들의 폐단이 이러하기에 이르자 그때에야 비로소 헤아리기를, 외국의 보호병이 들어올 때에는 틀림없이 무슨 난리가 생기려나보다고 하여 민심이 자못 소동(騷動)하지만, 위에 있는 자들은 속으로 믿는 곳이 있기 때문에 조금도 움직이는 빛이 없고, 아래 백성들은 윗사람들이 편안하고 태평스레 지내는 것을 보고는 얼마큼 무사할 줄로 믿고 도로 안정되었다.

이때에 정부에서는 은밀히 아라사 병사들을 청해 와서 보호를 든든히 하고자 하여 3천 명의 파병을 요청하는 문서를 여순항으로 보냈다는 소문이 자자하였다. 형편을 아는 이들은 깊이 근심하기를, 만일 아라사 병사들이 어리석게도 상황을 잘못 판단하여 성안에 들어오면 육지에서 충돌이 생길 것이니 장안에 있는 내외국인들이 크게 위태해질 염려가 있다고 하였다.

그때 마침 해상에서 일본 병사가 수상한 배를 수사하고 탐색하다가 대한에서 아라사 병사 3천 명의 파병을 요청하는 글을 가지고 가던 자를 붙잡았다는 기사가 각국 신문에 대대적으로 보도되었는데, 그 소식을 들은 자들은 대한 정부에서 하는 일을 더욱 한심해 하고 통탄하였다.

45
일 · 아 교섭의 결말

일본 외부대신 소촌수태랑(小村壽太郎: 고무라 주타로)과 아라사 공사 로모비치 로센(Romovich Rosen: *원문에는 '으로쓰'라 하였으나 실제로는 로모비치 로센이었다.- 교주자)이 일본 동경에서 오래 담판을 할 때에 천하 각국은 그 담판이 진행되어 가는 내용을 알고자 하였다. 그리하여 모든 정치가들과 신문 기자들과 대소 관민들은 밤낮으로 그 담판 내용을 알아내려고 시도하였고, 일본 백성들 또한 더욱 알아보고자 무수히 힘을 썼으나 일본 정부에서 비밀리에 엄히 단속하여 확실한 소문을 듣기가 어렵게 되자, 온갖 풍설(風說)이 날마다 생겨서 헛소문이 파다하였다.

일본 백성들은 더욱 격동되어 정부를 비판하는 여론이 갈수록 심해져서, 정부에서 백성의 뜻을 따르지 아니하고 은밀히 어찌하고 있는지 알 수 없다고 비난하였다.

급기야 대포 소리가 나고 일본과 아라사의 협의가 중단되자 아라사 공사는 어쩔 수 없이 회담장에서 아라사 국기(國旗)를 떼어가지고 돌아갔는데, 그때 양국의 대표자들은 눈물을 흘리며 작별하였다. 그때 그들의 심정을 생각하면 또한 장부(丈夫)로서 마땅히 눈물을 흘릴 만한 때와 장소였다. 천하에 관계되는 큰일을 두 사람이 주도하여 여러 달 동안 주야로 의론하자 세계 각국은 날마다 그 두 사람의 담판으로 어떤 결말이 나게 될지 알고자 하였는데, 마침내 좋은 소식은 들리지 않고 양국 간에 대포가 터지고 교섭이 끊어져 두 공사가 무수히 힘쓰던 것이 다 허사가 되어 부득이 작별하기에 이르렀으니, 어찌 비감한 눈물이 없겠는가.

일본 군사들이 아라사 공사를 극력 보호하여 무사히 회담장 밖으로 내보낸 후, 일본 외부대신이 각국 공사들과 내외국 신문 기자들에게 그동안 교섭하였던 전후(前後) 사연의 대강을 공표하였는데, 그 내용은 이러하였다:

대한의 독립과 토지를 보전하고 또한 그 나라에 있는 일본의 첫째 가는 이익을 보호하는 것은 일본의 안위(安危)에 대하여 심히 긴요하고 절박한 문제이다.

이러므로 무슨 일이든지 대한의 토지를 위태하게 하는 것은 일본 정부로서는 그냥 두지 못할 일인데, 아라사가 청국과 조약을 맺었고, 또한 정부의 보증함이 분명한데도 감히 만주를 점령하고, 더 나아가서 대한의 지경을 침노(侵擄)하기에 이르렀다. 만일 만주가 아라사의 차지가 된다면 대한의 독립을 보전하기 어려울 것이다.

이러므로 일본 정부는 속히 아라사와 담판하여 양국의 이해관계가 밀접한 만주와 대한 두 땅에서 양국의 이해관계를 상호 원만히 해결함으로써 동양의 평화를 영원히 유지하기를 기약하였기 때문에, 작년 7월 후로 아라사를 향하여 우리가 바라는 뜻을 드러내고 합의하기를 청구하였다. 그랬더니 아라사 정부에서는 기쁘게 합의할 뜻이 있다고 회답해 왔다.

이에 일본은 8월 12일에 아라사에 있는 일본공사 율야(栗野愼一郎: 구리노 신이치로)로 하여금 협의할 조목을 아래에 기록한 바와 같이 제안하도록 하였다.

1. 대한과 청국의 독립과 영토 보전을 존중할 것이다.
2. 한·청 양국에 있는 각국의 상업과 공장 등 모든 이해관계를 평균하게 하는 것을 원칙으로 한다.
3. 아라사는 대한에 있는 일본의 첫째가는 이익을 인허(認許)하며, 일본은 만주에 있는 아라사의 철도에 관계된 이익을 인허하며, 겸하여 첫째 대한의 원칙과 반대되지 않는 범위 내에서, 위에 기록한 이익을 보호하기 위하여 합당한 조처를 취할 것이다.
4. 대한을 설득하여 변혁하게 하는 일도 일본에 맡길 것이다.
5. 대한의 철도를 만주까지 연장하여 산해관(山海關)과 우장(牛莊)에 놓인 철로와 연결시키는 것을 방해하지 아니할 것이다.

이러한 뜻을 제안하고 일본은 이 교섭을 속히 결정하기 위하여 아라사 서울에서 직접 의논하기를 바랐으나, 아라사는 그 황제가 멀리 유람하고 있다는 것과 그 외의 다른 이유를 핑계대고 속히 처리하기를 거절하므로, 마지못하여 동경에 모여서 의논하기로 작정하였다.

10월 3일에 아라사가 대강(大綱) 한 조목을 다시 제안하였는데, 그 주요 내용은 이러하였다:

아라사는 주관 권리가 청국에 있는 토지의 보전을 존중하며, 각국의 상업과 공장을 위하여 권리를 평균하게 하자는 원칙은 거절하며, 만주와 그 모든 해변은 일본의 이익을 보호하는 권리 안에 넣지 아니할 것이다.

그리고 대한과의 관계에 있어서는, 일본이 임의로 행동하는 권리에 일정한 방한(防閑)을 정하고, 이익을 보호하기 위하여 요긴할 때에는 군사 보내기를 허락하되, 다만 전쟁할 목적으로 군사를 파견하는 것은 허락하지 아니하며, 북위선 39도 북쪽 지역을 중립 지방으로 따로 내놓아야 한다.

아라사가 이러한 원칙을 제안하였는데, 만일 아라사가 만주를 삼키려는 뜻이 없다면 무슨 이유로 우리가 제안한 것을 거절하였겠는가.

그러나 일본은 상업상의 중대한 이익이 지금도 많을 뿐 아니라 장래에 더욱 커질 기틀이 있고, 정치상으로는 대한과 관계가 있으므로 한층 더 긴밀하고 절실한 이익이 있기 때문에, 일단 아라사가 다시 제안한 것을 거절하기로 결정하고, 아라사가 제안한 조건을 참작하여 우리의 의견을 수정하여 요구하였다. 즉, 중립 지방을 만주와 대한의 접경으로부터 60킬로미터(한 킬로미터는 천 미터요. 열 미터는 칠보(七步) 가량이다. ─원저자)를 내어놓고 정하자고 하면서 수정안을 내어놓고 의논하였다.

동경에서 누누이 이모저모 다 고려하여 결정하고 10월 31일에 일본 정부에서 다시 결정한 조건을 아라사에 보낸 후 수차 회답을 재촉하여 겨우 11월 11일에 회답을 받아보았다.

그러나 아라사는 만주와 관계된 조건들을 삭제해 버리고, 도리어 대한에 관계된 이익까지 겸하여 차지하려고 하면서, 군사 행동하는 세력의 방한(防閑)과 중립 지방을 정하는 일에 대해서는 끝까지 자기 주장을 고집하였다.

 이것이 다 당초에 서로 원만하게 합의하여 처리하자던 원칙을 어기는 것이므로 11월 21일에 아라사에게 다시 생각해 보라고 하였으며, 대한과의 관계에 대하여는 토지 사용에 한도가 없도록 하였으며, 만주 지경을 걸치지 아니하고 중립 지방을 정하자는 제의에 대해서는 의견이 합치되지 아니하기에, 일본은 전부 폐기하기를 요구하였다.

 그랬더니 금년 1월 6일에 회답하기를, 대한과의 관계에 대해서는 전날에 말한 주장을 고집하겠다고 하면서, 만주와의 관계에 대해서는, 아라사가 청국과 조약을 맺고 얻은 이익이므로 그것을 일본이 방해해서는 안 된다고 하면서 이를 인정하라고 요구하고, 강토를 보전하자는 조건에는 아무 말도 없었으므로 아라사가 만주를 삼키려는 뜻이 명백히 드러났다.
 일본도 수정 제안한 두 번째 뜻을 고집하기로 결정하고, 1월 13일에 아라사에게 다시 생각하기를 요구하여, 수차 회답을 재촉하였으나 아라사가 회답도 하지 않고 언제 회답하겠다고 하는 기한도 정하지 않았다.

 전체적으로 말하면, 일본은 처음부터 끝까지 온화하고 공평한 태도를 유지하면서 아라사를 조금도 적국(敵國)으로 여기는 뜻을 보이지 아니하고 누누이 일본의 제안을 받아들이기를 요구할 뿐이었으나, 아라사는 끝끝내 이를 거절하고, 이유도 없이 회답하기를 미루어 가면서, 한편으로는 육군과 해군을 확장하여 대규모 병력이 이미 대한의 지경 가까이 와 있었는데, 이는 아라사가 일본으로 하여금 합당한 원칙을 버리고 전쟁을 할 수밖에 없게 하는 것이다.

이 소문이 널리 알려지자 세계에서는 아라사의 강포함과 무도함에 대해 더욱 통분히 여기었다.

2월 9일에 전쟁이 터지고, 그 후에 일본 황제의 선전포고문이 내려오자 아라사의 황제 또한 선전포고문을 내리면서 일본이 먼저 개전(開戰)한 것을 드러내어 각국에 대해 성명서(聲明書)를 발표했다.

그 성명서의 대강의 내용인즉, 전쟁하는 법은 먼저 선전포고문을 반포하고 나서 싸우는 법이거늘, 일본은 선전포고문을 반포하기도 전에 대포부터 쏘았는데 이는 실수이며, 아라사의 회답을 더 기다리지 않고 일본이 졸지에 개전하였는데 이것 또한 실수라고 일본의 잘못을 조목조목 나열하여 말했다. 그러자 일본 또한 변명의 글을 지어 반포하니, 세상에서는 다 그 시비(是非)와 곡직(曲直)을 분간하였다.

일본 황제의 선전포고문에서 이르기를:

하늘의 도우심을 받아 만세에 한 계통(萬世一系: 영원히 동일 계통으로 이어지는 것)으로 국조(國祖: 한 나라를 일으킨 조상)를 이은 대일본 황제는 충성하고 용맹스러운 너희 무리에게 이르노라.

짐이 아라사와 전쟁함을 반포하노니, 해군과 육군 장졸(將卒)들은 마땅히 힘을 다하여 아라사와 접전하고, 모든 관직의 여러 신하들은 각자 직책을 따라 그 권력을 사용하여 국가의 목적을 성취하되 만국공법(萬國公法)의 전례(典例)를 어기지 말고 성심과 힘을 다하라.

짐이 생각하건데, 평화로운 가운데 문명으로 나아가 각국과 정의를 친밀히 하여 동양에 평안함을 영원히 보전하며, 각국의 권리와 이익을 손상치 않게 하고, 우리 제국의 영광이 안전하도록 확실히 보장하는 것이 각국과 교섭하는 첫째가는 원칙이다.

짐은 항상 이 뜻에 어김이 없기를 바랐고, 또한 짐의 신하들도 이 뜻을 본받아 힘써 왔다. 이렇게 함으로써 각국과의 관계가 해마다 친밀하더니, 불행히도 지금 아라사와 전쟁을 시작하기에 이르렀으니, 이 어찌 짐의 본래 뜻이겠는가.

제국이 대한(大韓)을 온전케 하고자 한 것이 하루 이틀이 아닌데, 이는 양국이 여러 대를 내려오며 관계가 자별(自別)할 뿐만 아니라, 대한의 존망(存亡)이 실로 제국의 안위(安危)에 달려 있기 때문이다. 그런데 아라사가 청국과 맺은 조약과 각국에 대하여 여러 번 분명히 밝혔던 말들을 돌아보지 않고 태연히 만주를 점령하고 세력을 굳게 하여 마침내 삼키고자 하는데, 만일 만주가 아라사에게 점령되면 대한이 보전할 수 없고, 동양의 평화를 또한 바랄 수 없다.

이러므로 짐이 이 기회를 당하여 시국의 형편을 합당히 조처하여 영원히 편안함을 보전하기로 기약하였으니, 직책 맡은 신하들로 하여금 아라사와 더불어 같이 모여 의론하게 하면서 반년이 되도록 끝까지 뜻을 굽혔으나, 아라사는 조금도 물러설 뜻으로 대답하지 아니하고 세월을 천연(遷延: 시간을 끌어 미룸)하여 시국(時局)의 형편이 그릇되게 하면서, 겉으로는 평화를 주장한다고 하나 속으로는 군비를 확장하여 우리를 강제로 복종시키려고 하였다.

이로써 본다면, 아라사는 처음부터 평화를 좋아하는 마음이 터럭만치라도 있다고 할 수 없고, 아라사가 이미 우리 제국이 제안한 뜻을 용납하지 아니하여 대한의 안전함이 위태해지기에 이르렀고, 제국의 이익을 장래에도 보증하려던 뜻을 지금은 불가불 전쟁으로 이루는 수밖에 다른 도리가 없게 되었다.

그러므로 짐은 너희 무리들의 충성하고 용맹함을 힘입어 영원히 평화할 기틀이 속히 회복되어 제국의 영광을 보전하기 바라노라.

아라사 황제의 선전포고문에서는 이르기를:

짐이 충성하는 신민에게 아래에서 말하는 사건을 반포하노니, 짐이 평화를 유지할 목적으로 동양의 평안함을 굳게 하기 위하여 전력(全力)을 기울여온 지 오래되었다.

일본 정부에서 대한의 사건에 관련하여 두 제국 간에 지금 있는 조약을 개정하자는 원칙을 제안하기에, 짐은 평화를 유지하기 위해 그 말을 따랐다. 그러나 이 문제를 의논하기 시작하여 아직 마치지 못했는데도 일본은 우리 정부에서 요사이 대답하려는 말을 기다리지 않고 우리나라와 함께 의논할 일과 교섭상의 관계를 끊겠다고 주장하면서, 또한 이 교섭상의 관계가 끊어지는 것은 곧 전쟁 운동의 시작인 줄을 미리 성명(聲明)하지도 않고, 여순항(旅順港)의 포대 밖에 있는 우리 함대를 수뢰정으로 갑자기 공격하였는데, 짐이 총독의 보고를 받아보고 즉시 군사무기(軍器)로써 일본의 공격을 맞아 싸우라고 명하였다.

짐은 이 뜻을 결정할 때에 깊이 하나님의 구호하심을 빌었으며, 짐의 신민이 그 조상의 나라를 보호하기 위하여 일제히 짐의 명(命)을 받들 것임을 의심하지 않는다.

　가장 명예로운 우리 해군과 육군을 특별히 보호하여 주시기를 하나님께 깊이 비노라.

　위에 기록한 양국 황제의 선전포고문을 자세히 비교하여 살펴보면 시비곡직(是非曲直)을 뚜렷이 분간할 수 있을 것이므로 다시 설명할 것은 없을 것이다. 그러나 갑오년(甲午年)은 지금으로부터 십 년 전이니, 그 후로 십 년 동안 일본은 두 번 전쟁을 하였는데, 이번에도 또 대한(大韓)을 위하여 개전한다고 하기에 이르렀다.

　이것이 참으로 우리를 위하는 일이 될지 어떨지는 단정적으로 말하기 어렵지만, 지난 십 년 동안에 대한이 아무것도 하지 않은 표적(表迹)은 이렇듯이 드러나니, 생각 있는 이들은 정신 차리고 봐야 할 것이다.

46
일·아전쟁 개전 후
대한의 정황

드디어 전쟁이 벌어지는 날에는 아라사 병사들은 미처 상륙하지 못하고 인천 항구에 군함 2척이 정박해 있었다.

금년(1904) 2월 초9일에 일본 병선(兵船)이 팔미도(八尾島) 밖에서 격서(檄書: 적군을 힐책하기 위하여 발표하는 글)를 전하여 경고하기를, 금일 정오 안으로 물러가지 않으면 곧 공격을 당할 것이라고 하자 아라사의 군함이 나서며 마주 싸워 서로 대포를 쏘았다.

포성이 거의 2시간 동안 계속하여 천지를 진동시켰는데, 80리 떨어져 있는 서울 장안에서도 포성이 콩 튀듯이 뚜렷이 들리니 청천백일(靑天白日: 맑은 대낮)에 천둥 치는 듯하였다. 한양 성 안에서는 귀먹은 자와 숨 막힌 자 외에는 듣지 못할 사람이 없었다.

이때 충분(忠憤: 충의로 인해 생기는 분한 마음) 강개(慷慨: 의기가 복받치어 슬퍼하고 한탄함)한 선비들은 땅을 치고 통곡하고, 옥중에 갇힌 자들도 서로 붙들고 우는 자들이 여럿이었는데, 그 우는 뜻을 물어보면:

"대장부가 국가가 다사다난(多事多難)한 때를 타고났으면 마땅히 전쟁터에 나아가 적국을 물리치고 국권(國權: 주권)을 굳게 하여 승전고를 울리며 개가를 높이 불러 나라의 영광을 드러내야 할 것이다. 그렇지 못하면 총알을 맞고 칼날을 받아 나라를 위하여 뜨거운 피를 뿌리고 간담을 쏟아(肝腦塗地) 영화롭게 죽어 충의(忠義)를 드러내 보여야 할 것이다.

그런데도 우리는 남과 같이 신체도 건장하고, 천품도 총명하며, 임금에 대한 충성심과 나라 사랑하는 마음도 간절한데, 실로 천재일우(千載一遇: 천년에 한 번 만날 수 있음)의 기회와 형편을 맞이하였으나 다만 머리를 남의 손에 잡혀서 따로 들지 못하여, 허다한 세월을 공연히 잃어버리고 아무것도 아니하다가, 남이 대신 와서 내 나라 해변에서 천지를 진동시키며 싸우고 있으니, 이 어찌 혈기남아(血氣男兒)가 차마 듣고 보고만 있을 일이겠는가.

하물며 국권과 강토를 보전하고 못하고가 전적으로 이 전쟁의 결과에 달려 있는데, 만일 우리가 진작 정신을 차려서 관민이 한마음이 되어 일을 좀 잘하였더라면 이 전쟁을 우리가 할 것인데, 우리가 못하고 도리어 남에게 매여 있으면서 구경만 하고 있는 것이 어찌 더욱 통분하지 아니한가." 하더라.

이때 백성들은 무슨 이유인지 알지 못하고 다만 대포 소리만 들리니 혹은 서로 바라보며 하는 말이, 이제 무슨 일이 있나보다고 하고, 혹은 군함에서 예포(禮砲)를 쏘는 것이라고도 하며, 혹은 해상에서 훈련하는 것이라고도 하고, 혹은 전쟁이 시작되었나보다고 하면서 무심히 대화도 하고 인천으로 구경도 갔다.

인심이 얼마쯤 깨여서 전처럼 공연히 놀라지 않는 것은 칭찬해줄

만하지만, 다만 어두운 중에 있어서 이해관계를 알지 못하는 것은 또한 뜻있는 자들로서는 억색(臆塞: 원통하여 가슴이 막힐 지경임)할 일이다.

정오에 포성이 그치면서 소식이 전해졌는데, 아라사 군함 2척이 완전히 침몰하고, 아라사 병사들은 혹 사로잡히기도 하고 혹 근처에 있던 각국 군함에서 건져내어 인천항에 있는 병원에서 치료하게 하였는데, 일본 사람들이 적십자 병원을 마련하고 데려다가 치료해주고 있다고 하였다.

아, 슬프다. 저 당당하고 거대한 아라사인들이 일본인에게 사로잡혀 그들의 은혜를 받아 목숨을 보전하게 된 것을 감사히 여긴다고 하니, 이 소식을 듣는 자들은 전날 아라사인들의 강포하던 소행을 더욱 가소롭게 여기었다.

각처의 일본 사람들은 즉시 이 소문을 전파하여 하나도 모르는 자 없어 우선 승전한 것을 기뻐하고 경축하였는데, 일본 전국이 들레면서(*야단스럽게 떠들면서) 경사(慶事)로 여겼음은 말하지 않아도 충분히 짐작할 수 있을 것이다.

그뿐만 아니라, 대한의 서울과 각처의 통상 항구에서 경축하는 모습만 보아도 곧 기쁨의 천지가 되어 사람마다 만세를 부르며 뛰어노는 일색(一色)이었다. 심지어 이제 겨우 말하기 시작한 어린아이들까지 다 나라를 위하여 경축하는 소리를 지르면서 하는 말이, 우리나라가 아라사를 이기고 군함을 깨트렸으니 이러한 경사가 다시없다고 하였다.

눈이 있고 귀가 있는 자라면 어찌 차마 이것을 듣고 보면서 감동의 눈물을 흘리지 아니하겠는가. 어찌하면 우리도 나라를 남과 같이 만들어 놓고 우리 전국이 저와 같이 즐겨 보겠는가.

우리의 동포들과 함께 들레면서 대한제국 독립 만만세(萬萬歲)를 힘껏 불러 찬송하며 태평동락(太平同樂: 태평한 세월을 같이 즐김) 누리기를 원하지 아니할 자 없을 것이다. 어떤 사람은 진고개[1]로 가서 그 광경을 구경하고 돌아와서 하는 말이, 사람의 심장을 가지고는 차마 볼 수 없기에 눈물을 뿌리고 돌아왔는데, 죽어서 그런 나라에서 개라도 되어 태어나는 것이 나을 것이라 하니, 듣는 자들은 그 충분(忠憤: 충의로 인하여 생겨나는 분노)한 마음에는 감동하였지만, 나는 죽어서라도 내 나라가 이렇게 되기를 힘쓸 것이라고 하는 말이 없음은 또한 탄식할 바라고 하더라.

이때에 아라사인들은 여순항에서 또 패하여 군함이 침몰하고 군사들이 사로잡혔으며, 대한의 해변은 일본인이 홀로 주장하고, 일본 군사가 분분히 상륙하여 장안에 가득 퍼져 있다가 서북으로 내려가고, 해군은 점점 청국 해변으로 몰려가서 여순항을 친다는 소문이 종종 들렸다.

각국은 우선 일본인의 승전을 칭찬하였고, 영국과 미국 백성들은 혹 의용병을 모아 일본을 위해 싸우기를 자원하고, 부인들은 의연금을 거두어 적십자회를 조직하여 일본에 가서 부상당한 군사들을 치료하겠다고 하였고, 혹은 많은 돈을 염출하여 군함을 사서 주자고도 하는 등 다들 일본을 응원하는 마음을 표하고자 하였는데, 이는 일본이 강

---

1) 진고개: 현재 충무로 2가에 있던 진고개는 옛 중국대사관 뒤쪽에서 세종호텔 뒤쪽까지 이르는 곳으로, 남산의 산줄기가 뻗어 내려오면서 형성된 고개다. 그리 높지 않은 고개였지만 흙이 몹시 질어서 비만 오면 길바닥이 진흙이 되어 진고개라 하였다. 일제 강점기 때 일본인들이 이 일대에서 집단거주 하였으므로 일본식 이름 본정(本町: 혼마찌)으로 바뀌었다가, 해방 후에 충무로로 바뀌었다.

포한 나라를 쳐서 물리치고 약한 이웃을 붙들어 각국의 이익을 평균히 보호하고자 하였기 때문이다. 이 어찌 일본의 영광이 아니며 대한에게는 수치가 아니겠는가. 그러나 우리 정부에서는 조금도 동요하지 아니하였다.

일본 공사가 아라사 공사에게 물러가라고 재촉하자 2월 ○일에 아라사 공사 파블로프(Pavlow)가 공사관을 지키던 자들과 보호병들을 데리고 한양을 떠났는데, 일본군이 보호하여 경인철로를 타고 인천으로 내려가 거기에서 법국(法國)의 배를 타고 상해로 향해 갔다. 가는 길에 일본인들이 보호해준 것은 국제법의 규정에 합당하였다. 아라사 공사는 일본인에게 감사를 표하고 물러갔다.

당시에 큰 세력과 번화함을 자랑하던 아라사 공사관의 높은 문전(門前)이 냉락(冷落: 영락하여 쓸쓸함)하여 빈 깃대만 서 있으니, 아라사의 권력을 믿고 세상을 흔들던 무리들은 당연히 의지할 데를 잃고 갈 바를 몰랐을 터이나, 아직까지도 아라사가 뒷줄이 되어 줄 것을 바라면서 온갖 가지 계교(計巧)를 부리며 권력을 도모하는 자들도 있다. 각국은 아라사 공사가 서운해 하면서 물러가는 것을 보고 그들의 미리 방비 없었음을 비웃었다.

아라사 세력이 물러간 이후로 일본이 다시 득세하니, 정부에서는 일본 공사를 대하여 앞으로의 모든 일들은 일본을 믿고 일본이 권하는 대로 따르겠노라고 하니, 세상에서는 더욱 통분히 여기더라.

이때에 민간에서는 온갖 풍문(風聞)들이 다 나돌았는데, 혹은 정부가 당장에 변혁하여 일본당(*친일파)이 나설 것이라고도 하고, 혹은 일본이 대한에게 문명하고 공정한 사람을 택하여 백성의 여망(輿望)에 따라 쓰도록 권할 것이라고도 하고, 혹은 일본인들이 와서 각 아문(衙門: 정부의 부처)과 각 지방에 고문관으로 앉아서 국사를 도와줄 것이라고도 하고, 혹은 일본은 아예 대한을 이전 같이 독립국으로 대접하지 않을 것이라고도 하는 등, 온갖 소문들이 조석(朝夕)으로 전파되자 나라를 사랑하는 사람들로 울분의 눈물을 흘리는 자가 무수하였다.

양력 2월 23일에 한일조약(韓日條約)을 맺어 반포하니, 그 조약의 내용은 이러하였다.

대한제국 대황제 폐하의 외부대신 임시서리 육군 참장 이지용(李址鎔)과 대일본제국 대황제의 특명전권공사 임권조(林權助: 하야시 곤스케)는 각각 합당한 위임을 받아 협의하여 조약을 체결한다.

제1조. 한·일 양국 간에 영원히 변치 못할 정의(情誼)를 보전하며 동양의 평화를 확실히 유지하기 위하여 대한제국 정부는 대일본제국 정부를 확실히 믿고 정사(政事)를 고쳐서 잘 되게 하는 문제에 있어서 일본이 충심으로 권고하는 것을 들어야 한다.

제2조. 대일본제국 정부는 대한제국 정부의 황실을 편안하도록 보호할 것이다.

제3조. 대일본제국 정부는 대한제국의 독립과 강토를 보전할 것을 확실히 보증한다.

제4조. 어떤 다른 나라가 침해하거나 혹 내란이 있어서 대한제국 황실의 편안하심과 강토를 보전하기에 위태함이 있을 때에는 대일본 정부에서 그 형편에 따라 필요한 방침을 행하되, 대한 정부에서는 대일본 정부의 행동을 편리하게 하기

위하여 십분 주의할 것이다. 대일본 정부에서는 이 위 조목
에서 합의한 것을 시행하기 위하여 합당한 땅을 택하여 군
사 행동에 사용할 수 있다.

제5조. 대한 정부나 대일본 정부나 서로 알리고 허락을 얻기 전
에는 이 조약의 뜻을 손상시키는 조약을 다른 어떤 나라와
도 체결하지 못한다.

제6조. 이 조약에 대하여 미진한 조건은 대일본제국 대표자와
대한제국 외부대신이 적절한 절차에 따라 다시 의론한다.

이 조약을 조인하여 세상에 반포하자 각국의 신문들은 일본의 후
의(厚意)를 칭찬하여, 혹은 이르기를, 일본이 대한 때문에 여러 번 힘을
쓰다가 이번에 다시 전쟁을 하여 아라사의 세력을 몰아내고 대한의
독립을 보호하려는 원칙을 바꾸지 아니하니, 그 의리의 진실됨을 알
수 있다고 하였다.

그러나 대한의 관민들은 말하기를, 일본이 우리 국정을 도와줄 권
리가 있다고 해서 장차 국권을 전횡(專橫)하려고 할 것이다. 그러므로
우리 백성들은 마땅히 일어나 반대하여 이 조약을 무시해야 할 것이
라고 하였다. 혹은 각 대문에 방문(榜文)을 붙이고, 혹은 백성을 선동하
고자 하고, 혹은 외부대신의 집에 폭약을 던지니, 일본 공사가 군사를
보내어 보호하고, 보부상(褓負商)들을 잡으라고 자주 우리 정부에 공문
을 보내었다.

그리하여 소란은 저절로 가라앉았으나 아직도 이 조약의 성질을 자
세히 아는 자들은 적어서 끝내 불평불만을 품는 자들이 적지 않았다.

이 조약의 문제점을 대강 말하자면, 일본이 우리의 영토와 국권과

황실을 보전하게 한다고 하고 정치를 도와주겠다고 하는 것은, 실로 우리의 독립 권리에 미치는 손해가 적지 않다. 이 조약만 가지고도 일본이 대한을, 겉으로는 어떻게 대접하든지 간에, 못할 것이 없을 것이니, 헛이름만 높여 주면서 겉으로는 일본의 생색을 낼 대로 다 내고 속으로는 모든 권리를 낱낱이 다 잡고 앉아 있는 것이니, 이 어찌 일본에게는 상책(上策)이 아니겠는가.

이 조약으로 인하여 일본의 권리가 어디까지 미치게 될 것인지 우리가 불가불 알아야 할 것이다. 이것을 안다면 이렇게 잘못된 것의 책임 또한 대한의 관민들에게 있는 줄을 더욱 알아야 할 것이다.

약 30년 이래로 남이 우리를 어떻게 잘 대접해 주었으며, 올바로 권면해 주어 우리에게 좋은 기회가 얼마나 있었으며, 우리를 진심으로 도와준 적이 몇 번이나 있었던가. 그런데도 끝내 아무것도 아니하고 점점 잘못되게만 하여 남이 번번이 전쟁까지 하여 우리나라를 붙들어 주기에 이르렀으니, 우리가 무슨 면목으로 남을 원망하겠는가.

지금 일본은 끝까지 우리나라가 독립국이란 면목을 존중하고 책임지고 강토를 완전히 보호해 주겠다고 하는데, 이는 대한에 대한 일본의 후의(厚意)라고도 하겠지만, 또한 각국의 여론이 있기 때문에 세상에 대해 생색을 내려는 의도가 얼마쯤 있는 것이다.

따라서 우리는 마땅히 일본과 각국에 대하여 얼마쯤 빚을 졌다고 생각하고 하루바삐 빚에서 벗어나기 위해 노력해야 할 것이다. 만일 이러한 뜻을 생각하지 못하고 도리어 남을 원망하는 마음만 자라다가는 마침내 남에게만 좋은 기회를 주어, 끝내 그들은 세상에 반포하기를, 우리가 이렇듯 힘써 대한을 도와주었으나 대한은 도리어 우리를 원수로 대접하면서 끝내 독립하기를 힘쓰지 못하니, 장차 어떤 나라를 다시 청해 와서 무슨 화단(禍端)을 일으킬지 모른다고 한다면, 그 누가 홀로 나서서 그렇지 아니함을 증거하겠는가.

그런즉 우리가 지금에 와서 일본을 믿게만 여긴다면 우리에게 해가 되고 일본에게 이로운 기회만 주는 것이 되니, 사람마다 이러한 생각을 버려야 한다.

또한, 일본에 대해 전적으로 고마운 줄만 알고 우리에게 수치가 되는 줄은 모르고 번번이 붙들어 주기만 바라고, 마치 약한 계집이 남편에게 의지하듯이 하여 따로 설[獨立] 줄을 알지 못한다면, 이는 남에게 신세진 것을 감사히 여겨서 그 집의 종이 되어 섬기려고 하는 것과 같다.

내 몸이 남과 같이 넉넉하게 되어 도리어 전날의 은인(恩人)을 도와주게 되는 것이 사람이 참으로 입신(立身)하는 근본이 될 것이다.

47
일본인의 목표가 바뀌다

지금 우리는 전쟁 중에 있으므로 각처의 해상에서는 양국 군함이 깨어지고 인명(人命)이 얼마씩 상하였다는 소문이 신문에 연속 들리고, 여순항에서는 일본 군사가 몇 차례째 공격하여 피차(彼此)의 이해가 어떠하며, 언제쯤이면 포대를 빼앗겠다고 하며, 아라사에서는 머지않아 군사 약 30만 명을 만주로 들여보내 대한의 한양까지 짓쳐올 것이라고 하며, 일본 군사들은 며칠 안에 또 한양에 가득히 들어올 것이라고 하는 등의 소문이 들렸다.

아라사 군사들은 서북 지경으로 몇십 명, 몇백 명씩 간간이 들어와 노략질과 겁탈을 하다가 안주(安州)와 평양까지 들어와 일본 군사와 만나 몇 번이나 쫓겨 가기도 하고, 혹 사로잡힌 자도 있으며, 대한 정부에서는 병사들을 변방으로 파견하여 그 지경을 보호하도록 하자 강계(江界) 지방에서는 대한의 병사 몇 수십 명이 아라사 병사 수백 명을 쳐서 물리쳤으며, 그 근처의 각 군(群)에는 아라사 병사들이 쳐들어오다가 우리나라 군사들에게 패하여 물러간 것이 여러 번이며, 그 너머 지방에서는 일·아 양국 군사들이 무수히 많이 죽었다고 한다.

서북 양도(兩道: 평안도와 함경도)의 백성들은 모두 뿔뿔이 흩어져서 편안한 곳이 없다고 하는데, 가련하고 무고하고 잔약한 백성들은 어디로 가야 할지 모르면서도 여전히 나라를 보호하지 못한 책임으로 이런 재앙을 당하는 줄은 끝내 깨닫지 못하고 있다.

우리는 한양에 앉아 있어서 아직 이런 화(禍)는 당하지 않았다고 하나 다 같이 난리 중에 있는데, 이러한 난리 중에서도 몸을 자유로 움직이지 못하고 옥중에 깊이 갇혀 있어서 기운을 펴지 못하고, 우리의 뜻도 용납받지 못하니, 어찌 더욱 울적한 마음이 없겠는가.

다행히 외국 신문들을 얻어 봄으로써 형편을 대강 짐작하는데, 조석(朝夕)으로 이 글을 기록하여 우리나라 사람들이 가장 급히 알아야 할 것들을 간략히 말하고자 한다. 그러나 전쟁 소문에 대하여 자세히 말하려고 하는 것은 아니다. 더군다나 이 책을 어떻게든 발간해 볼 수나 있을지 생각하면 그저 아득하기만 하므로 자세히 기록하기가 어렵기에 다만 대강의 큰 원칙만 말하고자 한다.

이 글을 읽는 이들이 우리나라 독립에 있어서 긴절(緊切: 긴밀하고 절실함)히 주의해야 할 본래의 뜻만 깊이 생각해 본다면 쓰러져가는 나라 집을 받치는 데 만분지일이나마 도움이 되지 않을까 생각한다.

대저 전쟁이라 하는 것은 항상 그 상황이 시시각각 변하는 것이니, 지금은 이 전쟁이 얼마 진행되지도 않았는데 그 결말이 어찌 될 것이라고 미리 말할 수는 없다. 그렇기는 하지만 전쟁이 일어나기 전에 벌써 어떻게 결판날지가 소상(昭詳)하며, 현재 눈에 보이는 것으로 판단하더라도, 일본은 동양에서 홀로 권리와 세력을 가지고 있으므로 끝내 이대로 결말이 지어질 것이니, 우리 대한은 장차 일본의 권면과 도움을 얼마쯤 받게 될 것이다.

이는, 위에서 말한 바와 같이, 이전에도 우리가 우리의 직책을 다하지 못한 탓도 많지만, 지금에도 또한 스스로 서서 직책을 맡아 일해 나갈만한 자가 없는데, 설령 우리가 따로 설 권리(獨立權利)를 잡고 앉더라도 10년 전이나 20년 전보다 더 낮게 할 수가 있을는지 장담하기 어렵다.

그러므로 우리가 인재를 배양하여 천하의 공론이 우리에게 호의적으로 돌아설 정도로 되기까지는 어쩔 수 없이 한·일 조약에서 정해 놓은 대로 시행해 가면서 차차 그 조약의 제한이 스스로 벗어지기를 힘써야 할 것이다.

이는 책임이 전적으로 정부에 있지 않고 다만 백성이 하기 나름에 달려 있으므로, 이 책에서는 전적으로 백성이 힘쓸 바를 말하였고 정부에 대하여 바라는 뜻은 몇 마디 말하지 않았던 것이다. 그러므로 독립의 기초를 세울 자는 우리 대한의 백성들이고, 우리 백성들이 이 기초를 세우고자 한다면 일본인의 굴레를 벗어야 할 것이며, 지금의 사정을 알려면 전일에는 어떠하였는지를 먼저 알아야 할 것이다.

위에서도 대강 말한 것이지만, 약 40년 전에[1] 미국 해군 제독 페리(Perry)가 일본에 처음으로 와서 통상조약을 맺자고 하자 일본은 크게 소동을 피우면서 우리나라의 병인양요(丙寅洋擾) 때와 같이 되었다.

그 후 세월을 끌다가 6년 후에 페리가 미국 군사들을 일본에 상륙시키자 일본은 많은 군사를 동원하여 그들을 막으려고 하였다. 미국 군사들은 군악대가 앞에서 나팔을 불면서 마치 무인지경(無人之境)처럼 도성(都城)에 들어갔는데, 인명을 살해하거나 다른 침로하는 행동

---

[1] 약 40년 전: 저자가 이 글을 쓰던 때는 1904년 5~6월 경이고, 미국의 페리 제독의 함대가 처음 일본에 나타난 것은 1853년이니, 약 50년 전의 일이다.

이 없자 일본은 어쩔 수 없는 줄로 깨닫고, 겸하여 미국의 군사들이 침탈하려는 의도가 아닌 줄을 믿게 되었다.

이에 통상조약을 맺고 1862년에 사신(使臣)을 서양에 보내어 세상 형편을 구경하고, 생도(生徒)들을 보내어 학문을 공부하게 하였는데, 그때 비로소 새 법을 쓰지 않고는 안 될 줄을 알고 밤낮으로 정치와 풍속을 변혁하여 날마다 새 백성과 새 나라를 만들고, 서양의 세력들이 점점 동으로 퍼져오는 것을 차등을 두지 않고 고르게 대우하며, 백인에게 지지 않으려고 하였으나 외로운 형세가 일본 홀로 그들을 대적하기 어려우므로 대한과 청국 양국을 깨워 가지고 동양 삼국이 연맹하여 백인의 세력과 비견할 수 있게 만드는 방책 외에는 다른 수가 없었다.

이에 자주 청국에게 권하기를, 대한을 동등한 나라로 대접하고, 문명과 부강에 힘써서 삼국이 연합하자고 하니, 청국이 겉으로는 좋다고 대답하였으나 속으로는 반대하고 끝까지 듣지 아니하였다. 일본은 끝내 화의(和議: 화해하는 의논)로는 되지 못할 줄을 알고 군사를 기르기로 하여 해군과 육군의 제도를 서양의 방식대로 힘껏 준비하여 청국의 세력을 대적할 수 있을 만치 만들고, 청국 내지의 지도(地圖)를 공부하여 청국 땅의 좁고 험한 곳을 샅샅이 연구하고, 정부와 인민의 실상과 형편을 낱낱이 탐지하여 마치 손샅(손가락 사이) 같이 알고 앉았으니, 남의 속과 내 속을 자세히 아는 자는 백전백승(百戰百勝)한다[1]는 것이

---

1) 백전백승(百戰百勝): 이 말의 본래 출처는 『손자병법(孫子兵法)』의 모공편(謀攻篇)에 나오는 "知彼知己, 百戰不殆"(지피지기, 백전불태)이다. 즉, "적을 알고 나를 알면 백 번 싸워도 위태하지 않다."이다. 원래 "백전백승(百戰百勝)"이란 말은 같은 책(『손자병법』)의 같은 편에 나오는 말이기는 하지만 앞뒤 문

병법(兵法)에서도 분명히 밝히고 있는 이치이다.

전국 백성이 충성심과 애국심을 배양하여 전쟁이 벌어지면 나라를 위하여 죽는 것을 첫째가는 직책으로 삼아 전쟁이 한번 벌어지기를 사람마다 고대(苦待)하였다. 그러나 저 청나라 사람들은 겉모양은 비록 장대(長大)하고 숫자도 많지만 겁이 많고 충성심이 없어서 다 썩은 인민인지라, 한둘만 쓰러지면 몇천 명, 몇만 명이라도 다 뿔뿔이 흩어져서 하나도 남아 있지 않을 것이니, 일단 접전하기만 하면 승전하기는 여반장(如反掌)이라고 하며 저마다 팔을 뽐내며 장담하였다.

세상에서는 일본인들의 영민함을 어느 정도 칭찬하고 있으나, 영토의 대소(大小)를 보든지, 인민의 다소(多少)를 보든지, 형세의 빈부(貧富)를 보든지, 기타 사람의 신체 근력(筋力)으로 보든지 간에 일본인들은 결단코 청나라 사람들과는 비교가 될 수 없으므로 그들의 망령된 기운을 자못 비웃었는데, 갑오년에 기회를 타서 청국의 교만 방자한 기운을 꺾고 10년간 군사를 기른 소원을 이루자, 각국은 비로소 일본을 달리 보면서 그 전에는 허락하지 않던 권리를 차차 허락하여, 이후에는 드디어 치외법권(治外法權: 외국에 있으면서 그 나라 법률의 적용을 받지 아니하는 권리)을 포기하고 일본에 돌려보내 주었는데, 이 권리는 일본이 전에는 얻지 못했던 것이다.

당초에 통상조약을 맺을 때에 각국이 아시아 여러 나라에는 영사관을 설치하여 각각 자기 나라 백성을 다스리고 현지 국가의 법관의

맥의 내용이 본문과는 다르다. 즉 "是故百戰百勝, 非善之善者也. 不戰而屈人之兵, 善之善者也."(그러므로 병법에서 최선은 백 번 싸워서 백 번 이기는 것이 아니라, 병법에서 최선은 싸우지 않고 적의 군사를 굴복시키는 것이다)이다.

재판을 받지 않게 하였는데, 이는 동양 사람들이 열리지 못하여 외국인을 평등하게 대우할 줄 모르고, 항상 무리하게 살해하거나 편벽되이 재판하는 폐단이 있었으므로, 만일 그 관원들의 권한으로 외국인을 다스리게 한다면 외국인들이 견뎌낼 수 없게 할 것이기 때문이다. 이러므로 특별히 이런 뜻으로 치외법권이란 것을 정하고, 추후에 가서 백성이 다 열리면 평등하게 트고 지내리라고 하였는데, 이는 대한과 청국도 다 같은 모양이었다.

한·청 양국은 지금까지도 이 권리를 회복하지 못하고 있을 뿐만 아니라 그것에 대해 분노할 줄 아는 자도 적은데, 홀로 일본만이 처음부터 이를 통분하게 여기고 기어이 서양인과 같이 되어야만 이 권리를 얻을 줄로 알고 밤낮으로 변혁에 힘써서, 이 난리를 겪은 후에는 각국이 다 같이 이 방한(防閑: 하지 못하게 막는 범위)을 무시하고 피차 평등하게 다스리기를 허락하였다.

몇 해 전부터 일본 순경은 범법하는 서양 사람을 잡아다가 옥에 가두고 일본법대로 다스리는데, 갑오전쟁(*청일전쟁)으로 인하여 일본의 지위가 어떻게 높아졌는지 이로써 짐작할 수 있을 것이다.

이러므로 일본인의 생각이 자연히 전보다 얼마간 높아졌으나, 각국의 인심은 일본을 별로 대수롭게 쳐주지 아니하고 다만 어린아이의 새로 자라는 뜻을 길러 배양하는 것같이 하였는데, 만일 일본이 지나치게 욕심을 내서 분수 밖의 이익을 취하려 하다가는 각국이 반드시 이를 용납하지 않을 것이니, 일본도 이러한 형편을 살펴보았기 때문에 다만 청국에 대해서만 배상을 받았을 뿐 대한에 대해서는 실로 다른 뜻이 없고 오직 진심으로 혁신을 권면하고자 한 것이다.

만일 이런 뜻을 일본의 대소 관민이 다 같이 알고 끝까지 저버리지 않았더라면 대한 정부나 백성들은 일본인들을 조금도 원수같이 여기는 마음이 없이 도리어 친밀한 정의(情誼)를 영영 보전하였을 것이고, 동양의 태평함 또한 손상되지 않았을 것이다.

그런데 대한에 와서 일본 정부를 대표한 자와 각 아문(衙門: 정부 부처) 고문관들과 학교 교사들 중 많은 이들이 이 뜻을 알지 못하고 사사로운 이익만을 도모하면서 은밀히 남의 권리를 빼앗고, 이끗(*재물의 이익이 되는 실마리)을 취하다가 그 때문에 대한 백성들의 마음이 대단히 불평하게 되고, 드디어 크게 죄를 짓는 행동(*민비 살해)까지 있게 되자 각국 또한 분개하게 되었다.

그리하여 마침내 권세를 아라사의 손에 넘어가게 함으로써 다만 대한에만 크게 해가 될 뿐 아니라 일본 정부에도 손해가 적지 않았는데, 이는 차후에 대한에 오는 일본 관민들에게 맑은 거울이 될 것이다.

이 일로 인하여 10년 전에 벌써 오늘 전쟁의 근본 원인을 만들어 놓아 갑오년 이전에 청나라 사람들을 꺾으려던 목표를 바꾸어 아라사 인들을 꺾으려 하면서, 밤낮으로 이 목표를 위해 이를 갈며 일하는 중에 세력이 몇 갑절 늘어나고, 일본 백성의 생각 또한 세력을 따라 대단히 늘어나서, 심지어 어린아이들까지 마음속에 아라사인들을 우습게 여기는 마음이 있어서, 한 사람이 몇 명씩 때려눕힐 수 있다고 장담하고, 나도 어서 자라서 아라사인을 다만 두셋이라도 당해 내야만 세상에 태어난 보람이 있을 것이고, 나라의 백성 된 직분을 행할 수 있으리라고 하였다.

그러다가 영·일 동맹을 맺은 후로는 세계 강국들과 실제로 세력이 비등하게 된 효험이 드러났으므로, 그 즐거워 자랑하는 마음은 곧 일본이 세상에서 제일인 듯하였는데, 이번 전쟁에 이르러 타국의 도움을 받지 아니하고 홀로 강국을 대적하여 그 군함을 깨뜨리고 적의 예기(銳 氣)를 꺾음으로써 세상으로 하여금 제일 강포하다던 나라가 다만 물거 품에 지나지 않음을 알게 만들어 놓았으니, 세상에서도 자연히 일본을 두렵게 여기고 전과 같이 대접해서는 안 될 줄로 여길 것이다.

일본으로서도 또한 스스로 생각이 높아져서 일·청 전쟁 때와는 대 단히 다를 것이다. 지금 우리가 기회를 한 번 더 얻게 된 것 또한 우리 에게 후의(厚誼)를 표시한 것이니, 만일 끝까지 우리가 나라를 사랑하 는 충심(忠心)을 내어 죽기로써 회복하기를 도모하지 않는다면, 세상 에서 다들 말하기를, 대한은 영원히 자유(自由)할 기틀이 없으니 더 볼 것이 없다고 할 것이다. 그렇게 되는 날에는 일본이 다시 무엇을 거리 껴서 뜻대로 못하겠는가.

나의 소원은, 우리의 혀끝을 2천만 조각으로 내어 2천만 동포들의 귀에다 대고 소리를 우레 같이 질러 어두운 잠에서 시시때때로 깨워 주는 것이다.

48
대한이 청·일·아
삼국한테서 해(害)를 받음

앞에서 말한 바와 같이, 대한이 오늘날 이 지경을 당한 것을 종합해 보면, 청국과 일본과 아라사의 해(害)를 차례로 받았기 때문이다. 그러나 그 해를 받게 된 것은 또한 저 다른 나라들이 아무런 까닭없이 흔단(釁端)을 낸 것이 아니라 다 우리가 청해 들여와 그들의 뜻을 길러 주어 이렇게 만든 것이다.

첫째 청인(淸人)의 해(害)로 말하자면, 영·법 양국에게 크게 패하고 (*1860년 영국과 프랑스 군사들의 북경 침공) 북경이 소요(騷擾)하게 된 후로 청국은 자기 몸조차 부지하기 어려워 애를 쓰는 동안에 우리가 따로 서지 못하고 도리어 의지하는 뜻을 보이며, 종종 타국이 와서 통상하자고 하면 내가 홀로 담당하여 조처할 생각은 하지 않고 다만 청국에 미루어 대신 조처해 주기를 바라면서 매번 은밀히 청하여 도와주기를 구하니, 본래 음흉(陰譎: 마음씨가 음침하고 간사하며 내숭스러움)한 마음씨를 가진 청인들이 어찌 어리석은 나라를 농락하고자 하는 생각이 나지 않겠는가.

겉으로는 각국의 공론을 따르는 체하면서 속으로는 대한이 청구한 것을 시행하기 위하여 군사를 보내어 한양에 주둔시켜 놓고, 궁궐 출입을 임의로 하고, 내정에 간섭하고, 국태공(國太公: 대원군)을 잡아가고, 지존(至尊: 고종황제) 앞에서 무례(無禮)하기가 막심하였으며, 장안에 상인들을 두어 내지에서 우리나라 사람들과 섞여 살면서 장사를 하게 하였다.

본래 통상조약에는 한양에서 십 리 밖에 거류지(居留地: 조약에 의하여 한 나라가 그 영토의 일부를 한정하여 외국인의 거주와 영업을 허가한 지역)를 정하고, 거류지 외에서는 섞여 살지 못하게 하였지만, 청인은 이 조약에 포함되지 않는다고 하여 특별히 성안에서 장사를 한다고 하였다. 그러자 각국 또한 성안에 들어와 장사하면서 우리도 청인들과 동등한 대접을 받는 것이 옳다고 하였다. 이러므로 지금 한양에서 각국 상인들이 장사를 하는 것은 다 청인들의 해(害) 때문이다.

지금 우리나라 사람들은 한양에서 외국 사람들이 장사하는 것을 싫어하여 외국 사람을 비난하는 자들이 많으나, 이는 다 청인으로 인하여 해를 받고 있는 것인 줄을 알지 못하고, 그때에 우리 정부에서 청인들이 특별대우를 받으면서 장사하려는 나쁜 습성을 굳세게 막지 못한 것을 책망하는 자도 없다.

그리고 갑오년 동학 때로 말하더라도, 우리나라에서 우리 백성이 일으킨 난리인데도 우리 스스로 진압하려고는 생각지 않고 청인들을 슬그머니 청해 들여왔다. 청인들은 우리가 청했기 때문에 도와주려고 들어온 것이지만, 그것이 도리어 큰 싸움(*청일전쟁)이 되기에 이르렀는데, 그 일로 인하여 지금까지 대한은 일본의 힘으로 독립을 하였다는 말을 듣고 있어서 우리로 하여금 수치스러움을 면하지 못하게 하는 것이다. 이는 다 청국으로 인하여 받는 해이지만, 이 또한 우리 스스로 청하여 받는 것이다.

무술년(1898)에 이르러 청국이 비로소 공사(公使)를 보내어 국서(國書)를 받들고 와서 새로 통상조약을 맺었는데, 이 국서에 있는 말뜻(辭意)을 보면 우리나라의 신민(臣民) 된 자로서는 한편으로는 기쁘기도 하고 한편으로는 분하기도 하다. 그 거만 방자하여 남의 나라를 완전히 무시하던 기이한 습관이 없어지고 우리나라를 평등한 독립국으로 극진히 공경하여 예절을 차리고 다시 정의(情誼)를 친밀히 하여 옛날부터 관계가 자별(自別)하던 교제를 예전처럼 해나가자고 한 것은 실로 동양을 위하여 다행한 일이다. 이후로 양국의 정의가 점점 가까워지도록 서로 힘써 간다면 동양에 이런 다행이 없을 것이니, 이것은 기뻐할 일이다.

피차 상대에 대해 품어왔던 의혹들을 깨치고 보면, 만약 청국이 진작 이런 뜻을 깨달아서 다른 나라가 권하는 것을 듣고 이러한 국서를 10여 년 전에만 보냈더라면 어찌 동양의 형편이 오늘날 이 모양에 이르렀겠는가. 이것이 뜻있는 자들이 극히 통분하게 여기는 것이다. 우리나라의 어두운 사람들은 아직까지도 대국(大國)이 나오면 큰 변을 당할 것이라 하는데, 이런 잘못된 생각은 어서 급히 깨달아야 할 일이다.

심지어 일본으로 말하더라도, 30년 이래로 대한의 독립을 확실히 하고자 하여 청국과 교섭하고 우리와 조약을 맺은 것은 다 우리를 해칠 뜻이 없었음이 분명하지만, 우리가 따로 서지(獨立) 못함으로써 끝내 갑오전쟁까지 있었으니, 이 전쟁까지도 또한 우리를 얼마쯤은 도와준 것이라 하겠으나, 우리가 끝내 따로 서기를 힘쓰지 아니하고 언제나 의지하려고만 하다가 마침내 아라사인의 간섭을 불러들였으니, 이는 일본 사람을 믿다가 해(害)를 당한 것이다.

아라사로 말한다면, 당초부터 동쪽과 서쪽을 병탄하려는 욕심이 없지 않았다 하더라도, 우리가 잘만 하고 있을 때에는 감히 다른 생각을 내지 못하다가, 우리가 아라사의 보호를 청하여 들여와서 내정에 간섭할 기회를 스스로 허락하자 그 때문에 음흉한 생각을 품었다가 마침내 이번 전쟁(*일·아전쟁)을 일으켰거니와, 우리로 말하자면, 자주(自主)할 생각은 못하고 남만 의뢰하다가 당한 해(害)이다.

이 세 나라한테서 차례로 당한 해(害)를 보면, 우리가 청해 들여와서 구원을 얻으려고 하던 중에 생긴 것임을 충분히 깨달을 수 있을 것이다. 이것을 깨닫는다면, 이후에 또 남에게 의지하려 하다가는 그것이 장차 또 어떤 위험을 초래하게 될지 충분히 깨달아야 할 것이다.

이후에 한 번 더 해를 당하게 되는 날에는 다시 더 해를 당하고 싶어도 당할 기회조차 없을 것이다. 관원이나 백성이나 국권을 보호하는 일에 대하여 조금이라도 남을 의지하거나 혹은 남의 힘을 빌어서 일을 하고자 하는 자는 곧 나라를 마지막으로 팔아먹고 천년만년 대역죄인으로 남을 것이니 부디 조심하고 부디 경계할지어다.

49
우리는 좋은 기회를
여러 번 잃어버렸다

이로써 본다면, 우리는 타국과 상통(相通)하는 대로 번번이 해를 당하고 앉았는데, 이는 좋은 기회가 없어서 그런 것이 아니라 매번 맞은 기회를 좋은 기회인 줄 알지 못하여 다 잃어버린 것이다. 이번에 맞은 기회를 또 좋은 기회인 줄 알지 못하다가는 다시는 어찌해 볼 수 없을 터이기에, 이것을 깨닫게 하기 위하여 기왕에 잃어버린 기회를 대강 말해 보겠다.

그 하나는, 병자년(丙子年: 1636. 이 해에 청나라가 조선을 침략했으므로 이를 병자호란(丙子胡亂)이라고 한다.) 이후에 따로 서지(獨立) 못한 것이다.

그 후로도 좋은 기회가 여러 번 있었다. 성군(聖君)과 어진 장수들이 종종 북벌(北伐)할 뜻이 있어서 군사를 길러 한번 수치를 씻고자 하였는데, 이때에 만일 상하 관민이 한마음이 되어 힘을 모았더라면(同心合力), 청국이 편안 무사한 때를 틈타 군사를 동원하여 요동(遼東) 지방을 공격하여 그곳에 웅거(雄據)하고, 포대(砲臺)를 쌓아 국경 지역을 방비하면서, 청나라에 글을 보내어 동등(同等)한 자유국(自由國)으로서 조약을 맺자고 하였더라면, 청국은 다른 여러 가지 문제 때문에 우리의 요구를 들어주지 않을 수 없었을 때가 여러 번 있었다.

그러나 썩은 선비들은 정신이 병들어 있어서 구차하게 편한 것만 찾고 설욕할 생각은 하지 못하고, 혹 저희들의 권리를 잃을까 두려워서 인재를 쓰지 아니하고, 서로 시기하고 다투는 중에 충직한 신하를 물리치기도 하고, 혹 모해(謀害)하여 없애기도 하였으며, 혹 재주가 특별하거나 기운이 장한 인물이 생기면 그 부모가 감히 기르지 못하고 죽이거나, 혹 침이나 뜸을 놓아 그 골절(骨節)을 상하게 하였다. 이러므로 특별한 인재가 나면 항상 타국으로 건너가서 그곳에서 몸을 의탁하였다.

이는 이른바 도적에게 양식을 주고 적국에게 칼을 빌려줌과 같으니 어찌 나라가 쇠약해지지 않겠는가. 점점 쇠약해지는 중에 남을 의지하려는 생각이 더욱 간절하게 된 것이니, 지금 맞는 기회는 다시는 이렇게 잃지 말아야 할 것이다.

또 하나는, 사십여 년 전에 잃어버린 기회이다.

영·법(法)·미 각국이 차례로 와서 통상하기를 요구할 때에 남과 비교해볼 생각을 하여 어두운 고집을 버리고 곧바로 만나서 그 나라는 어디에 있으며, 나라의 대소(大小)·강약(强弱)·빈부(貧富) 여하와 통상하려는 근본 의도가 무엇 때문인지 자세히 알아보고, 만일 통상하는 것이 우리에게 이롭기도 하고 또한 아니할 수도 없는 줄로 깨달았으면 즉시 사신을 영·미 등 각국에 보내어 자유로 조약을 맺고 독립을 반포하였더라면, 서양을 두려워하는 청인의 처지에서는 감히 아무 말도 못하였을 것이다.

　설령 청국이 자신의 강한 힘을 믿고 군사를 움직이려 하더라도 각국이 당연히 이를 문제 삼으려 할 것이니, 이는 우리가 각국에게 의지하거나 구원을 청하는 것이 아니라, 자기들이 자기네 형편에 따라서 스스로 우리를 도와주는 것이니, 진실로 이 기회를 잃지 않았더라면 우리가 오늘날의 이 환난과 수치를 당하지 않게 되었을 뿐만 아니라 우리도 벌써 부강한 나라가 되어서 일·청 양국이 우리에게 구원을 청할 것인데, 이것을 행하지 못하였으니 이는 두 번째 기회를 잃은 것이다.

또 하나는, 통상한 후에도 깨닫지 못한 것이다.

　청인이 서양을 두려워하는 기틀을 본 후에는 우리가 청국을 두려워하던 생각을 버리고 서양을 두렵게 여기고, 서양의 강한 것을 보고 우리도 강해지기를 도모하여 날로 부강해지고 문명해지기 위하여 힘썼더라면, 백성은 자유(自由) 하는 낙(樂)이 있고, 나라는 자주(自主)하는 권리(權利)가 있으며, 나라 안으로는 위태한 사정이 없고, 나라 밖으로는 외적의 침략을 당할 근심이 없어서 각국과 다 좋은 친구가 되고, 강포한 자와는 원수가 되어 미리 막을 준비를 하였을 것이다. 그렇게 했더라면 일·청 전쟁이 되지 않고 한·청 전쟁이 되었을 것이며, 일·아 전쟁은 또한 한·아 전쟁이 되었을 것이다.

　우리의 독립을 타국이 붙들어 준다는 말이 어찌 있을 수 있으며, 정치 개혁을 권하고 황실을 보호해 준다는 조약이 어찌 맺어질 수 있었겠는가. 이것이 세 번째의 기회를 잃은 것이다.

또 하나는, 아관(俄館)으로 파천하신 후에도 행하지 못한 것이다.

이때는 일·아 양국이 서로 대치하는 중이었기 때문에 우리가 우리 군사로써 호위를 든든히 하고, 우리 관민이 한마음으로 단합하여 국기(國紀: 나라의 기율과 기강)를 높이고, 공정한 사람이 권력을 맡게 하고, 관리들의 탐학을 없애고, 법률을 공평하게 시행하여 날로 흥왕(興旺)할 방책을 강구하고, 일·아 양국을 평균하게 대접하여 조금도 한편으로 치우치는 뜻이 없이 국권을 온전히 보호하여 한 나라라도 간섭하지 못하게 했다면, 일·아 양국은 서로 싸우느라 우리나라의 국정에 참여하지 못하였을 것이다. 영·미 각국이 또한 공번된(*공평한) 의론으로 찬성하여 어느 나라든지 행패를 부리는 폐단이 없도록 하였을 것이다.

하물며 영·일이 동맹을 선언한 글이 반포된 후로는 더욱이 세상 돌아가는 형편을 깨달아야 했으나, 도무지 들은 체도 아니하고 여전히 매관매작(賣官買爵: 관직과 벼슬을 사고 팖)을 하였으며, 여전히 충분(忠憤: 충의로 인하여 생겨나는 분한 마음)한 선비들을 해쳤으며, 조금도 거리낌 없이 백성의 재물을 탈취하는 일이 여전하여 나라의 위망(危亡)을 재촉하였는데, 그래도 여전히 고치지 아니하다가 마침내 이 지경에 이르렀으니, 이는 네 번째 기회를 잃은 것이다

이렇듯 좋은 기회를 여러 번 맞이하여 다만 몇 사람만이라도 합심하고 나서서 위태함을 무릅쓰고 나라가 쇠퇴하는 근본 원인을 밝히고자 했더라면 사실 그리 어렵지 않았을 것이니, 실로 강개(慷慨)하고 통분함을 금할 수 없도다.

지금부터는 우리 앞에 좋은 기회가 이전같이 쉽게 찾아올 수는 없겠지만 아주 없지는 않을 것이니, 찾아오는 기회를 이전처럼 놓치지 말아야 할 것이다. 그러나 수십 년 이래로 우리나라 관인들이 일하는 것을 보면 실로 다시 바랄 것도 없고, 설령 일할 만한 인재가 있어서 일할 권리를 얻더라도 백성의 힘을 의뢰하지 않고는 버텨낼 수 없을 것이다.

따라서 지금 우리가 걱정해야 할 것은 정부에 문명(文明)한 대신(大臣)이 없다는 것에 있지 않고, 다만 나라에 뿌리가 될 만한 백성이 없다는 데 있다. 그러므로 우리는 어서 마음을 밝게 해서 문명한 사람이 되고, 충성심과 애국심을 배양하여 독립의 기초가 되기를 힘써야 한다.

50
일본 정부의 의도

대한에서 아라사 세력이 물러간 후 한국의 정치적 태도가 자못 편안하지 못하여 사람마다 이르기를, 대한 정부가 곧 변혁(變革)될 것이라고 하니, 혹 근심도 하고, 혹 기다리기도 하고, 혹 늦게 될까봐 염려도 하여 각기 자기가 들은 소문과 관계되는 대로 의논하면서 오늘 된다, 내일 된다고 하였다.

그러다가 음력 2월 초순에 일본 정부가 양국 황실의 정의(情誼)를 친밀히 하기 위해서라며 이등박문(伊藤博文: 이토 히로부미)을 특명대신으로 대한에 보내 왔다. 이 소식을 들은 자들은 다들 이르기를, 이번에 이등박문이 공연히 다녀만 갈 리는 없고 반드시 우리 정부의 제도를 고치도록 도와서 국정에 대해 자문한다는 한·일 간의 조약을 시행할 것이라고 하였다.

마침내 이등박문이 대한에 이르러 여러 차례 황제 폐하를 알현하고 말씀을 아뢰었는데, 그 말씀의 대강(大綱)은 이러하였다:

"이번에 대한과 일본이 두 나라 황실의 정의(情誼)를 도탑게 하기

위하여 외신(外臣: 주재국 임금에 대한 외국 사신의 자칭(自稱). 여기서는
이등박문 자신)을 대황제 폐하께 특별히 파견하시기에 외신(外臣)은
두 황실을 위하여 기쁘게 그 명을 받들고 왔사오니, 두 황실이 영원
히 친목하시기를 바라오며, 폐하의 국사(國事: 즉, 대한의 정사)로 말씀
드리자면, 그것은 주한 일본 공사(公使)에게 하문(下問)하여 주시고,
정치를 변혁하는 일은 너무 조급히 하다가는 도리어 크게 동요(激動)
가 일어나 낭패하기가 쉽사오니, 조금씩 차차 고쳐 나가는 것이 옳을
까 하나이다."

이등박문이 황제 폐하께 아뢴 말씀을 세상에서 듣고는 이전의 여
론이 많이 변하여 혹은 말하기를, 일본이 만주를 아주 깨뜨린 후에야
대한의 변혁을 권할 것이라고 하였고, 혹은 이등박문이 귀국한 후에
무슨 움직임이 있을 것이라고 하였으며, 혹은 일본이 갑오년에 와서
개화(開化)를 너무 조급히 권하다가 낭패를 보았기 때문에 이번에는
천천히 시험할 것이라고 하였다.

혹은 말하기를, 일본이 대한의 흥왕(興旺)하는 것을 별로 좋게 여기
지 않을 것이다. 몇 해 전에 아라사가 대한의 개화를 싫어했던 것과 같
이, 일본은 장차 대한이 개명(開明)하는 것을 싫어하여 가만히 내버려
두고 저희끼리 스스로 잔멸(殘滅: 해쳐서 망하게 함)하게 만들 것이다. 하
물며 지금 일본은 대한을 겉으로는 높여주고 있지만 속으로는 실제
권리와 이익을 낱낱이 다 차지하고 있으므로, 저 무식하고 어두운 이
들에게 권력을 맡겨두고 알지도 못하는 가운데 속 기름(*실질적인 권리
와 이익)을 낱낱이 빼내 갈 것이다. 만일 문명하고 충애(忠愛)한 일꾼들
이 권력을 대신 잡으면 자기들의 일에 크게 방해가 될 것이다.

지금 대한에서 권력을 잡고 있는 이들은 개명(開明)과는 다 빙탄(氷炭: 얼음과 숯불) 사이이고, 또한 백성들도 개명을 싫어하는데, 전국 상하가 다 원수로 아는 것을 억지로 시행하려다가 격동(激動)이 발생하면 자기네에게 해(害)가 될 것이고, 설령 잘 되더라도 자기들에게 이로울 것이 없을 것이므로, 일본의 의도는 결단코 대한의 변혁을 위해 힘쓰는 것이 아니라고 하였다.

혹은 말하기를, 일본은 속으로 벌써 대한의 변혁을 어찌어찌하기로 미리 계획을 세워 놓았으며, 심지어 군사경비를 줄이고 학교 수를 늘려서 전국의 인민을 교육시켜 스스로 문명의 이익을 깨닫고 고명(高明)한 인재가 많이 생겨나기를 도모하고 있는데, 아직 기회가 이르지 않았으므로 다만 권면하기만 하다가, 만약 우리 정부에서 정신을 차리지 못하면 그것을 이유로 세상에 드러내놓고 정치에 간섭하기 시작할 것이다. 그럴 때를 대비해서 유식한 자들은 기회를 놓치지 말고 일을 잘해 가면서 인민 교육에 힘쓰다 보면 장차 따로 서는(獨立) 힘이 생길 것이라고 하였다.

혹은 말하기를, 설령 그런 기회가 있어서 고명(高明)한 사람이 집권하더라도 그는 일본 사람들의 종질이나 하는 데 불과할 뿐이니, 만일 그가 일본 사람들에게 순종하지 않고 따로 서기(獨立)를 힘쓴다면 며칠을 버텨내지 못할 것이다. 마땅히 백성의 힘으로 뒷받침해 준 후에야 무슨 도리가 있을 것이니, 백성의 편에 서서 일하는 사람이 많아야 할 것이다.

하물며 백성을 교육하는 일만 말하더라도, 백성의 사상(思想)을 발달시키지 못하고 다만 노예의 사상만을 억압 속에서 길러준다면, 그런 교육을 시키는 것은 한갓 남의 충성스러운 종노릇 잘하게만 만들 뿐이니, 그런 교육의 효험이 어찌 자유(自由)의 뿌리가 되겠는가. 마땅히 우리나라의 문명하고 충애(忠愛)한 이들이 차례로 인도자가 되어 인민의 생각을 먼저 길러주어야 할 것이니, 백성을 교육하는 것이 어찌 또한 우리 백성에게 달려 있지 않겠는가.

겸하여 일본의 민심이 항상 윗사람의 생각과 같지 아니하여, 그 정부에서는 설령 대한이 진정으로 흥왕 발달해 가는 기상(氣像)을 보고자 한다고 하더라도, 아래의 백성들은 흔히 그 뜻과 반대되는 의도를 가지고 대한 사람들의 부강 발달할 기회를 막아 방해할 염려가 없지 아니하다.

그러므로 우리 백성이 웬만큼 열려서 남의 의사와 나의 방향을 분간할 수 있게 된다면 아무리 어려운 중에서라도 따로 설[獨立] 생각이 날 수 있겠지만, 지금 우리나라 사람들은 그렇지 못하여 남이 잡아끄는 대로 따라다니는데 이러고야 어찌 스스로 내 갈 길을 찾아갈 줄 알겠는가. 그러니 백성끼리 나서서 서로 깨우치며 도와주어, 정부에서는 무엇을 하든지, 남은 어찌하든지 모두 상관하지 말고, 각각 나 할 도리만 힘써서 죽기로 나아가는 것에 있다고 하였다.

혹은 말하기를, 나라마다 백성이 주인이니, 지금이라도 우리 백성이 합심(合心)만 하여 한마음으로 일어나 국권을 회복하려고 한다면 어렵지 않다고 하였다.

혹은 말하기를, 백성들이 합심(合心)하는 것 또한 마땅히 문명(文明)한 사람의 지혜에 근거하여 세상의 공번된 여론을 어기지 말고 옳은 도리를 구하여야만 한다. 그래야만 비로소 합심하는 것이 힘이 있을 것이다. 만일 어두운 생각으로 공변된 뜻을 어기고 사사로운 뜻으로 합한다면 단지 크게 위태해지기만 할 것이며, 겸하여 지금은 우리가 좋은 기회를 다 잃었으므로 합심하여 일조일석(一朝一夕)에 행할 일이 없을 것이니, 아무 일도 꾀하지 말고 가만히 있는 것이 옳다고 하였다.

이처럼 모든 의론이 서로 달라서 각각 제 의견대로 믿고 앉아 있어서는 아무것도 되지 못하며, 더욱이 실상 효과를 내는 데도 방해됨이 적지 않은 것이다.

이러한 여러 가지 의견에 대하여 그 가부(可否)를 낱낱이 평론할 것은 없으나, 한마디로 말하자면, 남을 너무 의심할 것도 아니고, 너무 믿을 것도 아니며, 백성이 깨이지 못하고도 합심만 되면 어렵지 않다는 것 또한 안 될 말이다. 또한, 백성이 깨이지 못하였으니 아무것도 도모하지 않는 것이 옳다는 것 또한 지혜로운 생각이 아니다.

다만 대한 사람들이 한 가지 힘써야 할 것은 일본의 세력에서 벗어나는 것에 있는데, 이는 하루 이틀에 급히 벗어나려 해서도 안 될 것이고, 혹은 게을리 생각하여 하루라도 중단하는 일이 있어서도 안 될 것이다.

이는 군사를 기르거나 세력을 가지는 것으로도 이룰 수 없고, 정부에서 외교를 잘하거나 계책을 잘 내어도 될 수 없다. 다만 학문을 넓히고 교화를 힘써서 백성의 지식과 신의가 세상에 드러나 각국이 다 우리의 공변된 의리상의 친구가 됨으로써 청하지 않아도 스스로 도와주며, 군사가 없어도 스스로 강하게 되어야만 자연히 이룰 수 있는 것이다.

이는 천 사람이나 만 사람이 모여서 큰 세력(威力)을 형성하는 데에 있지 않고, 다만 각자가 자기의 지혜와 힘으로 강해져서 하나씩 따로 떼어 놓아도 다 제 힘을 제가 가지고 있게 되어야 할 것이다. 그리고 이러한 힘은 저마다 경위(涇渭. 經緯: 올바른 사리나 도리)로써 다툴 때에 생겨나는 것이지, 그 외에는 달리 힘이 날 수가 없다.

이는 만만 번이라도 이야기하여 우리나라 사람들 하나하나가 다 깨우치게 하고자 하는 바이니, 이 뜻을 아래에서(*〈독립정신 후록〉) 다시 조목을 나누어 말할 것이니 이 책을 보는 이들은 재삼 주의하기를 바란다.

51
일본 백성의 의도

위에서 말한 것은 일본 정치가가 설명한 의견을 근거로 일본 정부의 의도가 어떠한지를 짐작해보기 위해서였다.

일본 정부의 일관된 의도가 대한을 이롭게 하려는 것인지 해롭게 하려는 것인지는 우리가 알기도 어렵지만, 사실 그다지 알려고 할 필요도 없다. 그 이유는, 일본이 설령 우리를 아무리 해치고자 하더라도 우리가 잘만 하면 세상에는 공론(公論)이라는 것이 있으므로 그 해(害)를 받지 않을 수 있을 것이고, 설령 일본 정부나 혹 온 세상이 다 우리를 도와주려고 하더라도 우리가 잘하지 못하면 아무런 효과도 없을 것이다.

이러므로 일본 정부의 의도에 관심을 기울일 필요가 없다고 한 것이지만, 그러나 일본 백성들이 의도하는 것은 우리에게 더욱 밀접한 관계가 있다. 그 이유는, 일본 백성은 각국의 사정에 대한 지식과 학문이 우리보다 매우 진보되었으며, 외교상 기반을 잘 닦아 놓아서 세상의 공론을 자기들에게 유리하게 돌리기가 쉽기 때문이다.

모든 이권을 위한 세력을 늘리는 문제에 대하여 말하더라도, 우리가 지금 와서 웬만큼 기초를 세워 가지고는 그들과 경쟁해 볼 수가 없으며, 더욱이 그들의 수단이 간교하여 웬만한 지혜로는 그들의 농락(籠絡)에 빠지지 않기가 어렵고, 한번 빠진 후에는 벗어나기가 어렵다. 저러한 일본 사람들이 장차 우리 어두운 백성들과 서로 친근히 지내면서 간섭하게 되면 그들의 영향력에서 벗어날 수 있는 자가 몇이나 되겠는가.

남이 점점 가까이 오는 대로 피하여 물러가더라도 내 것을 보전할 수 없고, 또한 너무 가까이하여 그 수단에 빠져도 내 몸을 찾을 수 없을 것이다. 어쩔 수 없이 남과 함께 섞여 살아가야만 한다면, 내가 아무쪼록 남보다 나은 학문과 법을 배워, 남보다 먼저 착수하여, 남이 할 것을 미리 하고 있으면, 남은 저절로 발붙일 곳이 없을 것이다.

이렇게 만들어 놓은 후에 남들이 와서 살게 된다면, 그때에는 피차에 이익을 같이 얻을 것이니, 남들이 많이 와서 살수록 우리에게 이익이 많을 터인데 무슨 손해가 있겠는가. 이것은 다 우리나라 사람들의 지혜와 학문과 용맹으로 다투어야 될 일이다. 그렇게 하지 아니하면 이익이 나오는 한없이 많은 근원들 중에서 우리 몫으로는 하나도 남기지 못할 것이니, 어찌 더욱 주의할 바가 아니겠는가.

지금 일본 사람들이 대한에서 얻으려고 하는 이익이 어떤 것인지 대강 알아보기 위하여, 부산에 사는 일본 상인들이 한·일 협약이 맺어진 후 아홉 가지 조목의 요구 사항을 일본 정부와 한양에 있는 일본 공사에게 올리고 시행하기를 청구한 글을 여기에 싣는데, 그 조목은 이러하다:

1. 대한과 일본 사이에 있는 기왕의 통상조약을 개정할 것.

2. 대한의 토지를 영구히 매매할 권리를 얻을 것.

3. 대한에서 상업상 이익이 제일 큰 나라가 일본이니, 대한의 해관 (海關: 세관) 사무원을 일본인이 주관할 것.

4. 대한의 농사 제도를 고칠 것.

5. 대한의 내지 어디든지 외국인이 살 수 있도록 허락을 얻을 것.

6. 전국 13개 도에 도마다 농업을 권장하는 기관(농업진흥소)을 4곳 이상 균등하게 설치하여 대한 농민들이 본받아 배우게 할 것.

7. 일본 사람들이 대한의 해변 어디든지 가서 유람하거나 장사하거 나 하는 것을 금하지 못하게 할 것.

8. 일본은행의 지점을 대한의 내지에 많이 설치할 것.

9. 대한의 화폐발행 제도를 다시 제정하여 일본 돈과 교환하는 데 층등(層等: 서로 같지 아니한 등급)이 발생하지 않도록 할 것.

이 아홉 가지 조목과 관련된 문제점을 대강 의론하자면, 제1조에서 는 통상조약을 개정하자는 것인데, 우리가 진작 부지런히 일하였더라 면 우리가 우리 정부에 청구하여 우리 국권에 미흡한 구절을 고치게 되었을 것인데 도리어 일본인들이 먼저 고치고자 하기에 이르렀으니, 이는 우리의 국권에 점점 더 손해가 되는 큰 문제이다.

대한의 토지를 영구히 매매할 수 있도록 하자고 한 것에 대해 말하 자면, 이는 각국과의 조약에서도 허락하지 않은 것이다. 지금 일본 사 람들이 도처에 토지를 사는 폐단이 무수하지만, 우리 정부만 바로 잡 히면 장차 조약문을 개정하거나 폐지할 도리가 없지 않을 것이다. 그 런데 만약 이 조목을 아주 없애서 경향(京鄕: 서울과 지방)을 막론하고 임의로 토지를 살 수 있게 한다면, 얼마 안 가서 좋은 토지는 다 일본 사람의 수중에 들어갈 것이다.

해관(海關: 세관. 관세징수 업무)에 대해 말하자면, 지금 우리나라 정부에 돈푼이라도 재정수입으로 들어오고 있는 것은 이것 한 가지뿐이다. 차차 상업이 흥왕 발달하는 대로 들어오고(輸入) 나가는(輸出) 물건의 세액(稅額)이 대단히 늘어날 터이니, 이러므로 외국에 빚을 내어 쓰려고 하여도 이 문서(*관세징수 고지서)를 잡히고야 몇십만 원이라도 얻어 쓰는 것이다. 관세수입은 이익도 적지 않을 뿐 아니라 국가의 재정권(財政權)과 깊이 관계된 것이므로 우리나라 사람들이 어서 공부하여 이런 권리를 우리가 주장하여야 옳을 것이다.

그러나 우리는 이런 사무를 주관할 공부도 제대로 한 자가 없거니와, 우선 협잡하는 폐단(*관세포탈이나 횡령 등의 부정부패) 때문에 이 일을 맡아 주관할 사람이 하나도 없기 때문에, 지금은 영국 사람이 이 일을 대신 맡아 처리하고 있는 것이다.

우리나라 사람은 이를 분하게 여기고 빨리 공부하여 이 권리(*관세징수권)를 회복할 줄은 생각하지 못하므로, 아라사가 몇 년 전에 해관세무사를 대한에서 고용한다고 하고는 기존의 영국인 대신에 아라사인 알렉시예프(Alexiev)로 바꾸려고 하자, 그리되면 영국인 세무사 백택안(*브라운. Brown)이 장차 쫓겨나게 되기 때문에, 영국 공사가 무수히 시비(是非)를 걸어 오래 서로 승강이를 벌이다가, 결국 아라사인은 물러가고, 우리 정부에서는 아라사인을 초청해온 비용을 배상하였는데, 지금은 일본이 이 권리를 얻으려고 하는 것이다.

우리는 이 권리를 찾아볼 꿈도 못 꾸고 일본인이 대신하게 한다면 장차 어느 때에 우리 권리를 회복하여 보겠는가. 이것은 재정상의 권리와도 크게 관계되는 일이다.

일본인이 우리 내지(內地) 어디든지 마음대로 와서 살 수 있게 하라는 것에 대해 말하자면, 이것은 일본인들이 심히 원하는 것이다. 지금 일본은 백성이 해마다 늘어나서 땅은 좁고 백성이 살 곳은 적기 때문에 각처로 옮겨가서 사는 백성이 한없이 많은데, 그런 중에 정부와 백성은 새로 식민지를 얻기 위하여 열심히 애쓰고 있는 터이다.

대한의 토지와 기후가 이렇듯 좋으며, 금광 은광과 모든 재물의 근원이 한없이 버려져 쌓여 있다. 더군다나 이 나라 백성들이 깨이지 못하여 어서 바삐 개발하여 쓰고자 아니하며, 남의 위력(威力)에 굽히는 것을 좋게 여기므로, 일본인이 들어와 사는 대로 곧 그 지방의 주인이 될 것이니, 그들이 어찌 원하지 않겠는가.

다만 조약문에 방한(防閑: 하지 못하게 막는 범위)이 있기 때문에 이를 항상 불평하다가 이번에 이 방한을 터서 없애자고 하는 것이니, 이 방한을 터서 없애고 보면 곧 일본인이 우리나라 안에 가득 차서 크고 작은 모든 이익들을 낱낱이 다 차지할 것이다.

우리는 지금 이러한 이익을 개발할 생각도 하지 못하거니와, 설령 그런 뜻이 있더라도 버려진 땅을 개간하여 좋은 전답(田畓)을 만들거나, 금광 은광을 개발하여 이익이 많이 생긴다면 당장에 남에게 빼앗기고 피를 토하게 될 뿐이니, 누가 감히 이런 생각을 하겠는가. 그런즉 천생(天生) 일본인의 수중에 들어갈 수밖에 없게 되어 있다.

하물며 우리나라 사람들은 법률의 보호를 받지 못하므로 외국인과 경위(涇渭)[1]로써 다투어 볼 줄은 생각도 못하고 항상 피하여 물러가는

---

[1] 경위(涇渭): 중국의 경수(涇水)의 강물은 흐리고 위수(渭水)의 강물은 맑아서 청탁(淸濁)의 구별이 분명하다는 데서 나온 말로, 사리(事理)의 옳고 그름이

것을 상책(上策)으로 알기 때문에, 외국인이 점점 들어올수록 날로 패(敗)하여 깊은 곳으로 들어가고, 좋은 곳은 다 남에게 맡기고 말 터이니, 이는 우리 백성들에게 크게 관계 되는 것이다.

농업을 권장하는 기관(*농업진흥소)을 전국 13개 도에 각각 4곳씩 설치하자는 것으로 말한다면, 습한 땅에서는 물을 빼내고 마른 땅에는 물을 대고, 토지의 성질에 따라 마땅한 것을 심는 것에 다 일정한 법이 있어서, 전국에 손바닥 만한 땅 조각도 버리는 것이 없으며, 밭 갈고 씨 뿌리며 김매고 추수하는 것에도 모두 기계가 있어서 한두 사람이 몇백 명의 힘을 대신하므로 그 이익이 몇십 배, 몇백 배가 되지만, 우리나라 사람들은 이런 법에 대해서는 말도 들어보지 못하였는데, 만약 이것이 허락되면 우리나라 사람들은 농사조차 예전처럼 지을 수 없게 되는데, 이는 농업에 관계되는 일이다.

일본인이 우리나라 해변 어디든지 가서 장사하는 것을 금하지 말게 하자는 것에 대해 말하자면, 이는 곧 상업을 흥왕(興旺)시켜 전국을 다 개방시키고자 하는 것이다. 공변된 이익으로 말하면 안 될 것도 없다고 하겠지만, 우리나라 사람들이 차차 상업의 기초를 잡아서 외국의 상인 세력과 비등하게 된 후에야 전국을 개방하더라도 손해가 없을 것이다. 만일 그렇지 못하여 백성은 깨이지 않았는데 나라만 먼저 열어놓아 각국 상인들이 상업권리를 다 틀어쥐고 앉은 후에야 우리가 다시 회복하려고 한들 어찌 그것이 용이하겠는가. 이는 상업에 크게 관계되는 일이다.

나 도리(道理)의 이러하고 저러한 분간. 올바른 사리나 도리. 한자로는 '經緯'라고도 쓴다.

일본은행의 지점을 전국에 설치하자는 것으로 말하자면, 이는 전국의 혈맥(血脈)을 틀어잡고 앉으려는 것이다. 한 나라의 재정은 사람의 몸에 비유하면 혈맥(血脈)과 같아서, 경향의 각 도성과 전국 방방곡곡에 은행을 설치하여 각처의 맥락이 서로 통해야만 활동할 힘이 생길 것인데, 만약 일본은행의 지점을 대신 설치한다면 이는 내 몸의 숨통을 남이 쥐고 앉아있는 것과 같으니, 이러고서야 어찌 산 사람이라고 하겠는가.

지금 서울에 있는 일본은행 두세 군데와 각 항구에 있는 몇몇 은행 지점만 가지고도 전국의 재정 권리에 어떤 문제가 생기게 되는지 알아야 한다. 몇몇 외국 사람이 작정하고 나라 전체의 돈을 말려 버리려고 하면 불과 며칠 안에 전국의 돈을 다 거둬들일 수 있을 것이다. 우리가 어서 이런 재정 권력과 경쟁할 수 있는 방도를 마련하여 하루바삐 재정 권력을 회복하여야만 생맥(生脈: 생기. 활력) 있는 나라가 될 것인데, 도리어 일본인이 13도에서 이 권력을 펼친다면 우리에게 무슨 힘이 있어서 다시 꼼짝이나 하여 보겠는가. 이는 국민의 원기(元氣: 기력. 활력)와 관계되는 일이다.

화폐 주조에 관한 법, 즉 주화법(鑄貨法)을 바로잡자고 하는 것으로 말하자면, 이는 우리나라에서 시급히 정비해야 할 일이다. 지금 서양 각국은 다 금화(金貨)를 본위화폐(本位貨幣)로 삼고 은화(銀貨)도 차차 없애서, 다만 금화 가치에 연동하여 적동(赤銅: 붉은 구리)이나 백동(白銅: 구리와 니켈의 합금. 은백색으로 화폐나 장식품 등을 만드는 데 쓰임)으로 만든 돈을 사용하는 것 같은데, 3년 전부터는 일본에서도 금화를 사용하고 있다.

이렇듯이 화폐제도를 다른 나라들과 같이하는 것은 각국의 상업에

대해서도 다 유리하지만 자기 나라의 재정을 바르게 하는 근본이 된
다. 그러므로 우리가 진작 우리 손으로 바로잡아 남과 같이하였더라면
백성이 이렇듯 곤궁하게 되지도 않았을 것이고, 또 남이 이 문제를 두
고 이러쿵저러쿵 의론하지도 않았을 것인데, 지금껏 고치지 못하고 못
된 돈(惡貨: *대원군 때 주조한 당백전을 말함)을 한없이 찍어내서 백성이
살 수 없기에 이르고, 각국 상인들도 두루 손해를 보게 한 것이다. 이
어찌 신속히 바로잡아야 할 바 아니겠는가.

　그러나 화폐제도 또한 백성의 수준을 따라서 해야 할 것이니, 백성
이 깨이지 못하고는 금화를 사용할 수 없기 때문이다. 지금 이 백성의
수준으로 금화를 사용한다면, 백성들은 금화를 감추어 두거나 녹여 없
애는 폐단도 많을 것이며, 외국 상인들이 물건을 가져다가 팔고 나갈
때에는 사 가지고 가서 이익을 남길 만한 이 땅의 물화(物貨)가 없으므
로 어쩔 수 없이 금화를 실어나갈 것이니, 며칠 안에 돈을 구경도 할
수 없게 될 것이다.
　지금 저 일본 상인들이 우리나라에서도 금화를 쓰자고 하는 것은
아니지만, 우리는 어서 금화를 쓸 정도까지 되기를 도모하여야 할 것
이니, 그러기 위해서는 백성이 문명해지기를 힘써야 한다. 어찌 하루
인들 게을리 생각하겠는가.

　이상에서 말할 것은 다 일본 상인들이 도모하는 것이 어떠한 것인
지 대강 알게 하려는 것으로, 사람마다 다 알고 깊이 생각해야 될 것이
다.
　그들이 도모하려는 것에 대하여 서양 사람들의 의론은 또한 어떠
한지 알아보기 위하여 한양에 있는 미국인의 월보(月報)에 기록된 것

을 번역하여 소개하는데, 그 글에서는 이렇게 말하고 있다.

「우리가 일본 상인들이 요구하는 아홉 가지 조목(條目)을 자세히 생각해 보면, 지금 형편으로는 결단코 허락할 수 없는 것이다.

일본 사람들이 대한의 내지에 섞여 사는 권리를 얻으려 하는데, 대저 어느 나라 사람이든지 다른 나라의 내지에서 그 나라 사람들과 섞여 살기 위해서는 그 지방의 법률로 다스림을 받아야 한다.

그런데도 지금 일본인들이 말하는 것은, 일본 백성이나 어느 타국 사람도 대한의 법률로 다스림을 받겠다는 것은 아니므로, 그 지방의 법률로 다스림을 받지 않으면서 섞여 살자고 하는 것은 결단코 허락할 수 없는 것이다.

대한에 와 있는 외국인도 마땅히 그들을 다스리는 법률이 있어야 할 것인데, 우리나라의 내지 깊숙이 들어가서 살려는 사람들은 무슨 법률의 다스림을 받겠다는 것인가.

지금은 대한의 내지를 유람하는 한두 외국인이 대한 정부의 여행 허가증(憑票. 憑文)을 받아 가지고 왕래를 하는데도 폐단이 없다고 할 수 없는데, 만일 수많은 일본인들이 내지에 와서 널리 퍼져 산다면 대한 정부에서 다스릴 수가 없으니 불가피하게 일본의 경찰권이 전국 각지에 퍼져야 할 것이다. 이는 대한의 독립 권리에 손해를 가하는 것이므로 통상조약의 본래 뜻에 어긋나는 것이다.

부산에 있는 일본인들이 통상조약을 개정하자고 하는 것은 이 때문인 듯한데, 이러한 의도로 대한의 온 지방에 일본의 경찰권을 펼치고자 하는 것은 실로 일본 정부에서 대답하기 괴로이 여길 말이다.

우리가 생각하기로는, 대한의 권리에 크게 손해를 가하지 아니하고는 이 일은 될 수 없다. 대한의 백성을 잘 교육시켜 놓은 후에는,

지금 일본이 각국 외국인에게 그 내지에 살도록 허락하면서 일본 법률에 복종하도록 한 것처럼, 대한 정부에서도 장차 일본인들과 다른 외국인들을 다 같이 들어와서 내지에 맘대로 섞여 살도록 허락하면서 대한의 법률에 복종하게 할 날이 있을 테지만, 지금은 아직 그런 때가 되지 못하였다.

　해관(海關: 세관. 관세업무) 업무를 맡아서 하겠다고 하는 조목으로 말하자면, 이는 영국인의 그 수중에서 업무를 빼내어 일본인이 대신하고자 하는 의도가 드러나 있다.

　생각건대, 일본 정부에서는 이 조목 한 가지만 보더라도 그 글에서 요구하는 모든 조목들을 다 물리쳐야 할 것이다. 만일 이 해관 사무가 대한 사람의 수중에 들어가면 무슨 폐단이 있거나, 혹은 타국인이 주관하는 경우 일본의 이익에 방해가 될 것 같으면 일본이 대신하겠다고 하더라도 괴이(怪異)치 않다고 하겠지만, 이것은 그렇지 아니하다.

　해관 사무는, 대한의 모든 지방행정에 비하면, 사무원이든 그들이 수행하는 사무든지 간에, 다 대한에서는 제일이니 잘못할 것이라고 할 수 없고, 또한 일본의 친구 되는 나라(즉, 대한)의 손안에 있으니 일본의 이익에 손해가 된다고 말할 수도 없다.

　그러므로 일본이 이것을 얻으려고 하는 것은 일이 더 잘되게 하고자 함도 아니고, 대한 정부에 도움을 주기 위해서라고 할 수도 없고, 다만 월급이 생기는 자리를 일본인이 차지하고자 하거나, 세무 권리(*관세권)까지 마저 차지하려고 하는 뜻이다. 몇 년 전에 해관 세무(*관세업무) 때문에 영국이 아라사와 승강이를 벌일 때 그 관계가 매우 중대하게 되었던 것은 천하가 다 아는 일이다.

영국이 크게 시비(是非)를 하여 결국 이겼는데, 각국이 다 알기를, 이것은 다른 나라가 탐내어 엿보아서는 안 된다고 하는 것인데, 지금 이런 때를 당하여 일본인이 감히 상관하려고 하는 것은 실로 놀랄만한 일이다.

일본 정부에서는 이런 청원을 근거로 그 원칙을 조금도 바꾸지는 않겠지만, 일본 상인들은 어찌하여 생각해 보지도 않고 이런 일을 청구하는지 참으로 알 수 없는 일이로다.

우리가 듣기로는, 일본 공사가 대한 정부에 권하기를, 일본 백성이나 회사에서 정부에 청구하는 것은 일본의 대표자가 대신 명령하기 전에는 전혀 상관하지 말라고 하였다는데, 일본 정부에서는 마땅히 그 백성들에게 분명히 말하여, 지금 대한을 외국인에게 임의로 열어놓아서 대한 정부와 그 백성의 권리와 이익을 돌아보지 아니하고 일본인들이 전국에 가득 퍼져 모든 이익을 다 차지하게 할 그런 처지가 아니라는 것을 사람마다 다 알도록 해야 할 것이다.

우리가 들으니, 일본의 어떤 큰 회사에서는 대한에 대하여 지화(紙貨: 지폐) 5백만 원을 해마다 주겠고 지금 먼저 1백만 원을 줄 터이니 몇 가지 이권을 영원히 허락하라고 하였다는데, 그 이권의 내용을 들어보니, 대한 전국의 명맥(命脈) 같은 것이었다. 만약 이 돈 액수가 큰 것만 생각하고 곧 허락한다면, 이는 음식 한 덩이를 위하여 가산(家産)과 집기[什物]들을 다 파는 것과 같을 것이다.

그러나 우리는 바라건대, 일본은 대한에 대하여 힘에 닿는다고 마음대로 행동하지 말고 전례(典例)에 합당하게 해야 할 것이다. 또한 이 뜻을 위하여 제일 좋은 정치 수단으로 일본 백성을 특별히 단속해야 할 것이니, 이는 그 백성 중의 얼마쯤은 그 정부의 뜻을 알지 못하고 항상 지나치게 행동하는 일이 있기 때문이다.

일본 정부가 이 일을 공평하게 조처하는 것을 세상에 드러내 보인다면 각국은 일본을 다만 개명한 나라로만 여길 뿐 아니라 곧 문명국으로 대접할 것이다. 우리는 일본이 자기가 가진 정치적 수단으로 이런 뜻을 달성할 수 있음을 의심하지 않는다.」

이러한 서양 사람들의 의론을 보면, 대한을 위하여 깊이 염려하는 서양 친구들의 공번된 의론으로서, 그들이 대한을 어떻게 위해 주고자 하는지 짐작할 수 있고, 일본 정부와 백성들의 의향이 어떠한지도 알수 있으며, 또한 대한 정부에서 당장 몇 푼의 돈만 중히 여기고 국권을 파는 것도 크게 두려워하지 않는 줄로 의심하는 뜻 또한 얼마쯤 짐작할 수 있을 것이다.

우리나라 백성들이 다소나마 이런 뜻을 깨닫고 국권을 보호하기 위해 열심히 힘쓴다면, 의리를 같이 하는 외국의 친구들이 우리가 알지 못하는 중에 도와주는 힘이 적지 않을 것이다. 그러나 이런 소문을 아는 자도 몇이 되지 못하고, 또한 알려주는 자도 없으니, 어찌 스스로 깨달으며 어찌 스스로 보호할 수 있겠는가. 이것이 지금으로서는 제일 급하고 급한 일이다. 사람마다 이런 사실을 아는 대로 빨리 알려 주어야 할 것이다.

그 후로도 각처의 일본 상인들은 연달아 일본 정부에 대하여 청구하는 글을 올렸는데, 그 의도가 조금씩 다르기는 하였으나, 다 이 뜻과 얼마 차이가 나지 않는 것이었다.

일본 동경에 있는 상업을 의논하는 처소(*일본 상공인회의소)에서 전

국에 있는 상업회사(商社)들을 연합하여 정부에 청원한 내용의 대강을
들어보니 이러하였다.

　一. 동양은행(東洋銀行) 지점을 설치할 것.

　一. 대한의 화폐제도를 고칠 것.

　一. 일본인이 대한에서 토지를 차지할 권리를 굳게 할 것.

　一. 대한에 순검이 경찰하는 제도를 고칠 것.

　一. 일본인의 고기 잡는 권리(漁撈權)를 굳게 할 것.

　一. 대한과 만주 지방에 항구와 저자를 새로 많이 열어 장사를
　　　마음대로 하게 할 것.

　一. 청국의 철도와 통신사무의 모든 권리를 일본인이 경영하게
　　　할 것.

　一. 대한과 만주에 있는 모든 광산을 개발하여 여러 가지 물건
　　　제조하는 일(*제조업)을 다 마음대로 하게 할 것.

이 몇 조목과 관계된 문제점은 다시 설명할 것이 없지만, 그 일에
다시 큰 문제가 생기는데, 대한에서 황무지라고 버려둔 땅을 일본인이
다 개간할 권리를 달라고 하고, 또한 산림(山林)과 천택(川澤: 내와 늪)에
관련된 모든 이권을 50년 동안만 허락해 달라고 청원하는 안건을 일
본 공사가 대한의 외부(外部: 외교부)로 보냈던 것이다.

외부(外部)에서는 그것을 정부로 보냈더니, 정부에서 회의를 하고
는 다시 외부로 보내서 허락할 수 없다고 일본 공사에게 회답하라고
지시하였다. 대소 관민들은 상소도 하고, 회의도 하고, 혹 글도 써서
전파하여 이것은 결단코 허락할 수 없다고 의론이 분분하였다.

외부(外部)에서 이러한 사연으로 일본 공사에게 회답하면서 허락할
수 없다고 하자, 일본 공사가 하는 말이, 이 일은 이미 귀국의 폐하(*고

종 황제)를 알현할 때에 그 처분을 물었던 것이라고 하면서 강경하게 요구하고 나왔는데, 우리나라 사람들도 아직까지 강경하게 버티고 있는 모양이다.

전국에 지각 있는 백성이 많아서 한마음으로 잘 조처하여야 될 터인데, 이런 소문을 아는 자가 많지 못하고, 웬만큼 안다는 자들도 혹 어찌할 수 없으니 상관해 본들 무엇 하겠는가라고 하거나, 그렇지 않으면 곧 백성들을 선동하여 소동이나 일으키고자 하는 이 두 가지 사람들뿐이니, 어찌 시비를 가리며 경위(經緯)를 바로 세우기를 바라겠는가. 이와 관계된 문제가 어떠한 것인지는 더 말하지 않아도 다들 짐작하는 바가 있겠지만, 영자(英字) 월보(*『Out Look』)에서 말한 "대한의 명맥(命脈)"이라고 한 것이 곧 이것이다.

슬프다. 대한 동포들은 장차 어디로 가려는가. 이 아래의 말은 더 할수록 통분하고 또한 너무 지루하기 때문에 더 의론치 않을 것이다.

그러나 당당한 내 나라 일을 우리는 한 가지도 의론치 못하고 혹 누가 팔아먹으려는지, 혹 팔아먹었는지 알 수도 없고 알려고도 아니하며, 도리어 타국인이 앉아서 대한의 일을 자기 정부에 청구하고 시행해 달라고 하니, 이 어찌 우리나라에 백성이 있다고 하겠는가.

이는 우리의 충심(忠心)이 남만 못한 것도 아니고 재주와 지혜가 남만 못한 것도 아니고, 다만 위에 있는 이들이 자기들의 잘잘못이 드러날까봐, 혹 권리가 줄어들까봐 두려워서 백성이 감히 알지도 못하게 하거나 혹 말도 못하게 하므로, 외국 신문에 떠들썩하게 보도되는 말도 내 나라 신문에는 감히 발표하지 못하며, 외국인들은 사방에서 시끄럽게 떠드는 것도 내 나라 백성들은 한마디도 옮기지 못하여, 전국이 아무쪼록 어두운 중에 있어서 속으로 무슨 조약에 도장을 찍어 주었는지, 나라를 어떤 지경에 이르게 하였는지 도무지 모르게 하려고 힘쓰기 때문에, 알 수 있는 사람도 없거니와 알아도 감히 아는 체를 못하기 때문이다.

나라가 이런 가운데 있으므로, 각국이 만일 욕심대로 하려고 한다면 무엇인들 못하겠는가.

일언이폐지(一言以蔽之: 한 마디로 다 말함)하고, 지금 우리의 급하고, 급하고, 또 급한 일은 다른 어떤 것에도 있지 않고, 다만 백성들이 알려고 하고 또한 백성들이 알게 하는 데 있을 뿐이다.

형편이 좋아지기를 바라지도 말고, 글러가는 것을 낙심하지도 말며, 정부가 어찌되는 것을 상관도 하지 말고, 또한 정부를 졸지에 반대하는 생각도 두지 말며, 다 각기 내 몸이 내 나라 권리를 보호할 만한 사람이 되어가며, 주야로 쉬지 말고 서로 형편과 도리(道理)를 전파하여 얼마 안에 전국의 백성이 다 알게 하고, 목숨은 버릴지언정 대한제국의 자유 독립 권리는 나 혼자서라도 지켜서 우리 2,000만 동포 중에 1,999만 9,999명이 다 머리를 숙이거나 다 죽어 없어진 후에라도 나 하나는 태극 국기(太極 國旗)를 받들어 머리를 높이 들고 앞으로 나아가 한 걸음도 뒤로 물러가지 않기를 각각 마음속에 맹세하고, 다시 맹세하고, 천만 번 맹세합시다.

獨立精神

『독립정신』
후 록

대한제국 국기 태극기

독립주의의 긴요한 조목
- 실천 6대 강령 -

이 책에 기록한 것은 우리 대한 독립에 관계된 역사를 대강대강 말한 것이다. 무궁무진한 뜻을 다 말할 수 없으나, 이것만 가지고도 깊이 주의하여 읽어본다면 독립이라 하는 것이 무엇이며, 독립과 관계된 문제가 어떠하며, 오늘날 우리의 독립이 어떠한 지경에 있는지, 그리고 또한 장래에는 어떻게 될 것인지를 어느 정도 짐작할 것이다. 사람마다 재삼 연구하여 보고, 한편으로는 모든 사람에게 권하여 얼마 안에 전국 인민 중에 모르는 사람이 하나도 없도록 한마음으로 전력(全力)하기를 간절히 바라는 바이다.

그러나 다만 이 역사만 알고, 어찌하면 장차 독립을 완전하게 할 수 있을지 그 방향을 알지 못하면 또한 효험이 없을 터이기에, 지금 우리나라 사람들이 가장 긴급히 알고 싶어 하는 것들을 대강 말하여 사람마다 속으로 깨닫고 본받아 행함으로써 차차 한두 사람의 몸에서 힘이 생기고, 마침내 온 나라가 한 몸과 한 마음이 되어 사지(四肢)와 백체(百體)가 완전히 활동할 힘을 얻는다면, 어찌 이 책의 효험이 전혀 없다고 하겠는가.

이를 위해 꼭 필요한 강령(綱領)을 여섯 조목으로 나누어 구별하나니, 혹 앞에서 말한 것도 있고, 혹 새로 말하는 것도 있으나, 다 독립의 본래 뜻을 깊이 깨닫도록 하기 위한 것이다. 정부에서 무엇을 하든지, 모든 사람들이 무엇을 하든지 다 상관하지 말고, 각각 자기의 한 몸을 따로 떼어 생각하여, 나 하나가 이것을 행하며, 남을 또 이대로 행하도록 만들어야 될 줄로 믿기 바란다.

첫째는, 마땅히 세계와 통하여야 할 줄로 알아야 한다.

1. 천하 만국(萬國)에 통하지 않는 나라는 없으며, 만국 만민(萬民)에 깨이지 못할 자는 없다.

천지개벽 이후로 따로 막혀 있어서 세상을 모르고 지내던 모든 섬이 지금에 와서는 각국과 왕래하고 서로 통하지 않는 곳이 없으며, 모든 섬에 살던 각색 야만 인종들도 모두 새 빛을 받아 날로 변하여 남과 같이 되어 부강과 문명을 다투고 있다.

이런 지방은 점점 흥왕(興旺)하여 다른 나라들과 평등한 세력을 얻게 되고, 그렇지 않은 곳은 밖의 세력이 점점 들어와서 한없이 자라고 안의 형편은 점점 잔약하여 날로 쇠잔해 감으로써 끝내는 인종까지 없어져서, 장차 온 세상 사람이 다 한결같이 되어 그 수준이 평균화되고 말 것이다.

지금 동양 시대는 비유하자면 동터올 때와 같다. 혹 햇발이 먼저 비치는 곳도 있고 혹 나중에 비치는 곳도 있으나, 돌아오는 해를 막을 자는 없으니 마침내 사방에 똑같이 비치고야 말 것이다. 서편에서 일어나서 햇빛같이 들어오는 새 빛(*서양 문명)을 우리가 홀로 막을 수는 없는 것이다. 기왕에 지내온 일들을 보면, 우리가 새 빛을 막을 수 없다는 것을 분명하게 증거하고 있다.

이것을 뻔히 보고 앉아서도 이를 생각지 못하고 끝까지 새 빛을 받지 않으려고만 힘쓰다가는 나라가 영원히 없어지고 인종도 장차 소멸하게 될 것이다. 이는 사람마다 지금 세상에서는 다른 나라들과 통하지 않을 수 없는 줄을 깨달아야 한다는 것이다.

2. 통상(通商)하는 것이 피차(彼此)에 이익 됨을 깨달아야 한다.

대저 사람이라 하는 것은 이웃이 있어야 사는 것이니, 만일 이웃이 없고 다만 새와 짐승과만 섞여 산다면 당장에 몸을 어찌 부지(扶支)하며, 내가 먹고 입고 쓰는 것을 다 내 손으로 혼자 만들어야 할 것이니, 어찌 이것을 다 내 손으로 만들 수 있겠는가. 그리고 학문과 기술과 인의예지(仁義禮智) 등 도덕은 어떻게 배우며, 인생에 귀한 것이 무엇인 줄 어찌 알겠으며, 설령 재물과 보배가 있기로서니 또한 그것을 무엇에 쓰겠는가. 그러므로 내가 살아가는 것은 다 이웃의 도움을 받아 입고 먹고 쓰는 것을 얻으며, 학문과 도덕을 배우기도 하고 행하기도 하는 것이다.

이웃의 범위가 넓을수록 내가 쓸 수 있는 물건들은 더욱 정교해지고 풍족해지며, 내가 만든 물건들도 귀해지고 널리 쓰이게 될 것이고, 사람들의 견문과 지식도 더욱 넓어질 것이다. 이것이 곧 온 천하만국과 서로 이웃이 되어 문호(門戶)를 열고 풍속을 고치며 물화(物貨)를 교환하는 이유이다.

그렇게 하지 않으면 앞집은 뒷집과 막히고, 북도(北道)는 남도(南道)와 막히며, 서양은 동양과 막혀서, 이 집에 불이 나도 저 집에서 모른 체하며, 함경도에 흉년이 들어도 경상도에서는 남아도는 곡식을 썩히면서도 팔지 못하며, 이 나라에서는 천연두가 창궐하여 사람이 삼(麻) 쓰러지듯 죽어 나가도 저 나라의 우두법(牛痘法: 천연두 예방 접종법)을 배워오지 못할 것이다.

이런 모든 것으로 미루어보면, 사람들이 서로 통하지 않는 것이 세상에 얼마나 해로운지 알 수 있다. 이러므로 각처가 서로 통하는 것을 제일의 원칙으로 삼아 한 구석도 통하지 않는 곳이 없게 만들려고 기선과 기차, 전보와 우체국(郵遞局) 등 각종 교통수단과 통신수단이 생겨난 것이다.

우리나라도 어서 이러한 것들을 배워서 전국에 거미줄 치듯이 설치하고, 동서남북이 지척같이 왕래하고, 시시각각으로 통신하여 서로 간의 정의(情誼)가 친밀해지고, 풍속이 한결같이 되고, 두메산골 사람들은 바다에서 생산되는 어염(魚鹽)이 풍족하고, 섬이나 해변의 백성들은 육지와 산중에서 생산되는 것들을 구하기에 어려움이 없을 것이다.

각 지방의 사람들이 서로 필요한 것을 바꾸어 있는 것과 없는 것을 피차에 보완하여 사용하며[*有無相通, 彼此補用], 좋고 나쁜 것을 서로 견주어 가면서 발전시켜 간다면, 세계 각국이 한 이웃이 되어 교류하는 가운데 평균한 이익을 다 같이 누리게 될 것이니, 이는 사람마다 통상의 이익을 깨달아야 한다는 것이다.

3. 통상하는 것이 지금 세상에선 나라를 부유하게 하는 근본이다.

세상의 모든 부강하다는 나라들은 다 그 본국 지방 안에서 생산되는 곡식이나 혹 다른 재물만 가지고 풍족하게 될 수 있었던 것은 아니다. 다 그 백성으로 하여금 상업을 확장시켜 각국의 재물을 벌어들이게 했기 때문에 그 나라 안에 유통되는 재물이 한없이 많아져서 날마다 더욱 부강하게 된 것이다.

오늘날 세계에서 영국이 가장 부강하다고 하는데, 그 본국의 토지를 보면 조그마한 섬 덩이 세 조각에 불과하다(*잉글랜드, 웨일스, 스코틀랜드). 기후도 좋지 못하고 물산(物産)도 별로 없었기에 백성들은 제조 공장을 설립, 운영하는 법에 대해 잘 알아서 물건을 만들어 세상에 내다 팔고, 정부에서도 그들의 활동을 극히 보호하여, 그 나라 상인이 한둘만가 있는 곳이라도 곧 군함을 보내어 그들의 권리를 안전하게 보호해 주므로 천하에 그 나라 상인이 가 있지 않은 곳이 없으며, 천하 재물의 큰 권리(*식민지의 농장, 광산, 해운, 금융, 보험 등 사업상의 모든 권리)가 영국인과 관계되지 않는 것이 적으니 영국이 어찌 부유하지 않겠는가.

다만 영국만 이럴 뿐 아니라 각국이 다 상업의 권리를 제일 중요하게 여기기 때문에, 옛적에는 각국이 항상 땅을 빼앗으려고 전쟁을 일으켰으나 근대에는 상업상의 권리를 위하여 싸우는데, 상업의 관계가 이와 같기 때문이다.

우리나라에도 이전에는 농사를 가장 중요한 것으로 알고 장사는 극히 천하게 여겼으나, 지금은 결단코 그렇지 아니하다. 상업을 발달시키지 못하고는, 단지 농업만 가지고는, 치부(致富)할 도리가 없다.

한편으로 농사도 힘써서 좋은 토지를 개간하여 곡물과 식물도 무한히 재배해야 하지만, 우리나라는 사방에 좋은 항구가 많이 있어서 출포(出浦: 화물을 배편으로 실어 외국으로 보내기 위해 포구(항구)로 보내는 것. 수출화물의 국내항구까지의 국내 운송)시키기도 편리하고, 일본과 청국의 각 해변에는 물품을 판매하기에 좋은 곳도 많으며, 각양각색의 천연자원이 또한 풍부하게 갖추어져 있으므로 충분히 동방의 한 부국(富國)을 이룰 수 있을 것이다.

이는 사람마다 상업으로써 부국(富國)할 근본을 삼아야 한다는 것이다.

4. 외국인이 오는 것은 본래 나를 해치려는 의도가 없고 피차에 다 이롭도록 하기 위해서이다.

그러므로 외국인이 오는 것을 막을 까닭이 없다는 것은 알 수 있지만, 만일 남이 오는 것만 허락하고 나는 다만 앉아서 접대하기만을 위주로 한다면, 그 통상하는 이익과 세력이 다 외국인의 손에만 들어갈 것이다. 이렇게 통상하는 것은 저 사람에게만 이롭고 내게는 이로울 것이 없고 도리어 해만 될 뿐이다.

마땅히 우리도 남에게 가서 그곳의 형편과 풍속과 물정(物情)을 살피고, 들여올 물건(輸入品)과 나갈 물건(輸出品)을 차차 우리 손으로 직접 함으로써, 남이 하는 것을 나도 그와 같이 하기를 힘써서, 들여오고 나가는 것이 평균하게 되어야 비로소 남과 같은 이익을 얻을 것이다.

이는 사람마다 외국에 나가기도 하고 외국 상업의 정황을 살피기도 하여 이익을 얻어 내 나라 상권을 확장시키는 것을 급무(急務)로 삼아야 한다는 것이다.

5. 외국인을 원수같이 여기는 것이 제일 위태한 것이니, 이는 어두
운 백성들이 항상 까닭 없이 남을 미워하는 폐단이다.

앞에서 말한 것만 보더라도 남을 미워할 이유가 없다는 것을 충분히
알 수 있을 것인데, 세상 형편도 모르고 남의 뜻도 모르면서 어리석게
남을 은근히 싫어하여 종종 기회가 생기면 남을 해치기를 꾀하는데, 이
는 실로 사리(事理)에도 대단히 합당치 않거니와 나라에도 이만치 위험
한 일이 없다.

당초에(1866년. 병인년) 천주교인을 없애려다가 병인양요(丙寅洋擾: *이
책의 〈30. 서양 세력이 동으로 뻗어오다〉 항 참조)를 일으켰고, 갑신년(甲申年:
1884. 갑신정변)과 임오년(壬午年: 1882. 임오군란)에도 일본인을 몰아내려
다가 난리를 일으켜 큰 화를 당하였으며, 갑오년(甲午年: 1894)에 동학이
일어나 외국인을 몰아낸다고 하다가 동양에 대란(大亂)을 일으켰는데,
이는 우리나라에서 끊임없이 당하는 일들이다.

청국은 외국을 밀어내려다가 영·법 양국에 의해 큰 난리를 당하고,
의화단(義和團)이 일어나 각국 사람들을 도륙(屠戮)하려다가 창생(蒼生:
수많은 사람. 백성)이 어육(魚肉)이 되고, 그 빌미로 일·아 전쟁이 일어나
게 했으며, 인도국은 끝까지 서양 사람들을 해치려다가 영국이 군사를
가져다 두고 나라를 없애버리고 속지(屬地: 식민지)로 만들었는데, 이러
한 사건들은 백성이 어리석은 것이 곧 나라를 멸망시키는 제일 첩경(捷
徑: 지름길)임을 보여주고 있다.

사람마다 이를 깨닫고 정신을 차려서 까닭 없이 남을 미워하는 마음
을 없애고, 또한 다른 사람에게도 이러한 뜻을 열심히 설명하여 저마다

미혹된 생각을 버리고 다 같이 동포 형제로 대접하여 피차에 구별이 없게 되기를 힘써야 할 것이다.

하물며 그 근본을 생각해 보면 사해(四海: 온 세계)가 다 한 형제이다. 우리나라에 와 있는 저 각국 사람들은 교화가 충분히 되고 지식이 발달하여 세상 사람을 다 같이 대접하기 때문에, 얼굴 생김새가 다르고 언어가 생소한 인물이 그 나라에 들어가면 빈부귀천(貧富貴賤)을 돌아보지 않고 다 타국 손님이라 하여 특별히 보호하고 대접해 준다.

그러나 흑인 야만 같은 인종들은 이상한 인물을 보면 곧 잡아 죽이거나 저희가 피하여 도망을 가는데, 이것이 곧 야만과 문명인의 차이이다.

저 서양 사람들이 만약 우리를 야만 토종같이 본다면 우리 내지에 들어오는 자들은 응당 자신들을 보호할 준비를 갖추고 마치 호랑이나 이리의 굴속으로 들어가는 것처럼 어렵게 생각할 텐데, 그러나 그들은 그렇게 생각하지 않고 우리를 인애(仁愛)와 예모(禮貌)가 뛰어난 문명국 사람으로 알기 때문에 한두 사람의 외로운 몸으로 우리나라 내지에 조금도 의심이나 염려 없이 여행하는 것이다.

그뿐만 아니라 영국과 미국의 도덕 높은 남녀(*영어 gentleman과 lady의 원래 뜻. 신사 숙녀)들은 자기의 좋은 나라를 버리고 부모처자를 떠나서, 재물을 허비해 가면서, 바다를 건너고 산을 넘어 우리나라에 들어와서는, 외로이 내지에 흩어져서 통하지도 않는 말과 낯선 풍속을 배우고 익혀 가면서, 모든 고초와 곤란을 겪고, 흉과 욕을 먹어가면서 평생을 일하는데, 그들의 본래 뜻은 다만 자기들이 좋은 줄로 믿는 도(道: 종교)를 그것을 모르는 사람들에게 전하여 같이 좋게 되기를 원하는 것뿐이다.

혹 병원을 설립하여 각종 병자들을 무료로 고쳐주며, 혹은 학교를 설립하여 학문과 교화를 각처에서 교육하며, 혹은 고아원을 설립하여 의지할 데 없는 아이들을 기르고 가르치며, 혹은 고맹원(瞽盲院)을 설립하여 소경과 벙어리들을 모아다가 교육하며, 그 외에 여러 가지 인애(仁愛)하고 자비(慈悲)한 사업들을 행하는데, 사람들이 만약 그들의 착한 뜻을 알게 된다면 실로 감동하지 않을 수 없을 것이다.

남녀를 불문하고, 난리 중이거나 위태함을 생각하지 않고, 한두 사람씩 내지에 따로 가서 살기도 하며, 혹 깊숙한 내지에 홀로 여행하기도 하는데, 저 외국인들은 우리를 이렇듯 좋은 뜻으로 대접하거늘, 우리가 그런 뜻을 모르고 도리어 그들을 해치려고 한다면, 이는 우리가 스스로 문명인으로서의 대접을 받지 않으려고 하는 것이니 이 어찌 수치스럽지 않겠는가. 그러므로 사람마다 외국인을 싫어하는 마음을 깨뜨려 없애야 할 것이다. [1]

---

[1] 외국 선교사들의 선교 활동에 대해 이승만이 처음부터 이처럼 선의로 생각했던 것은 아니다. 그가 이처럼 생각을 바꾼 계기를 자신이 쓴 〈투옥경위서〉에서 이렇게 밝히고 있다:

「…나는 감방에서 혼자 있는 시간이면 성경을 읽었다. 그런데 배재학당에 다닐 때에는 그 책이 나에게 아무 의미가 없었는데, 이제 그것이 나에게 깊은 관심거리가 되었다. 어느 날 나는 배재학당에서 어느 선교사가 하나님께 기도하면 하나님께서 그 기도에 응답해 주신다고 했던 말이 기억났다. 그래서 나는 평생 처음으로 감방에서 "오 하나님, 나의 영혼을 구해주시옵소서. 오 하나님, 우리나라를 구해주시옵소서."라고 기도했다. 그랬더니 금방 감방이 빛으로 가득 채워지는 것 같았고, 나의 마음에 기쁨이 넘치는 평안이 깃들면서 나는 완전히 변한 사람이 되었다.

그때까지 내가 선교사들과 그들의 종교에 대해 갖고 있던 증오감과 그들에 대한 불신감이 일순간에 사라졌다. 나는 그들이 우리에게 자기들 스스로 대단히 값지게 여기는 것을 주기 위해서 왔다는 것을 깨달았다.」

둘째는, 새 법으로써 각각 몸과 집안과 나라를 보전하는 근본
  을 삼아야 한다.

1. 외국인이 오는 것을 물리치지 못할 줄 기왕에 확실히 깨닫는다
  면 마땅히 내 것을 보전하여 피차에 섞여 살면서 동등한 이익
  얻기를 생각해야 할 것이다.

  만일 그렇지 못하여 속으로 헤아리기를, 강약(强弱)이 부동(不同)하
여 오는 자들을 막아낼 수 없으니 부득이 함께 살되 서로 상관하지만 아
니하면 해(害) 될 것이 없을 것이고, 혹 우연히 상관되는 일이 있으면 아
무리 원통하더라도 고개를 숙이고 참아서 피하면 그만이니, 나라에서도
어찌하지 못하는 것을 우리가 어찌할 수 있겠는가.
  이렇게 생각하면서 남이 혹 아주 가까이 접근해 오면 피하여 물러가
고, 혹 남이 불의한 일을 행하려고 하면 무심히 빼앗기고 말고자 한다
면, 대한 사람은 장차 살 곳이 없을 것이고 용납해 줄 땅도 없을 것이다.
  하물며 일본의 하등 백성들은 대한에 오는 의도가 위에서 말한바 각
국 상인이나 교인(敎人)들의 뜻과 같다고 할 수 없는 터에, 장차 이 사람
들이 나라 안에 가지 않는 곳이 거의 없을 것이니, 천만 가지 이익을 전후
좌우로 좀 먹듯이 차지할 것이다. 혈맥과 기름(*경제적 이권)을 낱낱이 남
에게 주어 놓고 앉아서 장차 어디로 가서 살기를 바라겠는가.

  이른바 외국과 상통(相通)이라고 시작한 지가 전후로 수십 년이나
되었지만, 그동안 하나도 앞으로 나아간 것은 없고 점점 못되어 온 것
은, 다른 이유가 아니라, 다만 윗사람들이나 아랫사람들이나 다 이런 구

차한 생각을 가지고 남에게 부대껴 가며 사는 중에 이렇게 된 것이니, 지금도 이런 구차한 생각을 버리지 못한다면 무슨 여망(餘望: 남은 희망)이 있겠으며, 어찌 부지(扶支)하기를 바라겠는가.

그런즉 마땅히 남들과 함께 서서 밀려나지 않기를 맹세하여야 될 것이니, 무슨 방책(方策)으로 밀리지 않겠는가. 다만 경쟁(競爭)을 해야 할 뿐이다. 경쟁이라 하는 것은 서로 다툰다는 뜻이니, 남과 비교하여 한 걸음이라도 앞서가려고 하고, 먼저 얻으려고 하는 것이다. 공부를 하여도 이 마음이 없으면 잘 되지 못하고, 장사를 하여도 이 마음이 없으면 될 수 없으며, 세상의 천만 가지 일들이 다 이 마음이 아니면 지금 세상에서는 설 수가 없다.

그러나 지금 우리가 저 문명한 외국인들과 무엇으로 경쟁하겠는가. 저 사람들은 각각 그 정부의 힘을 얻어 공법(公法: 국제법)의 보호를 받으며, 통상조약의 보호를 받고 있지만, 우리는 의지할 수 있는 강력한 정부가 없으므로 공법도 소용없고, 통상조약의 조항도 효력이 없는데 어떻게 저 외국인들과 경쟁할 힘이 있겠는가.

이로써 본다면, 우리는 아주 어찌할 수 없는 처지를 당한 듯하지만, 다만 우리 백성이 마음만 강하다면 우리 중에서 서로 보호할 힘이 넉넉하며, 그리하여 자연스럽게 정부에서 우리를 보호해 줄 만큼 만들 수도 있을 것이다.

우리나라의 하등인(下等人: 노동자)들 중에서 보더라도, 원산항에서 일하는 모군(募軍: 부두나 토목공사 같은 데서 삯을 받고 품팔이하는 인부. 모군꾼)들이 스스로를 보호하는 힘이 가장 강하여 타국의 하등인이 무단히 능멸하지 못한다고 한다. 그 이유는, 그 사람들이 서로 울력(*여러 사람이 힘을 합하여 하거나 이루는 일. 또 그 힘.)이 있어서 한 사람이라도 남에게 무

고하게 욕을 당하면 여러 사람이 일시에 모여서 기어이 경위(經緯)대로
설원(雪冤: 원통한 사정을 풀어 없앰)하고서야 물러가기 때문이다.

　어떤 사람 하나는 외국인과 시비(是非)가 붙어 그 경위를 밝히려다가
수많은 외국인들이 떼로 몰려들어 무수히 구타하였지만, 우리나라 사람
들은 사방으로 빙 둘러서서 구경만 할 뿐이고 말 한마디 아니하였으며,
관원들은 백 번을 호소하여도 돌아보지도 않았다.

　그 사람은 마지못하여 밤에 칼을 가지고 가서 그 사람을 불러내서 그
자리에서 찔러죽이고 그 칼을 가진 채로 일본 경찰서에 가서 살인한 죄로
죽기를 자청하였는데, 그 이야기를 들은 사람들은 다 송구하게 여겼다고
한다. 비록 그 마음의 악독함은 칭찬해줄 것이 없지만, 그 강직하여 굴하
지 않으려 하는 혈기(血氣)는 본받을 만한 것이다. 백성들의 마음이 이렇
듯 굳세게 박힌다면 정부의 보호가 없음을 어찌 염려하며, 남이 어찌 감
히 우리를 무리하게 대접하겠는가.

　그런즉 지금 우리나라 백성의 가슴속에 이런 마음이 굳세게 박혀야
될 테지만, 그러나 오로지 이 굳센 마음만 가지고는 외국인과 경쟁할 수
없을 것이다. 마땅히 경위(經緯: 올바른 사리나 도리)를 알아야만 굳센 마
음을 바로 쓸 수 있게 될 것이다. 그렇지 않으면 내가 경위에서 남에게
지는 일을 가지고 남에게 억지를 부리려고 할 것이니, 이러한 억지는 실
로 나에게 해(害)만 되는 것이다.

　마땅히 남의 경위와 법을 알아야 될 터인즉, 이것을 알려면 전적으
로 새것을 숭상해야만 될 것이다. 타국의 인정(人情)은 어떠하며, 풍속
은 어떠하며, 교화와 정치는 다 어떠한지를 대강이라도 짐작하여야 우
선 무식(無識)을 면할 터이니, 문명한 사람을 대하여도 스스로 머리가

숙여지는 수치를 면할 수 있을 것이고, 또한 남을 대하여 어떻게 대접하고 교제해야 하는 줄을 알 것이며, 시비(是非)를 당하면 옳고 그름을 분간할 줄도 알 것이다.

이러한 것들은 다 새것을 숭상하는 가운데 차차 깨닫게 되는 것인데, 이것이 곧 사람마다 새것을 숭상해야 하는 첫째가는 이유이다.

2. 동양의 고서(古書) 공부에 전력하지 말고 모두 새 학문의 책을 위주로 공부해야 한다.

우선 공법(公法: 국제법)과 통상조약의 조항들, 그리고 내 나라의 역사와 지리를 힘써 공부해야 한다.

통감(通鑑)이나 사략(史略) 등 청국의 사서(史書)만 공부하지 말고 각국의 지난 역사와 당시의 형편을 의론한 모든 서적과 정치, 교화, 풍속이며 각종 학문상의 서책들을 구하여 천문과 지리, 물리학, 철학, 화학, 수학, 법학, 의학, 농학, 상학, 경제학, 정치학 등 모든 학문에 관심을 기울여서 인간사 천만 가지에 관하여 남이 아는 것은 나도 다 알려고 힘쓰며, 신문과 월보 등 외국 사정을 말한 것은 기어이 구하여 치국평민(治國平民: 나라를 다스리고 백성을 평안히 함)하는 법을 강구하기 위하여 전심(專心)으로 새것을 배워야 한다.

그리고 단지 배우기만 할 뿐 아니라 그 배운 것을 곧 실천하여 남이야 흉을 보건 욕을 하건 돌아보지 말고 나 혼자 본받아 실천함으로써 남들이 나를 보고 따르도록 해야 할 것인데, 이는 다만 겉모습으로만 본받아서는 아니 될 일이다. 처음부터 마음을 기울여 속으로 부러워하는 마음을 가지고 보고 배워야 할 것이다. 그러나 먼저 깨달아야 할 것은, 지금 세상에서 옛것을 숭상해서는 우리 자신도 나라도 부지(扶支)할 수 없다는 것이다.

겸하여, 지금 세상에서 새것이라 하는 것은 각국의 여러 가지를 비교해 보고 그 중에서 제일 좋은 것을 택하여 그것을 더욱 정교하고 요긴하게 만들어 통용하고 있는 것이므로, 내 나라에서 혼자 쓰면서 좋다고 하던 것과는 비교도 할 수 없는 것이다. 그러므로 비록 나의 좋은 것이라도 다 버리고 새것을 따라 행하여야 우리 자신이나 나라를 부지할 수 있음을 깨달아야 한다.

이런 생각을 먼저 마음속에 두고 새것을 보아야만 그 효험이 속히 나타날 것이다. 만일 그렇게 하지 아니하고 새것도 좀 보고 옛것도 좀 섞어서 차차 형편을 봐가면서 변하겠다고 한다면, 이는 마치 서편 층계에 오르려고 하면서 동편에 드리워진 줄을 잡아당기면서 놓지 못하는 것과 같다. 그렇게 하고서야 어찌 속히 높은 데 이르기를 바랄 수 있겠는가.

그러므로 우리 옛 법에서 제일 긴요하게 여기던 것도 다 버리고 바꾸어 새것으로 대신하기를 작정해야 할 것이다. 이렇게 작정하고 밤낮으로 변하여 사람과 집안과 나라가 낱낱이 새것이 되어 장차 일이십년 안에는 우리 손으로 전국을 다 영국과 미국과 같이 되게 만들기를 모두 한마음으로 힘쓴다면 어찌 일본만 못할까봐 염려하겠는가.

일본이 저렇게 된 근본을 자세히 생각해 보면, 다 위에 앉아 있는 이들이 먼저 깨닫고 아래 백성들을 가르치고 인도하여 신학문이 아니면 행세하지 못하며 살 수 없는 줄로 알도록 만들어 주었기 때문에 백성이 저렇듯 속히 변하였지만, 우리나라에서는 정부 관원들이 인도해 주기를

바라기도 어렵고, 그 인도하는 것을 또한 기다릴 것도 없으니, 우리가
다 각기 인도자가 되어 힘과 애를 몇 갑절 더 써야 할 것이다.

이는 사람마다 새것을 구하기 위해 용맹하게 나서야 한다는 것이다.

3. 신학문을 힘써서 나의 이익을 남에게 빼앗기지 않기를 위주로 해야 한다.

농학(農學)을 배울 때에는 어서 바삐 졸업하여 버려진 땅을 개척하
고, 기계를 들여다가 수확을 몇 배로 늘림으로써 외국인이 먼저 개척에
착수할 겨를이 없도록 하고, 상업을 배워서 외국 상인의 권리가 스스로
걷히게 하며, 광산학(鑛産學)을 배워서 전국에 매장되어 있는 지하자원
을 외국인이 차지하기 전에 우리가 먼저 차지하려고 하며, 해상에서 배
질하는(*해운) 이익과 전선(電線)과 우체(郵遞)를 통하는 권리, 고기 잡기
와 육지에서의 나무 베기, 공지(空地)에 나무 심기와 기타 모든 관계에
무슨 법(기술)을 쓰고 무슨 기계를 쓰는지를 낱낱이 배워다가 남보다 먼
저 하기를 힘써야 한다.

그리고 해관(海關: 세관)에서 관세 징수하기와, 각 아문(衙門: 행정부
서)에서 고문관으로 일할 재목들을 무수히 길러내어 외국인을 고용하지
말고 새 법을 시행할 수 있게 하며, 물건 제조하는 방법을 온갖 가지 다
배워서 외국 물건을 사 오지 않고 직접 만들어 쓰며, 우리가 만든 물건
을 외국으로 실어내어(輸出) 다른 나라의 돈을 벌어들이는 것을 큰 사업
으로 여겨야 할 것이다.

물건 제조하는 것(*제조업, 공업)이 몹시 긴급한 일이니, 다만 의복 한
가지만 보더라도, 천을 손으로 짜는 것보다는 기계로 짜는 것이 물건도

정교하고 값도 싸다. 우리나라에서 짜는 포목(布木)은 사서 입는 사람이 없기 때문에 짜는 사람 또한 없어지고, 전국이 다 서양목(西洋木: 서양에서 들여온 베와 옷감)만 사 입으니 1년에 의복으로 인하여 외국으로 나가는 돈이 얼마나 되겠는가.

그 외에도 온갖 일용(日用) 사물들이 다 이와 같이 수입되는데, 만일 항상 이러하면 전국의 혈맥(血脈: 돈)이 다 말라버려 재물은 귀하고 사람은 천해져서 고용자들의 월급이나 모군(募軍: 부두나 토목공사 같은 데서 삯을 받고 품팔이하는 인부. 모군꾼)들의 품삯이 해마다 떨어지며, 사람 살기는 점점 더 어려워져서 개와 돼지 같은 대접을 받으며 얻어먹기가 어려워져서 따로 서기[獨立]를 생각할 수 없을 것이다. 이 어찌 우리 백성을 남의 노예로 만드는 큰 문제가 아니겠는가.

이상의 여러 가지를 우리가 다 배워서 남과 같이 만들고, 차차 남보다 낫게 만들기를 시험하여, 외국에서 만드는 물건이 도리어 품질도 떨어지고 선가(船價: 뱃삯. 해상 운송비)와 태가(駄價: 짐을 실어 날라다 준 삯. 육상 운임)를 들여 가져오기 때문에 값도 비싸서 사람들이 사지 아니하며, 백성들이 한마음이 되어 설령 내 나라에서 새로 만든 물건값이 몇 푼 더 비쌀지라도 돈이 외국으로 나가지 않게 하기 위하여 다투어 본국 것(*국산품)을 산다면, 외국 물건은 스스로 밀려 나가고 내나라 것이 차차 풍성해져서 상업의 기초가 잡힐 것이다.

그렇게 되면 백 가지 천 가지 사업들이 다 이렇게 흥왕(興旺)하여 차차 재물이 들어오고 사업이 발달되며, 인민의 생계가 나날이 폭발적으로 흥성하게 되는 상황이 나타날 것이니, 이것은 다 새것을 숭상하는 데서 되는 것이다. 그러므로 사람마다 그 이익이 이렇게 되기를 도모해야 할 것이다.

4. 신학문의 관계가 이러한 줄 안다면 마땅히 정성껏 열심히 공부
   하여 그 실상 효험을 얻도록 해야 할 것이다.

　일본과 청국에서 번역한 것과 모든 서적을 많이 구하여 보면 충분하
겠지만, 국문으로 쓰여진 책이 없으니 어서 국문으로 번역도 하고 번역
한 책을 만들기도 하여야 한문(漢文)을 모르는 사람이 학문을 배워볼 기
회가 생길 것이다.

　이 일이 심히 급하지만 이것만 가지고는 오히려 부족할 염려가 있으
니, 우선 외국어와 외국문자를 배워서 외국 서책도 보고 외국인과 교섭
하여 정의(情誼)도 서로 통하여 내 나라 글과 말로써는 통할 수 없는 뜻
을 연구하고, 한편으로 외국에 유학하여 세상 구경도 친히 하고, 각양각
색의 기이한 물건과 정교한 제조법도 눈으로 직접 보아서 견문과 생각
도 넓히고, 학문과 재주(기술)에도 정통하여 남과 비교하더라도 질 것이
없도록 되어 가지고 돌아오기를 기약해야 할 것이다.

　만일 이런 집념도 없이 남과 교섭한다면, 그는 마지못하여 생각하기
를, 우리는 의례히 남만 못하고 남과 섞이지 못할 것이라고 생각하여 항
상 남의 아래에 놓이는 신세를 면하지 못할 것이다. 이는 다만 남의 노
예밖에 못 될 자이니 어찌 독립하기를 꾀하겠는가.

　슬프다, 무식한 인민의 생각이 멀리 미치지 못하여 혹 무슨 공부를
권하면 나는 하지 못한다고 하는데, 이는 제 몸을 자기 스스로 버리는
것이다[*自暴自棄]. 다 같은 천품(天稟: 타고난 기품. 자질)으로 하지 못할
리가 어디 있겠는가. 사람마다 마땅히 남이 하는 것은 나도 힘쓰면 되
는 줄로 알아야 한다.

혹은 어떻게 하여 얼마 동안 공부하다가 마침내 공부하려던 생각을 포기하고 당장에 한두 푼이라도 얻어먹을 일을 하겠다고 하는데, 이는 공부가 곧 밑천(資本)이 되는 줄을 알지 못하기 때문이다. 당장의 곤궁함을 극복하고 몇 해 재주(기술)를 닦는다면 당초에는 몇 푼짜리 안 되게 구구하게 여러 가지 용도로 쓰이던 자가 곧 몇 갑절 벌이를 너끈히 하게 되는 줄은 알지 못하는 것이다.(*육체 노동자가 공부를 통하여 지식 노동자(전문직)나 특수 기술자가 되면 소득이 몇 배나 높아지는 이치). 이는 사람마다 마땅히 매가육정(賣家鬻鼎: 집과 솥을 팖)을 하거나, 춥고 배고픔을 참아가면서라도 공부를 하는 것이 성공의 큰 근본임을 알아야 한다는 말이다.

혹은 어떻게 하여 외국에 나가더라도 새로운 학문을 배워 나라를 위해 일하겠다는 큰 목적은 잊어버리고 주색풍류장(酒色風流場: 술과 여자, 그리고 풍류를 즐기기 위하여 모이는 남녀의 판, 즉 사교 클럽)에 빠지거나, 혹은 돈 벌기에 재미를 붙여 나라 형편이야 어찌 되든, 내 동포들은 어떤 지경에 처해 있든지 간에, 무심히 앉아서 세월을 허비하는데, 외국에 나가는 자는 항상 대의(大義), 곧 당초에 품었던 큰 목적을 잊지 말아야 할 것이다.

혹은 나라 형편에 긴절(緊切)한 것이 무엇인지 살피지 못하고 다만 헛된 이름만 중히 여겨서 고등전문학 분야를 오랜 기간 공부하면서 생각하기를, 이 학문을 배우면 남이 장차 나를 불러서 쓸 때가 있을 것이라고 한다. 이런 생각은 본래 해서는 안 될 것은 아니지만, 지금 우리나라의 처지로 보면, 이 생각은 또한 남의 노예 됨을 벗어나지 못하는 것이다. 마침내 자립하겠다는 목표가 없으니, 사람마다 이런 목표를 가지게 된다면 다 각각 들어앉아서 형편이 변하기만 기다리게 될 것이다. 그렇다면 형편을 변화시킬 자는 누구이며, 만약에 형편이 변하지 않는 날에는 그 학문은 무엇에 쓰겠는가.

그러므로 공부하는 자는 마땅히 나라에 긴급한 것부터 먼저 힘써 하고, 형편이 아무리 어려운 중이라도 내가 돌아와서 홀로 배운 것을 행함으로써 어두운 천지에 등불이 되어 남들을 가르쳐서 동리와 고을이 새 빛을 보게 만드는 것을 자기 직책으로 삼으려고 해야 한다. 그리하여 도처에 남의 선생과 표준이 되는 자가 많아지기를 도모해야 한다.

이것이 이 나라에 참으로 요긴(要緊)도 하고 또한 중대한 사업인 것이다. 이러한 직책을 합당하게 담당할 자가 있어서 교육상의 명예와 권력이 차차 커져서 그 공효(功效: 공로와 효험)가 한 나라 전체에 드러난다면, 그 공효와 영광이 어찌 흔한 부귀(富貴)에 비하겠는가.

이는 사람마다 헛된 영화(榮華)를 도모하지 말고 실제적인 사업을 힘써야 한다는 것이다.

셋째, 외교를 잘할 줄 알아야 한다.

1. 외교를 친밀히 하는 것이 지금 세상에서 나라를 부지하는 법인 줄 알아야 한다.

만일 외교가 아니면 나라 형세가 외로워서 남의 침탈을 면할 수 없으므로 세상에서 아무리 강한 나라라도 외교상 고립되는 것을 대단히 두려워하는 것이다. 사람이 무인지경(無人之境)에 혼자 있으면 짐승의 해(害)도 막을 수 없을 뿐 아니라 강하고 포악한 자가 거리낄 것 없이 침탈할 것이다. 그러나 여럿이 모여 있으면 어린아이가 가지고 있는 떡도 감히 빼앗지 못할 것이다.

나라가 외로이 있으면 강한 나라가 졸지에 침략할 것이지만, 여러 나라가 합하여 한 이웃이 되어 서로 관계를 맺고 지낸다면 남이 어찌 내가 약하다는 이유로 법에 어긋난 일을 할 수 있겠는가.

우리나라가 먼저 공법(公法: 국제법)의 뜻을 어기지 말고 공평하고 정대하게 행세하고 각국들과 친밀히 하여 정의가 두텁다면, 다른 나라가 우리나라를 의리상의 친구로 알아 언제든지 우리가 남에게 원통하고 억울한 일을 당할 때에는 경위(涇渭. 經緯: 올바른 사리나 도리)로써 힘껏 도와줄 것이니, 이때에는 우리가 구하지 않아도 스스로 도와주는 나라가 많이 생긴다. 이것이 곧 잔약한 나라(*약소국)들이 강국들 사이에 있으면서 스스로를 보전하는 근본이다.

2. 외교를 돈독하고 화목하게 하고자 한다면 마땅히 공평함을 큰 원칙으로 삼아야 한다.

만일 한 나라와는 친근하고 한 나라와는 사이가 벌어지면 나의 치우침 때문에 남의 시기를 받게 된다. 친근하지 못한 자는 당연히 기회를 기다려서 나를 해치려는 생각을 하게 될 것이고, 친근한 자는 당연히 형편을 봐가면서 나로부터 특별한 이익을 얻으려고 할 것이니, 이는 스스로를 위태롭게 하는 근본이다.

당초에 남의 은혜를 받거나 남의 힘을 의지한다면 자연히 한쪽으로 치우치는 뜻이 드러나지 않을 수 없다. 그러므로 남이 우리를 도와주려는 일이 있어도 기어이 도움을 받지 말고 우리 손으로 배워서 행하기를 힘쓴다면 스스로 공평함의 원칙을 잃지 않을 수 있을 것이다.

내 나라 백성은 너무 후하게 대접하고 타국 사람은 박하게 대접하거

나, 내 나라 백성은 박하게 대접하고 타국 사람은 후하게 대접하는 것
또한 공평하지 못한 것이다. 마땅히 다 같이 공평하게 대접한다는 뜻을
잃지 말고, 내외(內外)와 피차(彼此)의 구별 없이 경위(涇渭. 經緯)와 법대
로만 대접하고, 끝까지 평화의 원칙을 지켜서 좋은 뜻을 드러내야 한다.

　경향(京鄕)을 막론하고 관원이나 백성이나 외국인을 대접할 때에는
흔쾌한 마음으로 주인과 손님으로서의 예의바른 태도를 잃지 말되, 평
상시에는 다 좋은 친구이지만 난시(亂時)에는 서로 적국이 된다는 사실
또한 잊어버리지 말아야 할 것이다.

　서양의 문명한 나라에서 가장 문명한 사람들은 흔히 나라로써 사람
을 심하게 구별하지 않고 하는 일이 의리상 옳은지 여부를 가지고 구별
하기 때문에, 의리상 옳은 일이라면 남의 나라 백성들이 자원해 와서 군
사가 되어 대신 싸워주기도 하고, 심지어 자기 나라 정부에서 군사를 보
내어 타국과 싸우는 자리에도, 그 싸움이 의리상 옳지 않다고 생각하면,
그 나라 백성들이 의기(義氣)를 위하여 타국 편으로 가서 군사가 되어
싸우는 일도 무수히 많다. 그러므로 우리가 세상에 의리만 장하게 드러
내면 각국의 의기를 중시하는 남자들은 다 우리 편에 서 줄 것이다.

　따라서 남과 나를 특별히 구별할 필요가 없을 듯하지만, 그러나 문
명이 지금 수준에 있어서는 전적으로 의리에만 의지할 수가 없다. 가령
불행하게도 저 나라와 내 나라가 전쟁을 하게 되는 날에는, 비록 평소에
는 저 사람과 나의 정분이 아무리 좋았다 하더라도, 저 사람은 불가불
저 나라를 위하고, 나는 불가불 내 나라를 위하여 싸워야 할 것이니, 공
의(公義)상으로는 피차 적국 간인 것이다.

　의리가 이러함을 생각하면, 평시에는 아무리 정답게 지내다가도, 내

나라의 국권을 손상시키는 말이나 일이 있을 때에는, 비록 저 사람이 나와 면식(面識)이나 정의(情誼)가 있다고 하더라도, 서로 싸우지 않을 수 없다. 그러나 나와 저 사람이 적국이 되는 것도 당장 서로의 의리가 충돌하는 경우에만 대적하게 되는 것이지 총대만 내려놓으면 나와는 곧 여전한 친구요, 또한 그 적국의 백성이라도 전쟁터에서 싸우고 있는 자가 아니라면 곧 나의 친구로 보아야 한다.

사람마다 이런 원칙에 따를 결심을 하고 항상 교제를 신중히 한다면 나의 강한 힘이 부지중에 드러날 것이다.

3. 교제를 친밀히 하고자 한다면 마땅히 같은 부류(部類)의 무리에 섞여 있어야 친구가 되는 법이다.

완고한 구습(舊習)을 지키며 의향(意向)과 풍속과 모양은 조금도 바꾸지 못하여 남들과 섞이지 않으면서 다만 얼굴로만 사귀거나 말로만 친해지려고 한다면, 새것과 옛것의 구별이 판이하므로, 저 외국인 친구들은 자연히 우리를 업신여기는 생각도 있는 데다가 마음속으로 헤아리기를, 대한 사람들은 끝까지 개화(開化)를 싫어하니, 비록 겉으로 보기에는 좋아하는 듯하나 마음으로는 업신여기는 뜻이 얼마쯤 있기 때문에 변혁하기를 금지하는 것이다.

대한 사람들이 지금 우리와 좋게 지내는 것은 실로 마음으로부터 좋아하는 것이 아니라 지금의 형세를 감당할 수 없는 줄로 알기 때문에 부득이 우리와 친해지려고 하는 것이니, 만일 기회만 있으면 저들은 우리를 해치는 일도 다 행할 것이다. 대한 사람들은 정의(情誼)로는 우리의 친구라고 할 수 없으니, 우리도 겉으로만 응대하고, 기회만 있으면 호령하고 핍박하여 이익이나 도모하는 것이 옳다고 할 것이다. 이렇게 되면 우리와 저 외국인들은 하나로 합할 수 없으니, 아무리 외교적 수단이 숙련되어도 정의가 서로 합치되는 친구는 될 수 없다.

　그러므로 마땅히 우리의 모양부터 바꾸어 남들과 같이 되고, 법률과 풍속도 남들과 같아져야 할 것이다. 이 모든 것들을 다 같아지게 하려고 한다면 먼저 마음이 변해야 한다. 남의 좋은 법률과 정치와 학문과 도덕이 다 어디서 나왔는지 그 근본을 알고 그것을 본받아 행한 후에야 비로소 새것을 숭상하는 참 효험도 있을 것이고, 각국과의 교제도 자연히 가까워질 것이다.

4. 진실함을 외교의 근본으로 삼아야 한다.

　이는 한 개인과 개인이 교제하는 데에도 진실한 것 한 가지를 버리고는 어찌할 수 없을 터인데, 하물며 나라와 나라가 교섭하는 데 진실함이 없고서야 어찌 남과 어울리가를 바랄 수 있겠는가.

　동방(東方)에 교화(敎化)가 점점 쇠(衰)해지면서 참됨은 적고 거짓을 숭상하여, 하등 천인들의 거짓말과 속이는 일은 다 말할 것도 없고, 다만 상등 관인(官人)으로 말하더라도, 권모술수와 남을 농락(籠絡: 남을 속이어 휘어잡아 제 마음대로 놀림)하는 수단은 없어서는 안 되는 줄로 알고, 무슨 일이든 정정방방(正正方方: 조리가 발라서 조금도 어지럽지 아니함)히 하다가는 애당초 성공하지 못하고 다만 남의 꾀에 빠지고 말 줄로 안다.

　이 고질병을 깨뜨리지 못하고는 결단코 남들과 교제를 할 수 없다(* 외교관계를 맺을 수 없다). 무슨 일을 당하든지 간에, 외국과 교섭할 때에는 마땅히 성패(成敗)를 생각지 말고 사실대로 드러내서 나의 진심을 보여주어야 한다. 간사한 속임수와 일단 했던 말을 뒤집는 재주로 이리저리 둘러대어 그 자리에서 응구첩대(應口輒對: 묻는 대로 거침없이 대답함)하거나 화(禍)를 면하는 것만을 재주로 여기지 말고, 광명정대한 행실로써 세상에 신의(信)를 드러내 보여서 우리가 하는 일과 우리가 하는 말을 남들이 다 믿어줄 만큼 되어야 한다. 그렇게 하면 당장은 권모술수를 부리지 못하여 일이 낭패하는 듯해도 실상은 한없는 이익이 되는 법이다.

이는 대한 사람들이 본국인끼리도 천만 가지 일에 있어서 제일 먼저 힘쓰고 가장 깊이 본받아야 할 것이지만, 더욱이 외국인과 상관하는 자리에서는 이것이 아니면 곧 망신(亡身), 패가(敗家), 망국(亡國)하는 근본인 줄로 알고 이를 갈면서라도 지켜 행하여야 할 것이다.

5. 어떤 경우에도 시비(是非)를 분명히 가리고 외국인의 불법 행위에 굴복하지 말아야 한다.

우리가 외국인을 아무리 진실(眞實), 진애(眞愛)하며 공평, 정직하게 대접하더라도, 당초에 우리가 행세(行世: 세상을 살아가는 태도)를 잘하지 못하여 세상으로부터 신뢰를 잃어버렸으므로, 저 외국인들 중에 불법(不法), 불의(不義)한 자들이 없지 않아 그들이 법을 어기고 경위에 벗어나는 일을 행하고도 도리어 우리에게 잘못을 덮어씌우면, 세상에서는 저 불법을 저지른 외국인의 말을 곧이들을지언정 우리가 억울한 일을 당한 것은 잘 믿어주지 않는다. 그러므로 세상에 드러내어 경위(涇渭. 經緯)로써 다툴 수도 없고, 우리나라 법률로는 외국인의 무리한 행동을 다스릴 수도 없다.

그러므로 외국인이 이런 기회를 보고는 마치 이 땅에는 사람이 없는 것처럼 여기고 분수 밖의 욕심을 내는 자들이 분분히 생겨나서 불법(不

法), 무리(無理)한 일을 첩첩이 행할 것이다. 이런 경우를 당하거든 마땅히 먼저 선의로 해석하여 경위가 그렇지 않다는 것을 알아듣도록 타일러 주고, 그로 인한 해(害)가 어떠한지를 비교하여 소상히 깨우쳐 주며, 일반 국민들도 각각 자기 자신의 일로 알고 일제히 모여서 공평하게 시비(是非)를 분석하여야 한다.

그러나 만약 외국인이 끝까지 경위(經緯: 올바른 사리나 도리)에 굴복하지 아니하거든, 아무리 사소한 일이라도 대수롭지 않게 여겨 포기하지 말고, 기어이 법에 의한 심판을 받도록 해야 한다.

내 나라에 외부(外部: 외무부)도 있고 각 지방관도 있으므로 사실관계를 입증할 자세한 증거들을 준비해서 경찰과 사법관에 연명으로 제소하여 기어이 바로잡고야 말기를 기약하고, 한두 푼이 걸린 사소한 문제라도 여러 사람이 한마음이 되어 경비와 인력을 몇 갑절 허비하더라도 경위(涇渭)를 기어이 밝혀야만 이후에 큰 문제가 발생했을 때 공동으로 피해를 받지 않게 될 줄로 알고 위태하고 어려운 것을 무릅쓰고 끝까지 나간다면 마침내 회복할 도리가 생길 것이다.

만일 그렇게 하여도 설원(雪冤)할 도리가 없다면 그때는 곧 나의 목숨을 걸고 시비(是非)를 결단해야 할 것이다. 어찌 스스로 머리를 숙이고 구차하게 편한 것만 도모하겠는가. 혈기왕성한 장부(丈夫)가 차라리 죽어버릴지언정 어찌 그 분(忿)을 참고 뜻을 굽혀 더러운 목숨을 단지 하루 이틀 더 사는 것만을 장하게 여기겠는가.

하물며 내 한 몸이 당한 일은 곧 전국 백성이 다 같이 당하는 것이다. 내 한목숨 살기 위하여 경위(涇渭)를 굽히는 날에는 남이 들어와서 행패 부릴 문을 활짝 열어놓아 전국의 동포들이 다 남의 침탈을 당하게 될 것이니, 이후 나의 자손들은 어찌 이 침탈을 면하겠는가.

내가 이 더러운 목숨을 잠시 버리는 날에는 저 무리한 외국 인민들이 스스로 간담이 떨어져서 이후에는 이런 못된 행습(行習: 버릇. 버릇이 들도록 행동함)을 자연히 망설이면서 못하게 될 것이다. 이로 인하여 내 나라 백성에게 끼치는 효험이 적지 않을 것이니, 이 어찌 나의 공효(功效)가 아니며, 또한 그 뒤를 따라서 인심이 날로 강해진다면, 세상 공론이 차차 돌아서서 말하기를, 대한 백성은 공법(公法: 국제법)과 경위(涇渭. 經緯)에 밝아서 먼저 실수하는 일이 없고, 남한테 무리한 일을 당하면 목숨을 버리기까지 해서라도 기어이 끝을 내고야 만다. 그러므로 그 사람들을 가벼이 보았다가는 낭패를 당할 것이라고 하여 점점 법에 벗어난 일들이 적어질 것이며, 다른 나라로부터 높은 대접을 받게 될 것이다.

이는 외교로써 국권을 강하게 하는 것의 근본이다.

넷째, 국권(주권)을 중하게 여겨야 한다

1. 우리 모두 우리나라에 와 있는 외국인을 우리가 다스릴 권리가 없음을 첫째가는 수치와 욕인 줄 알아야 한다. 그리하여 기어이 우리 생전에 이 권리를 회복하는 것을 보고야 말기를 기약한다면 마침내 회복할 날이 있을 것이다.

타국 사람이 우리나라에 들어와 사는 경우, 우리가 우리 법률로 그들을 다스리지 못하기 때문에 우리가 외국인과 동등한 대접을 받지 못하는 것이다.

그러므로 우리도 하루바삐 법률을 고쳐서 남들과 같이 되고, 사람을 공평하게 대접하여 차별하지 말고, 경찰(警察)을 분명히 하여 불량한 무리들이 자취를 숨기지 못하게 하고, 악독한 형벌을 폐지하여 야만인이 하는 일을 일호(一毫: 터럭 한 올)도 행하지 말며, 옥정(獄情: 감옥 안의 상황이나 환경)을 고쳐서 위생에 적당하도록 하고, 재판하고 수감하는 것에 방한(防閑)이 있도록 하고, 사람의 권리를 중하게 여겨 법에 벗어나게 학대하거나 위협하는 폐단을 제거해야 한다.

누구든지 국법(國法)을 맘대로 고치지 못하게 하여 일정한 위령(威令)이 시행되도록 해야 하고, 혹 상관의 청을 듣거나 세력에 눌려서 범법한 자를 일부러 처벌하지 않는다면, 이는 상관이 먼저 법을 범하는 것이므로, 법을 어기는 상관의 명령은 결단코 준행(遵行)치 말아야 한다. 그 때문에 비록 파면을 당하거나 중죄를 받게 되더라도, 내 한 몸이 이 자리를 내어놓기 전에는 법대로만 행하겠다고 결심하여 목숨이 다하기까지 버텨야만 비로소 자기 직책을 다하는 사람이라 할 것이다. 그 아래의 평민이라도 이런 마음을 품어 법에 벗어나는 일은 자기만 행하지 않을 뿐 아니라 남도 행하지 못하도록 하기로 결심해야 한다.

내·외국인을 막론하고 법을 범한 자는 다만 법대로 처벌해야 하고, 그 밖에 혹 사사로이 욕을 보이거나 규칙을 어기고 설치설분(雪恥雪憤: 치욕과 분함을 푸는 일) 하는 일은 엄금해야 한다. 기타 모든 일은 다 이 몇 가지 경위(經緯)를 미루어 행해야 할 것이다.

그러나 사람이 법만 의지하고 행세하면 인심이 항상 각박하고 한독(悍毒. 狠毒: 성질이 매우 사납고 독살스러움)해질 터이니, 법만 믿어서는 국제사회의 일원이 될 수 없다. 그러므로 법과는 별도로 온 세상을 사랑하는 마음으로 근본을 삼아 어질고 자비한 사업(*자선사업)을 많이 일으켜서, 서양의 문명한 나라들의 남녀 기독교 신자들이 각국 사람들을 위하여 행하는 일을 많이 본받음으로써 높은 덕화(德化: 덕으로써 세상을 감화시킴)가 세상에 드러나도록 해야만 비로소 세상에서 우리를 높은 지위로 대접해주게 될 것이니, 이것이 곧 우리와 외국인을 평등하게 다스릴 권리를 되찾을 수 있는 근본이다.

2. 각자가 하는 일이 나라에 이로운 것인지 해로운 것인지 잘 판단해 보아서 이로운 것만 힘써 해야 한다.

대소 관민이나 남녀노소를 막론하고 각자에게는 수행해야 할 직책이 있음을 알아야 한다. 각자 무슨 직업의 일을 하든지 간에 다 게으르지 말고 부지런히 배우고 일하되, 그 직업 삼아 하는 일이 나라에 이로운지 해로운지를 먼저 생각해 보고, 나라에 해로울 일은 기어이 버리고 다른 직업을 도모하여 나라에도 이롭고 나에게도 이로운 일을 찾아 그것을 자기의 직업으로 삼아야 한다. 크나 작으나 여러 사람에게 유익한 것은 나라에도 이로운 것이고, 남에게 해가 되는 것은 나에게 아무리 이롭더라도 나라에는 해가 되는 것이다. 사람마다 이런 뜻을 품는 것이 부국(富國)하는 근본이다.

또한 언제든지 국권(國權: 주권)을 보호하며, 백성에게 공번되히 도움이 되는 일이 있을 때에는 언제든지 각자의 직업을 그만두고, 가게 문을 닫고, 저자(시장)를 걷으며, 혹 재산도 내놓고 인력도 들여서 한마음으로 협조하여 기어이 성사되도록 힘써야 한다.

부디 나 같은 사람은 사람 수효에 칠 것도 없다거나, 남들이 다 아니하는 것을 내가 해서 무엇하겠는가 라고 하거나, 내 힘이 아니라도 힘 있는 이들이 많으니 나는 아는 체할 것 없다는 등의 모든 생각은 부디 다 버리고, 각각 제 형편과 힘닿는 대로 행하는 것이 제 직책이다.

실같이 약한 것도 여러 겹으로 합치면 질기게 되는 것은 사람마다 다 알겠지만, 그 중에서 한 올이라도 썩어 힘이 없으면 그 자리는 곧 헛것이 되어 거기서부터 먼저 상하게 되므로, 차라리 애초부터 없었더라면 헛 숫자(虛數)만 채우는 폐단이 없을 것이고, 따라서 남에게까지 해가 미치지 않을 것이다.

나라에 실낱같은 백성 하나라도 제 직책을 행하는 힘이 없으면 차라리 몸까지 없는 것이 제게도 좋고 사회에도 해가 없을 것이거늘, 어찌 살아 있는 것만 중히 여기고 제 직책은 알고자 아니하며 행하려고도 아니한단 말인가. 사람이 제 직책을 행한 후에야 권리가 있는 법이니, 권리가 없으면 어찌 사람 된 이익을 남과 같이 누리겠는가.

이는 저마다 나라에 속한 백성으로서의 직책을 먼저 행하는 것을 중히 여겨야 한다는 것이다.

3. 내 나라에 속한 사람이나 물건이나 남에게 수치당하는 것을 보거든 기어이 수치를 당하지 않도록 해야 한다.

그러기 위해서는 세상 사람들이 천하게 여기거나 흉을 보는 것을 다 고쳐서 다시는 남에게 천히 여기는 바 되지 않도록 힘써야 한다.

가령 서양 사람의 의견으로 말하자면, 사람의 손과 발로 소와 말의 힘을 대신하여 가마를 메거나 인력거를 끄는 것은 동포를 사랑하는 본래의 뜻이 아니라 하여 이를 아주 금지하는 것이 서양의 풍속이다.

그러나 동양 사람들은 이것을 생각하지 못하기 때문에, 서양 사람들이 돈 몇 푼만 가지면 동양 사람의 어깨와 등으로 메거나 끄는 것을 마음대로 타는데, 이래서 일본 사람들이 생각하기를, 우리는 지위가 높은 사람이라도 서양에 가서 하지 못하는 것을 백인은 하천한 자라도 우리 황인(黃人)을 소나 말같이 부리는데, 이는 우리가 우리 동포를 천하게 대접하기 때문에 우리나라 사람의 지위가 스스로 낮아진 것이라고 하였다. 그리하여 가마 같은 것들을 엄금하고, 인력거도 차차 없애 가는 중이다. 그리고 남의 나라와 같이 마차와 철도로써 그것을 대신하는데, 윗사람이나 아랫사람이나 다 같이 힘쓰고 밤낮으로 일하는 것이 다 이러하므로 나라가 잘 되어가고 있는 것이다.

그러나 우리나라에는 고쳐야 할 이런 폐단들이 한없이 많다. 평민이 개인 집을 층집으로 짓는 것은 참람(僭濫: 분수에 넘쳐 외람함)하다고 하여, 다른 나라 사람은 층층 누각을 도처에 짓고 있지만 내 나라 사람은 그런 일은 생각도 못한다.

그리고 대신(大臣)과 중신(重臣) 앞에서는 가마든 인력거든 타고 가서는 안 된다고 하여 공번된 대로상에 벽제(辟除)[1] 소리가 진동하면 앉아 있는 자는 서게 하고 서 있는 자는 앉게 한다. 그러나 외국인을 만나면, 비록 그가 인력거꾼이라 하더라도, 곧 고개를 숙이고 입을 열지 못하면서도 분한 줄도 모르고 부끄러운 줄도 모른다. 그러면서 으레 하는 말이, 이 사람은 외국인이기 때문에 그렇다고 말한다.

그리고 밤이면 사대문(四大門)을 닫아서 내 나라 사람은 누구든지 출입하지 못하게 하지만, 외국 사람이라고 하면 누구든지, 언제든지, 방한(防閑) 없이, 마음대로 열고 닫게 하는데, 이런 기괴망측한 풍속들이 얼마나 되는지 모른다. 고금(古今) 천하(天下)에 이런 이치가 어디 다시

---

1) 벽제(辟除): 높은 사람이 행차할 때 별배(別陪: 벼슬아치 집에서 부리던 하인)가 여러 사람의 통행을 막아서 길을 정리하는 일. "이봐라, ○○ 대감 행차시다, 길을 비켜라!"라고 외치는 것.

있겠는가.

이렇게 대접받는 윗사람들이나 이렇게 대접하는 아래 백성이나 조금도 다를 것이 없나니, 지금부터는 어떠한 사람이든지 모두 이런 것을 분하게 여겨 기어이 내 풍속을 고쳐서 남과 같이 되어 동등한 대접을 받도록 전력을 다하고, 만일 이것을 알고도 자기들의 사사로운 이해(利害) 때문에 고치지 못하게 하는 자는 곧 전국 백성들의 원수로 대접해야 할 것이다.

그리고 다만 사람에 대해서만 이러할 뿐 아니라 심지어 각양각색의 물건에 대해서까지도 남에게 흉보이고 수치당하는 것을 한마음으로 보호하고 시급히 고쳐서 남에게 칭찬을 들을 만치 되고야 말기로 맹세해야 할 것이다.

4. 국기(國旗)를 소중히 여길 줄 알아야 한다. 국기라 하는 것은 그 나라의 백성과 토지를 대표하는 것이다.

비록 전쟁 중에라도 어느 나라의 국기가 꽂혀 있는 곳은 사람이나 물건이나 그 나라의 보호를 받기 때문에 다른 나라가 무단히 그 앞을 향하여 총을 쏘지 못한다. 총을 쏘는 것은 곧 그 나라를 적국으로 여기는 것이 되기 때문이다.

비유하자면, 제 어미나 아비에 대해 무례를 범한 자에 대하여는 어린아이까지 다 제 목숨을 걸고 싸워서 치욕을 씻으려 하는 것과 같다. 이러므로 국기가 가는 곳에서는 남이 감히 무리한 일을 행하지 못하는 것이다.

사람이 외국에 다니다가 혹 해상에서나 육지에서나 제 나라 국기를 보면 마치 어린아이가 잃었던 부모를 만난듯하여 반가운 마음에 곧 눈물을 흘리는데, 사람들이 국기를 이렇듯 사랑하기 때문에 몇천 명, 몇만 명씩 다투어 전쟁터로 나가서 영광스러운 피를 흘리고, 목숨을 버려 가면서 그 국기 밑에 속한 백성과 토지와 물건이 안전한 보호를 얻어 태평 안락한 복을 누리게 되는 것이다.

그 복을 받는 사람들은 죽은 이의 공업(功業)에 감동하여 눈물을 흘려 그 영광을 나타내며, 또한 그 후생(後生)들은 자기 조상들이 피 흘려 잡아 놓은 기초를 보배로운 유업(遺業)으로 알아 털끝만치라도 손해가 있으면 곧 자기의 생명을 버려가면서도 보호할 줄 아는 것이다.

우리도 우리 조상들이 이런 보배로운 기초를 이렇게 값지게 장만하였더라면, 오늘날 우리도 남들과 같이 무궁한 복을 누리며 우리 태극 국기를 이렇게 사랑할 줄 알겠건마는, 우리 조상들이 그렇게 하지 못했기 때문에 그것이 우리의 원(怨: 원망함)이 되고 한(恨: 원통함)이 되고 있음을 깊이깊이 깨달아 앞으로는 우리의 구구한 목숨을 귀중하게 버려서 우리 후생들이나마 즐거운 세상을 보게 하는 것이 마땅할 것이다.

이렇게 작정한 후에는 누구든지 국권에 손해되는 일이나 말을 하는 자는 친형제 간이라도 곧 나의 원수로 여겨서 한 하늘 아래 머리를 같이 두지 않기로 작정해야 할 것이다. 지금 세상에서는 이것이 제일 큰 의리이고 참 충성의 근본이니, 사람마다 이 뜻을 알고 행해야 될 것이다.

5. 맹세코 외국 국적을 취득하지 말아야 한다.

지금 세상은 문호를 서로 열고 왕래(往來)와 거류(居留)를 피차 섞여서 하는데, 각각 제 마음대로 호적(戶籍)을 타국에 올리고 타국의 백성이 되는 것을 자유로이 한다. 그러므로 정치가 포학하고 자유를 얻지 못한 나라는 백성이 차차 줄어들고, 어진 정치로 백성의 권리를 온전히 보장해 주는 나라에는 각국 사람들이 사방에서 모여들어 백성이 점점 많아지는 법이니[1], 진실로 한없이 좋은 천지라 할 수 있다. 어진 자는 흥하고 포학한 자는 망하게 되는 것이니 공법(公法: 국제법)의 본래 뜻이 실로 공평하다고 하겠지만, 그러나 그 백성 된 자로 말하면, 옳다고도 못하겠고 이롭다고도 못할 것이다.

내가 나의 부모의 나라에서 태어나서 나의 체질에 맞는 풍토와 기후에다 눈에 익은 강산과 누대(樓臺: 높은 건물들), 그리고 같은 인종과 같은 방언(方言)으로 천연(天然)한 지위를 보전하는 것이 평생의 극락이라 할 것이다. 따라서 마땅히 천신만고를 무릅쓰고 나의 직책을 다하여 어두운 동포가 밝은 데로 향하며, 악한 풍속이 아름답게 변하고, 약한 자가 힘이 나며, 게으른 자가 부지런해지고, 정치와 교화의 근본을 바로잡아 복락(福樂)을 다 같이 누릴 수 있는 무궁한 기초를 세우는 것이 사람의 지극한 소원이다.

이러한 소원을 가지고 평생을 일한다면 이루지 못할 리가 없을 것이니, 한 번 성취하고 보면 나의 생전에 영광과 복락이 어떠하겠으며, 설령 내 눈으로 보지 못하고 죽는다 하더라도 나의 직책은 다하였으니 세상에 부끄러울 것이 없는 당당한 대장부인지라, 사후에 이름이라도 없

---

[1] 이 부분의 말은 〈맹자〉(양혜왕 상)의 내용과 같은 뜻이다. "만약 인정을 베푸는 군왕이 나온다면 온 천하의 백성들은 모두 목을 길게 빼고 그가 구제해 주기를 기대하게 될 것이다. 이렇게 된다면 백성들이 그에게로 귀의하는 것은 마치 물이 아래로 쏟아져 내리는 것과 같을 것인데, 그것을 어느 누가 감히 막을 수 있겠는가."(*"如有不嗜殺人者, 則天下之民皆引領而望之矣. 誠如是也, 民歸之, 猶水之就下, 沛然誰能禦之?")

지 않을 것이다.

그런데 이것은 생각지 못하고 괴로움을 피하여 타국의 땅으로 넘어가거나 외국에 입적(入籍)하고, 배를 타고 몇만 리나 바다를 건너가서 타국의 백성이 되어 편안한 세월이나 보내다가 죽으리라고 한다면, 이 어찌 인간으로 태어난 본래 뜻이라 하겠으며, 남의 좋은 나라에 가서 잘 산다고 해도 그것이 참으로 편하고 즐거운 삶이 되겠는가.

언어와 문자, 풍속과 인정이 다른 것은 물론이고, 거처(居處)와 하는 사업은 어찌하든지 이 또한 거론하지 말고, 그 외의 모든 문제를 다 넉넉히 해결하여 없는 것이 없다고 하더라도, 제 나라를 제 손으로 흥왕(興旺)시키지 못하고 타국에 부쳐 사는 목숨을 그 누가 높이 대접해 주겠는가.

설령 타국 사람들이 불쌍히 여겨서 대접해 준다고 하더라도, 남들은 충심으로 자기 나라를 사랑하고 있는 것을 보면서 어찌 부끄러운 마음이 없겠으며, 남들은 독립기념일이나 기타 경축일을 맞이하여 저렇듯 즐거워하고 경축하는 것을 보면서 어찌 부럽고, 분하고, 원통한 마음이 나지 않겠는가.

때때로 외롭고 그리운 마음을 어찌 억제할 것이며, 흘러가는 구름과 지는 꽃을 보면서 고국산천을 꿈속같이 생각하고 몰래 흘러내리는 비감한 눈물은 어찌 다 억제할 것이며, 부모의 산소는 그 누가 있어서 지킬 것이며, 이역(異域)에서의 한없는 풍상(風霜)과 고생을 그 누가 알아서 위로해 주겠는가.

이러한 모든 문제를 저 무식한 부류(部類)들은 생각지 못하고 혹 국경을 넘어 얼마만 가면 편안한 땅이 있다고 하거나, 재물만 있다면야 어디를 가든 살기 좋다고 하는데, 이런 생각이 있거나 이런 말을 하는 자

는 결단코 인류 사회에 용납되지 못할 것이다. [1]

혹 남에게 고용되어 생활하는 자 또한 제 나라에 대한 의리가 없어서 외국인에게 의지하여 살아가면서 제 나라의 국권이 훼손당하는 것을 보고도 보호할 생각이 없거나, 혹은 도리어 자기 이익을 위하여 나라의 권리나 명예에 손해되는 일을 행하는 자는 국민들이 다 같이 용납해 주지 말아서 적국(敵國)같이 대접하더라도 또한 심하지 않을 것이다.

그러나 타국인과 관계가 있는 자들을 우리가 먼저 무단히 구별하여 공평하지 못하게 대접함으로써 외국인의 권리를 방해한다면 남의 간섭이 생기지 않을 수 없을 것이니, 미리 이런 폐단이 없게 하고 밝히 살펴서 행동해야 할 것이다.

이는 사람마다 내 나라를 잘되게 하는 것이 첫째가는 의리인 줄로 알아야 한다는 것이다.

6. 국채(國債)를 삼가야 한다.

개인의 집으로 말하더라도 앞뒤 생각 없이 남의 빚지기를 두려워하지 않는 자는 마침내 제 가산(家産)을 부지하지 못하게 되는데, 하물며 빈약한 나라로서 타국의 빚[外債]을 두려워할 줄 모른다면 국권[주권]을 어찌 보전할 수 있겠는가.

강한 나라가 남의 약한 나라의 내정에 간섭하려고 할 때에는 언제나

---

[1] 외국 국적을 취득하지 말라: 이승만 대통령은 조선이 망한 후 34년간 미국을 비롯한 세계 여러 나라를 다니면서 외교를 통한 독립운동을 하였는데, 주위에서 외국 여행의 불편함을 줄이기 위해 미국 시민권을 신청하라고 권하였지만 해방되어 귀국할 때까지 무국적자로 생활하였다. 이 글을 통해 그렇게 한 동기와 이유를 이해할 수 있다.

먼저 재물을 빌려주고 그것을 빙자하여 내정에 간섭하는데, 이것이 나라를 잃어버리는 제일 첩경(捷徑: 지름길)이다.

이러므로 국권을 잘 보호하는 나라에서는 집권한 이들이 아무리 어려운 사정을 당하더라도 타국의 빚을 내지 아니하고, 높은 이자를 지불하더라도 내 나라 백성들에게서 빚을 얻어 쓰는 것이다.

정부에서 가령 백만 원을 쓰려고 하면 백만 원어치의 국채증서(國債證書)를 발행하여 상환 기한은 몇 년이고, 이자는 몇 푼(分)이라고 정하여 공표하면, 백성들이 각각 돈을 내고 그 국채증서를 얼마씩이든 사 두었다가 상환기한이 되면 그 돈을 받는데, 이는 정부에서 외국인한테 빚을 내지 아니하고 높은 이자를 주더라도 내 백성의 돈을 쓰는 것이므로, 그 이익이 외국으로 나가지도 아니하고 국권의 위태함도 없게 하기 위해서이다.

그런데 만약 정부에서 이런 생각이 있더라도 백성들에게 억지로 원납(願納: 자원하여 납부함)하라고 강요하면서 논밭이나 집문서를 빼앗거나, 부유한 백성의 이름을 적어 놓고 그들로부터 강제로 징수하려고 한다면, 백성은 제 것을 가지고 제 마음대로 먹고 입지 못하게 되므로 재물 있는 것을 도리어 원수로 여기게 될 텐데, 그렇게 된다면 그 누가 쇠전 한 푼이라도 내어놓고자 하겠는가.

우리나라 백성들도 재물이 없는 것이 아니고, 나라에 대한 충성심이 부족한 것도 아니다. 다만 위에 있는 이들이 너무 가혹하게 한 탓이니, 지금부터는 정부를 백성들이 좀 믿을 수 있게끔 하여 타국의 빚 얻기도 영구히 막아야 할 뿐만 아니라, 백성들도 마땅히 국채를 발행해야 할 이유를 깨달아서, 국가가 꼭 쓸 필요가 있어서 국채를 발행해야 되는 줄 알고 나서는 마땅히 힘을 합하여 그것을 사주어 나랏일(國事)을 도와주어야 한다.

혹 국채를 샀다가 잃어버릴지라도, 국민에게 널리 유익한 일은 기어이 도와주어야 정부에서 부득이하여 타국으로부터 빚을 내는 폐단이 없을 것이다.

또한, 재물이라 하는 것은 그냥 묻어두면 세상에 이익이 없을 것이다. 하물며 나의 귀한 재물이 그냥 묻어두었다가 나라가 위태하게 되는 날에는 그 재물이 소용없는 것이 되고 말 것이니, 불가불 힘을 내어 여럿이 재물을 모아 철로나 광산 등의 사업을 하여 이익도 얻고, 혹은 학교나 병원도 설립하여 나와 남이 다 같이 그 효과를 보게 해야 할 것이다.

겸하여 백성이 다 같이 정부에 힘이 없는 것을 염려하여 그 근본을 바로잡고자 한다면, 백성들의 돈이 한 푼이라도 남(타국)의 주머니에 채워져서 잃어버리는 일이 없도록 해야 한다.

타국의 빚(外債)을 얻는 것도, 정부에서 아무리 그렇게 하고자 하더라도, 백성들이 원하지 않는데도 불구하고 억지로 타국에 담보물을 전당잡히거나 비밀리에 무슨 이권을 허락하고 타국의 빚을 얻어 쓰려고 하는 경우에는, 사람들이 기어이 그것을 조사하여 알아내서 세상에 드러내고 기어이 못하게 할 줄을 안다면, 이런 큰 폐단과 위태함은 스스로 근본이 막히게 될 것이다.

이는 관민(官民)이 다 같이 국채를 쓰지 말기로 결심해야 한다는 것이다.

다섯째, 의리를 중하게 여겨야 한다

1. 뜻이 같은 이에게 동감의 뜻을 표할 줄 알아야 한다.

감정이라 하는 것은 곧 소리가 같으면 서로 응하고[*同聲相應] 기운이 같으면 서로 통하는 것[*同氣相求]과 같은데, 사람의 마음에는 이러한 성질이 태어날 때부터 있는 것이다.[1] 그러나 사람이 쓸 줄을 모르기 때문에 스스로 없어진 것 같으나, 실상은 완전히 없어진 것이 아니다.

목적이 같은 자는 자연히 뜻이 같은 데로 쏠리며, 의리가 같은 자는 스스로 함께 나아가는데, 이것은 다 억지로 행하는 것이 아니고 천성(天性)으로 느껴서 나타나는 것이니, 우리가 이것을 주장하지 않으면 세상에 의(義)가 설 수 없을 것이다.

비록 천만 리 밖에 있어서 얼굴을 서로 보지 못하더라도 나와 의리가 같은 자에게는 동감의 뜻을 표해야 할 것이다.

비록 형편이 달라서 나와 의리를 같이 하는 자가 세상에서 반역자란 누명을 쓰고 나설 곳이 없더라도, 나는 두려움을 무릅쓰고 그가 그렇지 않다고 말해 주고, 옳은 사람이 궁지에 몰려 있을 경우에는 다만 말 한마디와 글 한 장이라도 기어이 보내서 그가 옳은 줄로 안다는 뜻을 표하

---

[1] 동성상응, 동기상구(同聲相應, 同氣相求): 이 말은 뜻이나 취향이 서로 투합하는 사람들은 자연히 서로 같이 결합하게 된다는 것으로, 〈주역〉〈건괘〉에 나오는 말이다. "同聲相應, 同氣相求, 水流濕, 火就燥, 雲從龍, 風從虎.… 本乎天者親上, 本乎地者親下, 則各從其類也."(같은 소리는 서로 응하고, 같은 기운은 서로 찾는다. 물은 습한 곳으로 흐르고, 불은 건조한 곳으로 나간다. 구름은 용을 쫓고, 바람은 범을 따른다. 하늘에 근원을 둔 것은 위와 친하고 땅에 뿌리를 둔 것은 아래와 친하니, 각자는 자기 부류에 따른다.)

여 응원해 주고, 어디서든지 나와 같은 뜻을 가지고 홀로 나서서 바른길을 가고 있는 자와는, 비록 천만 인이 다 막을지라도, 용맹하게 그를 따라가서 최대한 힘을 합쳐야 할 것이다.

또한, 무슨 사회에서든지 평소에 의(義)를 배반하는 반복소인(反覆小人: 언행을 늘 이랬다저랬다 하여 그 마음을 헤아릴 수 없는 옹졸한 사람)으로서 이리 붙었다 저리 붙었다 하면서 의리상의 친구를 모해(謀害: 모함하여 해침)하고, 한 국가와 사회를 멸망시키고, 수많은 생명을 어육(魚肉)으로 만들고, 나라를 팔아먹는 자들은 그 속사정을 봐주거나 형편에 끌려서 짐짓 용납해 주지 말고, 당장에 칼침을 맞더라도 그 죄악을 드러내어 토죄(討罪: 죄목을 들추어 다부지게 나무람)하고, 곧 의리를 세우는 자리에서 몰아내어 일반 국민 된 대접을 허락하지 말아야 한다.

이 일이 몹시 심한 듯하지만, 모든 사람이 차지도 않고 뜨겁지도 않은 중에 시비(是非)도 가리려고 나서지 않아서는 아무 일도 되지 않는다. 하물며 세상에서 강도보다 악하고 원수보다 더 미운 자들은 바로 이런 부류의 인간들이다. 이런 부류의 인간들은 아무리 많이 있어도 어떤 일도 성사시킬 수 없거니와, 우연히 성사시킨다 하더라도 차라리 흑백(黑白)을 분명히 가려내고 일을 낭패하는 것이 도리어 나을 것이다.

거의 모든 사람들이, 모든 동네들이, 저마다 다 이만큼 선악(善惡)과 시비(是非)를 구별한다면, 의(義)를 위하여 곤욕을 당하는 자와 목숨을 버려가며 의로운 편을 도와 싸울 자가 한없이 많을 것이다. 그 결과 저 간사한 짓을 하는 소인배 무리들은 차차 세력이 줄어들거나, 스스로 변화되어 선하고 의로운 편으로 돌아서기도 할 것이다.

그렇게 되면 나라 안은 자연히 선(善)과 악(惡)이 하늘과 땅처럼 분명하게 구별될 터이니, 이는 집권한 자들이 상벌(賞罰)의 시행을 통하여 달성하려고 해도 할 수 없는 것이다. 그러나 이는 대소 인민들이 저마다 힘쓴다면 어렵지 않은 일이다.

2. 공변된 의리(大義)를 중하게 여겨야 한다.

본래 의리(義理)의 원칙에는 대소(大小)와 공사(公私)의 구별이 있나니, 도적끼리도 서로 돌아보는 정의(情誼)는 있어서 그들은 이것을 의리라고 일컫는다. 그 밖의 모든 인류들도 각각 저들의 사사로운 관계에서 서로 돌아보는 의리가 또한 무수히 많다.

그러나 실상 그것들이 공변된 뜻과 대체(大體: 공동의 이익)를 어긴다면 그것을 의리라 부를 수가 없다. 만일 이런 것을 의리로 알고 고집한다면 도리어 참 의리를 방해하게 될 때가 많을 것이다.

마땅히 나라로써 의리의 기준을 삼아, 나라를 받드는 뜻을 어기고는 어떤 의(義)도 성립할 수 없음을 알아야 할 것이다.

이번에 어떤 일본인 여인 하나가 아라사 사람과 부부가 되어 여러 해를 살았는데, 일·아 전쟁에서 아라사 사람이 일본에 관한 비밀 정보를 캐내어 아라사로 보내면서, 그 아내를 얼마쯤 믿었기 때문에, 그 사실을 알려 주었다. 그랬더니 그 일본인 여인은 곧바로 자기 남편을 고발하여 잡혀가서 죽게 하고 그 여인은 즉시 자결하였는데, 세상에서는 이 일을 전파하면서 놀라 칭찬하지 않는 자가 없었다.

그 여인의 도리로 말하면, 남편이 무슨 일을 하든지 따로 돕다가 같이 죽는 것은 가(可)하다 하겠으나, 나라를 위하는 대의(大義)를 더 중하게 여겨서 남편에게 죄를 지어가면서 대의(大義)를 세우고, 그 뒤에 남편에 대한 의(義) 또한 완전하게 하였는데, 이는 깨이지 못한 사람들은 저마다 이해하기 어려운 일이다.

이것 한 가지로 미루어 보면, 세상사 천만 가지를 다 구별할 수 있을 것이니, 사람마다 의리의 원칙을 이렇게 이해해야만 피차에 분쟁이 생기지 않을 것이다. 설령 분쟁이 좀 있더라도 나라를 해치는 일에는 다 반대하다가, 실로 나라에 이로울 일이 있으면, 서로 싸워서 원수같이 보던 자라도 일시에 시비(是非) 다툼을 버리고 다 한뜻으로 나설 수 있을 것이다. 그러므로 나라를 위하는 자리에는 부자 형제 간의 천륜(天倫)의 의(義)라도 돌아볼 수 없는 줄로 알고 실제로 이를 실천하기까지 해야만 비로소 의(義)를 안다고 할 것이다.

나라를 위한다고 하는 것은, 백성을 잔해(殘害)하고, 강토를 팔고, 종사(宗社: 종묘와 사직. 나라)를 위태롭게 하더라도 임금의 뜻만 맞추는 것이 나라를 위하는 것이 아니고, 실로 나라 전체가 다 편안하고 완전하게 하는 것이 나라를 위하는 것이다.

이런 뜻으로 대의(大義)를 삼고, 이를 간담에 새겨두고 목숨보다 중히 여겨, 크나 작으나 이 원칙에 관계되는 기회를 당하거든 곧 죽는 자리에 갈지라도 굽히지 말고 한결같이 나아간다면 마침내 그 영광이 스스로 드러날 것이다.

이는 의(義)를 지켜 홀로 실천하는 것이 참으로 장한 일인 줄을 저마다 알아야 한다는 것이다.

3. 의리를 중히 여기고자 한다면 마땅히 용맹하게 나아가는 마음
　　이 있어야 한다.

용맹하게 나아가야 할 자리를 보면 어렵고 두려운 것을 생각하지 않고 다만 내가 마땅히 해야 할 일이니 이 뒷일은 내가 알 바 아니라고 하면서 서슴지 않고 곧 나아가야 한다.

용맹한 마음이 있으면 마땅히 강한 힘도 있어서 끝까지 참아내야 할 것이다. 만일 처음에 나아가는 힘만 있고 웬만큼 어려운 자리를 당하면 곧 뒤로 물러난다면 애당초 나서지 않은 것만 못할 것이다. 처음부터 아주 나설 생각도 말고 드러누워 있었더라면 헛수고도 아니하고 남의 비웃음도 사지 않았을 터인데, 문득 나섰다가 갑자기 드러누우면 세상에서 천장부(賤丈夫: 언행이 비루한 사나이)라는 더러운 이름을 어찌 듣지 않을 수 있겠는가.

자고(自古)로 태평하고 안락한 가운데서 충신열사(忠臣烈士)가 된 자는 없었다. 그들은 항상 견딜 수 없는 역경을 꿋꿋이 참아 굽히지 아니하여 마침내 빛난 사적(事跡)을 남겼던 것이다. 이로써 본다면, 사람은 곤란한 처지와 고생으로 위축되는 상황을 겪고서야 의(義)를 세우는 법이다.

내가 이처럼 어려움과 역경에 처하게 된 것은 저 충신열사들이 당했던 것과 같은 기회가 나에게 주어진 것이니, 비유하자면, 유명한 장수가 죽을 마당을 얻은 후에야 공을 이룰 수 있는 것과 같다. 장수가 어렵고 위태함을 염려하여 천창만검(千槍萬劍: 수많은 창검이 늘어선 적진) 속에 들어가지 않는다면 어찌 큰 공을 도모할 수 있겠는가. 내가 지금 곤경에 처해 있는 것은 곧 내가 공을 이룰 수 있는 자리인 것이다. [1]

---

[1] 이 부분은 〈맹자〉(고자 하)의 다음 말을 염두에 두고 쓴 것이다: "하늘이 장차 이 사람에게 대임을 맡기려 할 때에는 반드시 먼저 그 마음을 고뇌하게 하고, 그 살과 뼈를 고달프게 하며, 그의 배를 굶주리게 하고, 그의 몸을 곤궁하게 하며, 또한 하는 일마다 어긋나고 뒤틀려지게 하는데, 그렇게 함으로써 그의 마음을 분발시키고, 타고난 성정을 강인하게 만들며, 그의 부족한 능력을 키워주는 것이다."(孟子, 박기봉 역, 비봉출판사)

세상의 모든 사람들은 잘 먹고 편히 지내면서 호강하다가 죽는 것을 제일로 알기 때문에, 내가 지금 고생하고 있는 것을 보고 어리석다고도 여기고 비웃기도 하겠지만, 내가 장하게 생각하는 것은 잠시 있다가 없어지는 육신(肉身)에 있지 아니한즉 지금 고생하는 것을 영광으로 알고, 견디기 어려운 육신의 고통과 어려움을 억지로라도 이기고 견디어 꺾이지 아니하면 그윽한 가운데서 지켜보시는 이가 계셔서 반드시 뜻이 이루어지게 될 날이 올 것이니, 한번 이루어지는 날에는 그동안 무수히 겪었던 고초와 곤란의 보상이 한없이 클 것이다. 설령 목숨을 보전하지 못한다고 하더라도 죽은 것은 나의 충심(忠心)이고 사는 것은 나의 의(義)이다.

의(義)로써 육신을 이기는 것은 곧 세상을 이기는 것이니, 후세에 누리게 될 영광이 어찌 영원하지 않을 것이며, 저세상에 가서 상급과 위로를 받게 된다는 것을 어찌 의심하겠는가.

고금(古今)의 역사에서 이름난 사업의 기초자(基礎者)들이 다 특별한 재능이 따로 있었던 것이 아니라 다만 그 기회를 당하여 그 자리를 보고 굳은 신념과 확신을 가지고 굳게 행하였을 뿐이다. 우리도 이때를 당하여 이런 자리에 있게 되었은즉 한결같이 나아가는 것이 곧 위대한 사업의 기초 잡는 뿌리이니, 어찌 자기 한 몸이나 집안의 소소한 사연이나 사정들을 돌아보겠는가.

이는 의(義)를 중히 여기는 자가 마땅히 먼저 알고 결심해야 한다는 것이다.

여섯째, 자유 권리를 중하게 여겨야 한다.

1. 사람마다 자유 권리를 생명같이 중히 여겨 남의 도움 받기를 싫어해야 할 것이니, 남의 힘을 의지하고서는 지금 세상에서 설수 없기 때문이다.

사람을 두 가지 등분(等分)으로 나누어 구별하는데, 제 손으로 제 몸을 다스리는 자와, 남에게 다스림을 받는 자와의 구별이 그것이다. 제 몸을 스스로 다스리는 자는 남의 힘을 조금도 받지 않기 때문에 자신의 지혜와 손발에 의지하여 세상에 따로 서서(獨立) 온갖 곳을 마음대로 돌아다니면서 어둡고 무식한 무리들을 다스리고 제어한다.

그러나 그렇지 못한 자는 자신의 지혜를 닦지 아니하여 '나는 하는수 없다'고 하고, 재주(기술)를 배우지 아니하며, 제 손발을 게을리하여 '나는 힘쓰지 못한다'고 하고, 스스로를 버려서 남의 아래 되는 것과 곤궁하게 지내는 것을 만족스럽게 생각한다. 그렇기 때문에 남의 다스림받는 것을 부끄럽게 여기지 아니하고, 남에게 약간의 도움받는 것을 감지덕지하여, 남의 종 되는 것을 달게 여기는데, 이러고도 어찌 천하고더럽지 않겠는가. 이런 인간은 점점 천해져 가다가 마침내 스스로 잔멸(殘滅)함을 면하지 못하는데, 이것이 곧 인간의 하등사회이다.

사람이라면 마땅히 저마다 알기를, '세상에 사람이 하는 것을 사람이 못할 것이 없다'고 하고, '남이 하는 것은 나도 하면 될 것이니, 남이하는 것을 하면 나도 그 사람과 같은 지위를 얻을 것이다'고 하면서, 분발하여 힘을 내어 곧 행하기를 시작해야 한다. 문명한 나라에서는 이것이 곧 사람마다 평생을 살아가는 데 있어 제일 요긴한 방법인 줄 알고, 학교에는 의례히 '사람이 하는 것은 사람이 한다'고 써 붙여놓고 시시때때로 인심을 깨우치므로 '나는 할 수 없다'고 하거나 '나는 해도 안 된다'는 말은 애당초에 없는 것이다.[1]

우리나라 동포들은 이런 뜻을 전혀 몰라서 아무것도 아니하고 살아가려고 하는 중에 점점 더 낮은 지위를 얻게 된 것이니, 저마다 이 뜻을 아주 깊이 깨닫고 제일 많이 가르쳐서 한편으로 공부도 하고 다른 한편으로 일도 하여 남과 같이 되기를 날마다 꾀해야 할 것이다.

설령 남의 힘을 의지하여 잘 될 기회가 있거나, 의식(衣食)을 편히 할 도리가 생기더라도 맹세코 그것은 취하지 말고, 남의 노복(奴僕)이나 수종(隨從: 시중)이라도 이전의 행습(行習)에 안주하지 말고 따로 서서 일하고, 벌어먹으며, 공부와 재주(기술)를 배워서 윗사람과 높은 사람들이 하는 사업을 본받아 행한다면 스스로 그들과 동등한 지위에 이를 것이다.

그리되면 전날에는 남의 손발이 되어 사회에 대한 직책은 없는 줄로 알던 몸이 차차 변하여 남의 굴레를 벗고, 육신을 따로 놀려 세상에 대한 일을 하며, 나라를 위하여 직책을 떠맡고, 나라의 독립을 받드는 무거운 짐을 나눠서 진다면, 나라로서는 잃었던 백성을 하나씩 더 찾는 것이 되고, 개인으로서는 결박당한 자기 손발을 풀어 놓는 것이 되니, 이 어찌 작은 문제라 하겠는가.

이는 사람마다 제 몸이 따로 서기(獨立)를 중하게 여겨야 한다는 것이다.

---

[1] 사람이 하는 것은 나도 할 수 있다: 이 부분의 내용은 본서 제24장의 각주 "순하인(舜何人), 피장부(彼丈夫), 아장부(我丈夫)" 참조할 것.(p.170)

2. 남의 권리 또한 중하게 여겨야 한다.

기왕에 제 권리를 얻고자 한다면 남의 권리 또한 그만치 주어야 할 것이다. 나의 권리를 찾는다고 분수를 벗어나 방한(防閑) 없이 행동하고 그 때문에 남의 권리를 침탈한다면, 나 또한 남의 다스림을 부득이 받게 될 뿐만 아니라 이는 문명한 사회로 나아가려는 본의(本義)가 아니다. 마땅히 이전에 남을 압제(壓制)하던 모든 낡은 습관들을 다 깨뜨려버리고 내 아래 사람을 차차 놓아주어 그들로 하여금 따로 자유하게 해주고, 높이 대접하여 나와 동등함을 허락해 주어야 한다.

이런 말을 처음 듣는 자는 무슨 터무니없는 괴상한 말인 줄로 알겠지만, 공번된 하늘의 도리[天理]를 가지고 보면 그것이 공평한 것인 줄 스스로 깨달을 것이다. 혹 이미 여러 번 들어서 그렇게 하는 것이 공평한 줄을 아는 자라도 낡은 습관을 용맹하게 깨트리지 못하거나, 혹 자기의 사소한 손익(損益)을 비교해 보고는 짐짓 붙들고 놓지 않으려고 하는데, 마땅히 즉시 깨닫고 돌아서서 실천해야 할 것이다.

나의 종 된 자들이나 남의 하인배들이나 혹 하천(下賤)하게 여기는 부녀자들이나, 내 자식이나 남의 자식이나 어린아이들을 다 한층 올려 생각하여, 전날에는 다 사람 수효에 치지도 않고 다만 사람에게 속한 물건쯤으로 알던 모든 악습(惡習)을 버리고, 국법(國法)과 경위(涇渭. 經緯: 올바른 사리(事理)나 도리) 중에서는 모두가 다 나와 동등한 사람으로 대접하여, 그들도 따로 서서(獨立) 한 가지 직업을 일삼는 국민이 되게 해야 할 것이다.

만일 그렇게 하지 않고 혹 헤아리기를, 아직은 풍기(風紀)가 열리지 못하였으니, 어리석은 천인(賤人)들을 갑자기 높여주면 그 폐단을 막을 수 없을 것이라고 한다면, 이는 끝까지 완고한 소견(所見)을 깨뜨리지 못하고 있음이다.

사람마다 이렇게 생각한다면 풍기는 장차 어느 때에 열려 보겠으며, 또한 백성이 이렇게 말하고 있는 지경이라면 정부에서 전국의 인민을 풀어줄 수 없다고 하는 것을 어찌 괴이(怪異)하다고 하겠는가. 윗사람이 우리를 이렇게 대접하는 것은 싫어하면서 우리가 우리의 아랫사람을 이렇게 대접한다면 어찌 공평하다 하겠는가. 1)

대저 그 근본을 생각해 보면, 미개한 사람에게 자유 권리를 주는 경우 그 폐단이 항상 없을 수는 없다. 이것을 과연 모르는 바는 아니지만, 자고(自古)로 행하여져 내려온 것을 생각하면, 이제는 윗사람 된 이들이 도리어 피해를 좀 봐야 옳기도 하고, 지금 시대가 또한 피해를 보는 세상이 되었으니, 이를 억지로 면할 수는 없다.

설령 이것으로 피해를 많이 보게 된다고 하더라도, 내 나라의 어리석은 백성을 얽매어 놓아 외국인에게 미개한 백성이라고 수모를 당하게 하는 것보다는 몇 배 나을 것이다.

그러니 부디 깊이 생각하고 고집 부리지 말아서 모든 백성으로 하여금 제 힘껏 벌어서 제 재주껏 공부하여 입신양명(立身揚名)하는 것에 방한(防閑: 하지 못하게 막는 범위)을 두지 않는다면, 백성에게 스스로 활발한 기운이 생겨 풍속이 날마다 변하며 원기(元氣: 활력)가 나날이 자랄 것이

---

1) 이 부분의 글은 저자가 〈대학(大學)〉 제10장의 혈구지도(絜矩之道)의 사상을 현실 정치에 적용한 것이다. 혈구지도란, 논어의 충서(忠恕)와 같은 것으로, 자기가 싫어하는 것을 남에게 베풀지 않는다(己所不欲, 勿施於人)는 것인데, 이것이 곧 유학의 핵심사상인 인(仁)이다. 이 인(仁)은 유교의 핵심 사상임에도 불구하고 이것을 정치 사회적 현실에 적용하여 이렇듯 노예제 폐지까지 주장한 것은 조선시대 전체를 통하여 저자가 최초이다.

니, 불과 몇십 년 안에 나라는 부강하고 발달하게 될 것이다.

이처럼 자유를 중히 여기는 것이 어찌 나라를 세우는 근본이 아니겠는가.

위의 여섯 가지 강령(綱領)은 다 우리나라 사람들이 가장 먼저 힘써서 각각 한 사람씩 자기의 몸부터 변화시키는 데 요긴한 말이다. 저마다 이것을 힘써 날마다 용진(勇進) 발달하는 힘이 생긴다면 한 나라가 곧 용진 발달하는 힘을 얻을 것이니 어찌 효험이 아주 없다고 하겠는가. 그러나 이것은 나무로 비유하자면 다만 가지와 잎사귀만 들어서 말한 것이고 그 실상 근본은 구한 것이 아니다.

물은 근원(根源)을 먼저 맑게 하고, 나무는 뿌리를 먼저 북돋워 줘야 하듯이, 우리는 마땅히 남의 나라의 지극히 정교하고 지극히 아름다운 정치제도와 법제, 인애자비한 도덕 교화(敎化)의 근본을 연구하여 백성들의 마음속에 있는 악한 뿌리를 뽑아내고 선량한 천성(天性)을 회복하여야만 인간사 천만 가지가 다 바로잡힐 것이다.

만일 그 마음은 다스리지 못하고 다만 재주(기술)만 닦는다면 이는 곧 범에게 날개가 돋아나는 것과 같아서 세상을 해롭게 하는 기량(器量)만 늘 터이니, 그렇게 되면 세상에도 대단히 위태하고 마침내 본인에게도 해가 돌아갈 것이니, 차라리 그런 재주는 배우지 않는 것만 못할 것이다.

그러므로 나라를 다스리고 천하를 태평하게 하는 것은 다 사람의 마음을 바로잡는 데서 시작한다고 하셨나니[1], 마음을 바로잡지 못하

---

[1] 마음을 바로잡는 데서 시작 … : 이 말은 〈대학(大學)〉 제1장에 나오는 "欲治其國者, 先齊其家, 欲齊其家者, 先修其身, 欲修其身者, 先正其心"(그 나라를 다

고야 무슨 일을 다시 더 의론하겠는가. 사람의 마음이란 세상의 법률로써 바로잡지 못하고 다만 교화로써 바로잡아야 하는데, 이는 세상의 법률은 다만 사람의 육신으로 행하여 드러난 죄악만 다스릴 뿐이고, 그 마음으로 지어 행적(行迹)으로 아직 나타나지 않은 것은 다스릴 수 없기 때문이다.

세상의 모든 일은 선(善)이든 악(惡)이든, 옳은 것(是)이든 그른 것(非)이든 간에 다 마음에서 먼저 싹이 나서 행위에 나타나는데, 마음이 하는 일이 어찌 손발이 하는 일보다 더 크지 않겠는가. 큰 악(惡)은 버려두고 작은 악만 막아서 못하게 한다면, 그것이 어찌 썩은 물건을 비단으로 싸놓고 독한 냄새를 막고자 함과 다르겠는가. 이러므로 사람의 행위가 날로 부패해 가며, 나라의 풍속이 날로 괴이하고 악해지는 것이니, 우리는 마땅히 교화를 모든 일의 근원으로 삼아야 할 터인데, 교화에도 역시 구별이 있는 것이다.

우리 동방에는 유교(儒敎)가 실로 인도(人道)를 밝힘에 있어 실로 극히 선미(善美)한 수준에 이르렀으므로, 수천 년 동안 이 유교로써 인륜(人倫)을 정하고, 풍기(風紀)를 열어, 치국평천하(治國平天下: 나라를 다스리고 천하를 태평하게 함)하는 근본을 삼았었다.

그러나 인도(人道)라 하는 것은 시대를 따라 변하기 때문에 인심(人心)에 부합할 때가 있고 부합하지 않을 때가 있다. 가령 옛적의 성인(聖人)들은 왕천하(王天下: 왕이 되어 천하를 인의(仁義)로써 다스림) 하는 대도(大道)로 세상을 다스렸으나, 후세에 와서 차차 변하여 패도(覇道:

스리고자 하는 자는 먼저 그 집안을 가지런히 하고, 그 집안을 가지런히 하고자 하는 자는 먼저 그 몸을 닦고, 그 몸을 닦고자 하는 자는 먼저 그 마음을 바르게 한다)을 인용한 것이다.

인의를 무시하고 오로지 무력이나 권모술수로 공리를 도모하는 것)가 행하여졌
는데, 이것이 그 한 가지 증거이다.

또한 인도(人道)는 눈앞에 보이는 것만 말하고 사후(死後)의 세상이
어떠한지에 대해서는 말하지 않기 때문에, 육신을 버려가면서 더 큰
것을 구할 줄을 알지 못한다.

다만 천도(天道)가 있어서 지극히 광대하고 지극히 장원한데, 사람
이 이 도(道)를 깨달아 행한다면 천지 만물을 만들어 홀로 다스리시며
만국(萬國)의 만민(萬民)을 다 굽어 감찰하시는 하나님이 계신 줄을 눈
으로 직접 보는 듯이 알 수 있을 것이다.

또한 사람에게는 잠시 있다가 없어지는 육신(肉身)만 있는 것이 아
니고, 그 외에 영원히 죽지도 않고 썩지도 않는 영혼(靈魂)이 있어서,
이후 이 세상을 떠난 후에 각각 그가 살아있는 동안 지은 죄악(罪惡)으
로 인하여 끝없는 벌을 받게 되는 것을 의심 말고 믿어야 할지니, 어찌
꿈결 같은 백 년 동안의 헛된 부귀와 영화를 탐하여 대자대비(大慈大
悲)하신 천부(天父) 앞에 죄를 범하고 멸망을 스스로 취하겠는가.

하물며 공번되신 천부께서는 사사로운 정[私情]이 없으시어 높은
이도 없고 낮은 이도 없으며, 먼 이도 없고 가까운 이도 없으며, 뇌물
이나 아첨으로 기뻐하시게 할 수도 없으므로, 우리는 다만 우리의 마
음을 온전히 바쳐서 더럽고 악한 것을 버리고 오로지 하늘의 도리[天
理]에만 순종하면 이 세상에서도 나의 복이 많을 것이고, 또한 죽어서
도 받을 상급이 무궁무진할 것이다.

겸하여 하나님은 못 보시는 것도 없고[*無所不視], 모르시는 것도 없
은즉[*無所不知], 나의 손으로 짓는 죄만 벌을 주실 뿐 아니라 마음속으
로 생각하는 것 또한 감찰(監察)하실 것이니, 이 어찌 두렵고 부끄럽지

않겠는가. 그러한즉 악한 일을 아니하는 것이 아니라 감히 못하는 것이다.

사람마다 이러하므로 모야무지(暮夜無知: 어두운 밤중에 듣고 보는 사람이 없음) 간에 인명(人命)을 상(傷)하고 재물을 취할 자가 없을 것이고, 물건을 위조하여 세상을 속일 자도 없을 것이며, 권세를 믿고 욕심을 부려 백성에게 포학(暴虐)하지도 못할 것이다.

그러나 사람이 다만 악한 일을 행하지 않는 것만 가지고는 착하다고 이를 수 없으며, 천복(天福)을 얻는다고 할 수도 없는데, 이는 세상 사람의 눈에는 아무리 옳은 듯해도 지극히 어질고 착하신 하나님 앞에는 세상에 죄 없는 자 없나니, 비록 어린아이의 천성이 아무리 착하다고 해도 육신(肉身)이 생기면서 곧 죄가 붙어서, 철모를 때부터 하는 것을 보면 좋은 것이든 나쁜 것이든 손에 잡히는 대로 입에 넣으며, 옳은 일이든 그른 일이든 제 뜻대로 하려고 하는데, 만일 올바로 인도하여 주는 자가 없으면 곧 큰 죄악에 빠짐을 면할 수 없을 것이다.

이로써 본다면, 육신이 붙어있는 인류는 죄악이 없는 자가 하나도 없다. 저 순한 백성들이 다 죄가 있어서 멸망으로 들어가는 것을 어찌 어지신 하나님께서 슬피 여기시지 않겠는가.

이에 구원할 길을 열어 주셨으니 곧 예수 그리스도를 세상에 보내시어 천도(天道)의 오묘한 이치를 드러내고, 평생 남한테 곤욕(困辱)과 곤란을 받다가, 끝내는 세상 사람들의 죄를 대신하여 목숨을 버리심으로써 세상 모든 사람들로 하여금 믿고 돌아와서 죄를 자복하고 다시는 악에 빠지지 말아서 용서를 얻고 복을 받게 하셨으니, 순전히 사랑함이 아니면 어찌 남을 위하여 몸을 버리기까지 하셨겠는가.

우리가 이러한 이치를 믿지 않는다면 비웃고 흉도 보겠지만, 마침내 믿는 마음이 생긴다면 어찌 감사한 마음이 없을 것이며, 기왕에 감사한 줄 안다면 어찌 갚고자 하는 생각이 없겠는가.

그러나 이 은혜는 다른 것으로 갚을 수는 없고 다만 예수의 뒤를 따라 세상 사람을 위하여 나의 목숨을 버리기까지 일하는 것뿐이다. 천하에 의롭고 사랑하고 어진 것이 이보다 더한 것이 어디 있겠는가. 이는 하나님의 감사한 은혜를 깨달아 착한 일을 스스로 하지 않을 수 없게 된다는 것이다.

사람마다 두려운 마음으로 악을 짓지 못하고, 감사하는 마음으로 착한 일을 하지 않을 수 없다면, 서로 사랑하고 도와주는 가운데 어찌 평강하고 안락한 복을 얻지 못할 것이며, 이 잔인하고 포학한 인간 세상이 곧 천국이 되지 않겠는가.

이것이 지금 세계에서 상등 문명국의 우수한 문명인들이 이러한 교(敎)의 가르침을 인류사회의 근본으로 삼아서 나라와 백성이 다 같이 높은 도덕적 지위에 이르게 된 이유이다.

지금 우리나라가 쓰러진 데서 일어나려고 하며, 썩은 데서 싹이 나고자 한다면, 이 교(敎)로써 근본을 삼지 않고는 세계와 상통하여도 참 이익을 얻지 못할 것이고, 신학문을 힘쓰더라도 그 효력을 얻지 못할 것이며, 외교에 힘쓰더라도 다른 나라들과 더불어 깊은 정의(情誼)를 맺지 못할 것이며, 국권을 중하게 여기더라도 남들과 참으로 동등한 지위에 이르지 못할 것이고, 의리를 숭상하더라도 한결같을 수 없을 것이며, 자유 권리를 중히 하려고 해도 평등한 자유 권리의 방한(防閑)을 알지 못할 것이다.

우리는 마땅히 이 교(敎)로써 만사의 근원을 삼아 각각 나의 몸을 잊어버리고 남을 위하여 일하는 자가 되어야 나라를 한마음으로 받들어 영·미 등 각국과 동등하게 될 수 있을 것이다.

이후 천국에 가서 다 같이 만납세다.

건국 사천이백삼십칠년 육월 이십구일

단기 4237(1904)년 6월 29일

독립요지 종

〈부록〉 정부수립 기념식사

1948. 8. 15.

8월 15일 오늘에 거행하는 이 식은, 우리의 해방을 기념하는 동시에 우리 민국(民國)이 새로 탄생한 것을 겸하여 경축하는 것입니다.

이날에 동양의 한 고대국(古代國)인 대한민국 정부가 회복되어서 40여 년을 두고 바라고 꿈꾸며 투쟁하여 온 결실이 실현되는 것입니다.

이 건국기초(建國基礎)에 요소될 만한 몇 조건을 간략히 말하려 하니,

1. 민주의 실천(實踐)

민주주의를 전적으로 믿어야 될 것입니다.

우리 국민 중에 혹은 독재제도가 아니면 이 어려운 시기에 나갈 길이 없는 줄로 생각하며, 또 혹은 공산분자의 파괴적 운동에 중대한 문제를 해결할 만한 지혜와 능력이 없다는 관계로 독재권이 아니면 방법이 없다고 생각하는 이도 있으니, 이것은 우리가 다 큰 유감으로 생각하는 것입니다.

역사의 거울이 우리에게 비추어 보이는 이때에 우리가 민주주의를 채용하기로 30년 전부터 결정하고 실행하여 온 것을 또 간단(間斷) 없이 실천해야 될 것입니다.

2. 민권(民權)과 자유(自由)

민권과 개인 자유를 보호할 것입니다.

민주정체(民主政體)의 기본 요소는 개인의 근본적 자유를 보호하는 것입니다. 국민이나 정부는 항상 주의해서 개인의 언론과 집회와 종교와 사상 등 자유를 극력 보호해야 될 것입니다.

우리가 40여 년 동안을 왜적의 손에 모든 학대를 받아서 다만 말과 행동뿐 아니라 생각까지도 자유롭지 못하게 되었던 것입니다. 그러나 우리는 개인 자유 활동과 자유 판단권을 위해서 쉬지 않고 싸웠던 것입니다.

3. 자유의 인식(認識)

자유의 뜻을 바로 알고 존숭(尊崇)하며 한도 내에서 행해야 할 것입니다. 어떤 나라에든지 자유를 사랑하는 지식계급의 진보와 사상을 가진 청년들이 정부에서 계단을 밟아 진행하는 일을 비평하는 폐단이 종종 있습니다. 그러나 사상의 자유는 민주국가의 기본적 요소이므로, 자유권을 사용해 남과 대치되는 의사를 발표하는 사람들을 포용해야 할 것입니다.

4. 자유와 반동(反動)

국민은 민권의 자유를 보호할 담보를 가졌으나, 이 정부에 불복(不服)하거나 전복(顚覆)하려는 권리는 허락한 일이 없나니, 어떤 불충분자(不忠分子)가 있다면 공산분자(共産分子) 여부를 막론하고, 개인으로나 도당(徒黨)으로나 정부를 전복하려는 사실이 증명되는 때에는, 결코 용서가 없을 것이니 극히 주의해야 할 것입니다.

5. 근로자 우대

정부에서 가장 전력(專力)하려는 바는, 도시에서나 농촌에서나 근로하며 고생하는 동포들의 생활 정도를 개량하는 데 있는 것입니다. 노동을 우대하여 법률 앞에서는 다 동등(同等)으로 보호할 것입니다. 이것이 곧 이 정부의 결심이므로, 전에는 자기들의 형편을 개량할 수 없던 농민과 노동자들에게 특별히 주지시키려 하는 것입니다.

6. 통상(通商)과 공업(工業)

이 정부가 결심하는 바는 국제통상과 공업발전을 우리나라의 필요에 따라 발전시키는 것입니다. 우리가 우리 민족의 생활 정도를 상당히 향상시키려면 모든 공업에 발전을 실시하여, 우리 농장과 공장 소출(所出)을 외국에 수출하고 우리가 우리에게 없는 물건을 수입해야 될 것입니다. 그런즉 공장과 상업은 서로 떠날 수 없이 함께 병행불패(竝行不悖)해야만 될 것입니다. 경영주들은 노동자들을 이용만 하지 못할 것이요, 노동자는 자본가를 해롭게 못할 것입니다.

7. 경제적 원조

우리가 가장 필요를 느끼는 것은 경제적 원조입니다. 기왕에는 외국의 원조를 받는 것이, 받는 나라에 위험스러운 것은 각오하지 않을 수 없었던 것입니다. 그러나 지금에 와서는 이 세계의 대세가 변해서, 각 나라 간에 대소강약을 막론하고 서로 의지해야 살게 되는 것과 전쟁과 평화에 화복안위(禍福安危)를 같이 당하는 이치를 다 깨닫게 되므로, 어떤 작은 나라의 자유와 건전(健全)이 모든 큰 나라들에 동일히 관계하게 되는 것입니다.

그러므로 그 우방들이 우리에게 많은 도움을 주는 것이요, 또 계속해서 도움을 줄 것인데, 결코 사욕(私慾)이나 제국주의적 야망이 없고 오직 세계평화와 친선을 증진할 목적으로 되는 것이니, 다른 의심이 조금도 없을 것입니다.

8. 통일의 방략(方略)

우리 전국이 기뻐하는 이 날에, 우리가 북편(北便)을 돌아보고 원감(怨感)한 생각을 금하기 어렵습니다.

거의 1천만 우리 동포가 우리와 민국 건설에 같이 진행하기를 남북이 다 원하였으나, 유엔 대표국을 소련군이 막아 못하게 된 것이니, 우리는 장차 소련 사람들에게 정당한 조치를 요구할 것이요, 다음에는 세계 대중의 양심에 호소하리니, 아무리 강한 나라라도 약한 이웃의 영토를 무참히 점령케 하기를 허락케 한다면, 종차(從此: 이로부터)는 세계의 평화를 유지할 나라가 없을 것입니다.

기왕에 말한 바이지만, 소련이 우리에 접근한 이웃이므로 우리는 그 큰 나라로 더불어 평화와 친선을 유지하려는 터입니다. 그 나라가

자유로이 사는 것을 우리가 원하는 만치, 우리가 자유로 사는 것을 그
나라도 또한 원할 것입니다. 언제든지 우리에게 이 원하는 바를 그 나
라도 원한다면, 우리 민국은 세계 모든 자유국과 친선히 지내는 것과
같이 소련과도 친선한 우의를 다시 교환키 위해 노력할 것입니다.

결론(結論)

가장 중대한 바는 일반 국민의 충성과 책임심과 굳센 결심입니다.

이것을 신뢰하는 우리로는 모든 어려운 일에 주저하지 않고 이 문
제를 해결하며, 장애를 극복하여 이 정부가 대한민국의 처음으로 서서
끝까지 변함없이 민주주의의 모범적 정부임을 세계에 표명(表明)되도
록 매진(邁進)할 것을, 우리는 이에 선언합니다.

대한민국 30년 8월 15일

대한민국 대통령 이승만

獨立精神

〈부록〉 저자 우남 이승만의 연보

＊우남(雩南)은 이승만의 아호

— 서기 1875년 3월 26일 탄생

황해도 평산군 마산면 능내동에서 양녕대군의 15대 후손인 부친
경선공(敬善公)과 모친 김씨(金氏: 김말란)의 3남2녀 중 막내로
태어남.

— 1878년 (3세)

평산에서 서울 남대문 교외 염동으로 이사.

— 1881년 (6세)

3월 26일: 6살 생일을 맞는 날 아침에 눈병으로 실명 위기에서
기적적으로 완쾌.

— 1884년 (9세)

10월 18일: 갑신정변(甲申政變)을 만남. 이때부터 혁명투사로서
의 애국심이 싹트기 시작.

— 1885년 (10세)

다시 서울 도동으로 이전. 이근수의 도동서당에서 10년간 유학
을 공부.

— 1886년 (11세)

통감(通鑑), 사략(史略), 소설 등을 통독하고 과학자, 문학자로서의
소양을 높임.

— 1887년 (12세)

아명(兒名) 승룡(承龍)을 쓰지 않고 우만(雩晚), 승만(承晚)의 아호
(雅號)를 사용하여 국가시험에 응시.

— 1894년 (19세)

11월: 배재학당에 입학, 서재필과 외국인 선교사 등에게 서양 학
문을 배움.

— 1895년 (20세)

배재학당 영어교사. 정변으로 피난, 각지를 전전하다가 상경.

— 1896년 (21세)

서재필 박사, 아펜슨과 협조하여 협성회(協成會)를 조직, 〈협성회
보〉의 주필이 되어 독립정신을 국민들에게 고취시킴.

— 1897년 (22세)

배재학당 졸업식에서 졸업생을 대표하여 '한국의 독립'이란 제목
으로 유창한 영어 연설을 하여 참석한 정부 고관들과 주한 외
국사절들로부터 극찬을 받음.

— 1898년 (23세)

〈독립협회〉, 〈만민공동회〉를 조직하고 정부 대개혁운동에 참가
하여 투옥됨. 〈매일신문〉 창간에 참여하여 사장 및 저술 활
동. 〈뎨국신문〉 창간에 참여하여 주필 및 논설 담당.

— 1899년 (24세)

1월 9일: 박영효 일파의 고종 폐위 음모에 가담했다는 혐의로 체
포됨. 5년 7개월 간의 감옥생활이 시작됨.

— 1900년 (25세)

한성감옥에서 〈청일전기〉 번역, 〈독립정신〉 저술.

— 1901년~1903년 (26~28세)

옥중생활 중에도 가명으로 〈제국신문〉과 〈신학월보〉에 수시로 논설을 실음. 어린이 죄수들을 교육하고 옥중 도서실을 운영. 국민계몽서이자 정치사상서인 〈독립정신〉의 원고를 1904년 2월부터 그후 6월 29일까지 집필함.(1910년 3월 LA에서 출판됨)

— 1904년 (29세)

러일전쟁 후인 8월 9일 특사로 출옥하여 민영환, 한규설의 후원으로 미국의 지원을 호소하고자 11월 4일 한국 사절로서 밀서를 휴대하고 미국으로 출국.

— 1905년 (30세)

존 헤이 국무장관과 면담을 통해 1882년 조 · 미수호통상조약의 거중조정 조항에 따라 협조하겠다는 약속을 받아냈으나, 헤이의 죽음으로 허사로 돌아감. 조지워싱턴 대학에 입학, 독립운동을 강력하게 전개함.

— 1907년 (32세)

6월 5일: 워싱턴대학을 졸업, 9월 하버드대학 석사과정 입학. 워싱턴 D. C. 커버넌트 장로교회 행린 목사로부터 세례를 받음.

— 1908년 (33세)

7월: 콜로라도주 덴버에서 열린 애국동지대표자 대회에서 의장으로 선출됨.

8월: 하버드대학 대학원 수료.

— 1910년 (35세)

7월 18일: 프린스턴대학에서 박사 학위 받음. 학위논문 '미국의 영향하에 성립된 중립론'은 1912년 프린스턴대학 출판부에서 출간.

— 1910년 10월~1912년 3월 (35~37세)

YMCA 총무와 청년학교 학감에 취임하여 교육, 전도활동.

— 1912년 (37세)

'한국기독교음모'사건(일명 105인 사건)에 연루되어 체포 위협이 있자 미네아폴리스에서 열릴 국제기독교감리회총회에 한국 평신도 대표로 참석하도록 선교사들이 주선함으로써 체포를 면함.

3월 26일: 한국 대표로 맨시스트 총회에 참석차 가는 도중에 다시 도미.

— 1913년 (38세)

2월 3일: 하와이에서 부친 서거의 부고를 받음.

4월: 저서 〈한국교회핍박〉 발간.

9월 20일: 순 한글 월간잡지인 〈태평양잡지〉를 창간, 주필로서 논설을 통해 독립정신을 고취.

— 1914년 (39세)

한인여자학원 설립(1918년 9월 한인여자학원을 남녀공학의 한인기독학원(The Korean Christian Institute)으로 바꿈).

— 1917년 (42세)

9월: 뉴욕에서 개최된 "세계 약소민족 대표회의"에 정식 대표로 참석.

— 1918년 (43세)

1월: 윌슨 대통령의 '민족자결주의'를 널리 공표하고 한국도 호응할 준비를 함.

12월 1일: 정한경, 민찬호와 함께 대한인국민회 파리평화회의의 한인 대표로 선출됨.

— 1919년 (44세)

3월 3일: 장차 완전독립을 전제로 한국을 국제연맹의 위임통치 하에 둘 것을 윌슨 대통령에게 청원.

4월 11일: 상해 대한민국임시정부의 국무총리에 추대됨.

4월 23일: 서울에서 수립된 한성 임시정부의 집정관총재로 추대 됨.

6월 14일~27일: 대한공화국 대통령 명의로 구미 각국 및 일본의 국가 원수들과 파리 평화회의 의장 조르쥬 클레망소에게 한국 독립선포를 알리는 공문 발송.

8월 25일: 워싱턴 D.C.에 구미위원부 개설.

9월 6일: 대한민국임시정부 의정원에서 임시대통령으로 선출됨.

— 1920년 (45세)

11월 15일: 임병직과 함께 호놀룰루를 출발, 12월 5일 상해 도착.

— 1921년 (46세)

5월: 하와이에 교육사업 협회를 조직. 한국 대표로 워싱턴에서 개최된 군축회의에 참석.

10월: 워싱턴 군축회의 미국 대표단에게 '한국독립청원서' 제출.

— 1925년 (50세)

3월 11일~4월 10일: 대한민국 임시정부로부터 임시대통령직에 서 면직됨.

— 1932년 (57세)

11월: 국제연맹에 한국 독립을 탄원할 대한민국임시정부 전권대 사에 임명됨.

— 1933년 (58세)

2월 21일: 한국대표로서 제네바에서 개최된 국제연맹회의에 참
석. 일본의 만주 침략을 통렬하게 반박함과 동시에 한국에 대
한 허위선전을 분쇄하기 위해 맹렬히 활동. 제네바 드뤼시호
텔에서 프란체스카 도너(Francesca Donner)를 만남.

7월 9일: 소련에 독립지원을 호소하고자 모스크바 기차역에 도
착했으나 퇴거당함.

— 1934년 (59세)

10월 8일: 프란체스카 여사와 결혼.

— 1941년 (66세)

4월 20일: 호놀룰루에서 9개 단체가 모인 재미한민족 연합위원
회에서 외교위원장에 임명됨.

6월 4일: 대한민국임시정부로부터 주미 외교위원부 위원장에 임
명됨.

6월: 〈일본의 가면을 벗긴다〉(JAPAN INSIDE OUT) 출간

— 1942년 (67세)

1월 16일: 임시정부 승인을 목표로 미국 명망가들과 한미협회
결성.

2월 7일: 워싱턴 D.C.의 라파옛 호텔에서 한인자유대회 개최.

10월 10일: 미 육군전략처(OSS) 프레스톤 굿펠로우 대령에게 항
일 게릴라조직 제의.

— 1943년 (68세)

2월 16일: 미 육군장관 헨리 스팀슨에게 편지로 항일 게릴라조
직 계획서 제시.

— 1944년 (69세)

8월: 루스벨트 대통령에게 편지로 임정 승인 요청.

─ 1945년 (70세)

5월 14일: 얄타회담에서 미국과 영국이 한국을 소련에 넘겨주기로 비밀협약을 맺었다는 발표를 함으로써(일명 얄타밀약) 미국 무부와 충돌.

8월 15일: 해방.

10월 16일: 귀국. 조선호텔에 투숙. 다음날 귀국 담화방송.

10월 25일: 조선독립촉성 중앙협의회(독촉중협) 총재직을 맡음.

─ 1946년 (71세)

1월 14일: 신탁통치를 찬성하는 공산주의자들을 매국노로 규정하고 결별 선언.

2월 8일: 대한독립촉성국민회 총재에 추대됨.

2월 25일: 미 군정청 자문기구인 남조선대한민국 대표 민주의원 의장에 선출됨.

6월: 하지 장군의 좌우합작위원회 참가 권유를 거부.

6월 3일: 전북 정읍에서 남한임시정부 수립의 필요성 역설.

6월 29일: 독립정부 수립의 권리 쟁취를 위한 민족통일총본부 결성.

12월 2일: 독립정부 수립을 UN에 직접 호소하기 위해 동경을 거쳐 미국으로 출발.

12월 12일: 소련이 한국의 통일정부 수립을 허용하지 않을 것이 확실하므로 남한에서만이라도 과도정부 수립이 필요하다고 주장.

─ 1947년 (72세)

4월 13일: 동경을 거쳐 상해에 들러 장개석 총통과 회견.

7월 3일: 좌우합작을 주장하는 하지 중장과의 협조 포기 선언.

가택연금을 당함.

9월 16일: 독립정부 수립을 위한 수단으로 남한 총선거를 주장.
소련의 진의를 파악한 미국 정부가 지지를 보내기 시작.

— 1948년 (73세)

5월 10일: 최초의 자유총선거에서 지역구인 동대문구에서 당선.

5월 31일: 제헌의회 의장으로 선출됨.

7월 20일: 국회에서 대통령에 당선(186명 출석 가운데 180표 획득).

8월 15일: 대한민국 정부수립 선포식.

8월 26일: 한미상호방위원조 협정 체결.

10월 19일: 맥아더 주일 연합군 최고사령관의 초청으로 일본 방
문.

12월 12일: 파리 유엔총회 마지막 날 마지막 시간에 대한민국 승
인안이 간신히 통과됨. 대한민국의 와해 모면.

— 1949년 (74세)

1월 8일: 대마도 반환 요구 기자회견.

1월 9일: 반민특위의 친일파 처벌에 신중해야 한다고 담화.

7월 20일: 태평양동맹의 체결 협의를 위해 필리핀 퀴리노 대통
령, 장개석 총통을 초청.

8월 8일: 이승만 장개석 진해 회담.

11월 26일: 남북통일 방안으로 북한 괴뢰정부 해체 후의 총선거
주장

— 1950년 (75세)

1월 24일: 국회의 내각책임제 개헌안 반대.

2월 16일: 일본에 있는 맥아더 원수를 방문.

3월 10일: 농지개혁법 개정법 공포.

4월 5일: 농지분배 예정통지서 발송 시작.

6월 26일: 동경의 맥아더 장군에게 한국의 무기지원 요청을 거
　　　　 부해온 미국의 태도를 비난하고 즉각 지원 요청.

7월 14일: 원활한 전쟁 수행을 위해 맥아더 유엔군총사령관에게
　　　　 한국군 작전지휘권 위임.

9월 28일: 유엔과는 상의 없이 국군에 38선 이북 진격을 명령.

9월 29일: 전황 호전으로 서울로 귀환.

12월 29일: 평양 시찰.

— 1951년(76세)

6월 9일: 38선 정전 결사반대 선언.

6월 27일: 소련의 정전안 거부.

9월 20일: 휴전 수락 전제조건으로 중공군 철수, 북한 무장해제,
　　　　 유엔감시하 총선거 요구.

11월 19일: 자유당 창당과 총재직 수락

— 1952년 (77세)

1월 18일: 일본 어선의 침범을 막기 위한 평화선 선포.

8월 5일: 직선제를 통한 대통령 당선(부통령 함태영).

11월 27일: 대만 방문.

12월 3일: 한국을 방문한 미 대통령 당선자 아이젠하워와 회담.

— 1953년 (78세)

4월 11일: 휴전 반대와 함께 국군 단독 북진 성명.

5월 8일: 미 정부에 휴전 수락거부 통고.

6월 18일: 유엔군 포로수용소에 수용중인 27,000명의 반공포로
　　　　 석방.

7월 12일: 한미공동성명(①한미 상호방위조약 체결, ②미국은 경제,

군사 원조를 약속).

11월 27일: 대만을 방문하여 장개석 총통과 반공 통일전선 결성 발표.

— 1954년 (79세)

독도에 영토 표시 설치. 공산군의 반란으로 내전 상태인 베트남에 국군파견 제의. 미국 상하의원 합동회의 연설 도중 33번의 박수를 받음(7월 28일). 뉴욕 UN 본부에서 연설(8월 3일). 한일회담 개최 조건으로 일본의 반성을 촉구. 일본의 재침략 의도를 비난.

— 1955년 (80세)

국군 40개 사단으로 군비증강의 필요성을 역설. 미국에 대해 대공산권 유화정책을 비난.

— 1956년 (81세)

8월 15일: 일본의 친공적 태도를 비난. 공산주의에 대한 미국의 유화정책을 비난. 제3대 대통령에 취임

— 1957년 (82세)

1월 6일: 휴전협정 폐기와 군비강화 강조.

4월 20일: 국무회의에서 경제정책 재검토를 지시하고 북한 공산군의 재남침 기도를 경고.

12월 3일: 한글전용 지시.

— 1958년 (83세)

3월 28일: 일본의 기시(岸信介) 수상의 한일회담 재개 요망 친서에 동의.

8월 29일: 일본에 대한 경계심 촉구. 공산화의 위협을 받고 있던 베트남에 파병용의 표명.

10월 28일: UN 감시하에 북한만의 선거 제시. 원자력 연구를 지시.

11월 5일: 베트남을 방문하여 자유 수호 공동성명 발표.

— 1959년 (84세)

일본에 약탈 문화재 반환을 요구. 일본의 재일교포 북송을 비난. "공산당보다 일본을 더 경계해야 한다"고 언명. 국군의 신장비 필요를 역설. 경제개발 3개년계획을 수립.

— 1960년 (85세)

4월 28일: 4.19로 대통령직을 사임하고 이화장으로 은퇴.

5월 29일: 3개월 계획으로 정양 차 부인 프란체스카 여사와 함께 하와이로 출발.

— 1961년 (86세)

양녕대군 종중에서 인수(仁秀)를 양자로 천거하여 입적.

— 1962년 (87세)

귀국을 희망했으나 한국정부의 반대로 좌절. 마우나라니 요양원 입원.

— 1965년 (90세)

7월 19일: 하와이의 마우나라니 요양원에서 서거. 하와이 호놀룰루 시 한인기독교회에서 영결예배 후 유해를 미군 용기로 김포공항에 운구. 이화장에 안치. 정동 제일교회에서 영결 예배. 동작동 국립묘지에 안장.

색 인

라

마

바

아

자

번호

본 책을 발간하기 위하여 대동서관을 설립한 제군들의 사진

원 스 송   호 병 리   규 병 김   오 윤 리

균 홍 김   룡 승 한   욱 상 하   만 영 최

식 남 오   원 순 박   길 츈 림   칠 셩 리

장 김 강 김 리
한 만 홍 셩 셩
조 쥴 범 오 로

보 국 강   용 슈 김

오봉김　봉운왕　억병리　룡셩면

환치김　션계김　틱원김　국츙오

규일빅　문양목

목상심　식경박

룡희ㅅ년이월 일 인쇄
룡희ㅅ년이월 일 발힝

뎡가금（美貨）一元五十錢

저슐인　리승만

발힝소　대동신셔판　미국죠션출판ᄉᆞ

인쇄소　대동신셔판

元賣所　大同新書舘

分發所　韓美商業會社　桑港大同保國會舘內